DE PAVÍA A ROCROI

CW01497075

DE PAVÍA A ROCROI

LOS TERCIOS ESPAÑOLES

Julio Albi de la Cuesta

OCTAVA EDICIÓN

DESPERTA FERRO

EDICIONES

De Pavía a Rocroi
Albi de la Cuesta, Julio
De Pavía a Rocroi / Albi de la Cuesta, Julio
Madrid: Desperta Ferro Ediciones, 2021. – 432 p., 8 p. de lám. :il.; 23,5 cm – (Historia de España) – 8.ª ed.
D.L: M-30379-2017
ISBN: 978-84-946499-6-7
94(460) 94(492) "15/16"
355.422-611
355.44 355.48
623.4

DE PAVÍA A ROCROI
Los tercios españoles
Julio Albi de la Cuesta

© de esta edición:
De Pavía a Rocroi
Desperta Ferro Ediciones SLNE
Paseo del Prado, 12 - 1.º derecha
28014 Madrid
www.despertaferro-ediciones.com

ISBN: 978-84-946499-6-7
D.L.: M-30379-2017

Diseño y maquetación: Raúl Clavijo Hernández
Cartografía: Desperta Ferro Ediciones
Coordinación editorial: Isabel López-Ayllón

Primera edición: diciembre 2017
Segunda edición: enero 2018
Tercera edición: febrero 2018
Cuarta edición: abril 2018
Quinta edición: diciembre 2018
Sexta edición: marzo 2019
Séptima edición: febrero 2020
Octava edición: junio 2021

Impreso por: Advantia Comunicación

Impreso y encuadernado en España – *Printed and bound in Spain*

Estos son aquellos hombres que fueron tan famosos y temidos en el mundo, los que avasallaron príncipes, los que dominaron naciones, los que conquistaron provincias, los que dieron ley a la mayor parte de Europa.

Francisco de Melo

ÍNDICE

PAÍSES BAJOS
Rebelión y castigo,
del duque de Alba a Alejandro Farnesio
1568/1581

Territorio donde arraiga la rebelión de 1572

Asedios clave, con fecha de la victoria, durante el gobierno de Alba y Requesens

Asedios clave en los que las fuerzas católicas no logran expugnar la plaza

Guarniciones adelantadas bajo control de Alejandro Farnesio al comienzo de su mandato

Unión de Arrás, 1579

Victorias católicas

Victorias de los rebeldes o de los Estados Generales

PAÍSES BAJOS

Segunda mitad del siglo XVI,
el avance rebelde

Ameland

Terschelling

Vlieland

Texel

Zuiderzee

mar del Norte

HUSINGO · Delfzijl
SEÑORÍO DE · FIVELINGO
GRONINGA

Dokkum
Groninga

Franeker
Leeuwarden

Harlingen
Bolsward

Workum
SEÑORÍO DE
FRISIA

Stavoren

Steenwijk · Coevorden

DRENTE

SEÑORÍO DE
WESTERWOLD

Enkhuizen
Kampen · Zwolle
SEÑORÍO DE
OVERIJSSEL

Alkmaar · Hoorn
Harderwijk
SALLAND · Enschede
TWENTE
Deventer · Goor
Zaandam · Volendam
WATERLAND
Haarlem · Amsterdam
Naarden
VELUWE
Zutphen · Groenlo
CONDADO DE
ZUTPHEN

CONDADO DE
HOLANDA
SEÑORÍO DE
UTRECHT
Arnhem · Doetinchem · Bredevoort

Leiden
Utrecht
DUCADO DE
GÜELDRES
La Haya · Gouda
Rhenen · Buren · Nimega · Cléveris · CLÉVERIS
Delft · Róterdam
Gorcum
BETUWE
Voorn
Genep · Goch · Xanten
Brielle · Dordrecht
Bommel
CONDADO DE
VOORNE
ZELANDA
Geertruidenberg
GÜELDRES
Somerdyck · Bolduque
Brouwershaven · Bommene
Venlo
Schouwen · Steenbergen · Breda
Zierikzee · Duiveland
Eindhoven
Beesel · Viersen
Veere · Goes · Roosendaal
Weert · Roermond
Walcheren · Bergen op Zoom
Middelburg · Sud-Beveland · Zandvliet
Turnhout
Flesinga · Lillo
DUCADO DE
BRABANTE
Hulst · Calloo
Grobbendonk
La Esclusa · Amberes · Lier
Zichem
Valkenburg
Ostende · Pietersheim · aan de Geul
Brujas · Malinas · Diest · DUCADO DE
Maastricht · LIMBURGO · Aquisgrán
Nieuwpoort · Gante · Dendermonde · Lovaina
Zoutleeuw · Lieja · Limburgo
Dunkerque · CONDADO DE · Cortrique · Aalst
FLANDES · Oudenaarde · Bruselas · OBISPADO
Gravelinas · Halle · DE
Ypres · LIEJA
St. Omer · Lille · Tournai
Ath · Namur
Thérouanne · PAÍS DE LILLE · Nivelles · CONDADO DE
Bouvines · Mons · Charleroi · NAMUR
CONDADO DE · Douai · CONDADO DE · Beaumont · Philippeville
ARTOIS · Valenciennes · HENAO
Hesdin · Arrás · Marienburg
Cambrai · Landrecies · Avesnes · Chimay
DUCADO DE
CONDADO DE · LUXEMBURGO
CAMBRAI

FRANCIA

Luxemburgo

N

0 · 25 · 50
Kilómetros

ITALIA
Segunda mitad del siglo XVI

Calais · Dunkerque · Nieuwpoort · Ostende · La Esclusa

Róterdam

Breda

HOLANDA

DUCADO DE
CLEVERIS

Wessel

Brujas · Gante · Hulst

Gueldres

Venlo

PAÍSES BAJOS ESPAÑOLES

Amberes

Lille

Roermond

ARZOBISPADO DE COLONIA

**Avance de la frontera
holandesa tras la Paz
de Westfalia, 1648.**

Arrás

Bruselas

DUCADO DE
JULIERS

Henao

Namur

Maastricht

Rin

IMPERIO

Amiens

Somme

Picardía

Lieja

Rocroi

Ehrenbreitstein

Sedán

DUCADO DE
LUXEMBURGO

Coblenza

Verdún

Luxemburgo

ARZOBISPADO DE
TRÉVERIS

Tréveris

Maguncia

**Frontera francesa tras la Paz de
los Pirineos, 1659**

Thionville

PALATINADO
RENANO

Metz

Sena

París

FRANCIA

Toul

Nancy

Haguenau

Philippsburg

Saverne

Rin

DUCADO DE
LORENA

Estrasburgo

Épinal

Sélestat

Mosa

Colmar

Breisach

Vesoul

Alsacia

Belfort

Besanzón

Montbéliard

Basilea

**FRANCO
CONDADO**

Zúrich

Berna

Lucerna

Lausana

CONF. SUIZA

Ginebra

Coira

Annecy

cantones católicos

grisones

Bellinzona

Domodossola

La Valtelina

CONDADO DE TIROL

Aosta

Como

Ivrea

DUCADO DE
SABOYA
(PIAMONTE)

Vercelli

DUCADO DE
MILÁN

Milán

**REPÚBLICA DE
VENECIA**

Susa

Casale

Pinerolo

Turín

Asti

MONFERRATO

Po

Cremona

Mantua

Alessandria

DUCADO DE
MANTUA

SALUZZO

Mndovi

Piacenza

DUCADO DE
PARMA

Parma

**REPÚBLICA DE
GÉNOVA**

Génova

Savona

Finale

Auge del dominio español

Monarquía Hispánica,1619
Ocupado militarmente,1620/1623
Bajo influencia o alianza,1622
Austrias de Viena (el Imperio)
y Baviera 1620

DE FLANDES A MILÁN
La caída del sistema de dominio español
periodo 1600/1660

N

0   25   50

Kilómetros

EL CAMINO ESPAÑOL
Periodo 1568/1618

IMPERIO

NÁPOLES

Venecia

estados católicos alemanes Palatinado Renano

Lorena

FRANCO CONDADO

suizos calvinistas

suizos católicos

SABOYA MILANESADO

Génova

franceses

Finale Génova

holandeses

PAÍSES BAJOS españoles

FRANCIA

ingleses

inclemencias meteorológicas

hugonotes

Barcelona

San Sebastián

Laredo

ESPAÑA

La Coruña

◉ Puertos de embarque o escala

● Territorios de la Monarquía Hispánica

Lorena Aliados de España sobre los que se asienta el Camino

↑ Camino Español

★ Enemigos de la Monarquía Hispánica a través del Camino

≈ Sector en donde la integridad del Camino se encuentra más amenazada

INGLATERRA

canal de la Mancha

océano Atlántico

Gran Armada, regreso

Gran Armada, ruta de ida 1588

Brest
Normandía
Picardía
Flandes
PAÍSES BAJOS ESPAÑOLES

Bretaña
París
Sena
Nantes
Poitou
FRANCIA
Dijon
Burdeos
Guyena
Lyon
Grenoble
Valence
Delfin
Toulouse
Languedoc
Aviñón
Prove
Narbona
Marsella
Tolón
Ródano

La Coruña
Lugo
Oviedo
Gijón
Santander
Bilbao
San Sebastián
Galicia
Asturias
Vizcaya
Vitoria
Guipúzcoa
Gascuña
Pau
Aveiro
Vigo
Orense
León
Álava
Pamplona
Braga
León
Navarra
Oporto
Valladolid
Burgos
Huesca
Aveiro
Coimbra
Salamanca
Calatayud
Aragón
Perpiñán
Rosas
Santarém
CORONA DE CASTILLA
Madrid
Zaragoza
CORONA DE ARAGÓN
Cataluña
Barcelona
Lisboa
Portalegre
Toledo
Tarragona
Tortosa
PORTUGAL
Badajoz
Extremadura
Toledo
Sagunto
Mallorca
Beja
Albacete
Valencia
Valencia
Palma
Córdoba
Denia
Ibiza
Sevilla
Córdoba
Jaén
Murcia
Alicante
El Puerto de Santa María
Granada
Murcia
Cádiz
Granada
Cartagena
Gibraltar
Málaga
Almería
Tánger
Ceuta
mar
Arzila
Uezán
Vélez de la Gomera
Melilla
Mazalquivir
Mostagán
Tenes
Cherchell
Argel
Metafuz
Bugía
Gigeri
Collo
Salé
Orán
CEZAYIR GARP (ARGELIA)
Sétif
Constantina
Saaditas
Fez
Taza
Moulouya
Tremecén
Mequinez
IMPERIO

Urbino — Otros miembros de la Liga Santa además de la Monarquía Hispánica, el papa y Venecia, 1571

◆ Presidios españoles en el norte de África, 1573

■ Principales bases corsarias en el mar Mediterráneo y Adriático

⚓ Puertos de la Escuadra de Galeras de España, periodo 1565/1575

EL MEDITERRÁNEO OCCIDENTAL
La segunda mitad del siglo XVI

Holanda

Sajonia

SACRO IMPERIO

Lux.

Palatinado

Lorena

Wurtemberg

Baviera

HABSBURGOS
AUSTRIACOS

Mancomunidad de
POLONIA-LITUANIA

Capitanía
de Hungría
Superior

Košice

Capitanía
de Hungría
Inferior

Satu Mare

Austria

Viena

Graz

Gran

Buda

Debrecen

Oradea

Cluj

FRANCO
CONDADO

Lucerna

Vaduz

Estiria

Gyulá

Principado de
Transilvania

Berna

Ginebra

CONF. SUIZA

Innsbruck

Tirol

Capitanía
de Győr

Győr
(Ráab)

Mohács

Segedin

Arad

Geoagiu

Sibiu

SABOYA

MILANESADO

Trento

Carintia

Údine

Capitanía
de Kanizsa

Pécs

Segedin

Timişoara

Deva

Turín

Brescia

Mantua

Padua Venecia

VENECIA

Aquilea

Trieste

Carniola

Capitanía
de Eslavonia

Agram
(Zagreb)

BUDIN

TEMESVÁR

Po

Milán

Piacenza

Parma

GENOVA

Niza

Módena

Ferrara

Pola

Chioggia

Zengg

Capitanía
de Croacia

Sziget

Pozega

Pozega

Sirem

Bania Luka

Belgrado

Semendire

Semendire

Craiova

Vidin

Rávena

Izvornik

Lucca

Florencia

PAPADO

Urbino

Ancona

Zara

Scardona

Hersek

Bosna
Saray

Visegifad

Alacahisar

Mónaco

TOSCANA

Sebenico

Clissa

Trau

Spalato

Karadağ

Alacahisar

Vulçitrin

Nis

Nis

Sofia

Sofia

Piombino

Lesina

Curzola

Ragusa

Yeni Pazar

Ipek

Pristina

Bastia

Orbetello

Viterbo

Pescara

Castelnuovo

Budva

Skopie

RUMELIA

Córcega

Ajaccio

Roma

Aufidena

Foggia

NÁPOLES

Bari

Antivari

Dulcingo

Iskodra

Scutari

Alesio

Prizren

Üsküb

Koprili

mar Adriático

Durazzo

Ohri

Ohri

Selanik
Tesalónica

Olbia

mar Tirreno

Sassari

CERDEÑA

Salerno

Tarento

Brindisi

Otranto

Valona

Avlona

Yanya

Larisa

Cagliari

Galípoli

Soppotó

Butrinto

Kassiopi

Corfú

Parga

Yanya

Preveza

Tirhala

Izdin

Campaña
de Lepanto
1571

Catanzaro

Tropea

Mesina

Milazzo

Reggio

Argostoli

Preveza

Karlieli

Valtoz

Lepanto

Aynabahtı

Morea

Nauplia

Marsala

Palermo

SICILIA

Catania

Tabarca

Bona

Bizerta

Agrigento

Siracusa

cabo Passaro

Zante

Arcadia

Modón

Corón

Chimara

Cerigo

Béja

La Goleta

Túnez

Caballeros de Malta
La Valeta

Malta

TUNUS

OTOMANO

(TÚNEZ)

Testour

Mahometa

Susa

El Mahdia

Sfax

Querquenes

Gafsa

Yerba/Los Gelves

Gabes

Médénine

Zuara

Trípoli

El Beida

Misurata

TRABLUSGARP

(TRIPOLITANIA)

0   100   200

kilómetros

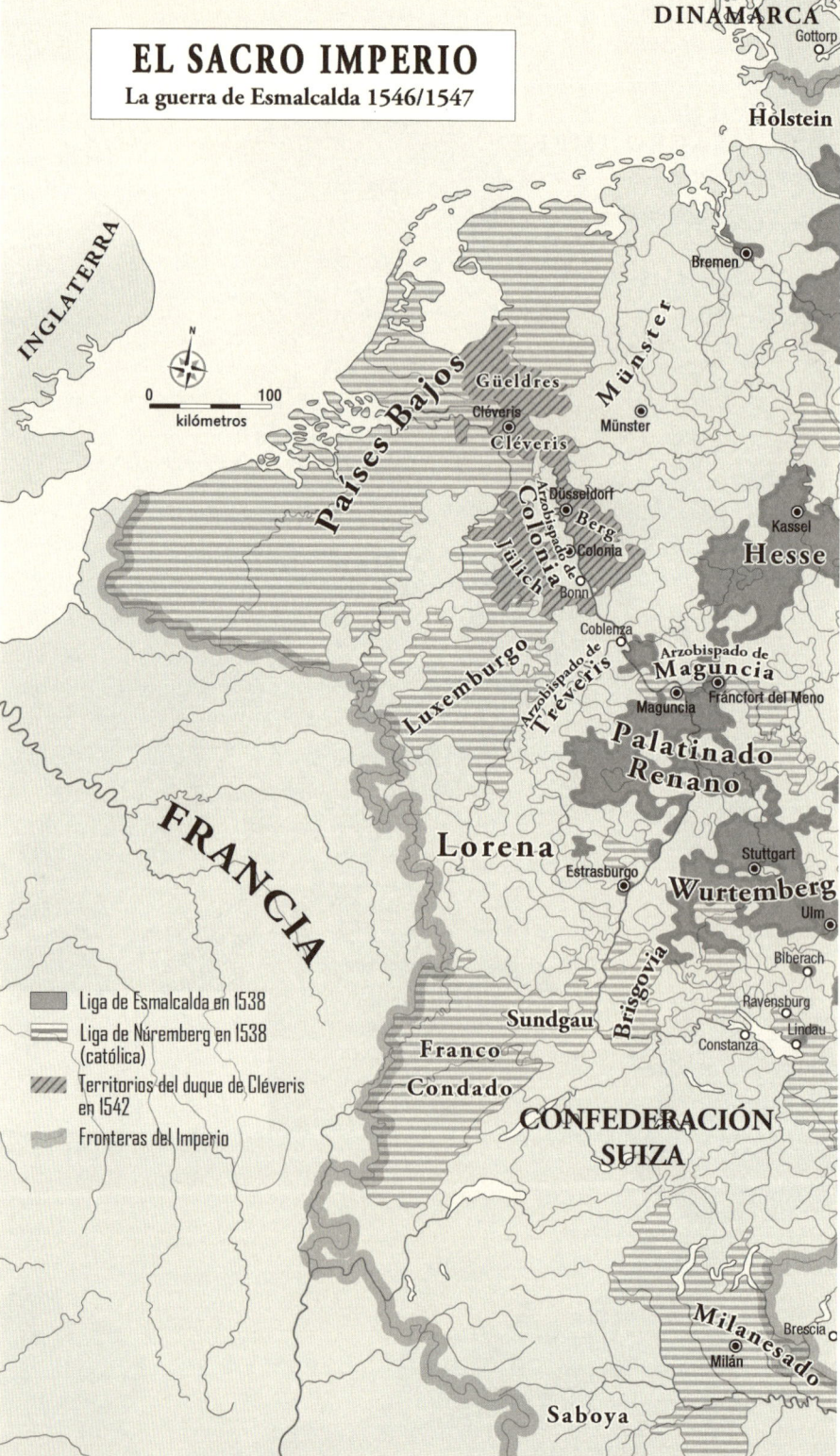

EL SACRO IMPERIO
La guerra de Esmalcalda 1546/1547

DINAMARCA
Gottorp

Holstein

INGLATERRA

Bremen

Münster

Países Bajos

Güeldres

Cléveris

Cléveris

Münster

Kassel

Düsseldorf

Arzobispado de Colonia

Berg

Colonia

Júlich

Hesse

Bonn

Coblenza

Arzobispado de Tréveris

Arzobispado de Maguncia

Fráncfort del Meno

Luxemburgo

Maguncia

Palatinado Renano

FRANCIA

Lorena

Estrasburgo

Stuttgart

Wurtemberg

Ulm

Biberach

Sundgau

Brisgovia

Ravensburg

Lindau

Franco Condado

Constanza

CONFEDERACIÓN SUIZA

Milanesado

Brescia

Milán

Saboya

▓	Liga de Esmalcalda en 1538
▤	Liga de Núremberg en 1538 (católica)
▨	Territorios del duque de Cléveris en 1542
▬	Fronteras del Imperio

N

0   100
kilómetros

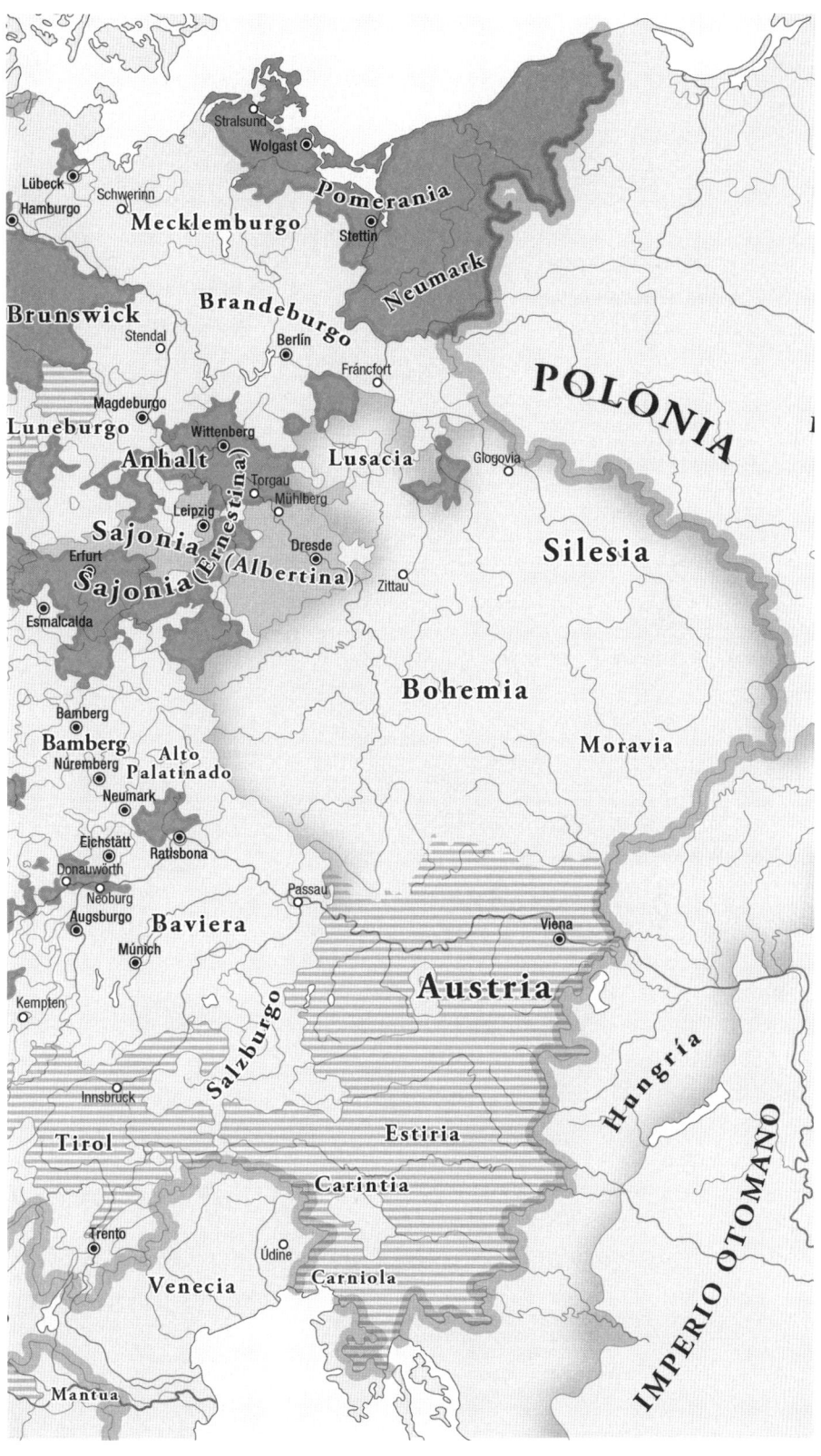

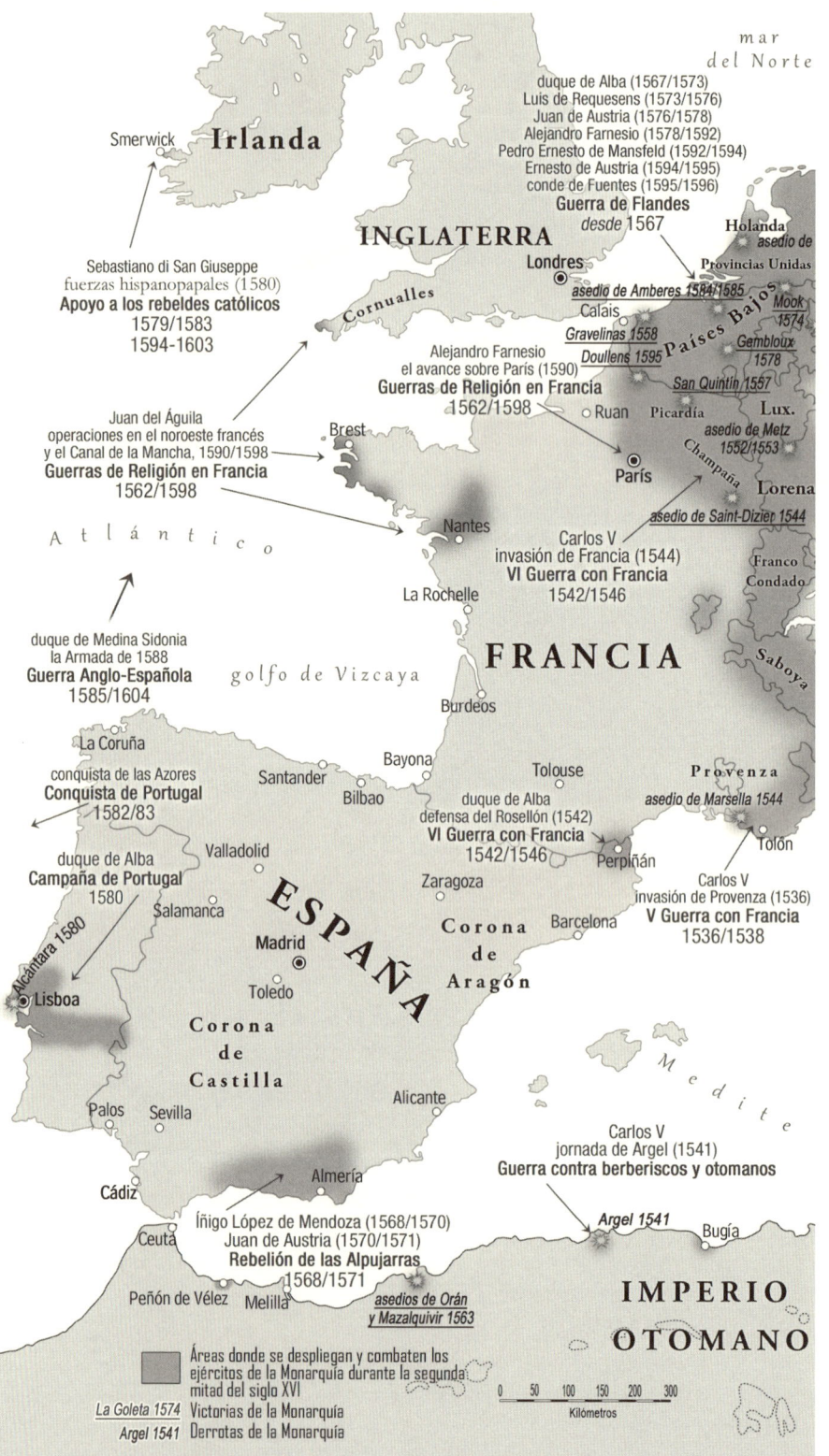

mar
del Norte

Smerwick   **Irlanda**

duque de Alba (1567/1573)
Luis de Requesens (1573/1576)
Juan de Austria (1576/1578)
Alejandro Farnesio (1578/1592)
Pedro Ernesto de Mansfeld (1592/1594)
Ernesto de Austria (1594/1595)
conde de Fuentes (1595/1596)
Guerra de Flandes
desde 1567

Holanda
asedio de
Provincias Unidas

INGLATERRA

Londres

Cornualles

Sebastiano di San Giuseppe
fuerzas hispanopapales (1580)
Apoyo a los rebeldes católicos
1579/1583
1594-1603

asedio de Amberes 1584/1585
Calais
Gravelinas 1558
Doullens 1595

Mook
1574
Gembloux
1578
Países Bajos
San Quintín 1557
Lux.

Juan del Águila
operaciones en el noroeste francés
y el Canal de la Mancha, 1590/1598
Guerras de Religión en Francia
1562/1598

Alejandro Farnesio
el avance sobre París (1590)
Guerras de Religión en Francia
1562/1598

Ruan
Picardía

asedio de Metz
1552/1553
Champaña
Lorena

Brest

asedio de Saint-Dizier 1544

Nantes

Carlos V
invasión de Francia (1544)
VI Guerra con Francia
1542/1546

Franco
Condado

A t l á n t i c o

París

FRANCIA

La Rochelle

golfo de Vizcaya

Saboya

duque de Medina Sidonia
la Armada de 1588
Guerra Anglo-Española
1585/1604

Burdeos

La Coruña
conquista de las Azores
Conquista de Portugal
1582/83

Bayona

Tolouse

Provenza

Santander

Bilbao

duque de Alba
defensa del Rosellón (1542)
VI Guerra con Francia
1542/1546

asedio de Marsella 1544

duque de Alba
Campaña de Portugal
1580

Valladolid

Zaragoza

Perpiñán

Tolón

Alcántara 1580
Lisboa

Salamanca

E S P A Ñ A

Madrid

Toledo

**Corona
de
Aragón**

Barcelona

Carlos V
invasión de Provenza (1536)
V Guerra con Francia
1536/1538

**Corona
de
Castilla**

Alicante

M e d i t e

Palos
Sevilla

Cádiz

Almería

Carlos V
jornada de Argel (1541)
Guerra contra berberiscos y otomanos

Ceuta

Peñón de Vélez

Íñigo López de Mendoza (1568/1570)
Juan de Austria (1570/1571)
Rebelión de las Alpujarras
1568/1571

Argel 1541

Bugía

Melilla
*asedios de Orán
y Mazalquivir 1563*

**IMPERIO
OTOMANO**

Áreas donde se despliegan y combaten los
ejércitos de la Monarquía durante la segunda
mitad del siglo XVI
La Goleta 1574 Victorias de la Monarquía
Argel 1541 Derrotas de la Monarquía

0   50   100   150   200   300
Kilómetros

Jemmingen 1568

Haarlem 1572/1573

asedio de Neuss 1586

Brandeburgo

○ Berlín

POLONIA

Mühlberg 1547

Sajonia

campaña de Mühlberg (1547)
Guerra de Esmalcalda
1546/1547

◉ **Dresde**

Silesia

SACRO IMPERIO

Praga ○

Bohemia

Bernardo de Aldana
operaciones en Hungría
del Tercio de Nápoles, 1548/1555
Guerra contra el Imperio otomano

Palatinado

Stuttgart ○

Passau ○

Baviera

Viena
◉

Gran ○ Pest

AUSTRIA

HUNGRÍA

Transilvania

Füssen ○ Salzburgo ○

Temesvar ○

V
a
l
a
q
u
i
a

Berna ○

Confederación
suiza

Agram ○

Esseg ○

Venecia

Venecia
◉

IMPERIO

Milán ◉

Milanesado

Turín ○

OTOMANO

Cerisoles 1544

Serravalle 1544

Florencia ◉

Ragusa ○

asedio de Castelnuovo 1539

asedio de Niza 1543

asedio de Siena 1554

Albania

Scannagallo 1554

Adriático

Estados
Pontificios

frente de Italia
VII Guerra con Francia
y su aliado el papado
1551/1559

Francisco Sarmiento
operaciones en Dalmacia
del Tercio de Sarmiento, 1538/1539
Guerra contra el Imperio otomano

Roma ◉

Segni 1557

Fuerzas
hispanogenovesas
Lucha contra los
rebeldes corsos
1565

Nápoles
◉

Nápoles

batalla naval
Préveza 1538

Cerdeña

Cagliari ○

batalla naval
Lepanto 1571

Mesina ○

Sicilia

Juan de Austria
la Liga Santa
y la lucha contra los otomanos
1570/1581

Bizerta ○

Bona ○ La Goleta 1574

García Álvarez de Toledo
socorro de Malta (1565)
Guerra contra el Imperio otomano

Túnez ○

Malta 1565

Túnez

El Mahdía ○

asedio de Trípoli 1551

Querquenes

Los Gelves 1560

r
r
á
n
e
o

Irlanda

Kinsale 1602

Juan del Águila
apoyo a los rebeldes católicos
1601/1602
Guerra Anglo-Española
1585/1604

archiduques Alberto e Isabel (1599/1621)
archiduquesa Isabel (1621/1633)
Francisco de Moncada (1633/1634)
Cardenal Infante (1634/1641)
Francisco de Melo (1641/1644)
Manuel de Moura y Cortereal (1644/1647)
archiduque Leopoldo Guillermo (1647/1656)
Juan José de Austria (1656/1660)
Guerra de Flandes
1567/1648

*mar
del Norte*

HOLANDA

Nieumpoort, o las Dunas 1600
sitio de Ostende 1604
sitio de Breda 1624/1625
*defensa de
Maastricht 1632*

Londres
INGLATERRA

Las Dunas (naval) 1639
Flandes
Lens 1648
defensa de Arrás 1654
Fleurus 1622
Luxemburgo

Canal de la Mancha

Valenciennes 1656
Rocroi 1643
Lorena

Brest

París

Champaña
Franco
Condado

Áreas donde se despliegan y combaten
los ejércitos de la Monarquía durante la
primera mitad del siglo XVII
Fleurus 1622 Victorias de la Monarquía
Rocroi 1643 Derrotas de la Monarquía

Nantes

La Rochelle

hugonotes

Guerra franco-española
–múltiples frentes abiertos,
Flandes, Luxemburgo, Italia
España y el Rin–
1635/1659

A t l á n t i c o

golfo de Vizcaya

FRANCIA

Guetaria (naval) 1638

La Coruña
Santander
Bilbao
defensa de Fuenterrabia 1638
Bayona
Burdeos

Toulouse

P r o v e n z a

Marsella
Tolón

sitio de Perpiñán 1641/1642

**Guerra de Restauración
Portuguesa
1640/1668**

Valladolid

Salamanca

Madrid

Zaragoza
Lérida
Barcelona
sitio de Lérida 1644
Montjuic 1641
sitio de Barcelona 1651/1652

Revuelta de Cataluña
e intervención francesa
1640/1652

E S P A Ñ A

C o r o n a
d e
A r a g ó n

Lisboa

Ameixal 1663 *defensa de Badajoz 1658*
Elvas 1659
Villaviciosa 1665

Toledo

C o r o n a
d e
C a s t i l l a

Alicante

M e d i t e

Palos
Sevilla

defensa de Cádiz 1625

Almería
Cartagena (naval) 1643

Cádiz

bahía de Algeciras (naval) 1607

Larache
Ceuta
Peñón de Vélez
La Mámora
Melilla

Argel

Orán

Bugía

**IMPERIO
OTOMANO**

duque de Medina Sidonia
Fernando Girón de Salcedo
defensa de Cádiz
**Guerra Anglo-Española
1625/1630**

a los berberiscos se suman ahora
holandeses e ingleses
Lucha contra la piratería
en el Mediterráneo,
zona del Estrecho y costas atlánticas
(los berberiscos llegan hasta Galicia)

0   50   100 150 200 300
Kilómetros

LOS TERCIOS EN CAMPAÑA
Primera mitad del siglo XVII

Dinamarca

Ambrosio Spínola
**Guerra de Sucesión
de Juliers-Cléveris**
1614

Ambrosio Spínola
ocupación del Palatinado
**Guerra de los
Treinta Años**
1621/1622

los suecos expulsan a
los españoles del Palatinado
Guerra de los Treinta Años
1631

apoyo al Imperio
batalla de la Montaña Blanca
Guerra de los Treinta Años
1620

POLONIA

Dresde

SACRO IMPERIO

Praga · Montaña Blanca 1620

Bohemia

Nördlingen, el Cardenal Infante
en movimiento hacia los Países Bajos
derrota decisiva de los suecos
Guerra de los Treinta Años
1634

Palatinado
Wimpfen 1622

Nördlingen 1634

Stuttgart

Baviera · Passau

Viena

Gran · Pest

Füssen · Salzburgo

Tuttlingen 1643

AUSTRIA

Hungría

Transilvania

Temesvar

Confederación
suiza

Tornavento 1636

Fontana Santa 1655
Piamonte sitio de Casale 1628/1629

Milán

Venecia
Venecia

Intervenciones en La Valtelina
1621/1622
1624/1625
1635/1637

Esseg

Valaquia

Milanesado

Mantua · Gonzalo de Córdoba (1628/1629)
Ambrosio Spínola (1629/1630)
marqués de Santa Cruz (1630/1631)
duque de Feria (1631)
**II Guerra de Monferrato
o de Sucesión de Mantua**
1628/1631

Módena

Finale · Florencia

marqués de Hinojosa (1614)
marqués de Villafranca (1615/1617)
intervención hispana
I Guerra de Monferrato
1614/1617

defensa de Orbetello 1646

IMPERIO

OTOMANO

Ragusa

Adriático

Ragusa (naval) 1617 · Albania

Estados Pontificios

Roma

Nápoles

Nápoles

Francisco de Rivera
**Guerra no declarada
contra Venecia**
1616/1620

Cerdeña

Cagliari

duque de Arcos (1647/1648)
Juan José de Austria (1648)
conde de Oñate (1648)
Revuelta de Nápoles y Sicilia
e intervención francesa
1647/1648

rráneo

Palermo

Sicilia

Bizerta

Bona

Túnez

duque de Osuna
operaciones navales en el Mediterráneo
durante su gobierno de Sicilia y Nápoles
1610/1620

Túnez · El Mahdía

Malta

Querquenes

operaciones navales contra
los turcos en el Mediterráneo,
Francisco de Rivera,
batalla naval de Celidonia (Chipre) en 1616
Guerra contra el Turco
todo el siglo

PRÓLOGO

El presente libro de Julio Albi nos sitúa en unos años en los que el arte de la guerra experimenta un cambio significativo, como es que la Infantería se convierta en dueña y señora del campo de batalla, culminación de un proceso que, en rigor, podemos considerar que tiene su inicio en el siglo XIII y culmina en las primeras décadas del siglo XVI, por obra y gracia de la Infantería española, personificada en los tercios.

Al inicio de ese proceso, el arco y la ballesta adquirieron una importancia creciente. La ballesta era un gran peligro para los jinetes y sus monturas, si bien los ballesteros no alcanzaban la velocidad de disparo que conseguían los arqueros, pues los dos tiros por minuto de aquellos, estos la cuadriplicaban ya que eran capaces de atravesar las cotas de malla y, a mediados del siglo XIV, un arquero que tuviera en sus manos el llamado arco inglés podía conseguir con sus disparos alcances de 350 metros; su cadencia de tiro y su nivel de acierto estaban en directa relación con su pericia, tanto para cargar como para apuntar. Dotado con un arma fabricada con madera de tejo y cuya longitud era mayor que la del arco corriente, la potencia de su tiro era tal que las flechas que disparaba podían traspasar una puerta de roble, la armadura de un jinete y hasta el casco de un navío. Una realidad que no se podía ignorar, motivo por el que para neutralizar los efectos de los arqueros los caballeros habían de mejorar su protección, advirtiéndose desde mediados de siglo un perfeccionamiento de las armaduras.

A lo largo de la Alta Edad Media, la caballería pesada dominaba en los campos de batalla, gracias a las cotas de malla con las que se protegía y unas placas metálicas con las que intensificaba su protección y convertía en invulnerables algunas partes del cuerpo de los jinetes, contra los que nada podían las milicias de a pie, mal armadas y mal instruidas; desigualdad que se hizo más patente cuando, desde finales del siglo XIII, el desarrollo de la metalurgia permitió forjar corazas de acero, muy costosas, pero muy eficaces, sin que la fabricación de lanzas y espadas estuviera a la altura de este desarrollo tecnológico.

Por entonces, se produjo una gran novedad táctica: la utilización conjunta de los arqueros y la caballería, pues mientras los primeros desorganizaban al enemigo con sus lluvias de flechas, la caballería avanzaba y su posterior carga resultaba decisiva. Pionero, en cierto modo, en esta innovación fue Eduardo I de Inglaterra (1272-1307) en sus luchas contra los galeses y los escoceses en el último cuarto del siglo XIII, pues en las batallas campales utilizó a hombres de armas con arqueros y ballesteros. Un poco más tarde, cuando se iniciaba el siglo XIV, en 1302, en concreto, las milicias burguesas flamencas con picas y lanzas derrotaron a un contingente de Caballería francesa, lo que reveló la vulnerabilidad de una tropa montada sin cobertura. Años después, en 1314, a la Caballería de Eduardo II de Inglaterra (1307-1327) la vencieron los escoceses, mientras sus 21 000 infantes recibían misiones complementarias de poca trascendencia en el conjunto de las operaciones. También son significativas las victorias que consiguieron, en 1315, en Morgarten, los suizos, unos 1500 hombres con picas y alabardas, sobre los cerca de 4000 caballeros de Leopoldo I duque de Austria y landgrave de la Alsacia, así como la obtenida en 1319 por los campesinos en Sajonia sobre los caballeros. Tendencia que parece mantenerse en los años siguientes, pues en las batallas de Crécy (1346) y Poitiers (1365), los franceses aún confiaban en la Caballería para atacar las posiciones de los ingleses, a pesar de que estos desmontaron para recibir a pie la carga enemiga y consiguieron ventaja en el choque, máxime cuando una parte nada desdeñable de los jinetes galos fue alcanzada por las flechas que los arqueros ingleses les lanzaron en la carga de aproximación.

No obstante, como táctica, los ingleses en el siglo XIV siguieron confiando, sobre todo, en las incursiones en territorio francés con fuerzas de 2000 o 3000 hombres para quebrantar la moral enemiga, castigar la capacidad económica de la población al entorpecer el pago de impuestos y así limitar las posibilidades del monarca francés para movilizar y reclutar nuevas tropas. Era una táctica barata, ya que para llevarla a cabo no eran precisas armas complejas ofensivas ni defensivas y permitía asolar una gran área de territorio, lo que obligaba a los franceses a luchar (los derrotaron en Crécy y Poitiers) o a huir, con lo que prosiguieron las devastaciones (como sucedió en la incursión que realizaron contra Carcasonne en 1355 y en la campaña contra Reims de 1359).

Sin embargo, con ese tipo de guerra no se alcanzaría la victoria final, por lo que las batallas campales y los asedios no desaparecieron de la contienda. Enrique V de Inglaterra (1413-1422) cruzó el canal de la Mancha en septiembre de 1415 y cercó la ciudad de Harfleur, en la desembocadura del Sena; consiguió tomarla, pero a costa de tantas pérdidas que decidió retirarse a Calais para reembarcar y volver a Inglaterra; los franceses lo alcanzaron en Azincourt, donde sufrieron una estrepitosa derrota; el rey inglés, pese a estar en minoría, obtuvo un clamoroso éxito, pues además de la victoria, apresó a no pocos nobles enemigos lo que iniciaría una serie de triunfos como los conseguidos en los asedios de Ruan, Cherburgo y Falaise así como la posibilidad de recuperar el territorio que, según él, le correspondía. Por otra parte, las batallas de Carlos el Temerario (1467-1477) en Grandson (1476), Morat (o Murten, 1476) y Nancy (1477) son buenos exponentes del cambio que experimentó la táctica militar, pues las picas de los infantes suizos se impusieron a la formidable Caballería pesada borgoñona: la Infantería, organizada como unidad táctica, anunciaba su irrupción en el campo de batalla como fuerza incontenible al poder enfrentarse a la Caballería con posibilidades de triunfar, gracias sobre todo a la pica, un arma muy eficaz, ya que no sólo permitía rechazar las cargas de los jinetes, sino también desmontarlos gracias a su versatilidad, lo que explica que perdurara hasta principios del siglo XVIII, pese a su simplicidad.

Se ha explicado la aparición de la pica como consecuencia del alargamiento de la lanza, lo que generalizó su uso para la defensa de las posiciones y para neutralizar las cargas de la Caballería. Aunque se le han señalado antecedentes muy antiguos, se considera que el precursor más directo de la misma es el espontón, el cual ya se utilizaba en el siglo XIV. Este tenía una punta muy aguda, unida al astil y configurada para perforar las armaduras de los caballeros o los caballos. Las primeras picas que se construyeron en España, llamadas medias picas, eran de una longitud menor, muy parecidas a las lanzas, pues alcanzaban la estatura de un hombre, más o menos, y su moharra era parecida o igual que la de la pica y se le llamaba también «lanza de armas». Pero, a medida que avanzaba el siglo XIII, las picas se fueron alargando y llegaron a las dimensiones conseguidas en la época renacentista, momento en el que oscilaron entre los 3 y los 5 metros de longitud, una evolución en la que su rasgo fundamental fue la simplificación de la guarda del espontón, pues al reducirla comprobaron que la pica se equilibraba mejor y facilitaba su manejo sin perder la eficacia de sus funciones.

De la misma forma, ante lo que sucedía en los campos de batalla, hubo cuestiones que adquirieron una importancia muy superior a la que habían tenido hasta entonces. Se hizo evidente la conveniencia de que los combatientes estuvieran dotados de un armamento suficiente y adecuado; no menos importante parecía encontrar la proporción apropiada entre la caballería pesada, los arqueros a caballo, la caballería ligera, los arqueros a pie y los piqueros, un equilibrio en el que no había previsión ni panacea, ya que cada escenario bélico exigía una fórmula específica impuesta por las circunstancias y que podía ir de una plaza montada por dos de a pie, como es el caso de Inglaterra en el siglo XIV, hasta uno por cada diecinueve, como eran las tropas del emperador Segismundo (1411-1437) contra los husitas en 1422.

También hubo que plantearse el número de efectivos de los ejércitos y las cuestiones relacionadas con ello, sobre todo las que afectaban a la logística y la instrucción. La primera era necesario tenerla en cuenta para el adecuado aprovisionamiento de hombres y animales y la segunda era imprescindible si se querían tener posibilidades de éxito; así que, desde finales del siglo XIII y principios del XIV, a los reclutadores se les exigió que sus hombres recibieran instrucción, armamento y que permanecieran en las filas mientras durara su compromiso militar, condiciones que no siempre se cumplían.

En el siglo XIII, ya se imponía en algunos sitios que todos los hombres capaces de empuñar las armas tenían la obligación de prepararse para la guerra, para lo que se instauró, por ejemplo, la Ley de Winchester inglesa (1285) y, más adelante, la exigencia de practicar el tiro con arco (1363); medidas similares se establecieron en Escocia (1456) y en Borgoña (1473), al tiempo que la disciplina se imponía y el orden cerrado se abría camino en la práctica de los ejércitos. De hecho, el ejército permanente estaba a las puertas. Carlos VII de Francia dio un paso importante cuando, en 1445, creó las *compagnies d'ordonnance* y, en los lustros finales del siglo, las armas de fuego empezaron a ser la realidad que unas décadas después transformarían la guerra.

De manera general, podemos decir que desde principios del siglo XIII hasta mediados del siglo XVII, la importancia de la Caballería en la guerra disminuyó al generalizarse el empleo de las flechas lanzadas por los arcos y las ballestas, a los que se unirían los proyectiles de las armas de fuego. Un proceso en el que hay que constatar también la utilización de las armas de asta, antiguos artefactos cuya importancia se revaloriza ahora para proporcionar nuevos recursos ofensivos y defensivos a la Infantería, además de contribuir al final de la hegemonía del caballero montado.

A lo largo del siglo XIV empezaron a surgir en diversas partes de Europa –Suiza, península ibérica, Países Bajos, norte de Italia–, milicias urbanas bien entrenadas y disciplinadas, capaces de enfrentarse a los caballeros y, para ello, se organizaron en densos cuadros de infantes armados con picas, con una gran variedad de armas inspiradas en instrumentos agrícolas y, de modo creciente, con armas de fuego portátiles.

En los siglos siguientes, la Infantería se convertiría en el arma dominante en la batalla y eso se deberá, por un lado, a la creación de estructuras administrativas que posibilitaron que los Estados de inicio de la Edad Moderna pudieran reclutar contingentes permanentes cada vez más numerosos y, por otro, a la generalización del uso de la pica en soldados disciplinados combinada con el alcance y el poder de las armas de fuego, que reducen la eficacia de la Caballería a pesar de poseer mejores armaduras.

Las ya mencionadas victorias de los suizos sobre el ejército de Carlos el Temerario se consiguieron gracias a grandes y macizos cuadros de infantes armados con picas –cuya longitud alcanzaba hasta los 6 metros– que contaron con el apoyo de alabarderos. Los piqueros suizos se organizaron en compañías de doscientos hombres, unas unidades muy compactas, muy ligadas a la comunidad y al cantón de origen, un vínculo que reforzó su instrucción y su solidaridad en el combate; no en vano, las comunidades podían entrenar a los hombres desde el inicio de su juventud y desde finales del siglo XV, en Berna, funcionaba una escuela de enseñanza del manejo de la pica. De la eficacia de su preparación y entrenamiento habla el hecho de que se caracterizaran por realizar aproximaciones al enemigo muy rápidas para llegar al cuerpo a cuerpo y de asaltar las posiciones de la artillería antes de que sus servidores pudieran hacer una segunda descarga. Todo ello convirtió a los mercenarios suizos en unidades muy codiciadas por los ejércitos de la época y a los cantones suizos en un vivero de soldados que se contrataban al mejor postor. Su comportamiento fue muy pronto imitado.

El emperador Maximiliano I (1493-1519) buscó la forma de atender sus necesidades militares y constituyó su propia fuerza de infantería, para lo que creó unidades dentro del Imperio, disciplinadas e instruidas en el uso de la pica y así, en 1486, aparecieron las primeras formaciones de lansquenetes, reclutadas según el modelo suizo, con armas y armaduras a su usanza, si bien la pica preferida por los lansquenetes era más corta que la helvética, de unos 4,20 metros. Desde 1490, se les comenzó a exigir que juraran fidelidad a Maximiliano como «padre de los lansquenetes». Las unidades podían llegar a tener cuatrocientos componentes, de los cuales, una cuarta parte estaba compuesta por los veteranos, que formaban en los puestos más peligrosos en el combate y estaban mejor pagados; las alabardas o espadas manejadas a dos manos eran las armas de la mayor parte y entre veinticinco y cincuenta hombres llevaban armas de fuego portátiles. En el avance de las unidades, iba en vanguardia el «equipo perdido» o el «cuerpo de los desesperados», que estaba integrado por voluntarios o prisioneros a los que se les perdonaba la pena si sobrevivían, formados en una línea delgada para que permitieran el uso de las alabardas y las picas entre ellos.

Pero si en el caso de los lansquenetes se toma como modelo a los suizos, no sucede lo mismo con los tercios, la unidad española «especializada» en el manejo de la pica y las armas de fuego portátiles, que muy pronto superaron a sus «competidores» en los campos de batalla, cuyo estudio es el objeto de esta excelente monografía. En España, la experiencia necesaria para llegar a la formación del tercio tiene sus precedentes en la Reconquista, durante la cual los españoles practicaron una guerra fronteriza con unas tropas ligeras muy adaptadas a ese tipo de lucha y será en su fase final cuando se produzcan cambios y novedades significativos.

En la denominada Guerra de Granada (1482-1492), los Reyes Católicos, Isabel I de Castilla (1474-1504) y su esposo Fernando II de Aragón y V de Castilla (1474/1479-1516) utilizaron una heterogénea fuerza militar claramente medieval, compuesta de muy diversas aportaciones, pues se reunieron contingentes señoriales, que fluyeron abundantes, tanto por el deseo nobiliario de estar presente en lo que se presumía una gran ocasión –el final del islam español– como porque los reyes corrieron con la mayor parte de su coste, milicias concejiles o comarcales deseosas de participar, aunque a los requerimientos reales era difícil sustraerse, fuerzas de caballería e infantería de la Hermandad Nueva, por entonces lo más parecido a tropas militares permanentes, la denominada caballería de vasallos que, al estar pagada por el soberano gracias al acostamiento real –una especie de sueldo anual–, podía ser movilizada en cualquier momento, y las guardas reales, el cuerpo más importante de todo el conjunto, las cuales, reclutadas y costeadas por los reyes, estaban compuestas por hombres de armas (la caballería pesada), caballeros a la jineta (la caballería ligera), y los continos (la guardia real propiamente dicha). En definitiva, hay pocas novedades respecto a las décadas anteriores, pues ni siquiera la escasa fuerza artillera que poseían bastaba para modificar la naturaleza y los planteamientos de unos contingentes que llegaban directamente del pasado.

Pero en los años inmediatamente siguientes al final de la contienda contra los nazaritas, la guerra va a empezar a «renovarse» merced a la planificación que realiza el grupo de humanistas dirigido por Alonso Fernández Palencia y Alonso de Quintanilla y a las experiencias que reportan las campañas realizadas en Italia por Gonzalo Fernández de Córdoba, el Gran Capitán, las cuales manifiestan la importancia creciente y determinante que va adquiriendo la Infantería en el campo de batalla, aparte de evidenciar la gran mutación experimentada por los intereses militares de la Monarquía, que ha cancelado una línea secular de acción personificada en la presencia musulmana en la Península, es decir, con el enemigo «en casa» y ha inaugurado una intervención en el exterior, que le conducirá a desempeñar, más adelante, un papel hegemónico mundial.

Las experiencias obtenidas se van incorporando a la práctica mediante una serie de disposiciones que culminan en la Ordenanza de 1503, que acababa con la autonomía en campaña de los distintos contingentes que pudieran integrar un ejército, de forma que si bien la composición de una fuerza armada seguía siendo plural, su organización y dirección era competencia exclusiva del rey. Por otra parte, la base de la nueva situación militar que regulaba la Ordenanza radicaba en la preponderancia concedida a la Caballería pesada con el fin de poder enfrentarse con posibilidades de éxito al rey de Francia, pues Fernando e Isabel no se equivocaban al pensar que su política exterior en Italia iba a provocar –ya lo estaba haciendo– un largo enfrentamiento con el país vecino, cuyos hombres de armas se habían ganado una sólida reputación militar.

De esta forma, a principios del siglo XVI, las Guardias de Castilla, también denominadas guardas viejas o simplemente las *guardas*, constituían, prácticamente, el conjunto de tropas permanentes del ejército real, con sus efectivos, unos 2500 hombres, agrupados en 25 compañías, número que se mantiene de forma bastante permanente, aunque la cantidad de hombres por compañía variara, sin que se cuestionara en ningún momento el fundamento y la razón de ser de las fuerzas de esta naturaleza, consideradas el primer ejército permanente de España.

Las guardas eran, en realidad, un «ejército interior», pues se mantenían en la Corona de Castilla, sobre todo para que se emplearan según las necesidades que surgieran en cada momento y siempre en territorio «propio» o para proteger las fronteras. Por ello, podían encontrarse en tres situaciones diferentes: en campaña, es decir, como fuerza beligerante en caso de guerra; en frontera, donde se enviaban si había amenaza de conflicto y, en aposentamiento, la situación habitual en tiempos de paz. En tal situación, se encontraban repartidas a lo largo de tres zonas principales: el grueso se establecía en Castilla la Vieja, distribuidos en diferentes localizaciones, en la franja de Arévalo, Segovia, Sepúlveda y Palencia; Andalucía era la segunda zona, donde se encontraban cuatro compañías en el reino de Granada y la tercera zona era el Rosellón.

La permanente amenaza que constituían las frecuentes incursiones berberiscas y el carácter fronterizo que la costa mediterránea tenía por entonces le dan especial importancia a las guardas del reino de Granada, cuyos efectivos jalonaban el litoral, ya que desde Fuengirola, al sur, hasta Vera, al norte, había sesenta y dos puestos de vigilancia o *estancias*, encargados de descubrir la aproximación de posibles enemigos y dar la alarma en las poblaciones próximas para que se aprestaran a la defensa; la instrucción de 1501, fechada en Granada el 11 de agosto, había reorganizado las guardas de la zona y aumentado sus efectivos hasta 176 plazas desde las 140 que tenían hasta entonces.

Por otro lado y además de todos esos efectivos, estaban las reservas organizadas de la Caballería de los acostamientos, en cuya composición se integraban el grupo de los pensionados de las villas y ciudades que se cifraban en torno a 539 lanzas de hombres de armas con 1259 personas y 1702 lanzas de jinetes y el grupo aristocrático de grandes y caballeros, cuyos efectivos son difíciles de estimar. Todas las tropas referidas hasta ahora pertenecían a la Corona de Castilla. La de Aragón solo aportaba contingentes al ejército real en campaña.

En los años siguientes, el sistema se depura, línea que mantiene Carlos V, pues desde su advenimiento al trono, desarrolla una actividad reformista de gran trascendencia, de la que nos da puntual cuenta Julio Albi. Cada vez estaba más clara la importancia de la Infantería en la batalla. Las denominadas guerras de Italia ratificaron la tendencia iniciada tanto tiempo atrás y consolidada en las últimas décadas del siglo XV. Los hombres de armas eran ya, casi en su totalidad, una antigualla, cuya conservación respondía más a criterios caballerescos y de honor que a motivos prácticos. La misma percepción respecto a las amenazas y la previsión de futuro inspiraron en el emperador Carlos V y sus colaboradores la reforma de 1525 contenida en una Ordenanza de ese año que reducía de forma drástica los efectivos de las Guardas: los hombres de armas en un 45 % y los jinetes en un 40 %; medida radical que se toma en medio de una gran penuria económica. Tal reducción no impide que las guardas sean aún el principal elemento del ejército interior y que superen en importancia al resto de fuerzas existentes dentro de la Península, tanto en esos momentos como las que se organicen –o intenten organizar– con posterioridad.

Mucho más trascendente fue la reforma contenida en la Orden de Génova, emitida en 1536, que como señala Julio Albi, es «donde se acuña el término *tercio* para referirse a cada una de las tres agrupaciones de tropas entonces existentes, nombrándose expresamente a las de Nápoles y Sicilia; Lombardía y Málaga y mencionando, sin más detalles, que cada una debe contar con compañías de trescientos hombres». Esa Orden –a veces denominada también Ordenanza– se considera el arranque de la moderna organización de la Infantería española, desde entonces agrupada en tercios, la unidad táctica que le daría al ejército de la Monarquía una clara supremacía militar en Europa durante más de un siglo, con la gran novedad que supone el hecho de que se conciban desde el principio como organizaciones permanentes, en vez de lo que entonces era usual, pues aún permanecía vigente la práctica medieval de organizar tropas para un objetivo o campaña concreta y disolverlas después. Además, la Orden de Génova consolida de manera definitiva el funcionamiento del que podemos denominar «ejército exterior» de la Monarquía, por cuanto se refiere al heterogéneo grupo de hombres que luchaban bajo sus banderas y en defensa de sus intereses. Así, quedaban articulados los dos brazos –ejército interior y ejército exterior– sobre los que descansará hasta 1700 la organización militar de la Monarquía Hispánica.

Mientras las Guardas de Castilla viven un lento e inoperante ocaso –la última revista la pasan en 1694, según un informe de 1704–, los tercios tienen una ejecutoria muy distinta. Presentes en los ejércitos que la Monarquía Hispánica emplea en los diferentes territorios que posee, han suscitado el interés y la atención de muchos historiadores, que con frecuencia caen en un relato apologético de sus hazañas, tono que los tercios no necesitan, pues sus actuaciones hablan por sí solas. Esa exaltada visión ha llevado incluso a confundir una parte con el todo, pensando que los ejércitos imperiales y de la Monarquía Hispánica estaban formados por tercios, cuando en realidad la Infantería española de estos era una porción de los mismos, en torno a un diez por ciento.

El libro de Albi cumplió en su día una función que ahora ratifica, ya que es un completo estudio del periodo más significativo de la historia de estas unidades, lo que lo sitúa en la línea de las aportaciones de René Quatrefages y de Geoffrey Parker, lejos de defensas y exaltaciones innecesarias, pues la naturaleza de los tercios y su ejecutoria en el campo de batalla no las necesita y reivindica episodios sobre los que se ha pasado por encima sin reparar en lo que significan en realidad, como sucede con la victoria española en Bicoca (27-IV-1522), donde se impusieron los arcabuces españoles a los piqueros suizos. La nueva Infantería española se imponía a la unidad más prestigiosa en Europa hasta entonces y, como dice Julio Albi, «los suizos nunca llegaron a recuperarse». Si Bicoca se puede interpretar como el predominio de la Infantería española sobre la suiza –o si se prefiere, del arcabucero español sobre el piquero suizo–, la batalla de Pavía, cuyo episodio central tiene lugar el 24 de febrero de 1525, no sólo ratifica esa ventaja sino también la obtenida sobre los lansquenetes que formaban en el Ejército francés y, lo que es más, sobre la gendarmería francesa, tropa de élite a caballo, hombres de armas afamados en toda Europa, que en ese choque pierden a parte de su aristocracia y en la que su rey queda prisionero. La batalla de Mühlberg (24 de abril de 1547) es la prueba inapelable del éxito conseguido con la nueva organización de la Infantería española, con el tercio como elemento determinante, la unidad táctica, orgánica, logística y administrativa creada por Carlos V y dirigida por el maestre de campo, de amplias facultades sobre sus hombres, pues si en tiempos de guerra –como escribe Albi– los dirige como «unidad de maniobra básica del ejército. En la paz, se ocupa de la instrucción de sus oficiales y soldados. Siempre tiene la calidad de "justicia ordinaria", para lo que cuenta con los servicios de un letrado, el auditor».

De todos estos extremos nos ofrece Julio Albi un relato directo y fresco, cuya lectura resulta muy ágil por la redacción tan amena empleada en las páginas que siguen, donde se abordan todas las dimensiones de la vida de estas unidades, empezando por sus características orgánicas, cuya normativa analiza concluyendo que «estamos ante unos tercios notablemente más pequeños –y, por tanto, más maniobreros–, y mejor dotados de armas de fuego –por consiguiente, más eficaces– de lo que pueden dar a entender las disposiciones oficiales» y describiendo con detalle los diferentes niveles de los mandos para destacar sus funciones, desde el maestre de campo hasta el capellán y el cirujano, pasando por los capitanes, los alféreces y el sargento mayor, además de furrieles, tambores, etc.

En el capítulo 3, Albi hace interesantes observaciones sobre las armas empleadas por los soldados en aquellos años. La pica se considera un elemento esencial, seguida de otra arma blanca importante, la alabarda y, en menor medida, de la espada y la daga (o la espada de mano izquierda); pero la gran relevancia la consiguen los arcabuces y, sobre todo, los mosquetes, de cuya relevancia tenemos información en estas páginas, así como de las novedades que se producen en los cambios experimentados por «el masivo escuadrón tradicional, ideado para el tipo de armamento existente a mediados del XVI […] Mauricio de Nassau, seguido de Gustavo Adolfo de Suecia, marcó el camino del futuro».

La información que encontramos en estas páginas sobre la vida y la reputación de los tercios no puede ser más sugestiva y precisa. A ello está dedicado el capítulo 4, a desentrañar las interioridades de esas unidades «nómadas», condición que le viene de ser «fuerzas de intervención, que les hacía acudir de un terreno de operaciones a otro». La lectura nos proporciona detalles de los desplazamientos (cómo se hacían, cómo iba dispuesta la fuerza, qué llevaban, etc.), de las acampadas en tránsito (dónde se hacían, cómo se montaba la guardia), de los alojamientos en núcleos urbanos (asignación de los hombres a casas particulares y sus problemas, de los abusos y mal comportamiento de los soldados y de las prácticas de los paisanos para eludir las cargas que recaían sobre ellos cuando llegaba una tropa, que iban desde ceder parte de la casa hasta facilitar el transporte de los bagajes que llevaban los soldados), de su estancia en grandes ciudades (Bruselas, Gante, Nápoles, etc.), de sus juegos y diversiones (corridas de toros, paseos, caza, visitas a establecimientos públicos, juegos de cartas, etc.), del papel que jugaban las mujeres y las familias de los soldados, de las rencillas y duelos entre los hombres, de su autoestima (tema tan importante que preferían perder la vida antes que «la honra y opinión»), de la imagen que se tenía de ellos en Europa y de otros extremos que caracterizan a un soldado único en su tiempo.

No menos importante era la cuestión disciplinaria, contenido del capítulo 5, cuestión en la que la existencia del fuero militar resultaba determinante tanto en las actuaciones internas como en la relación con otras jurisdicciones existentes en la época. Era general la creencia entre los soldados de la conveniencia de una disciplina férrea, en la que «residía en gran parte la superioridad de la Infantería española» y a la hora de corregir faltas o sancionar delitos –cuya gama era amplísima–, había que hacerlo de manera que el infractor no perdiese la honra, considerada tan importante como la disciplina, cuestión peliaguda para los mandos a la hora de decidir cómo, cuándo y dónde aplicar el castigo. La falta de pagas y los motines tienen un papel importante y una dinámica especial en este particular.

En los capítulos 6, 7 y 8, vemos a los tercios enfrentarse «a los más variados enemigos por tierra y por mar, cosechando una larga serie de triunfos», cuya valoración ha inducido a errores, como sucede con Michael Roberts, el primero en hablar de la «revolución militar», hoy tan matizada y cuestionada. En cualquier caso, estos tres capítulos constituyen una excelente panorámica de cómo combatían los tercios, cómo se atrincheraban y comportaban en posiciones defensivas y cómo se utilizaban en empresas navales, variedad que permitía el sistema de combate tan flexible que tenían estas unidades, el cual les permitía actuar en batallas campales, en sitios de ciudades y en acciones navales y anfibias. Ejemplos muy ilustrativos de tal variedad nos los ofrece Julio Albi en un ameno y preciso relato, en el que destacan, en lo que a las batallas se refiere, entre otras, la de Mook (1574, «un brillante ejemplo del Ejército de Flandes en acción»), la de Nieuwpoort (1600, o primera batalla de las Dunas, «la primera victoria importante del ejército holandés»), la de Nördlingen (1634, «la primera y última vez que se enfrentan los dos modelos rivales, el sueco y el español» y que significó el final de Suecia, «que quedó descartada como potencia europea») y la de Rocroi (1643, «constituye la apoteosis de los tercios. Los ejércitos siempre han considerado un timbre de gloria las derrotas gloriosas»). En cuanto a la guerra de sitios, la de los Ochenta Años (1568-1648) nos ofrece un variado muestrario, que permite analizar las distintas alternativas, eventualidades y posibilidades de los asedios en los Países Bajos (asaltos, preparación de emplazamientos firmes para la artillería, minas y contraminas, abastecimiento, construcción de trincheras, aproximaciones, etc.). Nuestro autor nos ofrece una variada casuística de lo que sucedía en los asedios mediante referencias a los de Mons (1572), Alkmaar (1573), Maastricht (1579), Grave (1582), Ninoven (1582), Neuss (1586), Bonn (1589) y un largo etcétera, sin olvidar los dos, posiblemente, más importantes: el de Haarlem (de diciembre de 1572 a julio de 1573) y el de Amberes (de finales de 1584 a agosto de 1585). Y, en cuanto a los tercios en el mar, incluye referencias a la potencia y capacidad naval española en el periodo que nos ocupa, a los tipos de barcos existentes –donde el galeón y la galera eran los más importantes–, a sus dotaciones, al armamento y a las «guarniciones» (nombre que se daba a la Infantería embarcada) que podían llevar y que se empleaba en caso de ataque enemigo, en expediciones contra las bases piráticas, en operaciones de desembarco y de refuerzo de guarniciones, de lo que también Flandes y el mar del Norte ofrecen un variado muestrario. Escenario no menos complicado en este sentido eran los enclaves o presidios españoles norteafricanos, donde las privaciones y el heroísmo corrían parejos. Pero los tercios estarán presentes tanto en el Mediterráneo como en el Atlántico, en combates navales, operaciones anfibias y golpes de mano Orán, Argel (1541), Túnez (1535), Malta (1565), Lepanto (1571), la conquista de Portugal (1580) y la de las Azores (1583), la expedición a Inglaterra (1588, «la más ambiciosa operación anfibia de los siglos XVI y XVII»), por citar algunos de los casos más significativos.

Al capítulo 9 lo podemos considerar el dedicado al ocaso de los tercios, pues nos presenta la fase final de su historia, con referencias a las últimas Ordenanzas y demás disposiciones del siglo XVII, donde destaca la Ordenanza de 1632, tanto por la fecha en que se emitió como por su preciso contenido, que se complementa con la Real Resolución de 30 de abril de 1633. Cierran este capítulo referencias a las fuerzas de Infantería existentes en ocasiones como la guerra contra Francia (1639) y la sublevación catalana, la guerra contra Portugal (1643) y el despliegue de fuerzas existente en 1700 para concluir con la exposición del proceso que lleva a su disolución, ya bajo la dinastía borbónica y en el transcurso de la Guerra de Sucesión española (1702-1713).

El volumen contiene dos apéndices: el primero está dedicado a los tercios españoles en Flandes entre 1567 y 1600 –que me parece particularmente valioso– y el segundo, un glosario militar. Finalmente, una orientación bibliográfica, presentada por capítulos, informa al lector interesado dónde puede proseguir sus lecturas.

Creo que será especialmente sugestivo para quien lea este libro lo que Julio Albi expone en el primer capítulo y en el Epílogo, a cuyo contenido no me voy a referir, para dejar que el lector pueda descubrir por sí mismo un conjunto de datos y reflexiones muy valiosos sobre nuestros tercios.

Y ya sólo me queda manifestar que ha sido una gran satisfacción para mí escribir estas líneas introductorias a una obra como la que nos presenta Julio Albi, que no las necesita en absoluto, pues *De Pavía a Rocroi*, además de estar en la línea de calidad a la que él nos tiene acostumbrados con sus publicaciones, se ha ganado un puesto de honor en nuestra historiografía militar relativa a la Monarquía Hispánica.

Enrique Martínez Ruiz
Catedrático de Historia Moderna
Universidad Complutense de Madrid

PREFACIO A ESTA EDICIÓN

No se rendían, y era menester matarlos.

Hace más años de los que quisiera recordar, Arturo Pérez-Reverte me sugirió que escribiera un libro sobre los tercios. Me gustó la idea, y así lo hice. En efecto, parecía que existía en esa materia un hueco por cubrir, porque durante decenios en España se venía hablando mucho de esas unidades, omnipresentes en soflamas huecas sembradas de «laureles inmarcesibles», pero se sabía poco, se leía menos y apenas se publicaba sobre ellas.

Si bien existían obras sobresalientes, como la imprescindible de Quatrefages y la muy notable de Parker –aunque esta se centraba en su análisis definitivo del Camino Español–, era muy escasa la producción nacional posterior al magnífico lienzo que de Rocroi pintó Cánovas. Destacaban, sin duda, los excelentes estudios de O'Donnell y Gracias Rivas, pero se circunscribía el primero a la fuerza de desembarco de la Gran Armada, y el segundo a la «invasión» de Aragón en 1591. Había, pues, espacio para intentar un tratamiento más general del tema, y es lo que procuré hacer.

Los tercios no merecían ese secular desconocimiento. En cierto modo, con sus virtudes y sus defectos, marcaron para siempre al Ejército español. A mediados del XIX, todavía los observadores extranjeros valoraban su rendimiento comparándolo con el de sus predecesores de tres siglos antes, y en el XX el mariscal Montgomery no escatimaba elogios al evocarlos.

Tradicionalmente, se ha elogiado de los tercios sus grandes victorias, la supremacía que llegaron a alcanzar y sus múltiples hazañas, y, sin embargo, hay en ellos un rasgo más característico y que, lo que es singular, pervivió a lo largo del tiempo y de las geografías. Se trata de su ceñudo rechazo a aceptar la derrota evidente, algo que Storrs ha sabido percibir, haciéndolo extensivo, con motivo, a toda la Monarquía Hispánica.

Así, la cita que encabeza estas líneas la podía haber escrito Condé en 1643, pero pertenece al general independentista venezolano Páez, y alude a un combate en 1818. Refiriéndose a la infantería española, dice con admiración que «hasta solo cuatro formaban cuadro», y que se defendían «c... con c...». Idéntica tenacidad, desvanecida ya toda esperanza, mostraron los hombre del batallón de Burgos, en Maipú (Chile); los zambos, europeos y mestizos del batallón de Valençey, en Carabobo (Venezuela); los negros del batallón de Arequipa, en El Callao (Perú); «aquel montón de heridos y cadáveres que aún conservaba su bandera y que se llamaba el batallón de Ciudad Rodrigo», en Wad Ras (Marruecos); los tagalos del regimiento Joló en Tarlac (Filipinas), y los turutas del Constitución en El Caney (Cuba), ganándose el aplauso de sus enemigos norteamericanos. Todos ellos, sin saberlo, a miles de kilómetros y a cientos de años de distancia, repetían la gesta del tercio que fue de Alburquerque en Rocroi, obedeciendo de forma inconsciente a una herencia nunca olvidada. Quizá esa resistencia impávida frente a la adversidad sea el mejor legado de unas unidades para las que no se ponía el sol.

Dos palabras sobre el título. Lo escogí porque parecía sonoro, pero de la lectura de la obra claramente se desprende que Rocroi no fue Waterloo. Los tercios, tozudos, siguieron combatiendo durante muchos años tras aquella derrota. Todavía en Almansa, en 1707, los Morados Viejos, recién transformados en regimiento de Castilla por voluntad de Felipe V, dieron prueba de su valía. No hubo, por tanto, ningún súbito desplome, pero si un largo decaimiento, cuyos inicios se pueden situar a mediados del siglo XVII.

Ahora, casi veinte años después, renace el libro, por voluntad de Javier Gómez, Alberto Pérez y Carlos de la Rocha, a los que agradezco su acto de fe. Desde que se publicó han aparecido muchos otros trabajos, buenos y malos, pero es de esperar que aún quede un hueco para estas páginas pergeñadas en Nueva Orleans, hace tanto tiempo.

INTRODUCCIÓN A LA PRIMERA EDICIÓN

Importa para todo que aquí haya golpe de infantería española,
sin la cual no se puede tener ningún buen suceso.

Carta del archiduque Alberto a Felipe III, 23 de abril de 1602

Si, siguiendo a Clausewitz, la guerra es la continuación de la política por otros medios, habría que considerar los tercios un instrumento esencial de la política de los Austrias. Cualquier potencia de primer orden, y España lo fue al menos desde el siglo XVI hasta bien entrado el XVII, necesita unidades militares que afirmen su voluntad de dominio, defiendan sus territorios, ganen otros nuevos y, en general, impongan la dura ley del más fuerte. Macedonia tuvo sus falanges. Roma, sus legiones. Y España, sus tercios.

Los tercios salvan Viena y Malta, derrotan irremisiblemente al turco en Lepanto, en Nördlingen acaban con el legendario ejército sueco, entran por la brecha en Budapest, guarnecen París, navegan en la empresa de Inglaterra, luchan en el Norte de África y defienden en Flandes una imposible concepción del mundo. Solo las Indias les son ajenas. La conquista es obra de aventureros iluminados. Su conservación únicamente ofrece menguados enemigos, que por su ralea no exigen el empleo de tropas selectas. Solo pisarán ultramar para operaciones tan concretas como breves.

Porque los tercios fueron, de principio a fin, la verdadera última ratio de los reyes de España, sus dados de hierro que, arrojados sobre una mesa de negociaciones o un campo de batalla, bastaban para ganar la partida.

Se trataba de unidades de infantería, sólidas, duras, flexibles, maniobreras, que combinaban a la perfección los distintos tipos de armas disponibles y poseedoras de una casi religiosa fe en su propia valía.

En sus filas formaban desde grandes de España a Lazarillos de Tormes, desde capitanes surcados de cicatrices a mochileros adolescentes, componiendo un vasto patio de Monipodio presidido por un fanático sentido del honor, que les permitía sufrir todo, menos que les hablaran alto.

Siempre mal pagados, siempre blasfemando bajo los coletos atravesados por una cruz roja, los tercios enmarcan con sus picas un periodo fulgurante de la historia de España para acabar muriendo bajo sus banderas desgarradas en una larga agonía que, en contra de la leyenda, no termina, sino empieza, en Rocroi.

Es singular que, a pesar de ello, apenas hayan merecido atención en su propio país. Parece como, si al contrario del Cid, después de muertos hubieran perdido todas sus batallas. La presente obra tiene como objetivo, únicamente, devolvernos su recuerdo.

1

ORÍGENES, NACIMIENTO Y DISOLUCIÓN DE LOS TERCIOS

> Las ciudades y los campos resonaban a cada paso con el eco de las cajas
> y todo llenaba el estruendo de los que hacían las levas.
>
> F. Estrada

El origen de los tercios ha estado envuelto entre la leyenda y la tradición infundada, sin que –a pesar de la fama que alcanzaron– hasta hace poco existiera ningún estudio serio sobre el proceso que llevó a su formación. Afortunadamente, esta situación ha cambiado con la publicación, en 1996, del excelente trabajo de Quatrefages titulado *La Revolución Militar Moderna. El crisol español*.

Según este autor, y en contra de la visión más extendida que presenta al Gran Capitán como fundador de estas unidades, «la concepción y la creación del nuevo Ejército fue obra del gobierno de los Reyes Católicos», y se hizo desde España, no desde Italia.

Fueron ellos los que, en un primer momento, introdujeron el «modelo suizo», basado en el predominio de la infantería armada de largas picas. A su vez, eso fue posible porque en España, a diferencia de otros países, como Francia, existía desde hacía tiempo un peonaje muy desarrollado, debido a la peculiar estructura social y a la larga guerra de Reconquista. El primer contingente expedicionario que se manda a Italia en 1495 refleja esa posición privilegiada de los infantes, que aportan cinco mil hombres frente a solo seiscientas lanzas de caballería. Poco después, la ordenanza de 18 de enero de 1496 «sentaba las bases de la organización de esa administración militar que permitió a España crear, enviar y mantener ejércitos y armadas en los cuatro confines del mundo cristiano a lo largo de muchos decenios».

En torno a esas fechas, al constituirse el ejército del Rosellón, aparece la infantería dividida en tres partes: lanceros o piqueros; escudados, y ballesteros y espingarderos, lo que demuestra que «las innovaciones organizativas no fueron fruto de la experiencia de los cuerpos expedicionarios de Italia».

Para la campaña de 1496-97, los lanceros de a pie figuran ya dotados de picas de veinticuatro palmos. En 1500, se forma una segunda expedición para Italia, con tres mil cuarenta y dos infantes y únicamente seiscientos caballos. Los primeros, agrupados en compañías de distinta entidad. Los escudados, además, han desaparecido, mientras que los espingarderos suman una cuarta parte del total, indicándose así «una percepción extraordinariamente precoz de la importancia de las armas de fuego». Otro hito en la evolución sería la unión en las relaciones de fuerza de los lanceros con los ballesteros, reflejando una pérdida de la importancia de estos, a la que seguirá la transformación de unos y otros en piqueros. El elemento más moderno, los espingarderos, pasa en menos de diez años de constituir un simple subgrupo, mezclado con los ballesteros, hasta formar, junto a los piqueros, una de las dos especialidades de infantería.

El Gran Capitán obtendrá sus triunfos italianos cuando este proceso todavía no estaba completado. Le cabe, no obstante, el mérito de «la comprensión, antes que nadie, de la importancia de las armas de fuego portátiles individuales». En este campo, España se adelantó considerablemente a otras potencias. Como afirma Oman, con refrescante franqueza: «por causas que resulta imposible descubrir, los españoles adoptaron las armas de fuego mucho antes que los franceses, los ingleses o los italianos». En 1523, Francia seguía sin tener arcabuceros, y solo se introducirán al parecer como resultado de la amarga experiencia de Pavía, dos años después: «los españoles se han llevado la palma en el uso del arcabuz, cuyo arte y primeras lecciones nos han enseñado los franceses, ya que antes solo usábamos ballestas». En cuanto al mosquete, aparece a partir de 1573, con notable retraso sobre el caso español. En Inglaterra, el proceso sería aún más lento, debido a la resistencia a abandonar el arco, que tan eficaz había sido en el pasado y que no desaparecería totalmente hasta 1595; en 1544, solo el siete por ciento de su infantería tendría arcabuz, y hasta el final de la década de los ochenta no empezaría a contar con mosqueteros en sus fuerzas.

Salazar afirma que Fernández de Córdoba entrevió una infantería que se parecería mucho a los tercios: un «escuadrón» dividido en doce compañías de quinientos hombres. Dos de ellas, de piqueros en su totalidad; el resto, con doscientos de estos, otros tantos dotados de rodelas y dardos y cien arcabuceros. El jefe de la unidad llevaría el nombre de coronel, y en cada compañía habría un capitán, «cinco centuriones a los que llamaría cabos de batalla», un alférez con su bandera, cincuenta cabos de escuadra, dos tambores y un pífano. Pero nada indica que esta idea se llevara a la práctica.

La batalla de Pavía, óleo sobre madera de Rupert Heller. Nationalmuseum, Estocolmo.

En opinión de Quatrefages «1504 fue verdaderamente el año crucial», cuando los Reyes Católicos deciden formar en España «la gente de ordenanza, es decir, la nueva infantería», articulada en compañías relativamente homogéneas, y no ya en contingentes provinciales de muy diversa entidad. La conquista de territorios en Italia y en el norte de África acelerará la transformación, al exigir guarniciones permanentes.

En 1507, con ocasión de una rebelión del conde de Lemos, se activan las mencionadas compañías. Cada uno de sus capitanes debía reunir sesenta y dos hombres, la tercera parte, arcabuceros; las otras dos, piqueros. Al año siguiente, para el ataque a Orán, los infantes –más de once mil, comparados con menos de setecientos lanzas montadas– están organizados en coronelías, que agrupan una cantidad variable de compañías. Surge así un escalón intermedio entre estas y el ejército. Cada capitán cuenta, también, con un teniente, un alférez, a veces un sargento, cabos y músicos. En 1510 se menciona, aunque con funciones desconocidas, al maestre de campo, que será el futuro jefe del tercio.

Cuando en 1529 se preparan fuerzas para acompañar a Carlos V a su coronación, los espingarderos han desaparecido totalmente, figurando en su lugar los arcabuceros y algunos escopeteros, que no tardarán en ser suprimidos; capitanes y alféreces aparecen con los sueldos que mantendrán durante años (cuarenta y quince escudos mensuales, respectivamente).

Clonard asegura, sin citar sus fuentes, que «en 1534 la infantería sufrió una nueva variación: creáronse los tercios, cada uno de los cuales se componía de tres coronelías y estas a su vez de cuatro compañías». Según este autor, se constituyen de esta manera los de Nápoles, Sicilia y Lombardía.

Pero el último paso documentado será la llamada Orden de Génova, de 1536, donde se acuña el término «tercio» para referirse a cada una de las tres agrupaciones de tropas entonces existentes, nombrándose expresamente a las de Nápoles y Sicilia; Lombardía y Málaga y mencionando, sin más detalles, que cada una debe contar con compañías de trescientos hombres. Parece, pues, que se está designando así a fracciones del ejército, más que a unidades orgánicas. Lo mismo sucederá durante las campañas de Alemania de 1546 y 1547, cuando se aplicará a otros tres contingentes, los de Hungría, Nápoles y Sicilia. Da la impresión, por tanto, que el concepto evolucionó con el tiempo, pasando de describir, literalmente, a la tercera parte de una fuerza, a referirse a un tipo específico de unidad.

En todo caso, en torno a esas fechas llegaba a su término una evolución que, partiendo de una infantería anormalmente numerosa, pero organizada y armada de una manera convencional, llevó a unidades permanentes, dotadas del más moderno armamento y con una estructura peculiar. Se había pasado de contingentes medievales, como tales de dispar composición y levantados para una campaña y luego disueltos, a estructuras homogéneas, con existencia propia, que no dependían de que hubiera o no guerra.

Su superioridad residía en la utilización de armas portátiles de fuego, especialmente el arcabuz, cuya eficacia quedó plenamente demostrada en Pavía y en Mühlberg, para citar dos ejemplos destacados.

Antes de describir las primeras de esas batallas hay que hacer alusión a la de Bicoca (27 de abril de 1522), combate en el que los arcabuceros españoles, que eventualmente constituirán la columna vertebral de los tercios, ganan sus espuelas. La facilidad del triunfo, que hizo que ese nombre se incorporara a la lengua castellana, no disminuye la importancia del resultado. Al contrario, la acrecienta, por la rapidez con que se deshizo un mito: el del piquero suizo.

Al menos desde el último cuarto del XV, aparece un tipo revolucionario de soldado, el piquero helvético, conocido también como «esguízaro». Agrupado en gigantescos cuadros de gran profundidad y formados por miles de hombres, equipados con largas picas, pone fin a siglos de predominio de la caballería noble. La solidez de estas tropas, que durante cincuenta años nunca volvieron las espaldas, aunque fuesen ocasionalmente derrotadas, contribuyó a hacer de ellas las más temidas de Europa. España y Francia pagaron a precio de oro sus servicios.

En Bicoca, quince mil de ellos, al sueldo de este último país, divididos en dos enormes cuadros, avanzan imperturbables contra los imperiales. Estos cuentan como fuerza de mayor peso con cuatro millares de arcabuceros españoles, que esperan, apoyados por artillería, al otro lado de un camino, tras un terraplén coronado por una empalizada.

Los esguízaros se arrojan al ataque con su habitual valor. A pesar de sufrir unas mil bajas por el fuego enemigo, atraviesan la carretera. Superar el talud les resulta, en cambio, imposible. Porque el terreno rompe su impulso y, sobre todo, porque los arcabuceros no descansan. Seguirán tirando por filas sucesivas hasta que, después de haber perdido veintidós capitanes y unos tres mil soldados, los piqueros, sin dejar de hacer frente, se retiran. Los españoles están intactos, y el arcabuz ha probado su eficacia. En cuanto a los suizos, nunca llegaron a recuperarse; en efecto, «ya no volvieron a desplegar su famoso vigor». «La importancia de ese día reside en que, finalmente, los suizos fueron curados de su tradicional tenacidad».

La táctica de los vencedores no es nueva: es prácticamente la misma que la adoptada con éxito por Fernández de Córdoba en Ceriñola, en abril de 1503. Pero entonces desplegó espingarderos y escopeteros, dotados de armas menos efectivas que el arcabuz.

Asistió a Bicoca el hombre que quizá vio antes que nadie las posibilidades del nuevo tipo de infante que era el arcabucero. El marqués de Pescara, napolitano de nacimiento, pero tan aficionado a lo español que vestía «a la española», y hablaba en castellano con su mujer, italiana, hallará en esas fuerzas el instrumento ideal para desarrollar su concepto de la guerra. Al frente de ellas, utilizará sistemáticamente técnicas que luego se convertirán en rutinarias: «encamisadas»; transporte de los infantes en las grupas de la caballería para aumentar su movilidad; maniobras ágiles, en orden disperso. Significativamente, en un combate, Bayardo, el caballero sin miedo y sin tacha, el arquetipo del jinete noble, recibirá un arcabuzazo que le parte la espina dorsal. Su muerte, como la del comandante en jefe francés en Ceriñola, duque de Nemours, víctima de tres disparos, anuncia el futuro de «esas armas diabólicas».

Si en Bicoca sucumbe el piquero suizo frente al arcabuz, en Pavía (24 de febrero de 1525) será el turno de la caballería aristocrática.

La batalla tiene lugar dentro de una campaña afortunada que Francisco I de Francia dirige en persona contra los imperiales en Italia. Ante su avance irresistible, estos se retiran hacia el este para reagruparse, dejando en Pavía a Antonio de Leyva, con una guarnición de mil españoles y cinco mil alemanes. Los muros de la plaza estaban en pésimas condiciones, pero Leyva, veterano de treinta y dos batallas y cuarenta y siete asedios, con su proverbial energía los hace reparar, a tiempo para rechazar los asaltos que un ejército enemigo de treinta y seis mil hombres lanzará a partir del 28 de octubre de 1524.

El fracaso de estos mueve al rey a optar por un bloqueo, esperando conseguir con él la capitulación. Pero el principal problema del gobernador no serán tanto los víveres como parte de sus hombres. Los tudescos, descontentos con los retrasos en las pagas, amenazarán al menos en dos ocasiones con amotinarse. Solo depondrán su actitud cuando se les abonan parte de sus haberes, con tributos impuestos a los burgueses, no sin que antes dos de sus compañeros hayan sido ahorcados por indisciplina. Su jefe, conde de Hohenzollern, morirá. Unos dicen que por causas naturales. Otros apuntan a un envenenamiento por órdenes de Leyva, lo que, en todo caso, sería una solución muy renacentista.

Mientras prosigue el cerco, los imperiales se han reorganizado, y levantan nuevas tropas, lo que permite al virrey de Nápoles, Lannoy, ponerse en marcha para liberar Pavía.

El 12 de enero de 1525, dos españoles atraviesan las líneas enemigas y entran en la ciudad. Llevan tres mil ducados para las tropas y la noticia de que unos veinticinco mil hombres marchan en su socorro, bajo la nieve y la lluvia. El 24, pasan el río Adda, avanzando directamente hacia la plaza.

Cuando llegan a la vista del campo francés, las condiciones metereológicas y las deserciones les han reducido a poco más de veinte mil: cuatro mil españoles, diez mil alemanes, tres mil italianos y alrededor de dos mil jinetes, la mayoría, ligeros. Tienen dieciséis piezas de artillería.

Francisco I cuenta con fuerzas similares. Forman su infantería suizos, alemanes de la famosa Banda Negra, italianos y franceses. Su caballería es más numerosa que la contraria, y se enorgullece de mil doscientos magníficos hombres de armas, la caballería pesada noble por excelencia. Dispone de cincuenta y tres cañones. En suma, «los franceses tienen una superioridad aplastante en número y calidad de caballería pesada; una leve superioridad numérica en caballería ligera; una sustancial igualdad numérica en infantería y una notable ventaja en artillería».

Se trata de ejércitos completamente distintos. El imperial, basado fundamentalmente en una infantería moderna, encarnada en los arcabuceros españoles. El francés, casi feudal, articulado en torno a los caballeros acorazados de la gendarmería. Junto a los suizos, destaca otro modelo de infante que ya empezaba a quedar asimismo anticuado. Es el lansquenete alemán, que también forma en las filas de Lannoy. Es un soldado que combate «a la suiza», pero que además de la pica, dispone en sus formaciones de un cierto número de armas de fuego (en torno al doce por ciento) y, en las primeras hileras, de hombres con alabardas y montantes –los «doble sueldos»– cuya función es abrir huecos en el cuadro adversario. Jinetes armados de punta en blanco, esguízaros y lansquenetes se mostrarán inferiores al arcabucero español.

Lannoy, escaso de dinero y de víveres, teme que sus tropas se le dispersen si la campaña se prolonga. Decide, por consiguiente, tomar la iniciativa.

Un ataque frontal parece imposible. Los franceses se encuentran protegidos por dos líneas de fortificaciones, una mirando a la ciudad, y la otra al exterior. Parte de ellas se apoyan en un gran parque, que llega hasta las murallas de Pavía, rodeado de una pared de más de dos metros y medio de alto, cuarenta centímetros de espesor y veintiún kilómetros de largo. En su centro se halla el lugar de Mirabello, con un palacete, próximo a otra pared que divide en sentido longitudinal el enorme cazadero entre el Parque Viejo y el Nuevo.

El plan de los imperiales, ante estos obstáculos, es desbordar la izquierda enemiga, penetrando en el parque, para amenazar sus comunicaciones con Milán, forzándole de esa manera a abandonar sus posiciones.

En la noche del 23 al 24 de febrero, a cubierto de un bombardeo artillero para distraer a los franceses, se realiza el movimiento de flanqueo, que pasa desapercibido. Los gastadores practican tres brechas en los muros, mientras destacamentos amagan ataques en otros puntos. Hay que añadir que, en noches anteriores, Pescara ha asestado varios duros golpes de mano con sus arcabuceros españoles. Ello hace pensar a los franceses que los movimientos imperiales responden a una operación de alcance limitado.

No por eso el trabajo fue menos laborioso. Se hacía en la oscuridad, las paredes eran gruesas y había que procurar no alertar a los contrarios. No se acabó hasta el alba, con cierto retraso sobre lo previsto. Con las primeras luces, la vanguardia imperial, dirigida por el marqués del Vasto, sobrino de Pescara, irrumpe en el parque, al tiempo que se lanzan dos cañonazos. La forman infantes italianos y españoles, en su mayoría arcabuceros, y alguna caballería ligera. Todos llevan camisas blancas sobre sus ropas para reconocerse.

Rápidamente, marchan sobre Mirabello, donde esperan reunirse con Leyva, avisado por los disparos para que haga una salida desde Pavía. Mientras, el grueso del ejército empieza a entrar por las brechas, dividido en cinco grupos. De derecha a izquierda: infantería española de Pescara, la mitad de la caballería, lansquenetes con Lannoy, resto de los jinetes y un destacamento de lansquenetes a las órdenes de Borbón. En retaguardia, infantes italianos y algunos españoles con la artillería. Una vez en el parque, comienzan a desplegar.

La vanguardia toma sin dificultades la aldea, ocupada por parte de la impedimenta francesa, expulsando a sus ocupantes, que llevan al campo del rey la noticia de lo que está sucediendo. Resulta entonces evidente que no se trata de un golpe de mano más, sino de un ataque en toda regla.

Francisco I no vacila. Convencido de su superioridad, y movido por el instinto del caballero medieval de tomar siempre la ofensiva, abandona sus posiciones, que han quedado desbordadas, y sale al encuentro del enemigo. Sitúa a su caballería en el centro, a los lansquenetes de la Banda Negra a la derecha y a parte de los suizos en la izquierda. El resto de estos se halla distante del campo de batalla, pero se encamina hacia él a marchas forzadas. Por último, deja a su infantería italiana y francesa ante Pavía, por si la guarnición intenta alguna salida. El combate empieza favorablemente para él. En un audaz movimiento, elementos de su caballería caen sobre la retaguardia enemiga, capturando seis piezas que se dirigían a la línea de batalla. No obstante, los jinetes, faltos de apoyo, se tienen que replegar, sin poder explotar su éxito.

Para entonces, la artillería francesa ha entrado en fuego, aunque causa pocas bajas, debido a que Lannoy ha ordenado a sus hombres que se tiendan en el suelo para escapar a los efectos del bombardeo.

El rey francés, desorientado por la niebla que cubre el campo y animado por el pequeño triunfo local obtenido por sus tropas, cree que la infantería imperial vacila bajo el cañoneo. Al frente de su gendarmería, da una carga a pecho petral, lo que piensa que será el golpe de gracia definitivo.

La caballería barre a la contraria, a la que domina tanto cualitativa como cuantitativamente. Francisco I considera la batalla ganada, debido a que los jinetes enemigos, que para él constituyen por definición la fuerza de un ejército, están derrotados. Pero en el modelo español esto no era así. Quedaba por jugar la carta más importante, como se comprueba inmediatamente.

Pescara reúne a mil quinientos arcabuceros españoles y les despliega en un bosque próximo a Mirabello. Desde él, abren un fuego devastador contra los gendarmes que, dispersados tras la carga, se están reorganizando. El terreno, pantanoso, dificulta además la acción de sus pesados caballos, mientras que no supone un obstáculo para los infantes. Los disparos se dirigen especialmente contra las cabalgaduras, más vulnerables, que caen a decenas, arrojando por tierra a sus dueños que, abrumados por el peso de las armaduras, apenas pueden levantarse. A su vez, pequeños destacamentos de peones dejan los arcabuces y espada o daga en mano, se infiltran en la deshecha formación, rematando a los caídos o haciéndoles prisioneros, desjarretando y desbarrigando caballos. La caballería que mandan Lannoy y Borbón para entonces se ha reordenado y ataca a los hombres de armas, acabando por destrozarlos. En el centro, los lansquenetes se arrojan contra la artillería francesa. La Banda Negra acude a defenderla. Es un choque fraticida entre tudescos. Los que están al servicio de Carlos V odian a muerte a sus compatriotas a sueldo de Francia, por tenerles por traidores a su señor natural, el emperador. Han adoptado, por otra parte, un despliegue de menor profundidad, pero mayor frente, lo que les permite envolver a sus contrarios y hacerles huir. Hay que decir en descargo de estos que pocos días antes su popular jefe, Juan de Medicis, había caído herido de un arcabuzazo, siendo evacuado. Lannoy, caballerosamente, le autorizó a cruzar las líneas imperiales para que fuera a curarse a Piacenza.

Por su lado, el grueso español ataca a los suizos, quienes, abrumados por los tiros de la arcabucería y al ver a los alemanes y a los gendarmes vencidos, se entregan a «infame fuga», tras una resistencia insuficiente. «Cosa increíble de decir», según un testigo, porque, como ya señalamos, esas tropas hasta entonces nunca habían vuelto las espaldas.

Quedan los demás esguízaros, pero a su llegada se encuentran ante una situación imposible. Leyva ha hecho su salida, derrotando a franceses e italianos; los triunfantes lansquenetes imperiales y los españoles avanzan contra ellos. Tras sufrir algunas descargas, tiran las picas y se unen a la huida del resto del ejército.

Lannoy ordena una persecución a fondo, que termina a orillas del Tessino, en cuyas aguas se ahogan muchos de los fugitivos que intentan escapar.

Las fuerzas del rey han sido prácticamente aniquiladas. Se estima en quince mil sus bajas, incluyendo tres mil esguízaros capturados, que serán puestos en libertad a cambio de la promesa de no volver a servir contra el imperio. La lista de los muertos y prisioneros es una relación de lo más granado de la nobleza francesa: el rey de Navarra, el gran maestre de Francia, Montmorency, La Tremouille, La Palice, Bussy, Tonerre, Bonnivet, Nevers, Genouillac…

La encabeza el propio Francisco I. Tras haber combatido valerosamente, un disparo le mata el caballo. Caído, es desvalijado por los soldados, que le arrancan el penacho, la sobrevesta, un collar y sus espuelas de oro. Finalmente será llevado a presencia de Lannoy que, rodilla en tierra, recibe su rendición.

Las pérdidas de los imperiales se cifran en torno a los quinientos hombres. Entre ellos, Pescara que, según escribe a Carlos V, recibió «tres heridas harto enojosas que los suizos me dieron».

Ha sido una victoria abrumadora. Si hubiera que mencionar un factor decisivo, habría que elegir al arcabucero español que, moviéndose con una autonomía inimaginable en la época, «contra todo orden de guerra y de batalla», aprovechando al máximo las posibilidades de su arma, destrozó a la que hasta ese día se consideraba la mejor caballería y la mejor infantería de Europa: la francesa y la suiza, respectivamente. Añadamos que, cuando los de Lannoy cogieron las piezas francesas, encontraron a muchos de sus sirvientes muertos por pelotazos de arcabuz, lo que prueba la potencia de este. Además, y a diferencia de Bicoca, habían demostrado su superioridad combatiendo en campo abierto, no a cubierto.

Una anécdota que plasma el prestigio que, aún antes de Pavía había ganado la infantería, se produjo cuando el ejército imperial iniciaba su marcha sobre el francés para darle batalla. Le correspondió al marqués del Vasto formar en la segunda agrupación de caballería, pero «quisiera mucho ir a pie con la infantería». Sin embargo, «no se lo consintió su tío, el de Pescara, sino que fuese donde iba». Unos años atrás, hubiera sido inconcebible que un noble desease ir con la peonada, y menos aún desmontado. La arcabucería española había cambiado muchas cosas.

Mühlberg lo ratificará. La batalla es el episodio crucial en el enfrentamiento de Carlos V con los príncipes y ciudades de Alemania que se agrupan en la Liga de Smalkanda. Cuando se produce el rompimiento, el emperador se encuentra en Ratisbona, con solo un millar de hombres, aislado en territorio de sus enemigos que cuentan con decenas de miles de soldados. Se apresura a decretar la movilización de fuerzas de todos sus dominios, entre ellas, a sus veteranos españoles agrupados en tres tercios:

«La batalla de Mühlberg», grabado incluido en el *Commentariorum de bello Germanico e Carolo V Caesare Maximo gesto, libri duo* (Amberes, 1550) de Luis de Ávila y Zúñiga. Universidad de Valencia.

de Hungría, con Álvaro de Sande y dos mil ochocientos efectivos; de Nápoles, con dos mil, al mando de Vivas; de Lombardía, que dirige Arce, con tres mil.

Pero hasta que lleguen, tiene que ganar tiempo y sustraerse a los ataques de sus adversarios. Alba lo conseguirá, en su brillante campaña del Danubio. Casi sin ejército, maniobra hábilmente, rehusando siempre el combate y ocupando sucesivas posiciones fácilmente defendibles. De esta forma, logra sostenerse, mientras los refuerzos van incorporándose. De los españoles, un testigo afirmará que «todos estos tres tercios eran la flor de los soldados viejos españoles… muy excelentes».

Contando ya con tropas suficientes, el duque modifica su estrategia, ganando la iniciativa, aunque continúa sin buscar batalla. Con una serie de movimientos, amenazando envolver a los protestantes, les obliga una y otra vez a levantar el campo, acosándoles sin descanso con escaramuzas y golpes de mano. Por fin, y como había previsto, el variopinto ejército enemigo, desalentado, desgarrado por problemas entre sus jefes, se disuelve por sí solo.

Inicia a continuación la campaña del Elba, buscando ahora dar el golpe de muerte a la Liga. La situación se ha invertido. Son los imperiales quienes tienen la superioridad y los que desean atacar a su principal adversario, el elector Juan Federico de Sajonia, antes de que este, a su vez, acumule mayores fuerzas. En busca de ellas, va cediendo terreno hasta franquear el Elba.

Los sajones toman posiciones en la margen derecha, que fortifican con trincheras y artillería, cubriendo los vados frente a Mühlberg, creyéndose a salvo. Son seis mil infantes y algo más de tres mil caballos, con veintiuna piezas. Alba, por su parte, sabe que no puede dejar de atacar, aunque el río, ancho y caudaloso, sea un serio impedimento. En su propio campo se le reprochará su audacia, pero hace ver que, al igual que las circunstancias de cada bando han cambiado, igualmente debe suceder con las respectivas estrategias: era hora de que la agresividad relevase a la prudencia.

En la madrugada del 24 de abril de 1547, tras un reconocimiento hecho personalmente, y aprovechando la espesa niebla, coloca en la orilla izquierda sus cañones y entre ochocientos y mil arcabuceros españoles, que abren un fuego abrumador. Mientras, prepara un puente de barcas. Los sajones, agobiados por los disparos, lanzan embarcaciones Elba abajo, respondiendo desde ellas al tiroteo. Los soldados de los tercios, enardecidos, «entraron por el río muchos de ellos hasta los pechos», acribillándolas. Viendo que el enemigo empezaba a vacilar, Alba manda mil arcabuceros adicionales, con Arce. Se consigue así tal volumen de disparos, que más que fuego graneado «parecían salvas las arcabucerías».

No obstante, quedaba lo más difícil: franquear el Elba que en ese punto tenía trescientos pasos de ancho. Para complicar las cosas, se advierte que el puente que se ha montado es demasiado corto. Es preciso completarlo con más barcas, y no hay.

El problema se resuelve. Diez arcabuceros de Arce se desnudan y «nadando con las espadas atravesadas en la boca», se lanzan a las aguas heladas y abordan segmentos de un puente que los protestantes intentaban retirar por el río. En un breve cuerpo a cuerpo matan a las tripulaciones y regresan con las embarcaciones.

Se disponen entonces dos ataques. Uno, por el puente, cuando se complete. El otro, por un vado que enseña a los imperiales un campesino despechado porque los protestantes le han robado dos caballos. Por él pasa la caballería ligera y cuatrocientos cincuenta jinetes húngaros. Estos, dotados de largas lanzas, cimitarras, martillos y escudos, «muestran gran amistad a los españoles, porque, como ellos dicen, unos y otros vienen de los escitas». Cada uno lleva en las ancas de su caballo a un arcabucero. El resto de la caballería les sigue, mientras los infantes de Arce, entrando en el agua tanto como pueden, tiran sin cesar para cubrirles. De esta forma, se gana la orilla derecha, en la que despliegan todos los jinetes, que disponen así de arcabuces para apoyo inmediato.

El elector, al ver al enemigo encima, dispone la retirada, formando sus infantes dos escuadrones y sus caballos, nueve estandartes.

Carlos V, por su lado, cuenta con una masa considerable. En vanguardia, novecientos jinetes ligeros, trescientos arcabuceros a caballo, seiscientas lanzas y doscientos veinte hombres de armas. A continuación, dos fuertes agrupaciones, una con cuatrocientas lanzas y trescientos arcabuceros montados y la otra con seiscientos y trescientos, respectivamente. A la cabeza de todos ellos, carga a la caballería contraria. Esta, pensando más en huir que en batirse, es dispersada y desordena a su propia infantería sobre la cual caen los imperiales a rienda abatida, poniéndola en fuga. La persecución será implacable, y en ella se señalan los húngaros que «arremetieron diciendo "España", porque a la verdad, el nombre del imperio, por la antigua enemistad, no les es muy agradable».

El ejército enemigo quedó extinguido sobre el campo de batalla. La infantería tuvo dos mil muertos, un número mayor de heridos y más de ochocientos fueron capturados. La caballería, quinientos muertos y una multitud de prisioneros y dispersos. Se perdió toda la artillería y el bagaje, amén de diecisiete banderas y nueve estandartes. Solo se salvaron cuatrocientos hombres.

Entre los prisioneros se hallaban el elector y el duque de Brunswick. Alba llevó al de Sajonia, vestido de «un peto negro… todo lleno de sangre, de una cuchillada que traía en el rostro, en el lado izquierdo», ante Carlos V.

Los imperiales perdieron en torno a un centenar de hombres.

La derrota fue total y tan rápida que el grueso de la infantería católica no tuvo que intervenir. Pero los arcabuceros habían jugado un papel determinante. Primero, alejaron al enemigo de la orilla, a pesar de que se hallaba atrincherado y en posición dominante, por ser allí el terreno más elevado. Luego, tomaron las barcas. A continuación, parte vadeó el Elba con la caballería, mientras que los demás protegían con su fuego la operación.

En un plano más amplio, hay que subrayar las cualidades de magnífico general que demostró Alba, adecuando con gran flexibilidad su estrategia a las cambiantes circunstancias.

Pavía y Mühlberg fueron batallas significativas. Varios autores coinciden en que tras la primera algo cambió en la evolución del arte de la guerra, haciéndose más y más escasos los combates en campo abierto, ante la eficacia de las nuevas armas. En cuanto a la segunda, fue en palabras de Puddu, «la apoteosis definitiva» de la infantería española: «en torno a los años cuarenta del siglo XVI, el arcabuz ha obtenido definitivamente el dominio de los campos de batalla, y los infantes castellanos son maestros reconocidos en el uso de este arma terrible». Su fría eficacia despertó la ira de muchos. Ariosto la llamaría «abominable y maldita», atribuyendo su invención a Belcebú. Don Quijote, siendo hombre de a caballo, la despreciaba, teniéndola por «diabólica invención», que permitía que «un infame y cobarde brazo quite la vida a un valeroso caballero», aunque quizá el mismo tirador hubiese huido espantado por el estruendo del disparo.

En cierto modo, el arcabuz no solo igualaba al plebeyo con el noble en el campo de batalla, sino que le confería una clara superioridad. El infante español se apoyará en él y en la pica para mejorar de condición, por lo menos a sus propios ojos, y convertirse en «soldado gentilhombre». Lo hará encuadrado en los tercios. Pero antes de estudiar la estructura de estos, conviene delimitar el concepto.

El tercio es, ante todo, un conjunto de compañías bajo un mando único. Es un marco que se «rellena» con unidades subordinadas, siendo el número de ellas variable y cuestión relativamente secundaria. Ya hemos visto que la ordenanza de 1536 no precisaba este dato. Aunque, posteriormente, se intentará atribuir una cierta cantidad de compañías o banderas a cada tercio, lo cierto es que nunca dejó de variar. A su vez, las plazas de estas oscilaban continuamente. El resultado será un panorama relativamente desconcertante, de enormes fluctuaciones, tanto por lo que se refiere a los efectivos como por lo que atañe a la cifra de banderas por tercio.

Es pues, una organización fluida, en permanente cambio, muy alejada de las estructuras más rígidas de los regimientos o batallones existentes a partir del siglo XVIII. Con todas sus imperfecciones era, sin embargo, extraordinariamente avanzada para su época. Incluso el excelente ejército holandés, uno de los más desarrollados, no superó durante todo el XVI el nivel de compañía, siendo sus regimientos nada más que agrupaciones *ad hoc* de estas para cada campaña. El mero hecho de diseñar y mantener una unidad de rango superior y, por tanto, más compleja, era de por sí, algo notable.

El caso de los tercios veteranos, o viejos, de guarnición en Italia, resulta especialmente interesante. A lo largo de este trabajo se verá cómo se desprenden de compañías y absorben otras nuevas, sin por ello perder su identidad. Con frecuencia, incluso, las que han sido destacadas no regresan nunca y adquieren vida propia, formando un tercio distinto.

Incidentalmente, ello se presta a confusiones a la hora de determinar la trayectoria de las unidades que han llegado a salpicar obras tan respetadas como la famosa Disertación sobre la antigüedad de los regimientos. Así, una parte importante del tercio de Nápoles fue a Flandes con Alba en 1567. Pero en el virreinato italiano siguió existiendo una unidad con ese nombre. Por tanto, la que marchó a los Países Bajos, para quedarse allí, no podía pretender que su antigüedad fuese la del tercio napolitano, que no había dejado de existir, sino que debería arrancar desde el momento que se desgajó de él, siendo, por tanto, más moderna.

Es una situación un tanto compleja, similar a la producida durante las guerras de emancipación de América, con los regimientos «gemelos» o «expedicionarios», cuando a uno y otro lado del Atlántico existieron unidades distintas, pero con el mismo nombre porque compartían un origen común.

Precisamente el carácter «expedicionario» es otro de los rasgos de los tercios. En un principio, estos se conciben exclusivamente para el servicio fuera de España, por estimarse que la defensa de esta no exige tropas permanentes, al no existir amenazas próximas, bastando fuerzas de muy inferior calidad como las Guardias Viejas de Castilla o las milicias.

De ahí que cuando se produzca alguna crisis en la península, como la guerra de anexión de Portugal, haya que acudir a la organización de nuevos tercios o a llamar a los veteranos que se encontraban en el exterior. Todo ello cambiará en los años cuarenta del XVII, con la aparición de movimientos secesionistas y la intervención extranjera en suelo español. Entonces se formarán unidades específicamente para la defensa territorial, con el nombre de provinciales.

Pero fue un caso excepcional y tardío en la larga vida de los tercios, cuyo ámbito normal de actuación serían los teatros de operaciones extranjeros. Ello implicaba que fueran tropas con una cierta vocación de movilidad, parecidas a las que modernamente se han llamado de intervención. Esta característica será aplicable tanto a las desplegadas en zonas de operaciones, como los Países Bajos, como a las destinadas en las guarniciones de Italia.

Normalmente, los desplazamientos se realizan a lo largo del eje imperial que une a España con los Países Bajos. Su primer tramo es marítimo, desde la península a cualquiera de los dominios italianos (Nápoles, Sicilia, Lombardía), según los casos. El segundo, terrestre, a través del Camino Español, exhaustivamente tratado por Parker que, desde Italia, desemboca en Flandes.

Dicho eje puede funcionar también en sentido inverso al mencionado. Además, de él salen ramificaciones, permanentes unas, temporales otras. De Flandes, las unidades pueden ir a Francia o a Alemania, o amenazar Inglaterra. De Italia, pueden proyectarse al sur del Imperio, o al norte de África, o a Grecia, o a Malta, o a lo largo y lo ancho del Mediterráneo. Desde España, a Portugal, Inglaterra, Irlanda, Francia, África, América. Limitándonos a un solo ejemplo, se podría mencionar el de los tercios que salieron de Flandes para vía Italia, España y Portugal, participar en la conquista de las Azores.

Excepcionalmente, habrá también una ruta directa España-Flandes, poco utilizada por el dominio naval enemigo.

La principal es, sin embargo, la línea España-Italia-Países Bajos. Lo habitual es que los hombres se alisten en el primer país citado, se instruyan y se fogueen en pequeñas acciones en el segundo y lleguen a Flandes como veteranos. Sintetizando mucho, España daría reclutas, que en Italia se hacen soldados, que se convierten en combatientes en Flandes. Es un movimiento casi constante, porque la guerra del norte es insaciable, porque Italia, frontera oriental, no puede quedarse desguarnecida, y porque son múltiples los compromisos internacionales de la corona. Los tercios vivirán continuamente en pie de guerra, acudiendo de una crisis a otra, casi sin solución de continuidad.

Todo ello apunta a otro aspecto. Nunca habrá bastantes de estas unidades. De ahí que, para continuar aplicando una terminología reciente, su papel habitual sea el de «ballenas de corsé»: fuerzas selectas que constituyen una minoría del ejército, pero que dan solidez al conjunto. Será absolutamente excepcional que formen la mayoría, por no decir la totalidad de los efectivos presentes en una campaña. Lo normal será lo contrario. En la larga guerra en los Países Bajos, raramente hubo más de tres o cuatro tercios españoles, lo que suponía unos siete mil hombres, entre el quince y el veinte por ciento del ejército, siendo alemán, italiano, albanés, valón, irlandés, lorenés, borgoñón o inglés el resto.

De hecho, ni aún con los contingentes «de naciones», como se les designaba, España tenía las tropas necesarias para mantener simultáneamente dos campañas ofensivas. Para la «empresa de Inglaterra» o para las «entradas» en Francia desde Flandes, habrá que pasar a la defensiva en aquel territorio.

Si bien, por definición, se estimaba a los tercios como fuerzas de élite, entre ellos hay distinciones. De un lado, los viejos, con larga trayectoria. De otro, los nuevos, de reciente creación. La diferencia era, hasta cierto punto académica. Los tercios existentes en Italia se calificaban siempre de veteranos, aunque, con la flexibilidad que caracterizaba a todo el sistema, hubiesen mandado a Flandes, por ejemplo, a la mayoría de sus soldados antiguos, sustituyéndoles por bisoños. A sensu contrario, un tercio que se acababa de organizar tenía oficialmente la consideración de nuevo, a pesar de que para formarle se hubiera acudido a compañías veteranas. Esto era producto de la concepción a la que se ha aludido más arriba, y que no siempre se subraya suficientemente, de los tercios como agrupaciones fluidas de compañías, y no como unidades estáticas.

Incluso se establecían diferencias entre los tercios de una clase concreta. Así, se estimaba que entre los de guarnición en Italia, que eran los más antiguos, los de Nápoles y Sicilia eran mejores que el de Lombardía. Una razón estribaba en que los integrantes de este tenían mayores facilidades para dejar las banderas (por ejemplo, cuando se decidía enviar refuerzos a la guerra de Flandes) al encontrarse en una región fronteriza con distintos estados independientes, mientras que los que se hallaban en los dos virreinatos, y especialmente en Sicilia, estaban más aislados. Otra es que los destinados en el sur, debido a la permanente amenaza turca, estaban más fogueados y vivían, en la práctica, constantemente en pie de guerra, lo que no era el caso del Milanesado.

Con independencia de su antigüedad, y a pesar de sus frecuentes cambios orgánicos, desarrollaron una acusada personalidad. A ello contribuyó la costumbre de darles una denominación propia, lo que se hacía siguiendo tres criterios, aunque no se excluyeran mutuamente, ya que a veces se aplicaban dos o tres a la vez. El más usual, era emplear el nombre de su jefe, o maestre de campo (Manrique, Velandia). También se podía recurrir al de un lugar, o una campaña (Sicilia, Ginebra).

Pero más importante, y más utilizado, era el apodo que muchos tenían. El de mayor prestigio fue el de «Viejo», que designó al que mandó Mondragón. Hubo otros, sin embargo: del «Ducatón», porque sus integrantes recibieron solo una de estas monedas en su largo viaje de España a Flandes; de la «Zarabanda», por su afición a ese baile, «pero olvidaron muy pronto el son y baile, porque los trabajos y miserias que en Flandes pasan no les dio más lugar a semejantes entretenimientos»; del «Cañuto», porque de noche usaban cañas para ocultar el brillo de las mechas de sus arcabuces; de los «Galanes», «Almidonados» o «Pretendientes», por su elegancia y su costumbre de pedir mercedes; de los «Sacristanes», porque en una ocasión, a falta de nada mejor, vistió ropas negras de campesinos; de los «Colmeneros», porque, siendo bisoños, solo pudieron conseguir miel como alimento; de los «Vivanderos», por lo bien que sabían vivir; de las «Victorias», por las muchas que obtuvieron; de los «Señores» o «Monsiures», por las galas que llevó cuando entró en Francia, despertando la admiración de los habitantes; de los «Pardos», porque, al contrario de algunos de los mencionados, «todas sus galas eran armas, pólvora y plomo», y preferían antes «un palmo de cuerda para la escopeta que una camisa»; «El pequeño castillo», sobrenombre dado por los franceses a un tercio por su solidez. También existía el de «Zambapalos», sin que se conozca la razón, aunque uno de sus miembros haya dejado unas espléndidas memorias.

Estas denominaciones, varias de las cuales se podían aplicar a un mismo tercio, fueron muy populares, ya que permitían que «aunque muden las cabezas, son conocidos». Con ellas, «mejor se acuerdan los soldados a muchos días pasados qué tercio el que se halla en la ocasión, que por la cabeza que les rige, que como puede mudar no es tan fácil».

Apuntan estas frases a otra de las características destacables en los tercios. Estos nacen, lo que en su primera época resultaba excepcional en Europa, con voluntad de permanencia. Se diferencian de esta manera del modelo existente hasta entonces, de corte prácticamente medieval, y que otros países mantendrán todavía durante años, basado en fuerzas levantadas y disueltas con motivo de cada campaña. Así lo harán, por ejemplo, dos de las principales potencias protestantes, Holanda e Inglaterra. Esta última, a fines del XVI, no disponía de más de tres mil hombres en armas. Hasta cierto punto, la propia España conservará en parte ese sistema, con las unidades valonas y alemanas, que se crean y se suprimen con mucha más facilidad que las españolas.

Se puede hablar, y se comprobará a lo largo de estas páginas, de una política deliberada de mantener a los tercios. Entre las dos opciones habituales: formar unidades nuevas con reclutas o alimentar a las ya existentes con estos, se opta abiertamente por la segunda. La idea era que «no ha de haber ni mantener banda de gente nueva de por sí, sino mezclarlos y meterlos entre los soldados viejos, porque de la plática, ejercicio, costumbres y maneras de estos serán luego los bisoños prácticos, diestros y obedientes, lo cual, si están de por sí, no lo serán en mucho tiempo». La veteranía era, literalmente, un grado.

Este criterio de combinar «la gente nueva con la vieja», para que no hubiera formaciones integradas exclusivamente por reclutas, se aplicaba de dos formas. Una consistía en integrar en bloque una unidad constituida, fuese tercio o compañía, en otra. La segunda, se realizaba mediante la disolución de compañías e incluso tercios enteros para rehinchir y completar los que se deseaba conservar. El duque de Alba resumía perfectamente esta filosofía cuando pedía «que vengan las banderas con los capitanes y gente que cada uno tuviere, porque aunque no tengan sino veinte soldados y aún quince cada bandera, dándoles acá y juntándose con ellos los bisoños se pueden contar todos por banderas viejas». Siguiendo este sistema, en el periodo 1567-1600, y ciñéndonos exclusivamente al teatro de operaciones de Flandes, se «reformaron», es decir, se disolvieron, no menos de diez tercios, casi siempre para cubrir bajas en otros. Una consecuencia accesoria de esta política es que se asesta un duro golpe a la leyenda de los grandes tercios viejos de los Países Bajos. En realidad, la inmensa mayoría de ellos no sobrevivió lo suficiente para merecer esa denominación, debido a las constantes reformas. Otra cosa eran los hombres, que ellos sí permanecían durante años bajo las banderas, a las que aportaban su veteranía, aunque cambiaran de unidad.

Porque esa voluntad de permanencia se extiende a los propios soldados. Muchos cambiarán de tercio o de compañía, pero sin dejar lo que se ha convertido en una profesión. La afirmación de Ortega de que «el tercio castellano era una tropa de profesionales, de soldados, de combatientes a sueldo» responde a la realidad. Quizá habría que matizarla en el sentido de que, a diferencia de otros que les precedieron, como los suizos o los lansquenetes, en los españoles el sentido de lealtad a su soberano, con exclusión de cualquier otro, constituye algo esencial. No sirven al mejor postor, sino a una bandera específica, y solo a ella.

Las ventajas del modelo son obvias. En caso de crisis, existe un núcleo de ejército, integrado por unidades aguerridas formadas por hombres fogueados, no hay que improvisar partiendo de la nada. Lo único que hay que hacer es reforzarlo.

La Guerra de las Alpujarras ofrece un buen ejemplo. Por haber estallado en la península, desprovista de guarniciones veteranas, se tuvo que apelar a contingentes formados por ciudades y nobles siguiendo el procedimiento antiguo. Su rendimiento fue tan bajo que, a pesar de que el enemigo eran grupos de civiles, sin instrucción ni organización militar, hubo que recurrir a los tercios de Italia para sofocar el levantamiento.

Las críticas sobre la calidad de las fuerzas generadas según ese sistema fueron acerbas: «hombres levantados sin pagas, sin el son de las cajas, concejiles que tienen el robo por sueldo y la codicia por superior»;

«aventurera la gente, muchas banderas de poco número, mantenidas sin pagas»; «ningún (ejército) he visto hecho tan a remiendos, tan desordenado, tan costosamente proveído y con tanto desperdiciamiento y pérdida de tiempo y de dinero; los soldados, iguales en miedo, en codicia, en poca perseverancia y ninguna disciplina; gente concejil, aventurera».

Eran, en su mayoría, campesinos, sin ningún entrenamiento, no fogueados, que aprovechaban cualquier oportunidad para volverse a sus casas. En caso de derrota, para huir del peligro; tras una victoria, para poner el botín a buen recaudo. Gente ruin y volátil, a la que no se podían confiar operaciones serias.

Los tercios, en cambio, eran otra cosa. En palabras de quienes les vieron en esa campaña: «gente obligada y de ordenanza vieja»; «gente práctica, con menos licencia, más proveída, mayores pagas y más ordinarias en Flandes, en Lombardía, lejos cada uno de su tierra; donde convenía esperar pagas, contentarse con los alojamientos».

Volviendo a Ortega, antes del XVI existía el guerrero, a veces ni eso, como en las Alpujarras. Con los tercios entra en escena una figura totalmente distinta: el soldado.

El proceso más usual para formar estas unidades, al margen del nombre que eventualmente recibieran o la antigüedad que pudieran acumular, era el mismo para todas.

Cuando el rey decidía levantar un tercio en España, se designaba un maestre de campo y un número variable de capitanes, para que reclutaran una cierta cantidad de compañías con unos efectivos concretos, pero que tampoco eran siempre los mismos.

Cada capitán recibía la «conducta», un documento que les facultaba para proceder a la recluta en una zona que se mencionaba expresamente. Así pertrechado, lo primero que hacía era encargar una bandera, de los colores que le parecía oportuno, los de su familia, si esta los tenía, o cualquier otro, ya que no había normas al respecto. Como medida de identificación, para indicar que se trataba de una unidad al servicio de España, llevaba la cruz roja de San Andrés. Luego, designaba a su primera plana (alférez y sargento), que solía escoger entre deudos, amigos o personas que le pudieran conseguir voluntarios. Se dieron casos, muy criticados, de compra de estos empleos, a cambio del pago de una cantidad al capitán. También, elegía uno o varios músicos, y al menos un servidor, el paje «de rodela» o «de jineta», que le llevaba el escudo o la insignia de su empleo.

A continuación, se desplazaba al lugar que le había sido designado, colocaba la bandera en el balcón de su alojamiento y hacía «echar un bando», notificando al vecindario que buscaba soldados. Como un

Reclutamiento de soldados a principios del siglo XVII (*ca.* 1614-1620), grabado de Jacques Callot. Rijksmuseum, Ámsterdam.

bisoño escribiría «vi en la Calle Real, en una ventana, una bandera», y con eso estaba todo dicho.

Resumiendo todo el proceso en dos líneas: «recibí dos tambores, hice una honrada bandera y compré cajas… toqué mis cajas, eché los bandos ordinarios y comencé a alistar soldados», siendo en ese texto «tambores» los hombres que tocan dicho instrumento, y «caja», el nombre de este.

La conducta, que normalmente era de un modelo único, recogía los aspectos más destacados de la misión encomendada. Clonard, entre otros, publica una interesante. En primer lugar, contiene tres espacios en blanco para escribir el nombre del capitán, la localidad donde «hará la gente» y los efectivos requeridos. Se indicaba que debía buscar «buenos soldados, útiles», excluyendo «viejos, mancos, mozos de menos de veinte años y personas que no sean para servir». Tampoco se podían alistar «frailes ni clérigos, ni otro hombre de religión en hábito de soldado ni de otra manera», aunque se dejaba abierta la posibilidad de contar con un capellán, «que sea sacerdote y hombre de buena y honesta vida, para que diga misa y administre los sacramentos en tiempo de necesidad».

Convenía que los voluntarios se presentasen con sus propias armas, pero de no ser así, «de su paga se las haréis comprar», con dinero que, en caso necesario, adelantaba el capitán. Alcanzado el número preciso de hombres, se les reuniría en un lugar «y allí daréis alarde y muestra al pagador que su majestad envíe a la pagar», lo que haría «ante la justificación» de la autoridad local «y un escribano público». Cada soldado percibiría un mes de haberes. A partir de ese día se aplicaría el principio de «mes servido, mes pagado», entrando los hombres en un complejo mecanismo, integrado por veedores, contadores y pagadores, los «oficiales del sueldo», cuya función teórica residía en comprobar la veracidad de las muestras o revistas y abonar los haberes. Junto al nombre de los soldados se inscribían los «del padre y lugar donde nacieron, edad y las demás señales que le pareciere a propósito, para que en las muestras que en adelante se tomasen se conozca si alguno quisiese pasar en plaza que no fuese suya».

Hecho esto, la nueva compañía marcharía al punto de concentración, encareciéndose al capitán que por el camino «no traben ruidos ni escándalos con los pueblos, ni unos con otros, ni hagan robos ni otros daños ni desaguisados». Tenía que evitar, asimismo, «con muy particular cuidado», y castigar si se producían, «los reniegos y blasfemias».

Caso de que algunos soldados se ausentaran de la bandera, tras haber cobrado, «se procederá contra los tales como contra personas que se alzan con el dinero de su majestad».

La bandera, columna vertebral del tercio, quedaba así formada por voluntarios, curiosamente enrolados por un periodo de tiempo no determinado. Aunque la conducta, como muchos documentos oficiales, respondía más a la teoría que a la realidad.

Por hacer una breve glosa de ella, habría que señalar que, con frecuencia, el afán de completar el número exigido de hombres, llevaba a alistar jóvenes de menos de veinte años o de talla excesivamente pequeña, aunque también hay casos de gente rechazada por esos motivos. La pretensión de que fuesen «buenos soldados útiles» era, claro está, una simple aspiración, que podía o no cumplirse. Prueba de ello es aquel cabo que, acercándose ya su unidad a Flandes, desertó porque «no era amigo de pelear», o el soldado con que tropezó «el Buscón»: «habíalo sido, pero malo y en partes quietas». Respecto a los «desaguisados», eran habituales. En cuanto a «reniegos y blasfemias», la abundancia de disposiciones al respecto hace pensar que eran práctica común. Sorprende, sin embargo, que Quevedo que conocía bien a la tropa, hace que su don Pablos descubra como embustero a un hombre que juraba copiosamente para hacerse pasar por soldado: «dióme mí gran risa de ver en lo que ponía la soldadesca, y eché de ver era algún picarón, porque entre ellos no hay costumbre tan aborrecida de los de importancia, cuando no de todos».

Respecto al criterio de «mes servido, mes pagado», apenas merece comentarios, cuando lo excepcional era precisamente que se respetara.

Pero, nadie mejor que Estebanillo González y Guzmán de Alfarache para descubrirnos algunas más de las irregularidades que en la práctica se producían en el proceso de reclutamiento idealizado en la conducta. Las que podía cometer el capitán tenían por objeto defraudar al Tesoro, o a sus hombres. Entre las primeras, la más usual era hacer pasar por soldados en las «muestras» a sus criados o a mozos del pueblo, para embolsarse sus pagas. Guzmán de Alfarache cuenta de uno que pasó hasta cinco veces delante del comisario de muestras. La última, «con un parche en las narices, para desconocerlo». Como señalaba Pedro de Urdemalas, «muchos galanes» se dedicaban a ir «de capitán en capitán, a saber cuánto pagan su gente para pasar una plaza y partir con ellos». No era raro que los «oficiales de la pluma», o de la administración militar, conspiraran con los capitanes en estas malas artes. El resultado era que hubiera «compañía que tenía sesenta soldados efectivos para entrar en la guardia y ciento cincuenta para el día de la muestra». También podía prestar a los soldados armas, para que pasasen revista en una plaza mejor pagada (arcabuceros, por ejemplo) de lo que les correspondía, guardándose el oficial la diferencia. Otra práctica consistía en afirmar, en contra de la verdad, que un hombre había desertado llevándose consigo su armamento. El capitán se quedaba con él, para vendérselo luego a un recluta recién incorporado. Existían, asimismo, lo que en Nápoles llamaban «santelmos». Se trataba de hombres que tenían plaza de soldado, percibiendo el sueldo correspondiente, pero que en la práctica no ejercían como tales. Era la granjería perfecta: cobrar sin trabajar.

Ejemplo de las segundas era percibir dinero de los habitantes de una localidad, a cambio de no alojar en ella a la compañía. La perjudicada era la tropa, que se veía obligada a hacer marchas más largas o a acampar al raso o en sitios desprovistos de todo. También se podía perjudicar a los soldados por el simple hecho de reclutarles con engaños. En esta tarea, a veces, el capitán contaba con la colaboración de algún subordinado, como Estebanillo, que «buscaba soldados para mí compañía; dábame mi capitán a dobla por uno».

Isaba acusaba como principales culpables de estos abusos a los veedores, pagadores, contadores y a «sus oficiales», en fin, a la «gente de pluma», así como a los comisarios y alguaciles. En su opinión, los capitanes apenas pasaban de ser cómplices de estos funcionarios, lo que le llevaba a la conclusión de que no había «necesidad de ministros del sueldo», proponiendo su supresión, y que se encargase al jefe de la compañía de todo lo relativo a revistas, haberes etc. Claro que el propio Isaba, en su condición de militar veterano, no era objetivo, y que muchos capitanes eran tan poco de fiar como la variada ralea de escribanos. Pero también es verdad que la pesada administración que se creó para controlar el gasto era cara, no acabó con las trampas y constituyó un escalón más en el de por sí engorroso procedimiento para el pago de los haberes. Estos, de forma sistemática, siguieron llegando tarde y mal; los estados de revista continuaron siendo, en buena medida, ficticios y muchos capitanes no dejaron de lucrarse a costa, simultáneamente, del Tesoro y de sus hombres. Lamentablemente, hay que decir que, a veces, los retrasos en las pagas eran deliberados. Las autoridades sabían por experiencia que el soldado al que se le habían «rematado» –abonado en su totalidad– los sueldos devengados, tenía la tentación de abandonar el servicio. Por ello, ocasionalmente, de forma deliberada se le dejaba a deber dinero, confiando que así siguiera en filas, esperando su «remate».

Los soldados, claro, se vengaban a su manera. El procedimiento más extendido era sentar plaza, cobrar y desertar: «cogí la dobla, senté plaza y levanté los talones». Tan usual era que existían palabras especiales para describir esta lucrativa profesión: «hacer tornillo», se llamaba, y «tornillero», al que la practicaba. Había así hombres «que viven de tornillo, siendo siempre mansos y guías de todas las levas que se hacen», lo que da a entender que en ocasiones los propios mandos toleraban su existencia, ya que servían para atraer reclutas.

A pesar de lo estipulado en la conducta sobre los que abandonaban la unidad tras haber percibido el sueldo, era muy normal que los soldados esperaran justamente a cobrar, casi siempre con retraso, para dejar el servicio sin autorización. Entre las trampas de unos y otros, el resultado era que «el tercio de la gente, se supone o se deshace en cada muestra»: esto es, la tercera parte de las plazas correspondían a soldados inexistentes o a hombres que habían desertado tras percibir sus haberes.

En cuanto a dejar una bandera para pasar a otra, se hubiera o no recibido la paga, con permiso o sin él, se hacía con una frecuencia asombrosa, como demuestran las memorias de soldados de la época que han llegado hasta nuestros días.

El tema se contemplaba de distinta manera, según los casos. Así, abandonar una compañía para volver a España era algo más o menos aceptado. Hacerlo, para incorporarse a las filas enemigas, se consideraba, en cambio como el peor de los crímenes.

Hay que matizar que todos estos abusos se veían en el pasado con distintos ojos que ahora, y que estaban mucho más extendidos. Las conocidas como «pagas muertas», las que percibía el capitán por soldados inexistentes, eran sistemáticas en todos los ejércitos de la época, como lo prueba que hubiese expresiones específicas para designarlas. En el ejército holandés, el gran rival del español, se les llamaba «nombres ciegos», y eran algo habitual. Incluso se ha afirmado que con dicho procedimiento los capitanes se embolsaban dos terceras partes de los sueldos de las compañías, lo que parece exagerado. Existían en el sueco los «passevolants», hombres inexistentes cuyos haberes se reservaban al capitán para compensarle el gasto de reclutar sustitutos para cubrir las bajas producidas por las enfermedades o las deserciones, ya que el estado solo reponía las sufridas en combate. Del ejército francés se ha dicho que uno de los motivos que le llevaron a abrazar con entusiasmo la causa de la Revolución fue el disgusto por la costumbre de los oficiales de escamotear a la tropa una parte apreciable de la paga, para embolsársela. El sistema en sí era, inevitablemente, una fuente de abusos. Todo esto explica que a medida que en los distintos países se decidió pagar directamente a los hombres, y no a través de los capitanes, la tropa, con independencia de su nacionalidad, recibió la medida como un beneficio. No obstante, los fraudes en el reclutamiento continuaron siendo frecuentes hasta finales del XVIII.

Igualmente extendidas estaban las trampas en las revistas. Un español comenta así, sin escandalizarse, el caso de un teniente francés que tenía una carreta «que lo principal para que la llevaba era para llevar armas para pasar muestras, que como tenía su capitán ausente, tenía la ganancia para sí». Es decir, que el día de la revista se las daba a civiles para que se hiciesen pasar por soldados.

Respecto a los cambios de unidad, es posible que con el paso del tiempo se hicieron cada vez más frecuentes. Su momento de apogeo sería el Siglo de las Luces en el que la ausencia de conflictos ideológicos o religiosos en Europa hizo que ni siquiera pasar de un ejército a otro se considerara algo reprobable y cuando, ante la falta de voluntarios, los mandos, literalmente, se robaban soldados unos a otros. Era normal, por ejemplo, alistar prisioneros enemigos, y la deserción estaba tan extendida (el ejército de Luis XVI llegó a perder por ella la tercera parte de sus efectivos, en un año) que en las capitulaciones de una ciudad usualmente se estipulaba que la guarnición pudiera sacar unos carros cubiertos, para ocultar en ellos hombres del ejército sitiador que habían dejado sus filas para incorporarse a los sitiados. Era tal el trasiego de soldados, que observadores contemporáneos se llegaron a preguntar si la deserción no se había convertido en un fin en sí mismo, que llevaba a los hombres a cambiar constantemente de bando, impelidos por una oscura necesidad, tan apremiante que les arrastraba a veces a decisiones absurdas como pasarse a los defensores de una plaza fuerte cercada y sin esperanza de socorro. En los tercios al menos, salvo deshonrosas excepciones, esos movimientos de personal se producían en la mayor parte de los casos entre unidades españolas.

Por otra parte, el recurso a la mentira para allegar hombres, los desórdenes a costa de la población y «los reniegos», son tan antiguos como la milicia misma. En resumen, el comportamiento de los tercios en estas materias, era muy similar al de cualquier fuerza de profesionales, en aquellos tiempos y en otros.

Las autoridades se defendían como podían. Los pícaros a los que vamos siguiendo cuentan dos procedimientos concretos. Uno consistía en meter a toda la compañía en un edificio y hacer salir a los hombres de uno en uno, para contarles. Otro, encerrarles en una galera, a fin de que no se escaparan.

Se dictaron innumerables disposiciones para cortar los abusos, lo que constituye la mejor prueba de que no dejaron de producirse. Así, se prohibía que «ningún soldado… pase muestra… en más de una sola compañía… ni responda en nombre ajeno; que ninguna persona dé ni preste mozos para que pasen plazas en las muestras; que ningún soldado ni otra persona pueda prestar a otra armas; que ningún capitán ni alférez pueda recibir en su compañía soldado de compañía ajena, sin expreso consentimiento de su primer capitán y licencia de su maestre de campo».

Los castigos que se fijaban eran severos, yendo desde «pena de la vida», a la expulsión del ejército. Todo fue en vano, porque todo conspiraba contra la normativa, desde la escasez de hombres a la codicia de estos, o de sus mandos: La gente trampeaba como podía para ganar unos escudos, entre otros motivos porque los que debía el rey llegaban con considerable retraso.

Es verdad que nunca dejó de haber voluntarios, aunque no siempre en el número requerido. Las razones para sentar plaza eran tan variadas como los propios hombres. Pasamonte se alistó por «descomodidad». Duque de Estrada, siempre glorioso, «enamorado de ver entrar de guardia un capitán llamado Juan de Paredes». Bien es cierto que la ceremonia impresionaba: «siete hileras de calzas enteras, armas doradas, picas con fundas de terciopelo y penacho en el morrión, con buenos cuellos y puños abiertos». Contreras, claro, por una muerte. Estebanillo, «por coger cuatro reales con que se engañaban muchos bobos». Marcos de Obregón, por «el deseo que tenía de ver mundo». El opaco Castro, por causas que no explica.

Las trapacerías y la aparente falta de motivaciones nobles de muchos no pueden ocultar algo: los tercios constituyeron la mejor infantería de Europa. Había algo más profundo, detrás de los fraudes o del hambre, de la picaresca o de las perspectivas de saqueos sustanciosos: la «reputación», la sed de aventuras o de gloria… Quizá, el mismo impulso inexplicable que condujo a desorbitadas empresas en América. Quizá, la búsqueda de sí mismo. Pero muchos sirvieron en los tercios por algo más que un puñado de monedas.

Si todas las compañías o banderas, sin excepción, se formaban siguiendo el proceso mencionado, los tercios no necesariamente se constituían siempre de la misma manera.

Lo más normal era que se organizaran en España, reuniendo compañías levantadas en los pueblos. Pero había otros métodos. Así, el tercio de Portugal nace de compañías independientes que ya existían, y que guarnecían plazas en el país vecino. En Flandes, se hicieron tercios con los restos de otros o a base de banderas sueltas llegadas de la península.

También eran varias las razones para «reformar» un tercio. Con mucho, la más usual respondía a la ya comentada tendencia de mantener a las unidades veteranas. A veces, se decidía «reformar» un tercio entero para completar otros. Esta situación se daba en dos casos. El primero, que hubiese llegado un tercio al completo en calidad de refuerzo. El comandante en jefe se encontraba entonces con uno bisoño, y habitualmente nutrido, y varios veteranos, pero «faltos de gente». Siguiendo la filosofía imperante de primar a las unidades viejas, se suprimía la nueva y sus efectivos se repartían entre las demás. Así se hizo con el de Manrique, en 1587.

El segundo, obedecía a la conjunción de dos factores: la falta de tercios de reclutas en un teatro de operaciones y la debilidad de los existentes en el mismo. Entonces, se disolvía uno, aunque fuese antiguo, en beneficio de los restantes, como sucedió con el de Flandes, en 1574.

La reforma podía, asimismo, ser una medida de castigo. Un ejemplo, afortunadamente excepcional, lo constituyó el tercio de Cerdeña, en 1568, por actos de indisciplina. Resumiendo lo sucedido, indicaremos que esa unidad, por su exceso de agresividad, provocó la derrota española de Heiligerlee –»la batalla que, durante muchos años fue la única victoria en campo abierto de un ejército holandés»–, en la que, por cierto, sufrió serias bajas. El comandante en jefe, duque de Alba, nunca se lo perdonó. Considerándola irrecuperable, aguardó la ocasión para disolverla. Se la dio el propio tercio.

Tras la victoria de Jemmingen, donde se destacó, en el curso de una marcha pasó por el lugar donde había sido vencido anteriormente. Los soldados no habían olvidado la humillación de aquel día, y, además, entre ellos se había corrido la especie, falsa o no, de que al término del mismo los campesinos habían matado a españoles dispersos o los habían entregado al enemigo.

A modo de represalia, la tropa y sus mozos prendieron fuego a «todas las casas y aldeas del camino». El incendio fue de tal magnitud que «el aire estaba tan caliente que casi abrasaba». Alba, que venía cabalgando, vio aquellos desmanes, «cosa bien fuera de la costumbre de la nación española». Mandó ahorcar algunos mozos, cogidos en el acto. No satisfecho con eso, hizo averiguaciones, descubriendo que los oficiales no habían tomado ninguna medida para evitar lo sucedido. Decidió, pues, disolver inmediatamente el tercio. Sin embargo, y como los veteranos españoles valían para los mandos su peso en oro, y a pesar de la indisciplina de los de Cerdeña, en vez de expulsarles del ejército, los repartió entre las demás unidades.

Otro caso, del que se habló mucho en su día, fue el del «Tercio Viejo», suprimido en 1589, por haberse amotinado. Hay que aclarar que se trataba de una unidad con una brillantísima trayectoria. Había llegado a Flandes en 1567, con el nombre de Tercio de Sicilia (puntualicemos que, también en este caso, en dicha isla había seguido existiendo «el» Tercio de Sicilia, mientras que el contingente enviado a los Países Bajos había adquirido existencia propia), y desde entonces había participado, con distinción, en todas las operaciones que se habían realizado. Entre sus mandos se contaban maestres de campo del calibre de Julián Romero y de Mondragón, pasando por Hernando de Toledo. Contaba, por consiguiente, cuando fue reformado, con más de veinte años de servicio en campaña.

Para entender el desarrollo de los acontecimientos, hay que retroceder un año, cuando esta unidad estuvo acuartelada, durante el invierno 1588-89 en la isla de Bommel, donde pasó toda clase de privaciones. Otro elemento a tener en cuenta es que existía gran rivalidad entre los otros tercios y ella, porque alardeaba de «su prerrogativa en la antigüedad» y de que personas tan encumbradas como el príncipe de Ascoli y el duque de Pastrana habían empezado la carrera militar sirviendo en sus filas «con una pica». Se hablaba también de roces de su maestre de campo, Sancho Martínez de Leyva, con sus superiores.

En agosto de 1589, y hallándose de nuevo los tercios en Bommel, en el «Viejo» se empezó a murmurar que también ese invierno se proyectaba alojarlo en ese lugar, del que se guardaba tan triste memoria. La tropa, recordando su anterior experiencia y airada por el retraso en las pagas, se «alteró», eufemismo utilizado entonces por amotinarse, negándose a acatar órdenes y exigiendo el pago de los atrasos. Hay que

«El descubrimiento de los malhechores» (1633), grabado de Jacques Callot (1592-1635) de la serie *Les grandes misères de la guerre*.

precisar que de las treinta y una compañías que tenía el tercio, ocho se encontraban en otras guarniciones, y que cinco conservaron la disciplina. Fueron, pues, dieciocho las que se amotinaron, con las consignas de «muera el mal gobierno y salgamos de la isla», y «para el rey, la vida, y la horca para los que obren mal», aludiendo a los culpables de que no se les abonasen los sueldos. Según un testigo, un soldado que gritó «todo, y en oro», lema habitual de los motines, fue apaleado por sus propios compañeros, para mostrar que el revuelo era más que por el dinero, por el deseo de invernar en un lugar mejor abastecido.

Inmediatamente se movilizaron los otros dos tercios existentes, el de Bobadilla y el de Manrique, así como las cinco compañías que se mantuvieron leales, y que se vieron obligadas a terciar las picas para mantener a distancia a sus compañeros amotinados. Hubo un momento que pareció que se iba a llegar a las manos, puesto que «la cara era de guerra» entre un bando y otro, pero finalmente los sublevados depusieron su actitud. Sobre la marcha, se dio garrote a cinco de ellos y tres fueron ahorcados.

Ahí no acabaron las cosas. Pocas semanas después, Farnesio decretó su reforma, negándose a olvidar lo sucedido. Aunque «estimaba a este tercio más que a todos, por el mucho tiempo de la milicia y por la gloria de fuertes hechos, en los que llevaba ventaja».

Se pretendió disuadirle alegando que «aquel solo tercio era como un seminario adonde los bisoños de España se solían enviar, porque en compañía de los veteranos guerreros se criasen de modo que se pudiere esperar también de ellos veterano valor algún día». Contestó, sin embargo, ratificando su decisión no por la «simple pretensión de los pagamentos», sino por «haber excedido los límites de la moderación» en reclamarlos, y por su indisciplina. En su criterio, la unidad había dejado de ser una buena escuela, y otros tercios podían desempeñar ese papel. Quizá habría que indicar que el «Tercio Viejo» no cobraba sus pagas desde el sitio de Amberes, en 1585, hacía cuatro años, por lo que difícilmente se le podía acusar de impaciencia.

Tomada la decisión de disolver, solo quedaba ejecutarla. En principio, correspondía hacerlo a los oficiales de administración militar, pero «no hubo persona que se atreviese en todo el ejército a ejecutar la reformación, con haberla encargado a muchos». Al final fue el propio maestre de campo quien cumplió una misión que para él resultaba dolorosa e incluso humillante. En todo caso, en vez de anunciar al tercio su disolución anticipadamente, se prefirió reunirlo con el pretexto de darle algún dinero antes de la inminente campaña de Francia, y se concentraron en los alrededores otras fuerzas, como medida de precaución.

La ceremonia fue ingrata. Leyva se dirigió al alférez de su propia compañía y le ordenó: «ea, batid la bandera y plegadla, pues ya de agora nunca irá delante del Tercio Viejo». Luego, los restantes «alféreces, batidos y arrastrados por el suelo los velos de las banderas, y los capitanes, arrojadas a tierra o quebradas las jinetas; los sargentos, vueltas al suelo las puntas de las alabardas; los atambores y los pífanos, con lúgubre sonido, todos con pompa fúnebre lloraban al tercio como a difunto».

Otra fuente afirma que los alféreces, «con un coraje terrible» rasgaron las banderas e hicieron pedazos las astas, que «ya no representaban la majestad del rey, nuestro señor, ni se les debía la veneración y custodia en que eran tenidas». Capitanes y sargentos rompieron sus insignias de mando; lo mismo hicieron los músicos con sus instrumentos, «huérfanos y desdeñados».

Así terminó sus días la que fue quizá la mejor unidad de infantería española. El tiempo diría, con los sucesivos motines de los restantes tercios, hasta qué punto esa afrenta pública a tan excelente unidad estaba justificada.

Por de pronto, «la reformación del Tercio Viejo dio tan gran estampido en los estados de Flandes y ocasión de murmurar como hasta hoy dura… atemorizó los ánimos de los católicos y dio ocasión a los estados rebeldes para hacer fiestas y regocijos, como los hicieron por ver deshechas las fuerzas del Tercio Viejo, que por tan largos años les había enfrenado». Se dijo que en Inglaterra se celebró el suceso. En España causó conmoción la desaparición de una fuerza «que bastaba para atemorizar cuantos ejércitos enemigos había».

La mayor parte de sus hombres pasó al tercio de Bobadilla, rehusando la oferta que se les hizo de integrarse en el de Manrique, por tener el convencimiento de que el jefe accidental de este, Diego de Ávila Calderón, había sido en gran parte responsable de la disolución, por haber propagado infundios sobre su actitud. Con las banderas que no se habían amotinado, más otros hombres, incluidos supervivientes de la «empresa de Inglaterra», se formaría en 1590 un nuevo tercio, al mando de Alonso de Idiáquez, que, a su vez, sería también suprimido en 1594, para reforzar el de Luis de Velasco.

Al igual que los tercios, las compañías podían ser reformadas. De nuevo, la causa más usual fue la necesidad de completar unidades. Eso sucedió en Flandes, por ejemplo, en 1596, cuando cincuenta y seis compañías recién llegadas se distribuyeron entre los tercios existentes, «dejando arboladas solo doce banderas», lo que significa que únicamente estas doce conservaron su identidad, siendo absorbidas en bloque, mientras que las demás se disolvieron, pasando sus efectivos a engrosar otras veteranas.

También se podían disolver cuando estaban muy cortas de fuerzas. En efecto, tanto desde el punto de vista de la operatividad como desde el económico, era más conveniente tener, por ejemplo, una compañía de cien hombres que dos de cincuenta, entre otras razones porque se ahorraban los gastos de una plana mayor. En 1593 se hizo en los Países Bajos una reforma masiva por este motivo.

Si un tercio era suprimido por una medida punitiva, esta alcanzaba a sus compañías, que desaparecían como tales, aunque sus efectivos se alistasen en otros tercios. La única excepción eran las que habían respetado la disciplina, por ejemplo, no uniéndose a los amotinados, por lo que no eran disueltas, y se incorporaban en calidad de tales a otro tercio, como hemos visto que sucedió en la reforma del que mandaba Leyva. Un caso curioso fue el de una perteneciente al de Cerdeña. Cuando este cometió los desafueros arriba mencionados, uno de los capitanes se encontraba, con permiso, en Italia. Dado que con la reforma Alba había querido castigar a los oficiales por su pasividad, más que a los hombres, dicha bandera se mantuvo, ya que su jefe, al estar ausente, no compartía la culpa de los otros mandos.

Finalmente, se podía disolver una bandera si no se realizaba la operación para la que había sido organizada, o al término de la misma. Pero incluso en estos casos, y ya que se había incurrido en los gastos de levantarla, era muy común que no se quisiese renunciar a sus servicios, y entonces se la mantenía, asignándole otra misión.

La consigna era conservar a la gente, tanto a escalón de tercio como de compañía, y utilizarla en cualquiera de los teatros de operaciones. Un ejemplo excelente fue lo que sucedió al término de la intervención militar en Aragón, a fines del XVI. Se decidió distribuir de la siguiente manera las unidades que habían participado en la misma. El único tercio completo, el de Messía, se reforzó con compañías sueltas hasta alcanzar los tres mil hombres, y marchó a Flandes. Otro contingente considerable, extraído de veinte banderas independientes, junto con dieciséis de reclutas, partió para Italia. Algo más de dos mil hombres, de veintitrés compañías, fueron seleccionados para Bretaña. Mil, en nueve banderas, se dirigieron a Lisboa, destinados a la guarnición del castillo de esa ciudad.

Siempre faltaron hombres y dineros para atender a todas las necesidades, y se procuraba no despilfarrar ni los unos ni los otros.

2

ORGÁNICA

> Vuestra Majestad haga grandísimo caudal de la infantería,
> particularmente española.
>
> Marcos de Isaba

La orgánica de cualquier tipo de unidad militar es un aspecto fundamental para su eficacia. Una organización defectuosa dificulta el mando y el empleo de la misma. Si se establece un número demasiado corto de subdivisiones, adolecerá de rigidez y será excesivamente pesada. Si, al contario, estas son muy numerosas, existe el riesgo de que cada una de ellas no sea suficientemente fuerte. Es preciso, pues, que exista un cuidado equilibrio que facilite el manejo de los distintos componentes, de forma que tanto el conjunto como cada una de sus partes reúna las deseadas condiciones de flexibilidad y solidez.

Durante los siglos XVI y XVII la importancia de una orgánica adecuada fue, en ciertos aspectos, más grande que en otros tiempos, por el carácter relativamente elemental de los ejércitos de aquel entonces. En el XVIII aparecerían en España unidades de menor entidad numérica, como el batallón, y en el XIX se crearían otras de mayor cuantía como la brigada, la división o el cuerpo de ejército. Pero en la época que nos ocupa, la unidad tipo tercio, coronelía, regimiento etc. constituía, a la vez, el más pequeño y el más grande componente independiente de cualquier ejército. Ello le confería una relevancia que, posteriormente, desaparecería, a medida que las organizaciones militares fueron ganando en sofisticación.

En el caso de los tercios, los aspectos orgánicos tienen un interés añadido, ya que en ellos residió, en gran medida, su superioridad. En términos muy elementales se puede definir el tercio como una unidad combatiente de infantería, formada por un conjunto de compañías de dos tipos: piqueros y arcabuceros. Sus plantillas oficiales evolucionaron durante la larga trayectoria de estas unidades. Anteriormente hemos visto las que se fijaron por la Ordenanza de Génova de 1536. En diciembre de 1560, Felipe II las cambió, quedando el tercio con tres mil hombres en diez compañías, de las cuales no más de dos eran de arcabuceros, y el resto, de piqueros. El 8 de mayo de 1603, se establecieron tercios con entre quince y veinte compañías y dos o tres mil plazas. En el primer caso, dos eran de arcabuceros. En el segundo, tres. En junio de 1632, se fijaron doce compañías para los tercios destinados en la península y quince para los desplegados en el exterior, con tres mil soldados en ambos casos. En 1698, doce, con cuatrocientos cuarenta y cuatro.

Pasando del tercio a la compañía, Parker indica que entre 1567 y 1636 las destinadas en Flandes se subdividían, sobre los trescientos hombres teóricos, en once oficiales, doscientos diecinueve piqueros y veinte mosqueteros, las de picas, u once oficiales, doscientos veinticuatro arcabuceros quince mosqueteros, si eran de arcabuces. Ese año pasaron a ser de doscientos hombres, aunque había quince, y no doce como antes por tercio. Las de picas, con sesenta y nueve de estas y ciento veintisiete mosqueteros. Las de arcabuces, con ciento sesenta de ellos y treinta mosqueteros. Al final de su época, en 1698, se volvió a las doce compañías por tercio, y estas solo con treinta y dos plazas.

Las normas oficiales fijaron los hombres por compañía en trescientos (1560); cien (1603); doscientos y doscientos cincuenta, respectivamente, para dentro y fuera de España (1632); treinta y dos (1698).

Los tratadistas, por su parte, tenían diferentes criterios sobre la composición perfecta de estas unidades. Isaba, que sirvió en los últimos años del reinado de Carlos V y en los primeros de Felipe II, propugnaba que hubiera sesenta y cinco coseletes, veinticinco mosqueteros y ciento sesenta arcabuceros por bandera. Valdés, en 1571 se limita a decir que no debía haber más arcabuceros que piqueros. Londoño, en su libro publicado en 1594, aunque escrito en 1568, recomendaba que la mitad de los soldados fueran coseletes, cuarenta picas secas y el resto, arcabuceros. Eguiluz, en su obra publicada de 1586, sugería que la unidad estuviese formada a partes iguales, de coseletes, por un lado, y de mosqueteros y arcabuceros, por otro. Scarión, en 1598, habla de tercios de quince compañías a doscientos hombres, de las cuales dos o tres deben ser de arcabuceros.

Simplificando, y en términos muy generales, la teoría era que oficialmente en una compañía de piqueros la mitad de los hombres fueran coseletes; la tercera parte, arcabuceros (durante prácticamente toda su historia en los haberes figuraba el llamado «tercio de arcabuceros», o sobresueldo que estos cobraban), y el resto, picas secas. En una de arcabuces, prácticamente todos estaban dotados de ese arma, excepto veinticinco coseletes que llevaban alabarda, si bien no faltaban tratadistas que recomendaban que fueran picas secas, por estimar que ese tipo de soldado se adaptaba mejor a las necesidades de dichas unidades. Finalmente, cada compañía, con independencia de su especialidad, contó a partir de 1567 con un mínino de quince mosqueteros. Un tercio tendría así, idealmente, unos mil seiscientos piqueros y mil cuatrocientos arcabuceros y mosqueteros.

Por supuesto, ni los cambios que sufrieron las plantillas, ni las propuestas de los tratadistas respondían a un simple capricho. Al contrario, obedecían al propósito de aumentar la eficacia de las unidades, adaptándolas a las modificaciones que se fueron produciendo en el terreno del armamento y de la táctica, y buscando la combinación ideal de los distintos elementos que los integraban.

En principio, las cifras que se han citado hasta ahora pueden parecer excesivas, tanto por lo que se refiere a los efectivos como al número de compañías, lo que podría indicar que las unidades resultaban inmanejables por su tamaño y por la carencia de formaciones intermedias. En efecto, a partir de los inicios del siglo XVIII, los tres millares de hombres que oficialmente formaban un tercio, constituirían una pequeña brigada, a las órdenes de un general, dividida en quizá dos regimientos, cada uno de los cuales podría tener otros tantos batallones, con sus correspondientes mandos, formando así un conjunto más articulado y –por tanto– de más fácil empleo.

Pero es que, de hecho, esas cifras existieron prácticamente solo sobre el papel, no en la realidad. Nos limitaremos a solo unos pocos ejemplos, de los muchos que se podrían mencionar, para apoyar esta afirmación. Por otro lado, a lo largo del presente trabajo surgirán otros, siempre en la misma línea.

Empezando por los efectivos totales del tercio, los tres mil hombres nunca pasaron de ser, salvo casos excepcionales, un objetivo inalcanzable. Incluso si se llegaba a él en algún momento, el inevitable proceso de atrición reducía rápidamente los efectivos. Por ejemplo, en la campaña de Portugal de 1580 estaba previsto que los tercios tuvieran tres mil doscientas cincuenta plazas. Sin embargo, el que mandaba Enríquez (para referirnos a un caso concreto), pasó su primera revista con solo dos mil trescientos cinco. Unas semanas después, iniciadas ya las operaciones, estaba reducido a mil seiscientos setenta, casi la mitad de sus efectivos teóricos. A fines de la década de los setenta y principios de los ochenta del XVII, los cuatro tercios españoles existentes en Flandes reunían «como máximo» seis mil hombres. En 1601 se decía que los tres que había no superaban en conjunto los mil quinientos hombres. En 1607, habían sido reforzados, hasta rondar los cuatro mil quinientos. En 1623, el número de tercios había subido hasta cuatro, pero tan mermados que sumadas sus fuerzas, «no se podría formar la mitad de uno cumplido».

Tampoco había una cantidad fija de compañías. Los cuatro tercios que van a Francia en 1596 se ponen en campaña con, respectivamente, dieciséis, catorce, ocho y seis banderas y lo mismo sucedía con los efectivos de estas. Esos cuatro tercios sumaban cuatro mil novecientos siete hombres, lo que para cuarenta y cuatro banderas, da unos efectivos medios de poco más de cien. Diez años antes, los tres que guarnecían Flandes tenían cuatro mil trescientos soldados, en setenta y dos compañías, de forma que estas se situaban en torno a las sesenta plazas. En 1607, eran cuatro mil quinientos, aproximadamente, que pertenecían a cincuenta y cinco compañías, con menos de un centenar de plazas por término medio.

En cuanto a la distribución por especialidades, también era absolutamente irregular, existiendo tercios con una sola compañía de arcabuces (lo que era muy poco frecuente, ya que se intentaba que hubiera dos como mínimo), y otros que tenían hasta cinco. De picas podía haber desde menos de diez a más de veinte.

Finalmente, por lo que se refiere al armamento, hemos mencionado la cifra de alrededor de mil seiscientos piqueros y mil cuatrocientos tiradores por tercio. Una vez más, la realidad era considerablemente distinta. La tendencia era que, como poco, se invirtiese la proporción, hasta el punto de que entre nueve mil hombres únicamente se pudiese reunir mil quinientas picas, estando equipados el resto con armas de fuego. Se citaban casos de tres tercios que sumaban solo mil doscientos piqueros. Ello respondía a la predilección de los españoles por las armas de fuego, de la que ya hemos hablado en el capítulo primero. Se conoce un caso, extremo desde luego, de una compañía que en 1584 era toda de mosqueteros.

Se podrían citar muchos otros ejemplos de esta tendencia. Los cinco tercios que se concentraron en Lisboa para la Empresa de Inglaterra, en 1588 agrupaban tres mil quinientas seis picas, seis mil seiscientos noventa y nueve arcabuces y dos mil trescientos ochenta y nueve mosqueteros. El de Messía, en 1591, reunía seiscientos setenta piqueros, mil doscientos treinta arcabuceros y doscientos cincuenta mosqueteros. Los cuatro mencionados en relación con la campaña de Francia de 1596 tenían mil cuatrocientos cincuenta de los primeros, dos mil ochenta y siete de los segundos y ochocientos noventa y cinco de los terceros.

Los anteriores datos parecen apuntar a que, en la práctica, los tercios tenían los hombres y las compañías que podían, en función de las bajas y de los reemplazos, al margen de las plantillas oficiales o de las soñadas frente a un recado de escribir. En términos muy generales y con un valor puramente indicativo, quizá no sería muy aventurado decir que el tercio tenía una media de no más de mil quinientos hombres (no tres mil); la compañía en torno a cien (no doscientos cincuenta o trescientos) y que la proporción de armas de fuego se situó desde fechas muy tempranas por encima (y no por debajo) del cincuenta por ciento, marcando una tendencia que se mantendría a lo largo de la historia de estas unidades.

En resumen, estamos ante unos tercios notablemente más pequeños –y, por tanto, más maniobreros–, y mejor dotados de armas de fuego –por consiguiente, más eficaces– de lo que pueden dar a entender las disposiciones oficiales. Cerca de finales del XVI, un veterano decía que de cada cien soldados, sesenta eran tiradores; treinta, piqueros y el resto, alabarderos o estaban equipados con rodelas a prueba de bala. Estas proporciones parecen reflejar la realidad mejor que cualquier reglamento, aunque quizá no sería erróneo elevar la suma de arcabuceros y mosqueteros hasta dos terceras partes del total.

Es de lamentar que estos datos sean, en general, poco conocidos, lo que ha contribuido a una visión inexacta de los tercios y de sus capacidades. Así, resulta sorprendente que en una obra publicada en 1997, muy interesante por otra parte, todavía se afirme que en la plantilla teórica de las compañías de piqueros no figuraban arcabuceros, y que las de arcabuceros únicamente contaban con hombres dotados de armas de fuego. Ninguna de estas afirmaciones responde a la realidad. Las primeras, tradicionalmente, incluían, como hemos dicho, el llamado «tercio de arcabuceros»(destinado a la tercera parte de la plantilla que, en principio, usaba arcabuces). En cuanto a las segundas, tuvieron habitualmente soldados equipados con armas de asta. Ahí residía precisamente una de las ventajas de estas unidades, en la combinación de distinto armamento en el seno de las compañías. Desconocer este dato implica distorsionar la esencia misma de los tercios. Algo parecido supone si los errores afectan al tipo de armas que utilizaban. En ese mismo estudio, tomando la palabra italiana «archibugi» por mosquetes, y no por arcabuces, se asevera que aquellos se usaron en Pavía, cuando no se introdujeron en los tercios hasta mucho más tarde, con motivo de la marcha de Alba a los Países Bajos. (Parece que el arma de mayor calibre de lo habitual que se empleó en dicha batalla no fue el mosquete, en relación con el arcabuz, sino este último, en comparación con la «escopeta»).

Claro que también un clásico tan digno de admiración como Oman da una composición equivocada de los tercios, e incluye en ellos, en época de Felipe II, la figura del teniente, que en realidad solo se introdujo en el XVIII, unos meses antes de la desaparición de estas unidades. Montgomery, por su parte, en su Historia del Arte de la Guerra, refiriéndose al período que titula «La grandeza de España» y cuyo fin sitúa en torno a 1600, afirma que «en lugar de las enormes unidades de los tiempos de Gonzalo (Fernández de Córdoba), aparecieron en el ejército español "regimientos" más pequeños mandados por "coroneles"», cuando en dicho ejército y en esa época, las mencionadas denominaciones estaban relacionadas con la nacionalidad de la unidad, no con su tamaño. Es más, en la infantería española, y con solo una excepción, el regimiento surge justamente en sustitución del tercio y no antes del XVIII. Sotto y Montes, por su parte, también hace afirmaciones discutibles, en su caso sobre la pervivencia de las coronelías. Si Montgomery adelanta un siglo la aparición de los regimientos en España, Sotto prolonga otro tanto la vida de las coronelías. Ambos proyectan, por tanto, una visión distorsionada de la orgánica de los tercios.

Tras estas pinceladas sobre la entidad numérica del tercio, de sus compañías y de su equipo, materias todas, como hemos visto, sujetas a grandes fluctuaciones, pasemos a hacer algunos comentarios sobre su estructura interna donde la práctica sí se ajustaba a la teoría.

El tercio se dividía en dos elementos, de muy distinto tamaño. De un lado, una plana mayor. De otro, un conjunto de compañías. La primera reunía un pequeño grupo de personas con funciones especializadas, que se ocupaban de los diferentes aspectos relacionados con el manejo, en paz y en guerra, de la unidad como un todo. Las segundas constituían las unidades de combate propiamente dichas.

El maestre de campo era el jefe del tercio, al que prestaba, como hemos visto, su nombre, excepto en los contados casos en que estos eran designados por su base de operaciones o zonas de actuación (Nápoles, Flandes…). Si bien, y a diferencia de sus herederos en el tiempo, los coroneles de regimiento en el siglo XVIII, ni eran propietarios de la unidad ni nombraban a los oficiales de la misma –aunque aparentemente tuvieron este privilegio en los primeros años del reinados de Carlos V–, eran personajes de considerable peso, tanto por la importancia de su mando, como por la cifra siempre escasa que hubo de tercios. Así, en un entremés cervantino, cuando un soldado presume de tener certificados de treinta y cuatro maestres de campo, su interlocutor le contesta que: «no ha habido, a lo que yo alcanzo… tantos maestres de campo de infantería española de cien años a esta parte».

Al igual que de todos los demás mandos del ejército, se esperaba de ellos que estuviesen capacitados para sustituir a sus superiores. En el caso de los maestres de campo, estos eran los generales en jefe (y los maestres de campo generales, cuando se creó este empleo), lo que suponía que ciertamente debían reunir conocimientos militares elevados que además no podían limitarse a la infantería, sino que tenían que abarcar otras armas como caballería y artillería, incluyendo además todo lo relativo al asedio y defensa de plazas.

Algún tratadista, para resaltar la importancia del cargo, exigía de ellos virtudes casi divinas: ser buen cristiano, sano de cuerpo, no amancebado ni frecuentador de casa de mujeres de mala vida, con experiencia de la guerra, magnánimo, muy cortés y bien criado, y «que tenga muertos los deseos de adquirir y procurar hacienda».

En tiempos de guerra el maestre de campo dirige el tercio, como unidad de maniobra básica del ejército. En la paz, se ocupa de la instrucción de sus oficiales y soldados. Siempre, tiene la calidad de «justicia ordinaria», para lo que cuenta con los servicios de un letrado, el auditor.

Con tan altas responsabilidades, era natural que el rey en persona designase a los maestres de campo, tras escuchar al Consejo de Guerra, aunque el capitán general también podía «proveer» este cargo, si quedaba vacante en su jurisdicción. Su elección recaía con sorprendente frecuencia para los vestigios feudales existentes en la época, en soldados veteranos, más que en hombres de prosapia. Se estimaba, justificadamente, que para cumplir las complejas funciones que les estaba encomendadas mejores títulos eran los años de servicio que los cuarteles de nobleza o los blasones. Este no era un principio teórico; de hecho, «ninguno llega a altos grados a no ser que sea soldado experto y fogueado… Por muy elevado que sea su nacimiento, tiene que ser conocido por su valor y buen sentido».

El maestre no solo dependía directamente del general en jefe, –aunque con el tiempo surgirían figuras intermedias– sino que también cumplía funciones de asesor de este, integrándose en los consejos de guerra que tanto formal como informalmente se reunían.

Con la flexibilidad que caracterizaba al sistema español, podía verse al frente de un conjunto de tercios, con o sin el título oficial de maestre de campo general, o solo del suyo propio, o de una agrupación de varias compañías procedentes de distintas unidades, de diversas nacionalidades.

Finalmente, y en el ámbito interno de su unidad era el jefe absoluto de la misma, como «capitán de capitanes» ya que mandaba a estos y él mismo tenía su propia compañía. Obtenía así un sobresueldo, pero es probable que con ello se buscara asimismo que mantuviera un contacto mayor con la tropa. Más abajo veremos ejemplos de esta misma tendencia en el caso de otros oficiales.

Disponía, para su boato y seguridad, de una guardia personal de hasta ocho alabarderos alemanes. Usaba «armas ordinarias» y habitualmente iba siempre a caballo. Sin embargo antes de una batalla, y si no ostentaba el mando de todas las tropas presentes, debía apearse «por honra y estimación de la infantería», situándose cinco pasos delante de su tercio, frente al enemigo. Al llegar el momento de choque, retrocedía y ocupaba puesto «en la hilera de capitanes», donde combatía pica en mano. Evidentemente, al hacerlo perdía por completo el control de la unidad, por lo que parece que esta costumbre, tan caballeresca, no siempre se respetaba, sino que continuaba montado durante el combate, para dirigir a sus hombres. Hay indicios para afirmar que los maestres de campo actuaban en esta materia según las circunstancias. Así, existen descripciones de alguno mandando a sus tropas desde el caballo, pero también se dice de otro «acabado de quitar las botas, calzado sus zapatos y puestas sus armas e ido a dónde estaba su tercio para pelear a pie a la testa de su escuadrón». Esto es, que había ido cabalgando a la ligera y que, ante la proximidad del combate, se había apeado y equipado, para intervenir en él junto a sus soldados. Participaba, en cambio, de forma directa, en los asaltos a la brecha, operación que, por su brutalidad misma y al tratarse simplemente de un ataque frontal, exigía liderazgo y ejemplo personal de los oficiales, más que una dirección táctica.

Habría que mencionar, por último, que el cargo implicaba verdadero riesgo. Así de los tres maestres de campo españoles que había en Flandes en 1600, dos murieron en combate ese año, y el tercero, al siguiente.

Como auxiliares, el maestre contaba con el sargento mayor, tambor mayor, capitán barrachel, furriel mayor, cirujano y capellán. Si a ellos se añade el auditor, vemos que los tercios, además de ser una fuerza de combate, reunían servicios de policía militar, sanitarios, religiosos y jurídicos. Teniendo en cuenta que en la época en que se crearon ni siquiera el concepto de unidades permanentes estaba totalmente generalizado en Europa, se trataba de organizaciones extraordinariamente avanzadas para su tiempo.

El sargento mayor era designado directamente por el capitán general. A veces, aunque no necesariamente, previo informe del maestre de campo. Debía ser «hombre de mucha verdad, de gran experiencia y secreto» «y de edad casi cuarenta años». No tenía competencias en el mando táctico como tal, pero le correspondían varias funciones esenciales. La primera, era asegurar la disciplina de la tropa, para lo que debía conocer en la medida de lo posible a todos los soldados del tercio y vigilar su comportamiento, alejándoles en lo poco que se podía de sus inveteradas aficiones: las mujeres y los naipes. Nada de ello le hacía especialmente popular, e incluso se consideraba como algo inevitable que los soldados le odiaran y le temieran. En ocasiones, estos sentimientos podían llegar demasiado lejos, y algún sargento mayor perdió la vida a manos de sus propios subordinados de un arcabuzazo por la espalda, aprovechando el estrépito de la batalla o alguna ocasión propicia.

La segunda misión, de tanta consideración como la primera, consistía en «la buena orden de caminar, y en el buen modo de alojar y en las órdenes para pelear». Es decir, era responsable de cómo el tercio marchaba, se hospedaba y sobre todo, cómo desplegaba en día de batalla. El tercio, no solo para ser eficaz sino para sobrevivir, necesitaba adoptar una serie de formaciones específicas y el responsable de ello era el sargento mayor. Aunque pueda parecer extraño, hay datos para pensar que este oficial no solo ordenaba la constitución del escuadrón, sino que escogía el tipo del mismo que estimaba más adecuado, decisión esta que cabría pensar que correspondería al maestre de campo como jefe de la unidad.

La competencia en materia de «escuadronar» a la gente suponía que a las características citadas antes, el sargento mayor debía añadir una más: un conocimiento no despreciable de la «aritmética».

En efecto, al ser cualquiera de esas formaciones rigurosamente geométricas y al variar constantemente la cantidad de soldados disponibles, el constituirlas no era labor baladí. Valdés da algunas fórmulas: para el llamado «cuadro del terreno», o escuadrón cuadrado, se multiplicaba el número hombres por dos mil cuatrocientos uno. El resultado se dividía por mil. Del producto se sacaba la raíz cuadrada y así se obtenía los soldados que tenía que haber por hilera. Una división más daba el número de las mismas. Otra fórmula era partir por veintiuno la cantidad de soldados, hacer la raíz cuadrada del resultado y multiplicar luego por siete. Así se sabía los soldados de cada hilera. Si se multiplica la raíz cuadrada por tres se obtenía el número de estas.

Con mil seiscientos hombres y siguiendo el primer sistema, el escuadrón quedaría con veintiséis hileras de sesenta y un soldados, sobrando catorce hombres. Por el segundo, habría veintisiete de las primeras, con cincuenta y nueve plazas, sobrando siete.

Además de estos cálculos puramente matemáticos el sargento mayor debía tener lo que en siglos posteriores se llamaría «golpe de vista»: la habilidad para escoger la formación más apropiada al terreno y a la situación táctica, procurando que al escuadrón «no le diere el viento por frente por amor del humo de artillería y pólvora, ni el sol que es peligroso, que estorba a la vista».

A diferencia del maestre de campo, el sargento mayor en el día del combate nunca se apeaba del caballo ni entraba en la línea de batalla, «pues peleando allí no vale mas que uno», sino que debía «estar suelto», recorriendo montado la formación para mantener el control de la misma.

Terminemos diciendo que le correspondía vigilar que el tercio marchara en buen orden; ocuparse del bagaje o impedimenta del mismo; distinguir, por el color de sus banderas, cada una de las compañías del tercio; instruir a la tropa; conocer a los capitanes para saber cuál era el más apropiado para las distintas misiones; tomar el santo y seña y ocuparse de la seguridad de la unidad, lo que suponía hacer rondas noctunas.

Con todas estas preocupaciones, es normal que siempre anduviera provisto de un «librillo de memorias», para tomar notas y a veces de un «numerato», con las reglas matemáticas para formar los escuadrones. Tampoco extraña que tuviera que ser hombre que pudiera «dormir en pie como grulla», y que a veces se quedara dormido a caballo. Con tantos trabajos, se trataba de un «galán oficio, pero de grandísimo cuidado».

Siempre en movimiento, necesitaba varios caballos para desempeñar sus numerosas funciones, hasta el punto de que podía agotar dos ó tres en un día. Gozaba del curioso privilegio de controlar el juego en el único lugar permitido, el cuerpo de guardia. Del «barato» que obtenía pagaba las herraduras de sus monturas. Debido a que su función no era combatir, la insignia de su mando era un bastón, que preferiblemente tuviera tres pies de largo –el espacio que un soldado ocupaba en filas– lo que le ayudaba a tomar sus medidas para las formaciones. A fin de evitar problemas, en una milicia tan puntillosa como la que acogía los tercios se decía que si tocaba a un hombre con él «no se debe agraviar nadie de que castigue con él, porque lo trae por arma y no para afrentar a nadie». Así se ennoblecía el palo, que no podía ofender.

Como excepción a funciones tan administrativas, era el responsable de montar las encamisadas, como se llamaba a los golpes de mano –generalmente nocturnos– porque en ellos los soldados se ponían las camisas sobre los vestidos para reconocerse y no matarse entre sí. También se le podía confiar el mando de una operación cuando esta, por su escasa entidad, aunque exigía la participación de más de una compañía, no requería la del tercio entero, no siendo, por consiguiente, «digna de maestre de campo». No obstante, era más usual que se pusiera a un capitán al frente de ese tipo de destacamentos, generalmente uno de arcabuceros o muy antiguo, que de forma temporal y para una misión específica, pasaba a mandar a varios compañeros. Curiosamente, a pesar de lo duro de su puesto, hasta 1580 solo ganaba veinticinco escudos. Ese año se le aumentó la paga quince, igualando así a la del capitán.

Podía disponer de un ayudante, al que distinguía el uso de jineta, pero sin flecos ni borlas. Si el tercio era muy nutrido, convenía que hubiese dos. Para esa función se sugería escoger un buen alférez, que tras cierto tiempo en el cargo y como recompensa sería ascendido a capitán. Se creaba así entre ambos empleos uno intermedio, no previsto en las ordenanzas.

El tambor mayor comparado con el sargento mayor, de quien dependía, apenas tenía funciones, pero estas eran importantes. En terminología moderna, era el oficial de transmisiones del maestre de campo, ya que estaba encargado de difundir las órdenes a través de cajas y pífanos. A esos efectos, la música de todas las compañías estaba bajo su jurisdicción. Convenía que supiera reconocer y tocar los sones usados por los franceses, alemanes, suizos, valones, escoceses, ingleses, turcos y moriscos y «ha de hablar todas esas lenguas si es posible», lo que parece una pretensión desmedida.

La otra función que se le asignaba solo puede ser calificada de espionaje. En efecto, era constumbre utilizar a los tambores para comunicarse con el enemigo a modo de los antiguos heraldos. Por ello, tenían más facilidades que nadie para aproximarse al ejército o las fortificaciones de los contrarios. Aprovechándose de esta circunstancia, se esperaba que tuvieran habilidad para reconocer el estado de las defensas, los puntos débiles de las mismas, la situación de la moral de las tropas, etc. Este uso se mantuvo largo tiempo y más de una persona de alto rango no tuvo reparo alguna vez en vestir la humilde librea de tambor para disfrazar su condición y practicar así, a su salvo, un reconocimiento personal. El tambor mayor también llevaba jineta, con una borla.

Al furriel mayor le tocaba ocuparse del alojamiento recogiendo las correspondientes boletas en la plaza donde se detenía el tercio. Acompañado de los furrieles de cada compañía, se adelantaba al resto de la unidad para que los soldados pudieran instalarse sin pérdida de tiempo al final de la etapa. No le correspondía, sin embargo, hacer la distribución de las habitaciones disponibles, tarea —una más— que recaía en el sargento mayor. Idéntico sistema se seguía en lo referente al abastecimiento, ropa, munición, etc. El furriel mayor los recibía de los oficiales del rey, pero era el sargento mayor quien disponía el destino que se les debía dar.

El capitán barrachel de campaña equivalía a la policía militar moderna. Era el responsable de mantener y hacer mantener la disciplina y vigilaba que la tropa no cometiese desmanes ni en las marchas ni en los alojamientos. Tenía asignado, asimismo, el control de la tribu de vivanderos que acompañaba al tercio, inspeccionando los pesos y medidas que utilizaban y los precios que ponían a sus a veces sospechosos productos. Manejar esa chusma no era tarea fácil. En alguna ocasión hubo que apelar a castigos de casi homéricas proporciones, azotando hasta a doscientos de ellos en una sola sesión. Contaba con la ayuda de hombres a caballo, y debía disponer de «todos los instrumentos que para hacer rigurosa justicia se requirieran», para lo que existía un verdugo. Se pensaba de ellos «que eran tan necesarios como lo es el terror en la gente».

El capellán, el cirujano y el médico, cuando había uno, se preocupaban, respectivamente, de la salud espiritual y material de la tropa. Las crónicas contemporáneas no dejan dudas sobre las muy discutibles cualidades que solían adornar a los detentadores de dichos puestos. Se acusaba a los capellanes de preocuparse poco por sus descarriadas ovejas y en muchos casos de compartir sus pecados. En cuanto a los cirujanos, los había que no pasaban de barberos ilustrados, ayunos incluso de un conocimiento rudimentario de la brutal medicina de la época.

Hay que reconocer que hasta tiempos relativamente recientes, las críticas a los tonsurados y los galenos de la milicia han sido moneda corriente. Es fácil seguir a través de los siglos, la monótona retahíla de improperios. Bien es verdad que, en términos generales, los mandos –aunque sirviesen a católicas majestades– en la práctica estaban interesados por encima de todo en el número de soldados inmediatamente disponibles en la línea de fuego. Lo que sucediera con sus almas y sus cuerpos, antes y después de la batalla, era secundario. Capitanes tan señeros como Napoleón o Federico de Prusia harían gala de su profundo desprecio por cuestiones religiosas y de su despiadada indiferencia por la suerte de los miles de hombres que arrastraban en sus campañas.

También conviene subrayar, en términos comparativos, que el ejército español del XVI y XVII daba mayor importancia a estas materias que sus rivales de otros países. La religión, obviamente, constituía un elemento esencial de la sociedad y, por consiguiente, de las fuerzas armadas, aunque parece que se abordaba con la particular idiosincrasia de los españoles de la época, permanentes pecadores contritos. No fueron pocos

«Un tambor, un pífano, un sargento y un alférez del Ejército español», grabado del libro *Omnium pene Europae, Asiae, Aphricae atque Americae gentium
habitus* (1581), de Abraham de Bruyn. Rijksmuseum, Ámsterdam.

los casos de tercios que, tras rezar con unción un Ave María, se lanzaban a
un asalto que culminaba en un saqueo implacable, acompañado de toda
clase de excesos. Ni de soldados que, con soltura, transitaban del coleto
de ante al sayal de ermitaño, para luego retomar la espada.

Los servicios médicos, sin duda, eran superiores a los de otros países
pero en esos siglos ello no quería decir demasiado. Un máximo de un
cirujano y un médico para un tercio de tres mil hombres dedicados a la,
por definición, peligrosa profesión de las armas, y para sus numerosos
acompañantes, no refleja una desmedida obsesión por su salud. El sueldo
que se les fijaba, inferior al del alférez y solo el doble de lo que percibía un
pífano, confirma el relativo aprecio que merecían sus servicios.

El personal sanitario de la unidad se completaba, lo que en la época era inusitado, con hospitales generales y de campaña. Los primeros
eran permanentes, como el de Santiago de los Españoles, en Nápoles,
con una capacidad de doscientas camas o el de Malinas, en Flandes, con
trescientas treinta. Creado por Parma, de él se decía que era «donde los
soldados de las dos naciones, española e italiana, por ser extranjeras, se
curan de las heridas y enfermedades con tanto aseo y limpieza como no
se vio en sus tiempos y en otros».

Los segundos, se montaban para operaciones concretas. Por ejemplo, el ejército expedicionario que se organizó para el ataque a las Azores,

en 1583, incluía «un hospital formado», «con los clérigos, mayordomos, administradores, boticario, cirujano y los demás oficiales necesarios, y las camas, dietas, medicinas y demás cosas que fueren menesteres, así en la mar como en la tierra, donde se ha de asentar y formar dicho hospital». Gracia Rivas, que ha tratado a fondo este tema, por lo que respecta a la campaña contra Inglaterra de 1588, en su estudio sobre la poco conocida «invasión» de Aragón en 1591, menciona la formación de otro hospital, de doscientas camas, y con un equipo –teórico– de sesenta y cuatro personas, destinado a atender a un ejército de quince mil hombres. Cuando el desarrollo de los acontecimientos obligó a dispersar a la fuerza, se crearon además once pequeños establecimientos en otras tantas poblaciones, atendidos en su mayoría por médicos y boticarios de las propias localidades. Hubo incluso sanatorios para la recuperación de los heridos, como el de Hal, con trescientas cincuenta camas.

Si bien situadas en su contexto temporal, estas cifras son mucho menos modestas de lo que parecerían en la actualidad e incluso resultaban extraordinariamente generosas para la época –«el hospital de Malinas fue el único establecimiento permanente de este género en Europa durante casi un siglo»–, lo cierto es que durante siglos se consideró al soldado como una herramienta de usar y tirar. Parafraseando una expresión del XIX, «iba al hospital a morir», no a curarse. Hablando de las bajas sufridas en el sitio de Haarlem, tras una salida especialmente sangrienta de la guarnición, un capitán español alude a una serie de mandos heridos, y en vías de recuperación. Y añade, con pena: «los que lo pagan son los pobres soldados, que casi ninguno escapa».

No es sorprendente que la proporción entre médicos y sacerdotes haya provocado comentarios de algunos autores. Correlli Barnett, que en su agudo estudio sobre el ejército británico no regatea elogios sobre los tercios, comenta socarronamente que «tan grande era la piedad de los españoles que, mientras solo había tres médicos en un tercio, este contaba con trece capellanes». Las cifras concretas pueden discutirse, pero desde luego había muchos menos de los primeros que de los segundos, lo que quizá la tropa no siempre agradecía.

LAS COMPAÑÍAS

Los cargos mencionados hasta ahora constituían la plana mayor del tercio. Pero la verdadera fuerza de este residía en las compañías que lo integraban. La plantilla de estas, sobre el papel, estaba formada por un capitán, un alférez, un sargento, uno o dos tambores, un pífano, veinticinco cabos de escuadra, un furriel, capellán, barbero y un número de soldados que fue variando con el tiempo. Estos, a su vez, podían pertenecer, como hemos visto, a las especialidades de coseletes, picas secas, alabarderos, arcabuceros o mosqueteros.

El capitán era nombrado por el Consejo de Guerra o por el capitán general. Incluso cuando se levantaba un tercio nuevo, el maestre de campo no tenía derecho a elegir a los que iban a ser sus inmediatos subordinados. Es más, se le trataba, en cierto modo, como a otro capitán, y –en calidad de tal– recibía una «conducta» para reclutar su propia compañía. Claro está que, dado lo elevado de su posición, encargaba de esta labor a su alférez, ya que él no descendía a ir andando por los pueblos buscando mozos para alistar.

Literalmente, se consideraba al capitán como padre de la compañía, desde el momento que él la creaba, eligiendo sus subordinados directos y enrolando a la tropa. Era el responsable del mando y administación de la misma, a las órdenes directas del jefe del tercio. Alcanzar ese grado era la aspiración máxima de la mayoría de los militares, ya que el número tan reducido de oficiales superiores dificultaba extraordinariamente el ascenso a categorías más altas. El empleo tenía además el indudable atractivo que suponía el mando sobre una unidad manejable por su entidad, relativamente autónoma (era frecuente que se destacara una compañía para una misión concreta o como guarnición de una plaza) y en la que era posible conocer personalmente a cada uno sus componentes. Prueba del prestigio de los capitanes es que, como hemos visto, incluso los maestres de campo tenían siempre una compañía, cuya bandera, por cierto, era la de todo el tercio. La expresión «capitán, aunque sea de bandidos» resume adecuadamente la consideración que rodeaba a estos oficiales.

Al no haber ninguna unidad intermedia entre el tercio y las compañías, mandar una de estas era algo realmente importante, por lo que se hablaba de «cuán principal cargo y de cuánta autoridad es ser capitán de Infantería Española en servicio de la Majestad del Rey Nuestro Señor».

El procedimiento normal para alcanzar tan apetecido grado era por ascenso y, en principio, se esperaba que las vacantes que se producían se cubrieran entre alféreces distinguidos, y no con paniaguados inexpertos de altos dignatarios de la corte, como sucedía con más frecuencia de lo que era deseable. No cabe duda, sin embargo, que la calidad media era excelente. Los tratadistas podían lamentarse, sin citar casos concretos ni cifras, del número de jóvenes boquirubios con influencias que alcanzaban ese grado, sin merecerlo. Pero se conocen los nombres y apellidos de cientos de capitanes que murieron en combate, encabezando un abordaje o un asalto, defendiendo una brecha o una bandera. En esta materia, como en otras relacionadas con los tercios, la realidad era más brillante de lo que a veces se ha dado a entender.

Los capitanes debían ser de treinta años o poco más, solteros y no «traviesos, enamorados, jugadores y tahúres» para evitar dar mal ejemplo a la tropa y problemas con ella por cuestiones de naipes o amoríos. También tenían que ser honestos, ya que manejaban caudales de la unidad. Dado que mandaban a voluntarios profesionales, que, si lo estimaban oportuno, no vacilaban en cambiar de compañía, tenían que preocuparse por el bienestar de sus hombres, si quería mantener la unidad al completo. Ello incluía facilitarles ocasiones de distinguirse en combate, ya que los soldados intentaban enrolase en las banderas más prestigiosas. Pero también suponía darles un trato decente. Cuando no era así, los soldados simplemente se escapaban. Eso le sucedió a un capitán, que de la noche a la mañana se encontró «con solo la bandera, cajas, alférez y sargento, y con cinco mozas que llevábamos en el bagaje».

Por otro lado, las compañías más escasas de gente eran las primeras en ser disueltas o reformadas para completar las demás, lo que equivalía a que el capitán se quedase sin mando. Eso era un incentivo añadido para procurar tener contenta a la tropa. En efecto, convenía que estos oficiales no olvidaran que era «cosa muy fácil hallar capitanes, y muy dificultosa juntar cincuenta soldados».

En cuanto a la pretensión de que no fuesen «traviesos» ni «enamorados» parece un tanto ilusa, tratándose de jóvenes, solteros y que vivían con la espada en la mano. Respecto a la honestidad, había de todo. Ya se han comentado los abusos que se producían en cuestiones económicas, pero también hay multitud de ejemplos de verdadera obsesión por el bienestar de los subordinados, incluso a costa del propio bolsillo del capitán.

El valor a toda prueba se les suponía, desde luego. No bastaba el coraje, sin embargo: había que ser también persona discreta, capaz de medir el peligro. «Ha de advertir mucho de no intentar cosa en que sea imputado de temerario y atrevido». En el mismo sentido, si se les encomendaba una misión que les parecía de dudoso éxito, tenían obligación de transmitir su punto de vista a los superiores. Desde luego, si a pesar de eso se insistía en la orden, debían cumplirla a cualquier precio. Que lo hacían, está fuera de cuestión. Basta leer una relación de bajas de una acción cualquiera para comprobar que las que sufrían los capitanes eran habitualmente mucho más que proporcionales.

Sobre el papel no había otra jerarquía entre las diferentes compañías de un tercio, más allá de la antigüedad, con la única excepción de la del maestre de campo, que se reputaba la primera (por ese motivo era pagada antes que las demás, privilegio nada desdeñable en una época en la que cobrar el sueldo era siempre problemático). Sin embargo, en la práctica las de arcabuceros gozaban de una cierta preeminencia. El paso de mandar una compañía de picas a una de arcabuces equivalía a un ascenso, y se consideraba que autorizar que unas de las primeras pasase a ser de arcabuces era un premio para su capitán.

Los capitanes de las compañías de arcabuceros tenían que reunir requisitos adicionales. Estas unidades, por sus especiales características, actuaban con frecuencia con carácter independiente, en formaciones más abiertas y relativamente alejadas de los mandos superiores. Por ello, sus oficiales asumían una mayor responsabilidad, y necesitaban poseer elevadas dosis de iniciativa y flexibilidad. De ahí que se requiriera de ellos que fuesen «hombres sueltos, adelantados y sufridos de trabajo».

En cuanto al horizonte profesional del capitán de infantería, si sobrevivía a su rudo empleo o no quedaba incapacitado por heridas o enfermedades, quizá la trayectoria más frecuente era obtener primero una compañía de caballería y, eventualmente, un tercio, sin pasar necesariamente por el grado de sargento mayor. Pero parece lo más probable que la mayoría no alcanzara tales alturas, aunque solo fuera porque había una media de doce capitanes por cada maestre de campo. Tenía que haber muchos capitanes Contreras arrastrando sus espadas y memoriales por las calles de Madrid, «rogando, pechando, adulando, sirviendo, acompañando, haciendo reverencias, postrada la cabeza en el suelo, el sombrero en la mano, el paso ligero, cansando los patios tarde y mañana» a la espera de un ascenso, o de una compañía si la suya había sido reformada.

En realidad, no existía un sistema normalizado para los ascensos, que dependían sobre todo de los méritos o las influencias. Como veremos, en 1632 se intentó establecer una normativa al respecto, pero con poco éxito.

El armamento de los capitanes consistía en yelmo, coselete, rodela y pica de veintisiete palmos, si eran de piqueros. Si mandaban arcabuceros, arcabuz y frascos. Resulta curioso este equipo, similar al de la tropa, ya que, excepto en periodos muy concretos, como algunos años en la segunda mitad del siglo XVIII, la oficialidad siempre ha tenido distinto armamento que los soldados. Convenía que tuviesen además armas fuertes –yelmo y rodela– a prueba de bala, para combatir en las brechas. La insignia de su oficio era una jineta, aunque muchas veces se distinguía también, al igual que otros mandos, por llevar tanto el yelmo como el coselete profusamente grabados.

El alférez tenía como principal misión enarbolar en combate la bandera. Esta poseía un carácter casi sagrado, como símbolo de la autoridad real. Compañía y bandera eran conceptos inseparables, hasta el punto que se convirtieron en términos intercambiables para designar a la unidad. Una serie de actos subrayaba esta identificación. Cuando recibía instrucciones de levantar una compañía, lo primero que hacía el capitán, ya lo hemos visto, era encargar una bandera cuyo color escogía y que hacía bendecir. Si se decidía disolver una unidad por medida disciplinaria, se quemaban sus banderas o se abatían y plegaban.

Adquirían así algo de mágico, que se reflejaba en la costumbre de estimar que eran propiedad de los capitanes hasta que no hubiesen entrado en combate. Pero una vez que lo hubieran hecho, pasaban a ser de los alfereces que las habían empuñado en acción. A cambio, el alférez que la perdía en combate perdía también su grado, y el soldado que la rescataba del enemigo obtenía un ascenso. Hay indicios para creer que existía la norma de que si se perdía una bandera, pero después de que el alférez hubiese muerto defendiéndola, la unidad tenía derecho a recibir una nueva, lo que es una manera más de subrayar esa especie de comunión que se establecía entre la enseña y el oficial al que le había sido confiada.

La responsabilidad del alférez era permanente. Uno de ellos entregó la enseña durante una marcha a su abanderado, lo que por otra parte era habitual. Al final de la misma, el soldado por error se unió a otro tercio. Cuando el alférez llegó al punto de concentración de su unidad, se percató de la desaparición de la bandera. Un sargento, más despierto, la logró encontrar. En premio de su celo fue ascendido, pasando a ocupar el puesto del alférez, que fue degradado por su descuido, a pesar de que él no llevaba la bandera y de que esta se había recuperado.

No obstante, aunque con carácter absolutamente excepcional, esta regla se vulneró alguna vez. Ese fue el caso en el asalto a Corbeil. Un alférez recibió órdenes de quedarse en la retaguardia con su bandera, mientras el resto de la compañía montaba al asalto. Le pareció indigno acatarlas, por lo que confió su enseña a un compañero del mismo tercio y se unió a su unidad. Cuando el capitán le recriminó por haber abandonado la bandera, contestó que la había dejado con un hombre de toda confianza, y que si pretendía que regresase a su puesto, «que proveyese la bandera en otro que tuviera más paciencia o que hiciese lo que quisisese, que él no podía dejar de pelear». Con esto, cogió una pica y trepó brecha arriba. Ahí perdió el ojo de un arcabuzazo que le dieron mientras combatía. Por lo que se sabe, no se tomaron medidas disciplinarias contra él, ya fuera en reconocimiento a su valor o porque se estimase que quedarse tuerto era castigo bastante.

Como ejemplo de la importancia de las banderas, se puede citar el caso de las veinticuatro del tercio de Bobadilla que el enemigo cogió sin estrenar, en sus cajas, en un golpe de mano en Flandes en 1589. Posteriormente, fueron recuperadas por hombres del tercio de Manrique. A pesar de que «no se habiendo sacado a la luz, no tenían cosa de milicia, ni de valor, fuera del tafetán», Vega, que mandaba provisionalmente la unidad, se quedó muy satisfecho, «por recobrar con las banderas la fama que con ellas temía haber perdido». A título anecdótico se podría añadir que el duque de Parma las había encargado «para erigirlas desplegadas, la primera vez en la guerra de Inglaterra».

Añadiremos, para no mancillar esa fama más de cuatrocientos años después, que el bagaje del tercio había quedado al cuidado de una compañía cuyos componentes estaban casi todos enfermos o heridos. A pesar de ello y de la sorpresa, se defendieron de manera que de noventa solo hubo seis supervivientes. El jefe enemigo, reconociendo el valor del cabo que mandaba la guardia y que había sido herido en el combate, «le echó al seno un bolsillo lleno de doblones para que se curase».

Es posible que el comentario sobre el casi nulo valor de las banderas porque no se habían «sacado a la luz», merezca una aclaración. La importancia de estas residía en su carácter de símbolo del honor del rey o de la unidad, pero únicamente lo adquirían cuando se habían desplegado oficialmente al frente de la unidad. Hasta entonces, mientras no se hubieran arbolado, «no representaban más del tafetán de que eran hechas».

Naturalmente, las banderas también tenía un valor práctico, al permitir a los hombres localizar su unidad en una marcha o en el desorden de la batalla, actuando como punto de reunión de los dispersos. Eran «el verdadero fundamento de la compañía y en que consiste la honra y reputación suya» por lo que se tenían que defender a toda costa. Los tratadistas recogen con aprobación ejemplos de oficiales que sujetan su estandarte con los muñones, después de haber perdido las manos, o que se arrojan al mar abrazados a él, antes que entregarlo. Se discutía incluso si era deshonroso dejarse arrebatar por el contrario un jirón de las míticas enseñas, llegándose a la conclusión de que era permisible, siempre y cuando se conservase el resto.

Se abatían solo en ocasiones excepcionales: tres veces ante el Santísimo Sacramento, ante el cual se tendían para que la comitiva que lo llevara pasara sobre ellas, tres también ante el rey y dos en el caso de príncipes de sangre y capitanes generales. Se prohibía que jamás tocasen el suelo, excepto en el caso mencionado. Una guarnición asediada prolongaba la defensa, con las bajas subsiguientes, para lograr que el enemigo le permitiese capitular su salida con ellas desplegadas, y para humillar al contrario derrotado se arrastraban sus banderas, costumbre esta que se aplicaba incluso en las batallas navales.

En combate formaban en el centro del tercio, en una hilera especial. No se llevaban, sin embargo, en operaciones «a la ligera» o –desde 1590– en los asaltos. En ambos casos, por temor a que se perdieran por no poder darles la guardia adecuada, lo que no empecía que se esperaba que en el ataque a una brecha, el alférez fuera de los primeros en coronarla. Por la misma razón, cuando se perseguía al enemigo vencido, se quedaban con el grueso de la formación.

Con estos antecedentes se explica la importancia del oficial a quien estaba encomendado tan preciado símbolo. Habría que añadir que por ser escogido por su capitán, era el hombre de la mayor confianza de este, al que sustituía en el mando de la compañía durante su ausencia. Supervisaba, además, al sargento en sus funciones. Los músicos de la compañía dependían de él.

El único requisito para ser designado alférez era ser elegido por el capitán, pero era recomendable que el nombramiento recayese en un veterano, preferiblemente un sargento. Utilizaba en combate solo la espada, que manejaba con una mano mientras empuñaba la bandera con la otra. Se protegía en batalla con coselete completo, ya que la enseña le convertía en blanco favorito de los enemigos, siempre codiciosos de cogerla por trofeo. En marchas y alojamientos tenía como distintivo un venablo, «que autorizan mucho los venablos aquel cargo», que a veces era llevado por un paje.

En el caso no frecuente y poco aconsejable de que en batalla confiara la enseña al abanderado, para formar en la hilera de los capitanes, se le suministraba una pica.

Distinto del alférez era el abanderado, título que correspondía no a un grado, sino a la función que desempeñaba un simple soldado o criado, que era el encargado de cargar la bandera cuando el alférez no la empuñaba, es decir, sobre todo en las marchas. Se recomendaba que fuera siempre español y lo suficientemente robusto para llevarla con gallardía y buen aire. Parece que la costumbre era que «no se le daba otra cosa que de comer y de beber y un vestido cada año», pero se trataba de

El coronel Francisco Verdugo (1614), grabado de Simeon Ruytinck. Peace Palace Library, La Haya.

una corruptela, ya que en el sueldo del alférez se incluían tres escudos para que pagara un abanderado.

El sargento tenía, en el seno de la compañía, funciones similares a las que correspondían al sargento mayor en el marco del tercio. Incluso a la hora de formar la bandera dentro de un escuadrón parece que tenía una doble dependencia. De su capitán de un lado, lo que es comprensible, pero también del propio sargento mayor, lo que resulta singular ya que este no tenía, en principio, mando sobre la compañía.

Al igual que el alférez, era designado por su capitán, y asimismo debía ser, al menos en principio, un hombre con experiencia, preferiblemente un cabo antiguo. Cuando era preciso, sustituía al alférez en sus funciones, como este reemplazaba al capitán cuando hacía falta. Podía, pues, llegar a ser depositario de la bandera, con todo lo que ello suponía.

Por todas estas razones, y por haber solo uno por compañía, sin duda el grado de sargento en la época conllevaba mayor importancia que el de sus colegas de tiempos posteriores, a lo que se debía que tuviera la categoría de oficial, no de suboficial. Aún así, la dotación de mandos por compañía resultaba muy baja. Sin embargo, se mantuvo casi hasta la desaparición de los tercios, sin que –aparentemente– ninguno de los numerosos tratadistas que teorizaron sobre ellos viera esta situación como una anomalía que convenía corregir. Le correspondía proponer a sus superiores el armamento más adecuado para cada soldado de la compañía, de acuerdo con las características de estos, lo que tenía una repercusión directa en el eficacia de la unidad; distribuía los alojamientos; se ocupaba de los «bagajes» o caballerías que transportaban los enfermos y aspeados, así como los efectos de los hombres; estaba encargado de la disciplina y de todo lo relativo al servicio de centinelas, y supervisaba las existencias de bastimentos de todo tipo. Su cargo era «el más necesario, trabajoso y vigilante» de la unidad. Exigía saber leer y escribir.

Llevaba como arma la alabarda o la jineta, que llegó a identificarse con su empleo, de forma que «dar una jineta» equivalía a nombrar a alguien sargento. Otros pensaban, sin embargo, que su distintivo era la alabarda, mientras que la jineta lo era del capitán, y que con la mencionada expresión solo se aludía al gesto de este al entregar su propia arma a un hombre, al designarle sargento, como prueba de la confianza que en él depositaba. La alabarda le identificaba hasta tal extremo que cuando en una marcha un soldado se enfrentó a un hombre que le había reprendido y que llevaba ese arma, fue ejecutado por insubordinación. La explicación que se dio es que en el ejército español, aparte de los piqueros de las compañías de arcabuceros, que usaban un equipo distinto, solamente los sargentos portaban alabarda.

En combate, gastaba morrión, coleto de ante y mangas de malla. No era recomendable que utilizase equipo más pesado, porque su oficio le obligaba a estar en continuo movimiento, pero muchos llevaban también coselete, en general grabado menos ricamente que los de sus superiores.

El orden de sucesión de los tres oficiales, era el natural, es decir, en caso de ausencia o muerte, el inferior desempeñaba las funciones de su superior inmediato: el alférez oficiaba de capitán, y el sargento de alférez. En cambio, nadie sustituía al sargento, excepto cuando faltaban tanto este como el capitán, en cuyo caso se podía designar a un cabo o a un soldado de la escuadra del capitán para que hiciese de sargento.

Los cabos actuaban bajo la dirección del sargento, aunque eran escogidos por el capitán, y mandaban una escuadra de veinticinco hombres. Al menos teóricamente, no había un número fijo de ellos, sino que estaba en función directa de las escuadras que pudiesen formarse con los hombres disponibles, sistema que en la práctica difícilmente se podría aplicar, por las continuas variaciones de los efectivos.

Dentro de la curiosa estructura de los tercios, que reproducía a distinto nivel funciones y organizaciones similares (sargento mayor-sargento; furriel mayor-furriel; maestre de campo, jefe de su propia compañía), tanto el maestre de campo como el capitán tenían sus propias escuadras, que gozaban de ciertos privilegios, como ser las primeras en entrar de guardia.

La del maestre reunía a «soldados muy pláticos y de valor, y que tengan ventajas y hayan sido oficiales». La del capitán, a los hombres más selectos de la compañía, a veces alféreces o sargentos reformados. Ambas actuaban también como un grupo informal de asesores.

Las funciones del cabo, además del mando directo, tenían aspectos administrativos, como llevar al día una lista de sus hombres y distribuir víveres, munición, pólvora etc. Tenía la responsabilidad de que en el cuerpo de guardia hubiese siempre fuego, aún en verano, para encender las mechas de mosquetes y arcabuces. Era aconsejable que supiese leer y escribir.

Habitualmente se escogía a los cabos entre la tropa y usaban el armamento de esta. Como el resto de los integrantes del tercio, convenía que no estuviesen casados.

El furriel se ocupaba del alojamiento de la compañía, siguiendo las instrucciones del furriel mayor. Se prefería que fuese «poco ladrón», y que no se entregase a la bebida, de forma que cuando los soldados llegaran al final de la etapa tuviesen listas las boletas, en lugar de encontrarle tirado durmiendo en algún rincón, como en ocasiones sucedía. Asimismo le correspondía llevar una lista al día de los integrantes de su unidad.

Los capellanes tenían las funciones propias de su ministerio. Como se ha comentado más arriba, eran objeto de fuertes críticas. Se esperaba de ellos que no fuesen «idiotas»; se prefería a clérigos, «frailes, de ninguna manera, sin traer licencia de sus superiores» y se opinaba que «se les debería dar sueldo bastante a sustentarse honradamente, porque acudiesen a serlo hombres de buena vida y que supiesen hacer sus oficios». Es decir, que no faltaban los «idiotas», que algunos andaban huidos de los conventos y los había que no eran de buena vida. Ciertamente, algunos pecaban de avaricia, olvidando los más elementales principios de la religión que practicaban. Así, hay ejemplos de soldados españoles que preferían que sus compañeros muertos en acción no fueran enterrados por los capellanes de sus compañías, sino por curas extranjeros, ya que cobraban menos por sus servicios. Hubo casos en los que se les llegó a acusar de estar «tocados de la herejía», lo que ya eran palabras mayores.

No faltaban los que eran de armas tomar. Al menos uno puso fuera de combate a un enemigo clavándole el crucifijo que llevaba al cuello.

A los barberos tocaba tanto el cuidado de los cabellos de la tropa como velar por la salud de los hombres. De ellos se esperaba que fuesen capaces de «sangrar y atar heridas», ya que al haber un único cirujano por tercio resultaba evidente que no bastaba para atender a todas las bajas que podían producirse en la unidad.

La suerte de los desdichados que disfrutaban los servicios de esos médicos improvisados no podía ser envidiable, y si sobrevivían tenía que ser porque la herida no revistiera gravedad o porque gozaran de una excelente constitución, más que por los cuidados de los rapabarbas. El puesto estaba tan mal dotado que la tropa contribuía de sus pagas para que el barbero se pudiese abastecer de las «hilas» y ungüentos precisos. También tenía obligación de inspeccionar una vez a la semana a las mujeres públicas de la compañía, para evitar infecciones.

En estas circunstancias, lo sorprendente es que no todos los soldados muriesen de las heridas y que no hubiese banderas enteras afectadas por el mal francés.

Se mencionaba como algo deseable que el cirujano del tercio seleccionase a los barberos, pero no era esta la práctica.

Los tambores y los pífanos tenían misiones similares a las mencionadas para el tambor mayor, pero en un ámbito más modesto. Los primeros transmitían las órdenes y también se exigía de ellos que pudiesen efectuar reconocimientos del enemigo, so capa de parlamentos y treguas. Los de arcabuceros se distinguían por sus toques «más vivos». Eguiluz, que tenía inquina a los músicos, les reprocha ser «noveleros» y afirma que «suele haber algunos en aquel oficio que no los despertarán ni aún a puntillazos», lo que atribuía a que «duermen arropadas las cabezas», como si fuese una costumbre específica de ellos. En cuanto a los pífanos, aparentemente se mantenían «para la alegría de los nuestros y para dar temor al enemigo». Al parecer, se «recibe gran fastidio en oir en el campo contrario aquella alegría y algaraza», del son de estos instrumentos que, en cambio, animaba a los españoles. Lo habitual es que hubiera dos tambores y un pífano por compañía, pero el número variaba de una a otra.

En la organización del tercio hay que mencionar una institución singular, aunque no tuviese entidad formal como las compañías o las escuadras. Se trata de «las camaradas» o grupos de hombres reunidos en principio para hacer el rancho en común, pero de los que se esperaba mucho más. La tropa debía «alojar en camaradas honradas, que sean pláticos soldados y de quien puedan aprender y que sean de buena fama y costumbres. Y por ninguna cosa del mundo ha de romper con ninguno de ellos, sino tenerlos a todos como hermanos». Servían también para una distribución funcional del trabajo: uno hacía de despensero, otro cocinaba, un tercero reunía la leña…

Tanta consideración se atribuía a estos grupos que los oficiales, incluyendo el maestre de campo, tenían sus propias camaradas. La del capitán, formada por «soldados viejos, bien acreditados y poco pendencieros» tenía la utilidad adicional de mantenerle al día del estado de ánimo de los miembros de la compañía. La del alférez, actuaba como una suerte de guardia privada, que le protegía de los muchos peligros inherentes a su función de llevar la bandera en combate.

Cualquier psicólogo actual aplaudiría el sistema de las camaradas. Además de permitir un aprovechamiento mejor de los víveres, daba a aquellos hombres solteros en su mayoría y literalmente desarraigados la sensación de pertenecer a un grupo pequeño, conocido, con el que resultaba fácil identificarse. Todos los estudios modernos prueban que el soldado lucha fundamentalmente no solo por su propia supervivencia, sino también por un sentido de solidaridad con sus compañeros, más que por conceptos abstractos como patria o estado. Las camaradas, reduciendo esa solidaridad a su más mínima expresión –media docena de amigos en continua convivencia– la reforzaban al máximo. Incluso en tropas tan motivadas como los tercios, este era un factor nada despreciable.

Los soldados adquirían la percepción de pertenecer a algo más grande que ellos mismos, y al tiempo aprehensible, con la consiguiente sensación de seguridad. Por último, la vida en común procuraba una cierta estabilidad doméstica, que tenía que ser valorada por aquellos nómadas. En este sentido, quizá podría hablarse de una política deliberada de crear un ambiente casi familiar en el tercio, para suplir a los parientes dejados en España. El capitán debía considerarse «padre» de sus hombres y «tenerlos por hijos». Los miembros de una camarada eran «como hermanos».

Añadiremos que estas también podían adquirir un carácter benéfico. Se sugería que los oficiales pagasen de su pecunio la comida de sus hombres más pobres, en el marco de la camarada, para que pudieran así rehacer sus maltrechas haciendas o completar su equipo con el dinero que ahorraban. Una vez superado el mal momento, serían relevados en la mesa por otros compañeros necesitados.

Resulta sorprendente que, a pesar de sus múltiples ventajas, el sistema de las camaradas no estuviese más extendido. Lo practicaban los españoles, y quizá los italianos, pero no existía entre los contingentes alemanes, valones, borgoñones e irlandeses que constituían la mayor parte de los ejércitos levantados por España.

El soldado era, naturalmente, el fundamento último de la compañía. De él se exigían muchas cosas: que no fuera blasfemo, ni bebedor, ni mujeriego, ni sacrílego, ni jugador, ni ladrón, ni violador, lo que resume algunos de los pecados más frecuentes en el tercio. Convenía que fuese soltero y que cuidase escrupulosamente sus armas. Pero había una condición esencial, a la que se subordinaban todas: «el más alto precepto de la milicia es la obediencia». Una obediencia ciega, sin límites, en la que residía su honor, que en aquellos tiempos en los que tan estrechos paralelismos se establecían entre la vida militar y la conventual, se acercaba mucho a los votos sagrados.

Obediencia que se estimaba especialmente trascendental por el feroz individualismo español, bien conocido, practicado y apreciado por los mandos, que sabían su valor, pero solo si era debidamente encauzado.

Obediencia difícilmente compatible con orgullos casi enfermizos y con valores ciegos, y por tanto doblemente necesaria. Por ejemplo, el tercio ha debido de ser una de las pocas unidades en las que se temía la desorganización que los soldados introducían al forcejear por los puestos de primera línea en combate, o en las que se castigaba a un hombre mandándole a retaguardia en día de batalla. O donde, con el fin de estimular a los hombres para que se armasen bien, se les recordaba que las primeras hileras estaban reservadas a los mejor equipados. O donde se condenaran expresamente los ataques sin órdenes, por ser tan frecuentes y se intentaba evitar que se desafiase a los enemigos a singular combate con la inapelable sentencia de que hacerlo «es cosa de bisoños».

Obediencia que únicamente se podía romper cuando el oficial daba instrucciones de abandonar un punto que todavía podía defenderse.

Obediencia, en fin, orientada a evitar el exceso de coraje, disciplinándolo y obteniendo de él el máximo rendimiento que incluía, como algo evidente en sí mismo, la lucha hasta el último hombre, aunque solo cuando fuese preciso, pero siempre que lo fuere.

Junto a ella, una aplastante confianza en la propia superioridad, frente a cualquier enemigo y en cualquier circunstancia, forjada en un palmarés único de victorias, y un quebradizo sentido del honor de una fuerza que, hombre por hombre, no admitía superiores. Incluso había soldados que desdeñaban servir a las órdenes de un oficial por no considerarle lo bastante hidalgo. Ciertamente, era una tropa espléndida, pero casi imposible de mandar.

Desde luego, los tercios también cobijaban individuos de la peor especie, que cultivaban asiduamente las características que oficialmente no existían en sus filas. Incluso el peor de los crímenes: la deserción. Las crónicas dejan constancia de soldados que, no contentos con abandonar las banderas en campaña, se pasaban al enemigo, incorporándose a sus ejércitos. Si tenían la desgracia de caer en manos españolas eran fulminantemente arcabuceados o se les hacía «correr entre las picas» hasta morir «traspasado de sus puntas».

Había también los «maltrapillos» o soldados «que no tienen cuenta de su persona ni honra y menos de sus armas». Pero incluso ellos resultaban útiles. «Sirven… cuando acontece algún desorden para ahorcar un bellaco y no un soldado honrado». En cualquier caso, y por lo menos hasta principios del XVII, cuando la falta de hombres obligó incluso a recurrir a la leva forzosa, la calidad media de los componentes de los tercios fue elevada. Solo así se comprende que aguantaran tantas penalidades sin perder el ánimo, o tantos retrasos en la percepción de sus haberes antes de llegar al motín. Los mínimos casos de traición o de deserción al enemigo que se dieron son, asimismo, índices de la alta moral de estas unidades. Muy distinta era la situación en otros ejércitos, como el inglés, donde, en palabras de uno de sus oficiales, se reclutaba a «malhechores» que otros países hubiesen enviado a «las galeras o a sitios de esclavitud similares». También era práctica común en él alistar a delincuentes, lo que resultaba inconcebible en los tercios veteranos, obsesionados por la honra y la reputación.

Teóricamente, las posibilidades de ascenso no eran desdeñables. Una trayectoria ideal era alistarse con veinte años (se pensaba que con menos edad todavía no se había adquirido la robustez necesaria); ascender a cabo a los veinticinco; a sargento con veintiséis; ser alférez con veintiocho y capitán con treinta y dos. La costumbre de los grandes, desde el duque de Alburquerque hasta el hijo del de Parma, de servir «con una pica al hombro» antes de alcanzar más altos destinos, reforzaba esta imagen, en parte ilusoria, de una carrera brillante abierta a todos. Pero en realidad, por un mochilero que llegaba a maestre de campo, que algún caso se dio, hubo millares de Migueles de Castro, que no pasaron de arcabuceros. Cervantes, en La guarda cuidadosa, plasmó a uno de ellos, paseando la Villa y Corte «con una muy mala banda y un antojo», o tubo de hoja de lata (también llamado «cañón»), atiborrado de papeles justificativos de sus servicios, para apoyar sus «pretensiones» a un cargo cualquiera. Sin embargo, y comparado con sus colegas de otros ejércitos contemporáneos, su situación resultaba casi envidiable. En palabras de un observador inglés: «la disciplina española es muy agradecida con los soldados», que recibían, si las merecían, «ventajas en las pagas, palabras de ánimo y promesas seguras de las primeras vacantes que se produjeran».

Los soldados se clasificaban, de acuerdo con el armamento que usaban, en cinco grupos, que respondían a las especialidades que había en cada tercio.

Los coseletes, sobre el papel el nervio de la unidad, llevaban picas, peto, espaldar, escarcelas, guardabrazos, manoplas y morrión, recomendándose que fueran «blancos y muy limpios, porque parece mejor y espantan más que si fueran negros», aunque había una tendencia a pintarles de ese color para evitar el óxido. Las picas secas, pica y celada. El arcabucero, arcabuz, con sus frascos y bolsas y celada o morrión «porque aseguran y espantan», pero «no ha de ser muy alto, porque el enemigo cuando entra en una trinchera le descubra menos». Los mosqueteros, mosquete, frasco cubierto de terciopelo con cordones de bellotas «y no de flecos de testeras de mulas, que son embarazosos», bolsa, horquilla y «sombreros galanos con plumas», ya que el mucho peso del arma no consentía cargar morrión. Los alabarderos de las compañías de arcabuces, iban aderezados como los coseletes, pero usaban alabarda, recibiendo las picas solo si entraban a formar con el grueso del escuadrón.

Hasta cierto punto, el armamento respondía a las características físicas de cada soldado: «los que son dispuestos y bien hechos, para coseletes. Los que son doblados, rehechos y gallardos, mosqueteros… y los medianos y menores para arcabuceros, que así son perfectos y más a cuento, y la arcabucería del enemigo les ofenderá menos». Parece que los mosqueteros, por la potencia de su arma y el sobresueldo que percibían, eran seleccionados con especial cuidado. Brântome, que los vio, los definió como «príncipes», por su apostura.

No obstante, muchos preferían el arcabuz, con independencia de estos criterios. El equipo del coselete era muy pesado y se hacía sentir en las marchas, y la pica, embarazosa por su gran longitud (por eso los soldados tenían la perniciosa costumbre de cortarlas por debajo del tamaño reglamentario). El arcabuz, en cambio, era más ligero y se utilizaba normalmente en despliegues abiertos, más afines al temperamento español que los rígidos escuadrones de picas. Era notorio, además, que había más oportunidades de distinguirse en las unidades de arcabuceros, que de hecho actuaban como tropas de élite: «a ellas les toca, marchando, ir de vanguardia y retaguardia, tomar puestos, hacer escoltas, hacer puentes, ir a descubrir, correr la campaña y finalmente todas las expediciones y prestezas de la guerra; y así los soldados de estas compañías, de los más mozos, alientados, diestros, sueltos, recios y sufridos a los continuos trabajos».

Claro que también había quien miraba con más escepticismo esta predilección por el arcabuz: «la mayor parte de los soldados de nuestro tiempo escogen el ser arcabuceros, lo que si no es por llevar mayor sueldo, ir menos cargado o pelear desde más lejos, no sé cuál será la razón de inclinarse más hacia este arma que hacia otra». Parece, no obstante que «pelear desde más lejos» no era uno de los móviles, ya que la arcabucería combatía con mayor frecuencia que los piqueros.

Todos llevaban espada. Como era una herramienta de trabajo, y no un adorno, se recomendaba que no fuesen largas, pero sí «cortadoras» y que «no se llevasen fuera de la correa en ninguna manera, que es mal uso y de hombres de mal vivir, y los tales valen poco para servir en la infantería, porque son pendencieros y ocasionados». Debían ir bien sujetas a la pierna, para poderse desenvainar fácilmente incluso a la carrera y a fin de que no estorbaran los movimientos.

Algunos autores recomendaban el uso de la rodela, que cubría la espalda cuando las manos estaban ocupadas con pica y arcabuz, y que cuando se peleaba con espada, por ejemplo, en el asalto a una plaza o en un golpe de mano, era de considerable utilidad. Para algunas misiones, como el reconocimiento de una brecha, el morrión y la rodela «fuertes», a prueba de bala, se estimaban imprescindibles, a pesar de su considerable peso.

Un mosquetero (*ca.* 1597-1607) en el *Wapenhandelinghe* («Ejercicio de las armas») de Jacob de Gheyn II (*ca.* 1565-1629). Rijksmuseum, Ámsterdam.

Además de oficiales y tropa, el tercio contenía un tercer grupo, difuso, en el que se podría incluir a los «soldados particulares», a los «reformados», los «entretenidos» y los «aventureros». Se trataba de hombres a los que, por diferentes razones, se consideraba por encima de sus compañeros, aunque no necesariamente tuvieran un grado más elevado. Los criterios que justificaban esta distinción eran variados: origen social, fortuna o experiencia militar.

Es difícil describir exactamente a los «particulares». Parece que eran simplemente soldados distinguidos por su hoja de servicios o sus orígenes familiares, por lo que se les estimaba dignos de cobrar una ventaja. En 1633 se preveía la existencia, en cada compañía, de cuatro de estos hombres, con ocho o doce años de servicios, según fueran ininterrumpidos o no, y una ventaja de seis escudos, y otros cuatro con ventajas de cuatro.

Los «reformados» eran oficiales, incluyendo por tanto a los sargentos, cuyas unidades habían sido disueltas, por razones económicas o para completar otras, y que por tanto se habían quedado sin mando efectivo y sin el sueldo correspondiente. Conservaban, no obstante, el prestigio y los conocimientos, por lo que sus servicios eran apetecidos. Ellos, a su vez, no desdeñaban continuar sirviendo, para percibir unos haberes, a la espera de mejores tiempos. «Excepto a combatir, no están obligados a prestar ningún servicio, me refiero a guardias y centinelas, pero la mayoría los hacen, mejor que los simples soldados, para dar ejemplo». Hacia el final de la época de los tercios, constituían un grupo importante, debido sobre todo a la reducción del número de unidades. Así, cuando se da forma definitiva a los tercios provinciales, levantados para operar en la península, en las plantillas se incluía a dos alféreces y dos sargentos reformados por compañía. En los últimos años del XVII se llegó a cifras aún mayores. Una revista pasada en el norte de Italia, en septiembre de 1693, muestra que el tercio de Saboya tenía cuarenta y un oficiales «vivos», es decir, con mando, y cuarenta y nueve reformados. El caso del tercio de Lisboa era aún más llamativo: treinta y cinco frente a cincuenta y tres, respectivamente. Pero incluso en tiempos anteriores y más brillantes, jugaron un papel destacado: su experiencia les convertía en combatientes de élite, y lo mismo se les utilizaba como asesores informales del mando que para encabezar una misión especialmente peligrosa, que requería gente de toda confianza.

Los «entretenidos» derivaban su nombre de la pensión que percibían. Muchos eran reformados, destinados en el entorno de un superior, que frecuentemente podía ser el mismo capitán general, más que encuadrados en una unidad concreta. Se les describía como «gente granada y menesterosa», lo que resume sus principales atributos.

Aunque a veces eran criticados, podían ser de extraordinaria utilidad para «reconocer el ejército [enemigo]… llevar embajadas a los príncipes con los que se tiene correspondencia, conducir regimientos de naciones (es decir, no españoles), hallarse en las muestras, llevar las órdenes, encomendalles las inteligencias, asistir a las fábricas, trincheras y baterías y, sobre todo, no apartarse de la persona del capitán general y de la guardia de su guión». En suma desempeñaban muchas de las misiones que, andando el tiempo, serían confiadas a los ayudantes de campo. Intervenían asimismo como asesores ocasionales del mando. Por ser tan versátiles, «no se puede vivir sin ellos». La costumbre era que «servían con picas en la infantería cuando se ofrecía ocasión, y cuando no, acompañaban a la persona del general».

Existían también los «aventureros», personas de cierto rango que se unían al ejército para una campaña o incluso una misión determinada. Entre estos podía haber capitanes a cuyas compañías se les había asignado un papel pasivo en la una o en la otra y que pedían permiso para dejar temporalmente sus unidades a fin de incorporarse a título individual a las operaciones.

Tanto ellos como los entretenidos, particulares y reformados daban tono al ejército con su experiencia, su sentido del deber y «porque llevan la mira a ganar reputación y buen nombre», frente a los soldados normales de los que se maliciaba que «no llevan intento de ganar fama ni opinión».

En el último escalón de la estructura se situaban los criados, mozos o mochileros. Para una infantería tan pagada de sí misma era impensable prescindir de una cierta cantidad de personal de servicio, que ayudara a mitigar los rigores de la vida militar, a pesar de que no se entiende cómo hombres que no cobraban regularmente podían permitirse ese lujo.

Al ser empleados de los soldados y oficiales, no existían disposiciones que regularan su número, aunque se pensaba que en cada compañía de trescientas plazas no debía haber menos de cincuenta. Una de sus principales obligaciones consistía en llevar durante las marchas las armas de sus amos. Era frecuente, incluso, que en el transcurso de las mismas ocupasen el lugar de estos en formación, mientras que los soldados caminaban despreocupadamente en una hilera próxima, para recuperar su equipo en caso de un ataque enemigo. Cuando se trababa combate, los criados pasaban a retaguardia, junto al bagaje.

Los mochileros, a pesar de ser generalmente muy jóvenes, podían ser capaces de perpetrar mayores desmanes que la tropa. A veces se les encargaba tareas como quemar, en represalia, una aldea, ya fuera porque sus amos desdeñasen tan ruin labor –sobre todo si no había perspectivas de botín– o porque pensasen que los criados eran más desalmados. Algunos ciertamente lo eran. Se cuenta de uno que viendo a un soldado enemigo que yacía en el campo de batalla, comentó: «este hereje tiene la color de vivo», y se dispuso a propinarle una estocada. El otro se levantó, ofreciendo a voces rescate a cambio de su vida, pero de nada le valió.

Podían, además, participar en la persecución de un ejército derrotado, el temible «alcance», en el que había poco riesgo y muchas posibilidades de botín. Se les empleó, ocasionalmente, para disimular la debilidad de las tropas propias. Existen ejemplos de mozos de unidades tanto de infantería como de caballería a los que se agrupó con este fin, junto a músicos que tocaban «a la española», con lo que a distancia parecían tropas regulares.

En el sitio de Amiens se fue más allá. Los criados, que pasaban del millar, fueron organizados en compañías con sus propios oficiales, banderas y tambores, y «hacían no solamente oficio de gastadores y ayudaban a sus amos en las fortificaciones, pero también se ejercitaban en tirar al enemigo con particular destreza y alborozo».

Parece que existía una regla no escrita de respetar a estos jóvenes, cuando no combatían. Por eso, cuando en el mismo asedio los franceses la incumplieron, acuchillando a más de cien que habían salido a forrajear –a pesar de que la mayoría eran compatriotas de ellos y niños menores de quince años– sus amos españoles pidieron que se les diera ocasión de vengarles. Estimaban que habían sido muertos «en mala guerra» y «con rabia bestial y no acostumbrada entre soldados de honra».

Los mozos tampoco desdeñaban la deserción, lo que se consideraba especialmente preocupante por los conocimientos que muchos de ellos, extranjeros de los más diversos orígenes, habían adquirido de la táctica española. De hecho, se subrayaba que, por este motivo, algunos de los enemigos más peligrosos eran precisamente antiguos mozos.

Al igual que los soldados «no podían pasarse de los servicios» de estas personas, tampoco les era posible prescindir de algunos caballos de silla de su propiedad particular, «que de quitar tales comodidades se seguiría faltar la nobleza que es nervio de la infantería española». Al menos doce de cada cien hombres tenían monturas que, eso sí, se utilizaban únicamente en las marchas y solo después de haberse alejado cierta distancia del último alojamiento y antes de llegar al siguiente, ya que los tercios entraban y salían formados de los lugares donde pernoctaban.

Aunque se creyese que los caballos eran algo esencial, no se dejaba de reconocer los problemas que planteaban en caso de un ataque por sorpresa. En efecto, en esa eventualidad el criado tenía que buscar corriendo a su amo, entregarle el arma y llevarse a galope el animal hacia la retaguardia. Al tiempo, el soldado tenía que apearse, armarse y ocupar su puesto en formación. Tantas evoluciones, con el enemigo a la vista, parecen extraordinariamente peligrosas.

A pesar de todos los inconvenientes, y para «no faltar a la nobleza», se mantuvo este curioso sistema. Algún intento de ponerle límites provocó una reacción tan violenta que pareció preferible no introducir novedades en una materia que afectaba al honor de los puntillosos soldados. Cuando el marqués de Pescara quiso fijar el número de caballos por compañía en cuatro (uno para el capitán, otro para el alférez y dos para soldados enfermos), las protestas fueron de tal envergadura que se vio obligado a mandar ejecutar en su presencia a un oficial por insubordinación.

Hay testimonios que revelan, aunque desde luego con carácter esporádico, una utilidad añadida a las cabalgaduras particulares de los infantes. En ocasiones, se emplearon para improvisar con ellas una suerte de caballería o para mover rápidamente un grupo de hombres, a modo de dragones.

Los muy católicos tercios no practicaban la castidad. Era, evidentemente, inconcebible mantener a esa multitud de hombres vigorosos alejada indefinidamente del sexo opuesto. Resolver el problema con la población civil, de grado o por fuerza, no era fórmula aconsejable, y creaba más dificultades de las que resolvía. Por ello, a regañadientes o no, se optó por admitir la presencia de mujeres en las unidades.

Se trataba, no obstante, de materia volátil, que se intentaba manejar con todo cuidado. Debía haber entre cuatro y ocho por cada cien soldados, «pero deben ser comunes», es decir, «que ninguno en particular se encargue de alguna de ellas en público ni en secreto, en lugar o en campaña». En efecto, «suceden muchos daños en una compañía por haber soldados emputados y que las putas no sean de quien las paga». Se prohibía que los hombres pasaran una noche entera con ellas. Es de suponer que estas medidas estaban dirigidas a quitar, entre otros, asuntos de tercerías y ocasiones de duelos. Desde luego, si alguna era «revoltosa» había que expulsarla sin pérdida de tiempo. En campaña a veces se intentaba rebajar estas cifras. Así, para la de 1606 en los Países Bajos se autorizó solo dos por compañía.

Estas «mujeres de la bulla», fungían también como lavanderas, y en ocasiones colaboraron con los hombres en los trabajos de un asedio. Si el tercio estaba alojado en una población, se instalaban en el lugar más apartado. En los campamentos vivían en tiendas o en barracas, situadas a espaldas de la unidad. Durante las marchas iban en la retaguardia, delante del bagaje y separadas de las esposas de la tropa, numerosas, no obstante las recomendaciones sobre el celibato. Parece que, para distinguirse de ellas, tenían obligación de llevar el pelo corto. En el periodo final de estas unidades, cuando la disciplina había ya degenerado, fuentes oficiales se lamentaban de que «en campaña parecían aduares, y los cuarteles, aldeas llenas de mujeres y muchachos».

Parte de ese submundo que gravitaba en torno al tercio eran los vivanderos. Aunque no figuraban en plantilla, la costumbre es que hubiera uno por compañía, que obtenía autorización para acompañar a la unidad a cambio de vender al capitán a precio de coste los productos en que comerciaba. Si hemos de creer a Estebanillo González, estos podían ser de ínfima calidad, como las «empanadas alemanas» que encajaba a los pobres soldados, utilizando como principal ingrediente carne de caballos que llevaban tiempo muertos.

Los sueldos que percibían las distintas categorías de oficiales y soldados eran los siguientes, expresados en escudos mensuales:

Maestre de Campo: 40, más otros 40 como capitán de su compañía.
Sargento Mayor: 25, aumentados luego a 40 como ya se ha dicho.
Capitán barrachel: 25
Furriel Mayor: 15
Tambor Mayor: 12
Médico:15
Cirujano: 12
Capitán: 40
Alférez: 15, a los que se añadirían 3 para su abanderado.
Sargento: 8
Cabo: 6
Capellán: 6
Barbero: 6
Tambor: 6
Furriel: 6
Mosquetero: 6
Arcabucero: 4, más 1 tostón si llevaba morrión.
Coselete: 4
Pica seca: 3
Alabardero de la guardia del maestre: 3, luego subidos a 4.
Ayudante del barrachel y verdugo: 4

Estos sueldos, correspondientes al reinado de Felipe II, apenas cambiaron con el tiempo, a pesar de que en los últimos años de ese rey se aseguraba ya que resultaban insuficientes, y se proponían ochenta escudos para el capitán; cuarenta para el alférez; veinte para el sargento y diez, siete y seis, respectivamente, para el cabo, mosquetero y coselete. Curiosamente, no se sugería aumento para los arcabuceros ni lo músicos.

La paga básica, además, estaba condicionada por las características de los distintos teatros de operaciones. En Portugal, por ejemplo, se cobraba menos que en España, y en los presidios de África, menos que en Italia, «por ser la tierra muy barata». En cambio, en Francia, al menos en 1591, se pagaba más, «en consideración de la carestía de las vituallas».

La escala de sueldos es interesante. Refleja el enorme prestigio de la figura del capitán, que ganaría lo mismo que el maestre de campo, si no fuera porque este disponía de su propia compañía, y el casi nulo del barbero o del capellán, cuyos estipendios son idénticos a los del cabo. Evidentemente, con ellos era imposible atraer a personal medianamente cualificado. Es también peculiar que el tambor perciba el doble que la pica seca, cuyo trabajo era mucho más peligroso. Posiblemente se debía a la importancia de sus funciones como agente de transmisión, y a los conocimientos que requería su trabajo (por ejemplo, a principios del XIX se calculaba que se necesitaban al menos cinco años para formar un tambor).

En tiempos de Felipe III se observan los mismos salarios que con su padre, menos el sargento mayor, que percibe ya sesenta y cinco escudos –quizá obedeciendo a un creciente prestigio de ese grado– y al que se le da un ayudante con veinticinco. El médico y el cirujano cobran veinte y quince, respectivamente. Mientras el simple capellán sigue igual, aparece el capellán mayor, figura que se venía reclamando desde hacía tiempo, con responsabilidades a nivel de tercio, con quince. También, curiosamente, un «predicador», a quince escudos, lo que supone un refuerzo extraordinario del elemento religioso en la plana mayor. Con Felipe IV el capellán dobla sus ingresos, al situarse en los doce escudos, pero el resto del personal de la bandera conserva los haberes de la época del Rey Prudente. En 1663, al presupuestarse los tercios provinciales, se aprecian dos modificaciones sustantivas, en un extremo y otro de la escala de mando: al maestre de campo se le atribuyen ciento dieciséis escudos, y a la pica seca, cuatro.

Teniendo en cuenta el continuo proceso de inflación y la devaluación de la moneda, estos haberes, para tan tardías fechas tenían que ser muy insuficientes. Además solo de forma absolutamente excepcional se pagaban a tiempo, siendo lo más normal que el soldado, durante los muchos meses que pasaban entre paga y paga, se mantuviera merced a pequeños adelantos, llamados «socorros». Este triste panorama refleja una economía en bancarrota que simplemente no podía financiar el coste militar del imperio.

Los haberes mencionados incluían en muchos casos las llamadas «ventajas», o cantidades que se sumaban de oficio al sueldo básico –los tres escudos de la pica seca– debido a distintas razones. Por poner solo algunos ejemplos, el tambor la percibía «por su arte», mientras que la del arcabucero respondía a los gastos que tenía que hacer en pólvora, mechas y munición, y la del coselete al coste de su equipo. Había además las «ventajas ordinarias». Era esta una suma, que normalmente oscilaba entre los treinta y los cincuenta escudos, que el capitán podía repartir a su criterio entre sus hombres, a modo de bonificación. Se trataba de dinero propio de la unidad, de forma que el soldado que pasaba a otra perdía este sueldo extraordinario.

Distinto era el caso de las «ventajas personales», que se concedían a título individual como recompensa y que seguían al beneficiario, con independencia de la unidad en que estuviesen destinados. «Soldado aventajado» o «muy aventajado» pasó así a designar a uno muy fogueado o distinguido.

Por último, el rey disponía para premiar a los militares de un amplia gama de mercedes, que iba desde las de tipo más general, como hábitos en las órdenes militares y pensiones, a otras más específicas de la milicia (gobiernos de fortalezas, capitanías de milicias, etc.).

Con estos dineros, menos un real mensual que se deducía a la tropa para asistencia sanitaria, había que vivir, costear el equipo, las armas y municiones y vestirse. Este último era un capítulo nada despreciable en los gastos del soldado.

Es creencia común que los tercios desconocían totalmente la uniformidad. Se trata, sin embargo, de una afirmación que puede ser matizada. Por ejemplo, un viejo integrante de los mismos habla de «la diversidad de casacas que los soldados llevaban puestas, por ser de diversas compañías y cada una, como se sabe, las llevaba de su color a devoción de su capitán». Es conocido que este escogía también el color de fondo de su bandera, siempre que en ella figurase la cruz de San Andrés y que entre las obligaciones del sargento mayor figuraba el ser capaz de reconocer a cada compañía por sus enseñas, lo que implica tanto que estas eran distintas como que había un criterio (la elección del capitán) y que no cambiaban arbitrariamente. También es cierto que se recomendaba que las picas fuesen forradas de tela, «acompañadas en su color». Estos datos parecen apuntar a la existencia de una cierta uniformidad, siquiera muy embrionaria o en los primeros momentos de la vida de la unidad, cuando se constituía.

Existió, como se ha indicado antes, el tercio llamado, con reprobación, «de los sacristanes», cuyos miembros vestían de negro, lo que era implicaba una uniformidad, aunque fuese forzada por las circunstancias, debido a la falta de ropa de otros colores.

Por otro lado, de forma periódica el rey hacía pedidos importantes de «vestidos de munición» para la tropa a distintos proveedores. Esta, con humor macabro, los bautizó como «mortajas», no se sabe si aludiendo a la práctica de desnudar a los soldados muertos para vestir a los vivos o refiriéndose a la posibilidad de caer en combate llevando los tales «vestidos». Si bien las especificaciones generalmente se limitaban al número y calidad de los distintos efectos a suministrar, es lógico pensar que aunque fuese solo por consideraciones económicas o por la escasa panoplia de tintes baratos que había, se tendiese a entregar ropas de un número limitado de colores, lo que favorecería una relativa uniformidad. Esta ropa, en todo caso, era pagada por los soldados. A veces, las menos, al contado. Otras, se les deducía de los sueldos que se les debía. Finalmente, cuando la administración estaba escasa de fondos, podía liquidar parte de sus deudas con los hombres mediante entrega de vestidos o de telas.

En todo caso, parece probable que la mucha o poca uniformidad que existiera tenía carácter esporádico, aunque solo fuera porque el sistemático retraso en las pagas y la escasa frecuencia con que se distribuían «vestidos de munición», no permitían reponer de manera satisfactoria el inevitable desgaste de la ropa en campaña.

También militaban contra una correcta regularidad en el vestir los periódicos espasmos de esplendor que atravesaban los tercios, tras largas etapas de penuria. Por ejemplo, después de un saqueo afortunado o cuando –por fin– se les abonaban los haberes.

Tras uno de los primeros, los soldados llegaban a encargarse empuñaduras de espadas y de dagas de oro macizo. Si se pagaban los atrasos, podía darse el caso de que «los más de los soldados… apenas se acertaban a reconocer de puro ricos». No era raro que los sueldos se «gastaron todos en comprar armas, vestidos y plumas de diversos colores».

Surgían así, aunque momentáneamente, tercios como el de «los Galanes» o los «Almidonados», o el de «los Señores», «habiendo empleado en galas el dinero de tantos estipendios (como son gente magnífica los soldados, en especial los Españoles) con celestes dorados y espadas, cintillos de ricas piedras, tahalíes y penacheros, de suerte que igualaban

Cristóbal de Mondragón, maestre de campo general y castellano de Amberes (1614), grabado de Simeon Ruytinck. Peace Palace Library, La Haya.

el aliño de la nobleza de Francia». Más tarde el barro de Flandes o la tabla de juego, acabarían por devorar ese lujo, pero en el entretiempo, los soldados se pavoneaban.

Porque lo que resulta indiscutible es que los tercios eran vanidosos. El capitán Eguiluz admite, contrito, que llegó a tener tanta ropa que en campaña necesitaba baúles para llevarla, precisando que perdió dos a causa de los azares de la guerra. Por eso recomendaba a esa tropa plagada de hidalgos más o menos apócrifos que no cargara «muchos baúles llenos de reputación y vacíos de vestidos». Es decir, que aquellos hombres, por aparentar, arrastraban maletas, aunque anduviesen escasos de ropa.

Pero en cuanto podían las llenaban, por las buenas o por las malas, dándoseles un ardite las pragmáticas de Su Majestad. Había picas secas, con el sueldo más bajo del tercio, «que vestían mejor que capitanes», lo que parece que no es poco decir. En efecto, uno de estos dejó tras morir en combate: «un herreruelo de Segovia, negro, nuevo, aforrado de felpa nueva… un vestido argentino de taní aforrado de tafetán anaranjado… un calzón y ropilla de teleta negra de burbión… un herreruelo de guergüerán, aforrado en taví negro acuchillado… un vestido de paño de color de saya de Sena… un coleto de ámbar aderezado en Lisboa». Además, siete camisas, siete pares de calzones, ocho de escarpines, todo ello de Holanda, tres cuellos, seis valonas de coleta, cuatro pares de calcetas de hilo, tres pares de medias de seda, dos pares de ligas, dos sombreros y «un fieltro azul… guarnecido de alamares», sin contar una espada «con los tiros bordados de oro», botas, zapatos y espuelas.

También se podría mencionar el caso de un arcabucero, al que se describe, ni más ni menos que en cabeza de una columna de asalto, ataviado de la siguiente manera: «vestía un jubón de satén amarillo cubierto de pasamanería de plata y las calzas a franjas de lo mismo, y un sombrero de tafetán negro cubierto de plumas amarillas».

Era tal la coquetería de estos guerreros, que Enrique de Bearn, rey de Francia, tomó a un alférez español por capitán. Cuando el oficial le sacó de su error, le preguntó sorprendido que «si no era capitán, ¿por qué estaba tan bien vestido y llevaba cadena de oro?». La respuesta fue «que los españoles en sus trajes procuraban andar lo mejor posible». Menos diplomáticamente, el alférez añadió que tanto lujo era producto de botín cogido a los franceses. Después, tras rehusar amablemente una invitación a cenar y una bolsa de cien escudos de su real interlocutor, regresó a su unidad.

Las mujeres, por cierto, no les iban a la zaga. Según Brântome, en las fuerzas que fueron con Alba a Flandes, «hasta las cortesanas parecían princesas».

Durante algún tiempo primó la fúnebre moda adoptada por Felipe II, aunque los testimonios gráficos contemporáneos certifican que su vigencia no fue larga. Incluso en vida del rey se publicaron libros criticando abiertamente esa novedad, y afirmando que el negro era impropio de soldados, ya que estos debían vestir colores brillantes para distinguirse del resto de los ciudadanos, «porque meten terror» y debido a que «en los soldados, particularmente en la guerra, les parece mejor las plumas, galas y el vestido de color, y no el negro y de paño». Gran indignación causaba entre los soldados verse «mirlados» con las siniestras ropas, «siendo las plumas, los colores lo que alienta y pone fuerzas a un soldado… somos ultrajados en España y les parece que debemos andar como solicitadores o hechos estudiantes capigorristas, enlutados y con gualdrapas, envueltos en trapos negros». Para la sacrosanta reputación, convenía que el enemigo viese al soldado desde lejos. Se ponía como ejemplo un traje enteramente rojo, desde el sombrero a las calzas, incluyendo hasta la vaina de la espada o la costumbre del duque de Alba, de vestir completamente de celeste.

El negro se mantuvo entre la soldadesca, pero solamente como traje de ceremonia. Así, cuando un día de 1625 se tocó repentinamente alarma en Nápoles ante la presencia de una flota enemiga, oficiales españoles que estaban en casa de un superior tuvieron que embarcarse apresuradamente, «sin mudarse… los vestidos negros». Al regreso, «era un entremés y no poco ridículo ver tanta golilla, vestidos de seda y capas negras como desembarcamos».

Ya fuese en tiempos de bonanza o de penuria, el soldado a sueldo de España, fuese o no español, se distinguía por el rojo. Lo más usual era una cruz de San Andrés, en el vestido o en el sombrero y una banda del mismo color. Era obligatorio que se llevaran siempre en lugares fácilmente visibles y que no se pudiesen ocultar, esto último para evitar la tentación de la deserción.

En cuanto al corte de la ropa, varió con las modas del momento, pero siempre se alentó la búsqueda de una cierta funcionalidad. Se criticaban las capas grandes y se aplaudían los «capotillos tudescos», «así para provecho como para galán», llegándose a precisar que no debían tener «capillas», debido a que con ellas los soldados «mal podían oir ni ver lo que se les encomienda». Sacrificando lo ostentoso a lo práctico, los españoles se caracterizaban por su «ropaje corto y ceñido, el de los italianos (era) más ancho, pero el de valones y alemanes, anchísimo».

La preocupación por lo funcional exigía también que se condenase el uso de botas y espuelas, a pesar de sus connotaciones casi nobiliarias, para todos aquellos empleos que no fuesen oficialmente plazas montadas, como los de capitán y alférez, aunque no el de sargento mayor. Unas y otras se consideraban embarazosas en el combate pie a tierra y las espuelas, directamente peligrosas, dado que podían enredarse en un matorral o, como sucedió en un caso concreto, en los pliegues de la bandera, haciendo caer al que la llevaba. En materia indumentaria, pues, y como en otras cuestiones, el tercio oscilaba entre las exigencias de la vanidad y los imperativos de la realidad . Como los capotillos, el soldado tenía que ser a la vez «galán y de provecho».

En cualquier caso, si durante su periodo de esplendor los tercios no pasaron –como máximo– del escalón de la compañía en materia de uniformes, al final de su vida los empezaron a recibir, a nivel de toda la unidad. Estas pasaron incluso a designarse en las postrimerías del XVII y principios del XVIII por sus colores (Morados Viejos, Colorados Nuevos...), tanto o más que por el nombre de su maestre de campo o de la provincia donde eran reclutadas.

3

ARMAMENTO Y TÁCTICA

> Has de saber, hermana, que está en opiniones, entre los que siguen
> la guerra, cuál es mejor, la caballería o la infantería, y hase averiguado
> que la infantería española lleva la gala a todas las naciones.
>
> Miguel de Cervantes

Como se ha comentado en el capítulo anterior, al analizar la organización interna del tercio, las compañías que lo integraban disponían de
distintos tipos de armas.

Las picas, sobre el papel, merecían el primer puesto, lo que puede
obedecer a varias causas. De un lado, eran las armas tradicionales de la infantería suiza, predecesora de los tercios, y que había dado un duro golpe
a varios siglos de supremacía de la caballería. De otro, y esto era una consideración importante en una época fascinada con la Antigüedad clásica,
porque evocaban la imagen de las falanges macedónicas y, de forma no
demasiado respetuosa con la Historia, de las legendarias legiones romanas, ejemplo permanente para los tercios, aunque las «pila» de aquellas
poco tenían que ver con las picas de estos.

Poseía además la nobleza de las armas blancas, cuyo empleo exigía
enfrentarse cara a cara, de valor a valor, con el contrario, a diferencia de
las de fuego, que permitían herir de lejos, impunemente. Los prejuicios
caballerescos contra la pólvora estaban todavía muy vivos en la época de los
tercios; se estimaba «cosa insufrible que un infante con su arcabuz matase
un valiente y noble caballero». El despecho ante lo que se tenía por una
manera alevosa de combatir llevó en algunos casos, a principios del XVI,
a la práctica de sacar los ojos, cortar las manos o ahorcar a los arcabuceros
que caían prisioneros. Más tarde se aceptó este arma con mayor naturali-
dad, pero los prejuicios contra ella y sus sucesoras pervivieron largo tiempo:
tanto Federico de Prusia como Napoleón consideraban de mal estilo que
los contrarios les escogieran deliberadamente como blanco de sus disparos.

La misma mentalidad hacía que en los tercios se hablara con orgullo de «picas y espadas, que es (sic) la antigua pólvora y escaramuza
de los españoles». La pica era, por definición, «la reina de las batallas».

En fecha tan avanzada como 1674, Montecuccoli todavía se hacía eco de esta descripción, que para entonces ya tenía un siglo, llamándola «la reina de las armas de infantería».

Esta imagen, un tanto romántica, llegaba hasta el punto de identificar el arma con el propio concepto de soldado. «Poner una pica en Flandes» era situar un combatiente en esas tierras. De los nobles que se alistaban se decía invariablemente que «servían con una pica». Todavía en 1658, un observador comentaba que en los tercios españoles de Flandes, «la mayor parte de los escuadrones de picas» estaban formados por oficiales reformados, esto es, los hombres de mayor prestigio y experiencia de la unidad.

El prestigio, sin embargo, era en gran medida teórico, y ya hemos mencionado la tendencia de los españoles a inclinarse por el arcabuz, arma sin duda más eficaz. Además, el piquero formaba en orden cerrado, perdiendo así toda iniciativa personal y la posibilidad de distinguirse, de hacer prisioneros a los que exigir rescate o de desvalijar a los muertos, que era siempre una interesante fuente de ingresos adicionales. Finalmente, si pertenecía a la especialidad de coselete, tenía que añadir a estos inconvenientes el peso y el coste de su equipo.

Es innegable, no obstante, que las picas constituían un elemento esencial del tercio, sobre todo en terreno abierto y cuando la caballería enemiga era superior a la propia, situaciones en las que los arcabuceros eran vulnerables ante los jinetes contrarios. Los piqueros, agrupados en densos escuadrones, constituían el verdadero corazón de la unidad; a ellos se acogían las banderas, emblemas del honor del tercio, y mientras no fueran derrotados no podía considerarse la batalla decidida. Con el transcurso del tiempo y la generalización y aligeramiento de las armas de fuego fueron perdiendo importancia, pero hasta la invención de la bayoneta continuaron siendo imprescindibles. Eso sí, su papel fue pasando de ser el instrumento decisivo de choque al de simple refugio de los tiradores.

Las picas, en principio, debían medir veintiséis o veintisiete palmos de vara española, y nunca menos de veinticinco. La madera de la que estaban hechas alcanzaba su mayor espesor poco más arriba de la mitad del asta, para ir adelgazándose hacia los extremos. La forma normal de llevarlas era sobre el hombro, siempre el derecho, excepto la hilera del costado izquierdo de la formación que se las colocaban sobre ese lado. Únicamente se «arbolaban», es decir, se ponían verticales, cuando la unidad hacía alto, ya que –por su longitud– resultaba prácticamente imposible andar con ellas en esa posición.

En acción se utilizaban de dos maneras. Frente a caballería se disponían en un ángulo de cuarenta y cinco grados, con el extremo inferior clavado en el suelo cerca del pie. Se sujetaban con la mano izquierda, mientras que la derecha descansaba en la empuñadura de la espada, presta a desenvainarla.

Contra infantería se colocaban paralelas al suelo, agarrada con la izquierda, a la altura del estómago, mientras que la derecha la empuñaba frente a la cadera. Para herir, se adelantaba el arma, avanzando al tiempo el pie izquierdo, seguido por el derecho. Si se quería dar más impulso, la mano de ese lado empujaba con fuerza la pica a lo largo de la izquierda, en una acción mecánica que se repetía hasta que uno de los bandos cedía. A título anecdótico diremos que se pensaba que los zurdos no podían ser piqueros, ya que manejarían sus armas al revés que el resto de sus compañeros, lo que descompondría la formación.

La siguiente arma blanca en importancia era la alabarda, usada en combate por los los piqueros de las compañías de arcabuceros y por los sargentos. En el caso de estos era ante todo un medio de pura defensa personal, pero hay ejemplos de que con ellos se improvisara un minúsculo escuadrón para amparar la arcabucería sin apoyo de piqueros frente a la caballería enemiga. Los primeros, en cambio, la utilizaban siempre con una finalidad táctica; precisamente, la defensa de los arcabuceros. Hemos visto que las picas, por sus dimensiones, no permitían movimientos con una mínima velocidad y resultaban embarazosas en terrenos quebrados o arbolados. Pero lo propio de los arcabuceros era, justamente, actuar con gran agilidad y en ese tipo de escenarios, por ser menos accesible a los jinetes contrarios. Por eso, para cubrirles, para «hacerles las espaldas» en terminología de entonces, los piqueros convencionales eran poco útiles. De ahí que para estas misiones fueran sustituidos frecuentemente por soldados armados de alabardas (aunque se les denominara piqueros) a quienes además estaba encomendada la defensa de la bandera de la compañía. Si formaban con el grueso del tercio, y no destacados con los arcabuceros, recibían picas y ocupaban con ellas su puesto en el escuadrón.

Finalmente, las alabardas también eran útiles para combatir en espacios restringidos, como una brecha o a bordo de un buque, en los que la pica de dimensiones reglamentarias era inutilizable.

La última arma blanca que cabría mencionar era la espada. En realidad era casi un apéndice del soldado, inseparable de él tanto en guerra como en paz y símbolo de la nobleza de su profesión. Pero tácticamente no tenía la importancia de la pica o el arcabuz, siendo sobre todo un instrumento de defensa personal. Ello justifica que en las contadas oportunidades en las que desempeñó un papel considerable, se destacase como algo excepcional: «los más muertos y heridos de ambas partes fue con las espadas; cosa que ha años no se había visto en ninguna guerra», aunque se explicaba lo sucedido por «la estrechez del sitio» donde el combate había tenido lugar, que no permitía usar otras armas.

Probablemente cuando la espada resultaba más eficaz en campo abierto era en las persecuciones, ya que, a diferencia de las picas o los mosquetes, no restaba movilidad al soldado. De ahí que se dijera de ella que «es la que de ordinario da el último corte en las batallas». También se sacaba a relucir en el curso de las escaramuzas, basadas en el intercambio de disparos, cuando se hacían demasiado largas, especialmente a la «impaciencia española». En esa situación, «remitían a las espadas la pólvora de los arcabuces», cerrando contra el enemigo en busca del cuerpo a cuerpo. Desde luego, al igual que las alabardas, eran imprescindibles en los asaltos o los abordajes.

Como ya se ha mencionado antes, el tercio contaba con una generosa dotación de armas de fuego. Entre ellas, por su importancia numérica, hay que referirse en primer lugar a los arcabuces en los que, hasta la generalización de los mosquetes en la segunda mitad del XVII, residió durante años la superioridad del ejército español. Fueron los arcabuceros de Carlos V quienes pusieron fin a los dos modelos que hasta entonces habían dominado los escenarios europeos: la caballería noble francesa y los piqueros suizos, inaugurando el siglo de oro de los tercios. El emperador, agradecido, afirmaba que «la suma de sus guerras era puesta en las mechas encendidas de sus arcabuceros españoles» y que con solamente cuatro o cinco mil de esos hombres, «se tenía por invencible, y confiando en el valor de ellos, arriesgaba su persona, su imperio y todos sus bienes». Se decía, en efecto, que «de muy gran servicio es la arcabucería, que con solo ella muchas veces se ha alcanzado la victoria», afirmación que, como demostraba la experiencia, poco se alejaba de la realidad.

El arcabuz se adaptaba perfectamente a algunas de las características que se atribuían a los españoles. Era un arma idónea para hombres de no gran estatura, nervudos y ágiles y se utilizaba sobre todo en despliegues relativamente abiertos y en destacamentos, golpes de mano, sorpresas y emboscadas, lo que requería elevadas dosis de iniciativa individual. Por estas razones, se consideraba que los españoles eran los mejores arcabuceros, al tiempo que se decía que los alemanes eran excelentes con la pica, ya que esta demandaba soldados altos y que se encontraran más cómodos en formaciones cerradas.

Los arcabuces debían tener un cañón de una longitud cuatro palmos y medio de vara, y del calibre necesario para arrojar una «pelota» de, según el modelo, una onza o tres cuartos. Convenía que se dejasen sin bruñir, «para

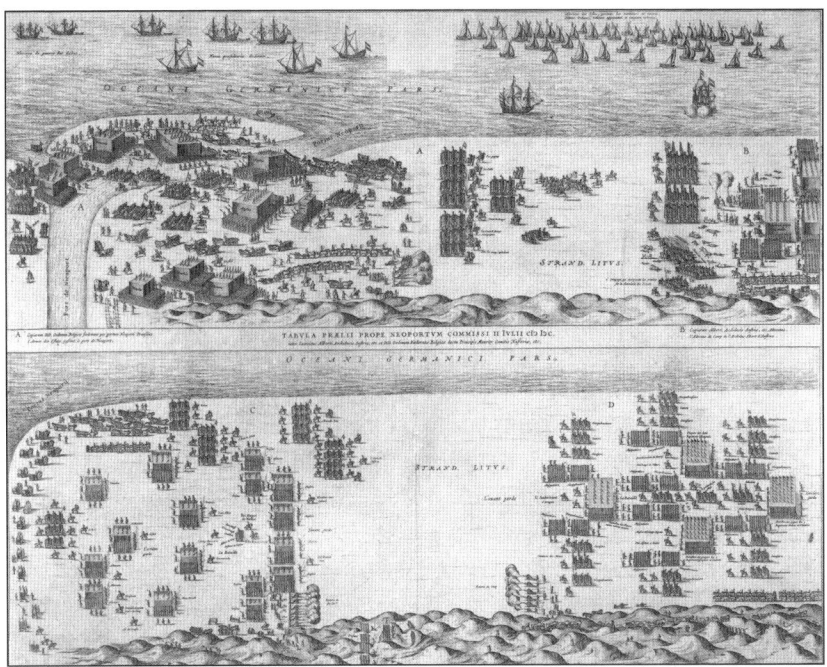

La batalla de Nieuwpoort entre los ejércitos español y holandés y el orden de batalla de ambos ejércitos (*ca.* 1647-1649), grabado atribuido a Floris Balthasarsz van Berckenrode. Rijksmuseum, Ámsterdam.

que no reluzca», lo que les haría más visibles a distancia. Su alcance útil se situaba en torno a los cincuenta metros, aunque habitualmente se empleaban entre los quince y los veinte. Experimentos realizados en Austria entre 1988 y 1989, y recogidos por Hall, indican que no eran realmente eficaces más allá de los veinticinco o treinta metros. En la práctica, hubo casos de arcabuceros que para tirar se «metían casi debajo de las picas enemigas». El duque de Alba consideraba que a más de dos picas de distancia servían de poco, y mandaba «que las primeras salvas, que suelen ser las mejores, se guardasen para de cerca». Ello se debía a que cargar el arma era de por sí una operación compleja. Si se hacía en la excitación del combate, los riesgos de cometer algún error en las complicadas manipulaciones eran aún mayores, por lo que se pensaba que era más fiable un arcabuz cargado antes de que empezara la batalla. Esta teoría, contrastada por una larga práctica, se mantuvo hasta pleno siglo XIX.

Se recomendaba que la culata fuese recta, pero también las había curvadas, lo que dificultaba la puntería, que en ese caso se hacía apoyando el arma en el pecho, no en el hombro. Era esta, sin embargo, una consideración que en la época tenía menos peso que en la actualidad. La idea de que el soldado debe apuntar cuidadosamente antes de tirar es relativamente moderna, y no tiene doscientos años de vida. La falta de precisión de las armas durante siglos (en la época que nos ocupa se puede calcular que no más del cinco por ciento de los tiros daban en el blanco) hizo que se pusiera el énfasis más en el volumen de fuego que en disparos bien ajustados. Por tanto, que las «cureñas», como se llamaba a las culatas, permitieran encarar mejor o peor el arma no era cuestión demasiado grave.

El procedimiento para usar el arma era el siguiente. En primer lugar, se echaba pólvora en el cañón, y luego la bala. El conjunto se atacaba con la baqueta, inicialmente llevada solo por los cabos, pero después por todos los hombres. Esta era de madera –hasta los tiempos de Federico de Prusia no se generalizaron las de metal– y, por consiguiente, relativamente frágil. A continuación, se apretaba el gatillo, que hacía que la llave, llamada de serpentina, aplicara la mecha encendida a la cazoleta llena de pólvora. Esta, al arder, incendiaba la que el soldado había introducido antes en el cañón, lanzando la bala. Posteriormente, se adoptarían los cartuchos, que contenían tanto la pólvora necesaria para un disparo como el proyectil, lo que permitió aumentar la rapidez del tiro. Lo habitual era cargar el arma con media onza de pólvora y medir «con el segundo dedo de la mano derecha», la longitud de la mecha que se ponía en el serpentín.

La munición se llevaba en una bolsa, aunque en combate el arcabucero acostumbraba a meterse un par de balas en la boca para cargar más deprisa, y la pólvora en dos frascos de distinto tamaño. El mayor, para alimentar el arma; el pequeño, para cebar la cazoleta. También podía ir repartida en saquetes colgados de una bandolera –los «doce apóstoles»–, cada uno de los cuales contenía la necesaria para un tiro. El hombre se convertía de esta manera en un polvorín ambulante. No eran raros, pues, los accidentes, que se saldaban con soldados literalmente volados o con quemaduras fatales provocadas por la ignición del material inflamable que llevaban encima.

El equipo, o «recado», del arcabucero se completaba con un molde para fundir las balas. El soldado debía ser capaz, en caso necesario, de trenzar él mismo la cuerda.

El carácter relativamente primitivo de aquellas armas y de sus culatas, por otra parte, parece que no impedía que tiradores excepcionalmente hábiles hiciesen blancos difíciles. En el sitio de Maastricht de 1579 se destacó el dato –probablemente exagerado– de que unos dos mil de los asediados recibieron tiros en la cabeza, aunque se admitía que «la arcabucería española (que participó en el cerco) era la más diestra que jamás se vio».

Naturalmente, al ser armas de mecha, no se podían utlizar en tiempo lluvioso o de mucho viento, a la vez que de noche descubrían al tirador.

Otro de los inconvenientes de los arcabuces era su bajísima cadencia de fuego. Para acelerarla, a veces los soldados intentaban acortar el proceso de la carga, por ejemplo, no utilizando la baqueta, pero entonces, al no estar la pólvora suficientemente comprimida, el disparo perdía eficacia. Esta práctica, a pesar de ello, se mantendría mientras duraron las armas de avancarga. Pero aún así, si los arcabuces se disparaban con demasiada frecuencia en un corto espacio de tiempo, se recalentaban rápidamente, lo que también afectaba a su eficacia. Como cualquier otra arma, tenían su propio ritmo, y este era lento, se hiciese lo que se hiciese.

Todas estas limitaciones dictaban las condiciones de su empleo. Por una parte, hacían aconsejable, sobre todo en terreno abierto, que no se utilizasen demasiado alejados de alguna fuerza dotada de armas de asta, alabardas o picas. De esta manera se intentaba proteger a los arcabuceros de un ataque de la caballería mientras cargaban sus armas, cuando se encontraban indefensos. De ahí que fuese recomendable, como se ha comentado antes, que las compañías de esta especialidad incorporaran alabarderos. Había incluso un procedimiento previsto para el caso de que fueran sorprendidas por una unidad de jinetes: los alabarderos formaban un círculo, en el centro del cual se agrupaban los arcabuceros, en torno a la bandera –si esta no había quedado con el escuadrón de picas– quedando así a cubierto.

Por otra, la única forma de obtener el deseable volumen de fuego en un frente reducido era que una serie de hombres dispararan sus armas sucesivamente contra un mismo objetivo. Ello se conseguía con una maniobra similar a la que en caballería se llamaba «caracola». Los arcabuceros se colocaban en filas. El que estaba en cabeza disparaba, y luego marchaba a retaguardia de la formación para recargar allí, mientras que el que le seguía ocupaba su puesto y tiraba a su vez. Se establecía de esta manera una especie de carrusel en el que siempre había un soldado disparando, y otros o marchando a la cola de la fila, o cargando o con el arma preparada, de forma que era posible mantener un fuego constante. Consecuencia de este sistema era que los arcabuceros tuviesen que adoptar formaciones relativamente abiertas, a fin de crear los pasillos necesarios para la caracola y para evitar que la mecha de un hombre prendiera fuego a su compañero. Tenían que tener, asimismo, cierta profundidad de forma que, dado el tiempo que se tardaba en cargar el arma, hubiera siempre por lo menos un soldado en condiciones de disparar.

Se ha atribuido la paternidad de esta maniobra a Mauricio de Nassau, que la introdujo en el ejército holandés en la década de los noventa del siglo XVI, más concretamente, a partir de diciembre de 1594. Pero hay indicios de que los españoles para entonces habían ya desarrollado sus propias técnicas para mantener un fuego constante. Así, hemos visto que en Bicoca, en 1522, cuatro hileras de arcabuceros hacen sendas descargas, lo que exigía que cada una se retirara para dejar paso a la siguiente. Hay una descripción del ejército de Carlos V, dispuesto a enfrentarse a la segunda invasión turca de Austria, en 1532, en la que se dice que «veinte mil ágiles arcabuceros estaban dispuestos en cinco hileras, de manera que cuando la primera había hecho su descarga, la segunda, y así las restantes, avanzando en orden, pudieran lanzar sus balas contra el enemigo». Eguiluz, escribiendo en 1586, propone una fórmula similar, que comentaremos más adelante.

En el mencionado año de 1594, en el mes de julio, se habla de una fuerza española en estos términos: «las mangas de mosqueteros, en disparando, se ponían a las espaldas de las picas, sin volver el rostro, sino con la frente siempre al enemigo, y entretanto tiraban los arcabuceros que iban entre hileras; los cuales, apenas hacían la salva, cuando otras mangas pasaban adelante», para hacer fuego a su vez. Existía también al menos otro método alternativo en virtud del cual desplegaban a vanguardia dos destacamentos, cuyos componentes se abrían en abanico, para no herirse entre sí. Hecha la descarga, se retiraban y eran sustituidos por otros, que repetían la operación. Finalmente, hay muchos ejemplos de arcabuceros tirando más de una «ruciada» contra fuerzas de caballería, lo que únicamente era posible si los hombres hacían fuego por grupos. Quizá sería acertado, pues, decir que Mauricio tuvo el mérito de sistematizar el procedimiento, más que él de descubrirlo.

El mosquete supuso una pequeña revolución en los tercios. Hasta 1567, cuando el duque de Alba lo hizo adoptar a las unidades que llevó a Flandes, se pensaba que era un arma demasiado pesada para la infantería. Se utilizaban con frecuencia en fortificaciones, tirando «de manpuesto», pero hasta entonces no se había pensado distribuirlo a los infantes, «por parecer que no se podía llevar al hombro».

Alba tuvo la lucidez de apreciar las ventajas que ofrecía, y ordenó que cada compañía, fuese de piqueros o de arcabuceros, contase con quince mosqueteros. Luego no faltaron soldados experimentados que recomendasen subir este número a veinticinco, como mínimo. De hecho se fueron generalizando progresivamente. Durante el mando de Parma se afirmaba de los mosquetes que «los españoles los usan principalmente

Piqueros (*ca.* 1597-1607) en el *Wapenhandelinghe* («Ejercicio de las armas») de Jacob de Gheyn II (*ca.* 1565-1629). Rijksmuseum, Ámsterdam.

y los encuentran de tanta utilidad y terror que estoy persuadido de que pronto la mayoría de sus tiradores serán mosqueteros». Esta profecía no se cumplió sino muy tardíamente, por razones sobre todo presupuestarias. Eran, innegablemente, más pesados que los arcabuces, y exigían el uso de una horquilla cuando se encaraban para dispararlos. Pero este inconveniente era ampliamente compensado por sus mejores prestaciones en lo que se refiere a alcance, capacidad de penetración y calibre. Por eso se afirmaba que aunque un arcabuz podía hacer dos disparos en el tiempo que el mosquete tiraba uno, este era más eficaz que los otros dos. Salvando las distancias, se podría aventurar que los mosqueteros, inicialmente, desempeñaban el papel que en el siglo XX correspondería a las unidades de armas pesadas de la infantería, aumentando la potencia de fuego del conjunto. Sus servicios eran especialmente apreciados. Se ha dicho que cuando se daba la orden de que entraran en acción («Salgan, salgan los mosqueteros; afuera, afuera, adelante los mosqueteros»), todos los hombres, hasta los oficiales, se apartaban con respeto para dejarles paso.

La pelota que disparaban era de una onza y media o dos, el doble que un arcabuz, la longitud del cañón era de seis palmos y sus disparos atravesaban una rodela «fuerte» (teóricamente a prueba de bala) o cualquier armadura, lo que no conseguía un arcabuz. Lo usual era que cada hombre llevara veinticinco disparos de dotación. Se decía que tenía un alcance de doscientos metros, pero esta afirmación parece discutible. Mosquetes más perfeccionados, como los empleados en las guerras napoleónicas, no se consideraban precisos más allá de los cien metros, y eso en manos de tiradores expertos, siendo en torno a los sesenta una distancia más realista. En cualquier caso, sí que llegaban notablemente más que el arcabuz.

Desde luego, al ser básicamente iguales que este, compartían las servidumbres derivadas del uso de la mecha, a las que había que añadir las que se desprendían de la necesidad de un soporte para disparar. Cargar el arma era un proceso aún más largo, que exigía hasta cuarenta y cuatro movimientos distintos, según algunos manuales, complicado además por la presencia de horquilla, que obligaba al soldado a manejar simultáneamente esta, el arma y la baqueta. Al igual que sucedía con el arcabuz, era recomendable apuntar un tanto alto, no solo para reducir la posibilidad de herir a un compañero sino también porque el proyectil salía con una velocidad relativamente baja y a los pocos metros empezaba a caer. Se tiraba con él apoyándolo en el hombro, «a la manera española», no en el pecho: «si la culata es curva, a la manera francesa, pocos o ninguno resistirían el retroceso al disparar con el arma en el pecho… pero si se descarga desde el hombro, a la manera española… no hay peligro ni daño (para el tirador)». Se calculaba que la cadencia no pasaba de un tiro por minuto, y que, por distintos motivos relacionados con problemas de funcionamiento, un cincuenta por ciento de los disparos no llegaban siquiera a producirse.

Con el tiempo, las armas de fuego mejoraron sensiblemente. Así, se introdujo de forma paulatina la llave de rueda. Esta producía la chispa necesaria para incendiar la pólvora que lanzaba el proyectil mediante el choque de un pedazo de pirita –montado en el serpentín– con una rueda de hierro, eliminando así la mecha, con sus limitaciones y peligros. Era, sin embargo, un mecanismo, caro, complicado y sujeto a muchas averías, por lo que se utilizó solo para las pistolas de la caballería y para armas de caza. De mayor transcendencia fue la llave de chispa. Esta sujetaba un trozo de perdernal, y se montaba simplemente moviéndola hacia atrás. Al apretar el gatillo, la piedra tropezaba con una pieza de metal, el «rastrillo», levantándola y produciendo al tiempo la chispa que encendía la pólvora de la cazoleta, provocando el disparo. Era un método más barato y más sencillo que la rueda, y más fiable que la mecha. Acabaría imponiéndose, siendo utilizado hasta mediados del siglo XIX.

También se aligeró notablemente el peso del mosquete, hasta el punto de que se pudo prescindir de la engorrosa horquilla, lo que hizo que acabara por sustituir al arcabuz. Habría que añadir, además, la adopción de los cartuchos previamente preparados. Todo ello se tradujo en un incremento sustancial de la eficacia de esta clase de armas, por ejemplo, aumentando casi tres veces la cadencia de tiro, y reduciendo a una tercera parte los fallos en el mecanismo de fuego.

A título de curiosidad, se puede mencionar que en 1561 las picas costaban siete reales, los arcabuces veinticinco reales y catorce maravedíes y los mosquetes, cuarenta y seis o cuarenta y cinco. El peso de las tres armas era, respectivamente, seis, diez y quince libras.

En suma, el tercio contaba con cuatro tipos de armas, descartando las espadas. Cada una de ellas tenía sus ventajas y sus inconvenientes: el piquero era excelente frente a caballería, pero se hallaba inerme frente a los disparos del enemigo, mientras que, por sus dimensiones, la pica solo cubría un largo y estrecho pasillo ante sí, por lo que los flancos y espaldas del hombre eran vulnerables; el alabardero era más móvil que el piquero, pero no le podía resistir en el cuerpo a cuerpo por la menor longitud de su arma; el arcabucero podía ofender impunemente a los piqueros contrarios; el mosquetero disponía de un armamento más contundente que el arcabucero, pero era menos maniobrero. Ambos podían ser batidos por jinetes resueltos, actuando en campo abierto, y por picas si se llegaba al entrevero, y requerían además despliegues abiertos para practicar la caracola. Sin embargo, combinando adecuadamente las cuatro especialidades, de forma que cada una de ellas desarrollase su potencial y supliese las deficiencias de las restantes, se podía crear un poderoso instrumento de guerra. Los mosqueteros aportaban fuego a mayor distancia y de mayor calibre; los arcabuceros, su agilidad; cuando se alejaban del grueso de la tropa, los alabarderos les apoyaban; los piqueros contribuían con su solidez a completar el sistema.

La articulación de tan dispares elementos era en sí misma una ciencia, el arte de «escuadronar», al que en su día se dedicaron libros enteros. La idea básica era sencilla: disponer los cuatro tipos de armas de forma que se obtuviese el mejor rendimiento de las mismas, haciendo del conjunto «un castillo fuerte en campo llano», en el que los piqueros se disponían en una formación tan cerrada que «entre uno y otro no pueda pasar persona», mientras que los tiradores adoptaban una menos densa para poder hacer uso de sus armas.

La fórmula a la que se recurrió para satisfacer estos requerimientos fue el escuadrón. En su modalidad más elemental se componía de un cuadro de piqueros, normalmente incluyendo a los de las compañías de arcabuceros. A sus lados, se disponían las denominadas «guarniciones», integradas por la arcabucería que existía en las compañías de piqueros. Era aconsejable que no tuviesen un frente de más de cinco hombres, ya que esta era la distancia máxima que cubría la pica. Finalmente, se colocaban en las esquinas las «mangas», constituidas por personal de las compañías de arcabuceros del tercio. Su misión era actuar bien a cierta distancia del grueso de la unidad o reforzar a esta, como los torreones refuerzan los lienzos de una muralla. En cuanto a los mosqueteros, se situaban donde fuese más oportuno, a ser posible al abrigo de algún obstáculo como una zanja o una pared, si hubiera, o junto a los arcabuceros. Si había demasiado de estos, lo que como se sabe era frecuente en la infantería española, los sobrantes eran equipados con picas.

De esta manera, todas las armas se apoyaban mutuamente. Los piqueros, reforzados por los alabarderos que en el escuadrón formaban con picas, defendían a los arcabuceros y mosqueteros de la caballería enemiga, y estos, a su vez, les cubrían mediante su fuego.

Para poner un ejemplo, en el escuadrón denominado «cuadro de terreno», un tercio de tres mil hombres con mil doscientos piqueros, mil seiscientos veinte arcabuceros y ciento ochenta mosqueteros formaría con un núcleo de los primeros de cincuenta y seis de frente y veintidós de fondo. Los segundos se repartirían en dos guarniciones de ciento veinte cada una, y cuatro mangas de trescientos. Los terceros se agruparían en un lugar idóneo o se distribuirían entre los arcabuceros.

Para constituir el escuadrón se acudía a varias fórmulas matemáticas, como las que se han comentado al describir la figura del sargento mayor, pero siempre había unos principios inmutables. Se calculaba que, de media, cada soldado era el centro de un rectángulo de tres pies por siete. Uno lo ocupaba el hombre mismo; uno a cada costado le separaba de sus compañeros de hilera, y tres, por delante y por detrás, de sus compañeros de fila. Las banderas se situaban en el centro y ocupaban el doble que una hilera de picas. Por motivos de seguridad, los lados de la hilera que formaban se cerraban con coseletes.

El escuadrón se constituía siempre «a la sorda», en silencio, a fin de evitar la confusión, y a la carrera. Para cubrir su frente, se prefería a los piqueros más altos —aunque estos tenían el inconveniente de ofrecer mejor blanco a la artillería— y mejor armados. Pero como la rapidez y el orden eran criterios prioritarios, se colocaba en esa posición a los que llegaran antes, siempre que estuvieran completamente equipados. Ser «muy principal, y con armas doradas y con su pica de mil palmos» no bastaba para ocupar ese lugar de privilegio, por ser el de mayor peligro, si se llegaba tarde a la formación.

Tradicionalmente, se llamaba a la primera hilera «la de los capitanes», ya que la constituían estos, completándose el número requerido de hombres con oficiales «reformados». Parece singular costumbre esta de colocar a los principales mandos en el lugar de mayor peligro, ya que se corría el riesgo de que la unidad se quedase sin oficiales, pero quizá la conveniencia de dar ejemplo a la tropa, y, claro está, la «reputación», exigían este particular tipo de despliegue.

Organizar el escuadrón en la práctica era tarea compleja. El número de hombres disponibles variaba de día en día, a tenor de las bajas y las incorporaciones, lo que creaba serios problemas, ya que era imprescindible que la formación fuese compacta, de manera que las hileras y filas estuviesen completas, sin faltar ni sobrar gente. En realidad, el sargento mayor tenía que improvisar cada vez que formaba un escuadrón, en función de los efectivos presentes. Las características del enemigo, además, tenían una influencia directa. No era lo mismo luchar contra un ejército holandés, fuerte en infantería, que contra uno francés, en el que predominaba su excelente caballería pesada, o uno turco, con su desconcertante mezcla de jenízaros disciplinados y de jinetes irregulares.

El terreno, en fin, también era un elemento a tener en cuenta. El escuadrón solo podía desplegar en una superficie llana, de modo que la forma y las dimensiones de esta podían llegar a dictar el tipo de formación, hasta el punto de que había uno denominado «por terreno condenado».

Finalmente, los planes del general en jefe afectaban también al escuadrón. Si optaba por la defensiva, convenía reforzar el fondo de la unidad a costa del frente, ya que así la densidad de las filas permitía cubrir bajas más fácilmente, evitando que se abrieran brechas peligrosas. En cambio, para la ofensiva resultaba preferible primar el frente sobre el fondo, de manera que se situaran más combatientes en las primeras hileras.

Estas consideraciones hicieron surgir una cantidad elevada de tipos de escuadrón: «pequeño de gente», «cuadro de gente en cruz», «espinado», «de corona», «fortísimo perfecto»… Existían también subespecies, dependiendo de que en el centro se situaran gastadores, picas secas, bagajes, etc. Muchas de estas formaciones, no obstante, eran «exquisitas» y «de placer», más «para galanería» que para combatir. Un buen ejemplo de estas eran las que reproducían letras del alfabeto, pudiéndose formar con ellas el nombre del rey, o sus iniciales. Claro está que se utilizaban en paradas exclusivamente.

Las modalidades básicas eran el escuadrón cuadro de terreno, el de gente y el prolongado, que, a su vez, podía ser de gran frente o de frente estrecha.

El primero era un cuadrado. Como los intervalos entre los hombres de una hilera eran menores que los que había entre filas, ello suponía que, a fin de que los cuatro lados tuviesen la misma longitud, contaba más hombres de frente que de fondo. Por ejemplo, hileras de treinta y ocho (que ocupaban ciento catorce pasos, a tres por hombre) y filas de dieciséis (ciento doce pasos, a siete por soldado). El segundo, en cambio, tenía tantos hombres en las hileras como en las filas, lo que implicaba que, por el motivo antes citado, fuesen rectangulares, con los costados más largos que el frente. Así, si se hacía de hileras y filas de veinte hombres, las primeras ocuparían sesenta pasos, y ciento cuarenta las segundas.

El prolongado de gran frente era también de forma rectangular, pero con los lados más largos mirando al enemigo. Tenía, por consiguiente, hileras más nutridas, lo que quería decir que disponía mayor número de combatientes en primera línea. Era el más utilizado por los tercios, a cuya conocida agresividad se amoldaba mejor. En cambio, en el de frente estrecha, había menos soldados en primera línea, pero más detrás de ellos, en reserva. Al igual que el anterior era más adecuado para la ofensiva, este se amoldaba mejor a la defensiva. Los suizos y los alemanes tendían a usarlo, por compartir las características de solidez que se atribuían a dichas tropas.

Existen testimonios que parecen indicar que los holandeses, al principio de las guerras de Flandes, se inclinaban por el de «media luna», quizá para contrarrestar la tendencia que tenían los arcabuceros españoles para buscar el flanco del enemigo. Es muy posible, sin embargo, que debido a los numerosos contingentes alemanes que sirvieron en su ejército, estos adoptaran el de gran fondo, como tenían por costumbre, al menos hasta las reformas de Mauricio de Nassau. Los turcos, que no usaban la pica, adoptaban formaciones sui generis, determinadas por la abrumadora variedad de tropas que tenían e, incluso, por el origen geográfico de estas (como sucedía en el caso de los «spahis»). Normalmente, los jenízaros formaban el núcleo del despliegue, aunque casi nunca en la vanguardia, que se reservaba a fuerzas menos valiosas, para que absorbieran el fuego y la primera embestida de los contrarios.

El masivo escuadrón tradicional, ideado para el tipo de armamento existente a mediados del XVI, quedaría pronto superado. Mauricio de Nassau, seguido por Gustavo Adolfo de Suecia, marcó el camino del futuro, extrayendo las conclusiones de las innovaciones introducidas en el armamento, que hacían innecesario que los hombres se dispusieran en formaciones de tanta profundidad como hasta entonces. Era ya posible, por consiguiente, ir a despliegues de mayor frente. Con ellos, a iguales efectivos, se conseguía poner más soldados –más tiradores– en primera línea. En otras palabras, se aprovechaba mejor la fuerza dispo-

Un arcabucero y un mosquetero (*ca.* 1597-1607) en el *Wapenhandelinghe* («Ejercicio de las armas») de Jacob de Gheyn II (*ca.* 1565-1629). Rijksmuseum, Ámsterdam.

nible, haciéndola más letal, al tiempo que las unidades resultantes eran más maniobreras.

A fines del XVI, Mauricio empezó un decisivo proceso de reformas, incrementando el porcentaje de soldados dotados con armas de fuego y rebajando en 1595 los efectivos de la compañía a ciento cincuenta hombres, que pasaron a ciento trece en 1601, con solo cincuenta y treinta piqueros, respectivamente (cifras que eran teóricas, naturalmente, ya que en el ejército holandés, como en cualquiera de la época, eran normales las irregularidades en las revistas, de manera que la fuerza oficial era habitualmente inferior a la real). Tomó, al tiempo, dos medidas de gran alcance. Una, reduciendo el fondo de las formaciones a solo diez hombres, que se consideraba el mínimo necesario para mantener una cadencia de tiro ininterrumpida. Otra, diferenciando claramente entre el regimiento, como entidad administrativa y como unidad táctica. Mantuvo así el primero, que podía ser muy numeroso, más que un tercio. Pero para el combate utilizaba lo que se pueden llamar regimientos provisionales, cuatro de los cuales, dispuestos en rombo, constituían cada una de las tres partes (vanguardia, batalla y retaguardia) en que se dividía el ejército. A su vez, los regimientos se subdividían en «hopen» o batallones, en los que los hombres se agrupaban según las armas de que estaban dotados. Lo más normal era situar delante los piqueros y tras ellos los tiradores. Este tipo de regimientos se formaban con absoluta flexibilidad, y lo mismo podían estar integrados por dos regimientos «administrativos» cortos de efectivos, que por la mitad de uno de ellos, si era muy nutrido. El resultado era un despliegue a la vez sólido y flexible, con los distintos cuerpos escaqueados, recordando a las formaciones de las legiones romanas, que Mauricio había estudiado en profundidad. Como en el caso de estas, facilitaba que las distintas armas y unidades se apoyasen entre sí.

Paralelamente, Mauricio incrementó la proporción de mandos, dotando a cada compañía con tres oficiales y cinco sargentos, y mejoró la instrucción de los hombres con continuos ejercicios, lo que redundó en un aumento de la eficacia de sus tropas. Tan rigurosos eran estos que en un trabajo reciente J. P. Puype ha afirmado que «desde el final de los años ochenta del siglo XVI los soldados del ejército holandés fueron entrenados como animales, por así decirlo», para desarrollar en ellos un automatismo absoluto en las distintas evoluciones.

El rey de Suecia, por su parte, llevó más lejos estos cambios, disminuyendo la profundidad a solo seis hileras, elevando el número de oficiales hasta ciento veintiocho por regimiento y formando su propio modelo. Su elemento esencial era el regimiento, generalmente de ocho compañías (aunque los había de doce y hasta dieciséis), con un total de cuatrocientos treinta y dos piqueros y quinientos setenta y seis mosqueteros (la compañía tenía cincuenta y cuatro de los primeros y setenta y dos de los segundos).

En base a estas unidades se formaban escuadrones, muy parecidos a los batallones holandeses, en principio de cuatro compañías cada uno, que para combatir también se reunían en grupos equipados con armas iguales. Lo más usual era que todas las picas (las doscientas dieciséis del medio regimiento) formasen un bloque a vanguardia, mientras que otro de ciento noventa y dos mosqueteros se situaban detrás. Los restantes noventa y seis constituían una tercera línea.

La brigada era una formación *ad hoc*, en cuya composición el criterio determinante era el número de hombres, no de unidades, y así podía estar formada por menos de un regimiento o por varios. Era, por tanto, un sistema similar al de los regimientos combatientes de Mauricio. Se organizaba mediante la reunión de tres escuadrones (excepcionalmente, cuatro). Habitualmernte, el de vanguardia formaba con sus piqueros delante, seguidos por parte de sus mosqueteros. A derecha e izquierda de estos desplegaban los piqueros de los otros dos escuadrones, flanqueados por sus propios mosqueteros. Los que sobraban se situaban a retaguardia como reserva.

Había, sin embargo, otras posibilidades de barajar escuadrones y brigadas, según las necesidades tácticas, siempre que se cubriesen mutuamente. El conjunto era aún más maniobrero que el holandés y anunciaba ya claramente los futuros despliegues lineales de la infantería.

Por su parte, los tercios no permanecieron ajenos a los cambios tecnológicos y tácticos que se iban produciendo. A consecuencia de estos, se fueron adoptando modificaciones en la orgánica y en el armamento aunque, por lo que se refiere a este último, con las limitaciones impuestas por la penuria económica que, por ejemplo, no permitió la generalización del mosquete hasta una fecha tardía. Es evidente también que el más que brillante palmarés de estas unidades actuó en ocasiones como un freno a las reformas.

Pero, en cualquier caso, sí que parece un mito la extendida opinión de que los tercios constituían siempre organizaciones rígidas y pesadas. Así, a lo largo del tiempo sus plantillas fueron evolucionando, si bien a veces con un cierto retraso, estableciendo efectivos muy parecidos a los que tenían las unidades extranjeras contemporáneas. Lo mismo se puede decir de las formaciones. Por ejemplo, en la batalla de Montijo, durante la campaña de Portugal de 1644, los tercios despliegan con una profundidad de seis hombres, la misma que preconizaba Gustavo Adolfo, y tienen unos efectivos medios de setecientas plazas, cifra muy parecida a la «brigada sueca». El proceso de aproximación entre los distintos modelos fue tan acusado que en cuadros contemporáneos, como los de Sebastian Vrancx, no se aprecian diferencias en la profundidad de los escuadrones holandeses y españoles. De hecho, solo las banderas, y no el tipo de despliegues, permiten identificar la nacionalidad de las unidades.

Hay que recordar, también, las grandes discrepancias existentes entre las plantillas teóricas y la práctica. En la realidad, hemos visto que durante gran parte de su historia los tercios operaron con una cifra de hombres que se podía situar en torno al millar y medio. Si a ello se añade la tendencia española a tener un número elevado de soldados dotados con armas de fuego (más de la mitad), parte de los cuales combatía siempre destacada del grueso, se verá que la capacidad real de un tercio para formar escuadrones de picas verdaderamente masivos con los pocos cientos de piqueros que tenían era muy relativa.

En todo caso, no cabe desdeñar la relevancia de los cambios introducidos por holandeses y suecos, que marcaron el camino para las tácticas lineales de infantería que pervivieron durante siglos. Al igual que los tercios habían supuesto un avance sobre los macizos cuadros suizos en el progresivo «adelgazamiento» de las formaciones de infantería, los modelos holandés y sueco fueron el siguiente paso en esa dirección. Todos estos sistemas, en sus respectivos momentos, fueron hitos en la constante evolución del arte de la guerra.

Comentar finalmente que los tercios «escuadronaban» únicamente para las batallas campales. Por lo tanto, en los restantes tipos de combate –que fueron la gran mayoría como veremos– no estaban sometidos a las limitaciones de dicha formación.

Si bien los tercios españoles fueron el nervio de los ejércitos de los reyes de España durante un siglo, solo excepcionalmente combatieron en solitario. Lo habitual es que lo hicieran en combinación con infantería de otras naciones, y con otras dos Armas: la artillería y la caballería.

Infantes italianos, valones, irlandeses, borgoñones, ingleses, portugueses y alemanes, por no hacer una relación exhaustiva, sirvieron junto a los españoles no ya hasta la desaparición de los tercios, sino en algunos casos hasta terminada la Guerra de Independencia. Una de las razones fue la escasa población de la península que, simplemente, no suministraba los voluntarios precisos para hacer frente a los compromisos internacionales de la Corona. Además, existía interés en no sustraer un número excesivo de brazos de actividades como la agricultura o la ganadería.

Alemania, en concreto, era por otro lado una fuente casi inagotable de soldados, con la ventaja adicional de que se podían licenciar tan rápidamente como se reclutaban, lo que era especialmente útil en tiempos de paz.

En principio, italianos, irlandeses e ingleses sirvieron en tercios similares a los españoles; los alemanes, en regimientos. Valones y borgoñones, primero en regimientos y luego en tercios. Las unidades de las tres naciones mencionadas en primer lugar eran similares a las españolas. Las alemanas tenían diez compañías de trescientos hombres; los borgoñones contaban doscientos soldados por compañía, y un número de estas igual a los tercios españoles, y parecido era el caso de los valones. A mediados del XVII se simplificó algo esta estructura, con el establecimiento de solo tres «pies» o plantillas: de españoles (que afectaba también a italianos, irlandeses, escoceses, ingleses y borgoñones); de valones y de alemanes. Poco antes de terminar el siglo se redujeron a dos, de españoles y de alemanes.

Hay que apresurarse a puntualizar que se trataba sobre todo de normas teóricas, y que en la práctica, como ocurría con las fuerzas españolas, los tercios y regimientos tenían las compañías que podían, y las compañías que eran posibles.

El panorama de sus sueldos era complejo. Variaban tanto los haberes como la moneda en que se hacían efectivos. Por ejemplo, en mayo de 1585 se señalaba que para pagar a españoles, italianos y borgoñones se calculara el escudo «del cuño y estampa de España» a cincuenta placas, para valones, a cincuenta y seis, para alemanes, a cincuenta y nueve. En agosto de 1590 se decretaba que a la infantería española, la italiana y borgoñona se les debía calcular cada escudo a treinta y nueve placas, a la valona, a veinte placas por florín; a la alemana, a veinticinco, también por florín; a la irlandesa, inglesa y escocesa, «al precio que corren».

Más adelante veremos las cualidades y defectos que se atribuían a unas fuerzas u otras, pero se puede adelantar que los soldados españoles no reconocían iguales, aunque mostraban cierta predilección por los italianos y, especialmente, los irlandeses. Existió siempre una franca competencia entre las distintas clases de infantería, y generó desde fricciones a causa de cuestiones de protocolo a problemas más serios que llegaron a provocar el fracaso de un asalto a una brecha o de un ataque, con el consiguiente coste en pérdidas innecesarias de vidas. Hasta cierto punto, era algo inevitable en un ejército plurinacional y en una época presidida por el formalismo y un acusado sentido del honor.

La artillería hasta la segunda mitad del XVIII tenía un valor muy relativo en campo abierto, dado que se encontraba en un estado primitivo de desarrollo. Las diferencias de calibre de las piezas hacían del municionamiento una pesadilla; el peso de las mismas reducía su movilidad al mínimo: la falta de proyectiles explosivos medianamente previsibles limitaba su eficacia en el fuego contra personal; la cadencia de tiro era lenta, oscilando –según el calibre– entre solo ocho a quince disparos por hora, debido a la necesidad de volver a emplazar la pieza después de cada disparo y a las complicadas operaciones para recargarla; la calidad de los metales obligaba a restringir el número de tiros, para evitar el recalentamiento (había que refrescar los cañones con pellejos mojados en agua y –según algunos– en vinagre, aunque otros opinaban que utilizar este era «invención de poco momento»); la puntería era errática, entre otras consideraciones por la falta de mecanismos adecuados para hacerla… En suma, no podía acompañar a la infantería propia en un avance ni destruir a la contraria en la defensiva. La abundancia de ejemplos de unidades de infantería tomando al asalto una batería demuestra sus enormes limitaciones.

En cuanto a su alcance, parece que no superaba los mil metros, y ello solo en condiciones ideales, en un terreno sin obstáculos que afectaran la trayectoria del proyectil o la visión de los servidores, que acostumbraban a tirar «de punto en blanco», es decir, con el arma en posición horizontal.

A pesar de que se la describió como «esta máquina infernal en el mundo», parece más apropiado afirmar que «su efectividad y precisión eran, en muchas ocasiones, entre milagrosas y casuales». La eficacia de su fuego queda bien reflejada en la anécdota que se produjo el primer día de combate por el socorro de Inglostad, en 1546. Cuando el jefe protestante propuso un brindis por los muertos causados por los novecientos disparos que había hecho su artillería, uno de sus subordinados le respondió: «señor Landgrave, yo no sé los que hoy hemos muerto, más sé que los vivos no han perdido un pie de sus posiciones», indicando que habían sufrido unas bajas mínimas. Así fue. En el escuadrón en que se hallaba Carlos V, el bombardeo –a pesar de que «no se veía otra cosa por el campo sino pelotas de cañón y de culebrina, dando botes con una furia infernal»– solo mató a un archero de la guardia y a dos caballos. En cambio, seis piezas españolas reventaron. Una de ellas mató a cinco soldados propios e hirió a dos, lo que indica que aquellas armas en ocasiones eran más peligrosas para quienes las manejaban que para el adversario.

Verdugo, por su parte, menciona un combate en el que, tras soportar el fuego de cinco cañones, solo perdió un tambor. A la vista de esto, no es extraño que los soldados de los tercios acostumbraran a describir a la artillería, con poco respeto, como «espanta bellacos». Casi doscientos años más tarde, todavía se podía decir que «un hombre necesitaba estar predestinado para morir de un cañonazo durante una batalla», aunque poco después la artillería iniciaría un proceso de desarrollo que le llevaría a dominar el campo de batalla durante dos siglos.

Pero en la época de los tercios todavía se trataba de una actividad casi artesanal, más que de una ciencia, con todo lo que este concepto implica de fiabilidad, dominio de la técnica, etc. Prácticamente hasta la Ilustración la artillería de todos los países se aproximaba más a un gremio medieval que a un cuerpo armado, y un elemento tan significativo como los grados militares convencionales no se aplicarían a la totalidad de los artilleros hasta después del XVII, cuando los tercios no eran sino un recuerdo. Muchos años después, en el Austria de María Teresa, la artillería seguía siendo un mundo complejo, lleno de reminiscencias gremiales.

Durante parte de la época que nos ocupa, algo fundamental para el Arma, como la fabricación de las piezas mismas, estuvo confiado en España a los maestros campaneros, porque únicamente ellos dominaban el uso del llamado metal de campana, considerado el más apropiado para fundir cañones. Quizá en recuerdo de ello, la artillería conservó por años el llamado «privilegio de campanas», en virtud del cual pasaban a su propiedad las existentes en una plaza que caía merced a su fuego, así como las piezas puestas fuera de servicio y los «estaños y cobres que se hallen, no reservando calderos ni platos».

Carlos V, adelantándose a sus contemporáneos, implantó con éxito en 1552 un cierto orden en la multitud de calibres existentes –llegó a haber hasta ciento sesenta tipos de piezas–, reduciéndoles a un número manejable. Estableció seis modelos de piezas: de cuarenta, veintiséis, doce, seis y tres libras, más un mortero.

Este esfuerzo de simplificación se llevó a la práctica solo en parte. En tiempos de Felipe II, continuando en la misma línea, se establecieron siete: cañones y medios cañones; culebrinas y medias culebrinas; sacres y medios sacres, y falconetes. A finales del XVI, existían seis: cañones (de cuarenta, treinta y cinco, treinta y dos y treinta libras); medios cañones (de veinte, dieciocho, dieciséis y quince); tercios de cañón (de diez, ocho y siete); culebrinas (de veinticuatro, veinte, dieciocho y dieciséis); medias culebrinas (de doce, diez, ocho y siete) y tercias culebrinas (de cinco, cuatro, tres y dos). En principio, las culebrinas se distinguían de los cañones por su mayor longitud, que imprimía a sus disparos más velocidad y alcance. A cambio, eran más pesadas y tenían un consumo mayor de pólvora.

En 1609, el conde de Bucquoy, general de la artillería española en Flandes, con la ayuda de dos expertos universalmente respetados, como Cristóbal Lechuga y Diego Ufano, dio un paso fundamental en el proceso de racionalización, estableciendo los siguientes calibres: cañón de cuarenta libras; medio, de veinticuatro; cuarto, de diez o doce y cuarto de culebrina, o «pieza de campaña», de cinco o seis.

Lechuga, en su Tratado, habla de: cañón, de cuarenta libras; medio cañón, de veinticuatro; cuarto, de doce; culebrina, de veinte; media, de diez y cuarto, de cinco, junto a morteros de tres tamaños. Estimaba, sin embargo, que los tres tipos de cañones, «más seguros y manejables», podían hacer «todos los efectos que se pueden desear» en los asedios, sin necesidad de culebrinas. Estas, por sus características, poseían el inconveniente de apenas tener retroceso, por lo que no se utilizaban en la guerra de sitio, ya que cargarlas exigía bien que los artilleros salieran fuera de la protección de la batería, bien que arrastraran la pieza a fuerza de brazos al interior de la misma, procedimientos ambos que presentaban inconvenientes. Además, las culebrinas requerían para cada disparo una cantidad de pólvora equivalente a dos tercios del peso de la bala, mientras que los cañones únicamente la mitad de este, siendo por consiguiente más rentables.

El sistema fue imitado por diversos países: «en 1620 Francia adoptó los cañones de veinticuatro y doce libras, en imitación directa de los españoles. Mauricio de Nassau hizo lo mismo».

Las piezas debían hacerse con una aleación de ocho o diez libras de estaño por cada cien de cobre. Las cureñas, carromatos y avantrenes o «carriños», de olmo, roble o fresno, cortado en luna menguante en enero y febrero, dejando secar la madera un mínimo de cuatro años antes de empezar a trabajarla. En cuanto a la pólvora, cuya fabricación correspondía a la artillería, la mejor era la elaborada siguiendo la fórmula de «seis, As, As», con seis partes de salitre, una de carbón y otra de azufre.

Las reformas del emperador y de sus sucesores supusieron ciertamente un avance muy considerable. Disminuyeron las dificultades de municionamiento e introdujeron un elevado grado de racionalidad en el caos reinante anteriormente, pero estas medidas por sí solas no bastaban para compensar los problemas técnicos de la artillería. Así, se hicieron intentos para superar uno de los principales, el peso, acudiendo a piezas más ligeras, como los famosos «cañones de cuero» suecos, y los «mansfelds», pero no dieron resultados satisfactorios, de forma que este siguió constituyendo una seria limitación para el empleo táctico de la artillería.

Para tirar de un cañón, se precisaban veintiún caballos, con buen tiempo, treinta si los caminos estaban embarrados o nevados; para un medio cañón, dieciocho y veinticuatro, respectivamente; un sacre, doce o trece… Un carro arrastrado por ocho caballos cargaba entre cincuenta y sesenta proyectiles, y se calculaba que un ejército debía llevar consigo no menos de treinta mil…

Cualquier relación de trenes de artillería de los siglos XVI y XVII resulta abrumadora, por las dimensiones de los mismos. Por ejemplo, en 1578 se estimaba que para mover quince cañones y otros tantos medios cañones con la necesaria munición (más la requerida por infantería, cuyo transporte también era competencia de la artillería), eran precisos cuatrocientos carros con setecientos caballos cuidados por ciento ochenta mozos. Lechuga, escribiendo a principios del XVII, calcula que para un tren compuesto por cuarenta piezas (veinte cañones, catorce medios y seis cuartos), se requerían mil doscientos cincuenta caballos para tirar de ellas. También, trescientos ochenta carros, con sus correspondientes caballos, para la munición. Habría que añadir otros doscientos ochenta para pólvora y balas para infantería, útiles de gastadores, pontones etc. Ufano, facilita datos muy similares. Todo ello suponía una masa de cuatro o cinco mil caballos, que presentaban los problemas adicionales que suponía el que hubiese que alquilarlos a particulares, al igual que los carromatos, ya que el ejército no los tenía. Si a ello se añade la escasa red de comunicaciones terrestres existente y su mediocre calidad, se comprenderán las enormes limitaciones operativas del Arma.

La discutible utilidad de la artillería en las batallas campales contrastaba con su eficacia en la guerra de sitio. Los avances logrados hasta entonces fueron suficientes para revolucionar totalmente tanto las fortificaciones como la forma de atacarlas. Los castillos medievales de altos muros, concebidos para resistir una escalada, eran un blanco perfecto para la artillería, que en pocos años les relegó a objetos de museo. En los asedios, las mayores servidumbres de esta (escasa movilidad, reducido alcance, lenta cadencia de tiro) apenas tenían relevancia, y su capacidad de destrucción pasaba a primer plano. De ahí que surgiera en Italia un nuevo tipo de fortificación, la abaluartada, diseñada expresamente para contrarrestar el tiro de las piezas. Se basaba en muros bajos –con lo que se reducía el tamaño del objetivo– y gruesos, para absorber mejor los impactos. A la vez, se buscaba eliminar los ángulos muertos, para obtener mejor rendimiento del fuego defensivo.

Sirvió para cambiar enteramente las tácticas para la expugnación de una plaza, que se convirtió en una operación larga y complicada. En principio, estas fortificaciones tenían el inconveniente de su enorme costo, pero no tardó en descubrirse que, construidas de tierra, resultaban no solo más baratas, sino más eficaces que las edificadas con piedra, ya que absorbían mejor los impactos. Ello permitió que se multiplicaran, hasta el extremo de llegar a revolucionar la estrategia, sobre todo en regiones como los Países Bajos que, por sus características, se prestaban especialmente a su utilización.

Era una forma de guerra enteramente nueva, a la que se tuvieron que adaptar los tercios. Todo ello, por la tiranía de unos cañones que en campo abierto eran casi despreciables.

La caballería, igual que la artillería, desempeñaba un papel secundario frente a la infantería. La que había sido reina de las batallas durante la Edad Media, había venido experimentando una paulatina erosión de su importancia. Primero fueron los arqueros ingleses quienes amenazaron su poderío. Después, los cuadros suizos. Los tercios, con su sabia combinación de armas blancas y de fuego dieron, a todos los efectos, el golpe definitivo a la caballería tradicional. La conjunción de picas de varios metros, apoyadas por descargas de arcabuces y mosquetes, que podían perforar las armaduras, hizo de los escuadrones de infantes un obstáculo prácticamente insalvable. El jinete tenía que arrostrar primero los disparos enemigos, solo para encontrarse ante un erizamiento de picas que su cabalgadura se rehusaba a abordar. Incluso si esta, enardecida por la espuela y contra todos sus instintos llegaba al choque, lo único que conseguía era quedar empalada.

Un contemporáneo nostálgico escribió: «fueran mucho mayores los hechos y hazañas señaladas que hicieran los de a caballo si en nuestros tiempos no estuviera tan conocido el reparo de picas y arcabuces, de que se usa contra la furia y poder de esta gente, con que han venido a ser menores los daños y estragos que hacen que los que hacían».

Desde luego, la caballería intentó amoldarse a este desafío que suponían los nuevos infantes. Los jinetes acorazados, armados de punta en blanco, herederos directos del Medioevo, fueron disminuyendo, víctimas de sus propias limitaciones: coste prohibitivo del equipo y los caballos y peso excesivo de la armadura, que había perdido gran parte de su utilidad ante la capacidad de penetración de las armas de fuego portátiles. En la península ibérica estuvieron representados por las Guardias Viejas de Castilla, con un valor casi simbólico. En los ejércitos españoles desplegados en los Países Bajos, por las Lanzas de Ordenanza, o Bandas de Flandes, cuya utilidad también resultaba problemática, pero que se conservaron porque se consideraba que era conveniente «por la reputación» y porque en ellas formaba lo más granado de la nobleza: «se mantienen sobre todo para conservar las antiguas costumbres, por miedo de que si se rompen, muchos de los grandes hombres protestarán, porque la mayor parte de las compañías les pertenecen».

Estaban dotados de arnés completo, compuesto de yelmo, coraza, guardabrazos, manoplas, guanteletes, escarcelas, musleras, rodilleras, grebas y escarpes. Su arma principal era una lanza de dieciocho palmos. Según Williams, «cada hombre de armas debía tener cinco caballos, por cada uno recibe la paga de un jinete». Estas unidades, revestidas de gran prestigio social, resultaban insostenibles en un escenario dominado por el fuego. A fines del XVII habían desaparecido casi en su totalidad de Europa Occidental.

La alternativa más sencilla era acudir a otro tipo de tropas montadas ya existente, las conocidas como lanzas o celadas. Llevaban únicamente celada, coselete, rodilleras, escarcelas, manoplas y brazales, y una lanza más corta que los hombres de armas, a la que eventualmente se añadiría una pistola. Cada soldado tenía solo una montura, de menor alzada y más ágil que la requerida por la caballería pesada. Utilizando una técnica aprendida de los árabes en España, cabalgaban «a la jineta», es decir, con los estribos cortos y no largos como los caballeros. Se confiaba en que estas fuerzas, que costaban menos y tenían mayor movilidad que los gendarmes, conservaran, aunque reducida, la potencia de choque de estos. Basadas en la rapidez, operaban en pequeños grupos, «escuadroncillos», requerían cabalgaduras «exquisitas», capaces de galopar (la distancia ideal de carga eran sesenta pasos) y actuaban mediante el impacto, buscando el cuerpo a cuerpo.

Una curiosa particularidad de estas unidades es que se esperaba que los alféreces rompieran su corneta, como se denominaba al estandarte, contra un enemigo. Hay testimonios que confirman que tan singular costumbre en ocasiones se llevaba a la práctica.

Tampoco resultaron especialmente eficaces frente a las picas, principalmente porque, al ser estas más largas que las lanzas, el jinete corría el riesgo de quedar ensartado –él o su cabalgadura– antes de poder hacer uso de su arma. De ahí que se dijese «desventurada la caballería que embistiese con piquería en escuadrón, si es bien hecho». Al tiempo, compartían las limitaciones del caballero pesado ante el fuego de arcabuces y, especialmente, de mosquetes.

Otros inconvenientes eran que solo podían maniobrar en terreno llano y abierto, y los problemas que había para reclutar los hombres y el ganado necesarios. Los primeros, debido al largo periodo de instrucción que la lanza requería. El segundo, por su precio relativamente elevado. Ello implicaba que tuviese «dificultad para hacer su leva».

A la vista de la aparente invulnerabilidad de la infantería frente a la caballería convencional, surgió una nueva clase de jinete. Según las épocas o la nación de origen recibió distintas denominaciones (herreruelo, reiter, coraza…) que a veces incluso se confundían entre sí. Por ejemplo, Estrada habla de «aquel género de Raytras (reiters), que por andar cargados de muchas carabinas y otras armas de hierro los llaman ferrezuelos (herreruelos)».

Pero, con un nombre u otro, se distinguía por dos rasgos. En primer lugar, estaba armado de pistolas, de las denominadas de rueda. Resultaban más sencillas de usar que la lanza, por lo que se aprendía a manejarlas más rápidamente, y algunos les atribuían una mayor capacidad de penetración que a esta, asegurando que «hace mejor efecto que la lanza, pues pasa algunas veces petos fuertes». No faltaban, sin embargo, los que mantenían lo contrario, citando casos como el de un soldado que de un lanzazo «quedó pasado de parte a parte, con ir armado a prueba de pistola… el encuentro le cogió por la espalda y le salió a los pechos».

En segundo lugar, tanto su equipo como su cabalgadura eran mucho menos costosos que los empleados por los hombres de armas o por las celadas. Se esperaba que esta modalidad, barata y fácil de adiestrar, al contrario que la caballería tradicional e incluso las lanzas, sería la solución al problema aparentemente insoluble que suponían los cuadros de piqueros. La idea, simplemente, era causarles un suficiente número de bajas mediante el fuego como para romper su cohesión, logrado lo cual era fácil batirlos en el cuerpo a cuerpo.

Hay estudiosos que dan gran importancia a la pistola, llegando a asegurar que ella –y no las armas de fuego de la infantería– fue la causa de la desaparición de la caballería clásica pesada, dotada de lanzas. La teoría más al uso, sin embargo sostiene la posición contraria: que el jinete renunció a su armamento tradicional precisamente porque era inútil ante la nueva infantería, y que buscó en la pistola un medio para enfrentase a esta. Dicho esto, es indiscutible que la pistola gozó de gran predicamento, hasta el extremo que un experto como Basta apuntó la posibilidad de dotar con ella a los hombres de armas, en vez de la lanza, definitivo ejemplo de la decadencia de los viejos caballeros al estilo medieval.

La técnica que utilizaban estas unidades consistía en avanzar hacia el enemigo, disparar, regresar a retaguardia para cargar y volver a tirar, creando una especie de noria, la «caracola», destinada a generar el volumen de fuego preciso para descomponer a la infantería contraria.

Operaban en formaciones profundas, como exigía la caracola, y similares a las comentadas para los arcabuceros, con la salvedad de que para cargar se retiraban por hileras, no por filas. Como este ejercicio era incompatible con la velocidad, los movimientos se hacían al trote, lo que permitía utilizar caballos de baja calidad. Y como no se buscaba el contacto físico con el enemigo (este tipo de jinetes tenía instrucciones de utilizar la espada solo en persecuciones), una protección considerable resultaba superflua, además de cara, e incluso inconveniente, ya que solo servía para embarazar al soldado y aumentar el coste de su equipo, por lo que paulatinamente fue disminuyendo. El modelo original, el reiter tudesco, estaba acorazado –se le llamaba «caballo negro» por el color de su armadura (Coloma, con un alemán de campamento, habla de «swerteruyters»)–, y a fines del XVI todavía se decía que «corazas son los hombres de armas que pelean sin lanzas y que, en vez de ellas, traen unos espadones que se llaman cortalazos y pistolas». Pero los «corazas» españoles del XVII ya solo llevaban morrión, peto y espaldar, y la mayor parte de los jinetes de Gustavo Adolfo carecían de cualquier tipo de defensa. En la Guerra Civil inglesa, el número de formaciones de ambos bandos dotadas con armadura de tres cuartos –los denominados «langostas»– se podían contar con los dedos de una mano, contentándose el resto con un simple coleto de ante.

Sobre el terreno, esta teoría basada en el fuego tampoco dio, en términos generales, los resultados apetecidos. A pesar de que se recomendaba hacer alto para disparar, en realidad los jinetes no paraban sus caballos, a fin de ofrecer un blanco más difícil al enemigo, con lo que la puntería era imprecisa aún para los niveles de entonces. Mantener un fuego sostenido resultaba, además, complicado por las dificultades que entrañaba recargar el arma sin apearse. También era común ignorar la orden de no tirar hasta que «la llama toque al enemigo» ya que la tendencia era disparar desde lejos, para sustraerse a los arcabuces del contrario, que tenían mucho mayor alcance. Incluso cargar el arma era un problema: «si se pone demasiada pólvora, su retroceso mueve tanto la mano que el tiro no tiene ninguna precisión; si no se pone la suficiente, no atraviesa nada». Todos estos factores disminuían la eficacia del sistema. Si se añade que la infantería podía cubrir los huecos causados por las bajas con mayor rapidez que la caballería las producía, de forma que no se creaban las brechas apetecidas, se explican los fracasos de las corazas ante los infantes.

Hubo, sin embargo, excepciones, como la victoria holandesa de Turnhoult, en 1597, obtenida por jinetes armados de pistolas contra una agrupación de infantería italiana, valona y alemana al servicio de España. No obstante, en ella se dieron circunstancias concretas que favorecieron a la caballería. Los infantes fueron atacados en el curso de una marcha, por lo que tuvieron que formar el escuadrón precipitadamente, y parece que, además, no se batieron satisfactoriamente. Respecto a esta batalla, es curioso que algún autor, seguido luego por otros, haya afirmado que en ella fue batido «el tercio español llamado de Nápoles, bajo el marqués de Trevico». Se trata de un error comprensible, porque las denominaciones de las unidades se prestan a confusión, pero lo cierto es que Trevico estuvo a la cabeza de una unidad italiana, no española. En segundo lugar, se decía que esta era de napolitanos porque originalmente lo fue, pero llegó a Flandes (en 1596) en tan mal estado que tuvo que ser completada con soldados de Urbino y de Milán. Finalmente, Trevico no asistió a la batalla, porque se le había concedido licencia para regresar a Italia; en su ausencia, el mando accidental recayó en el sargento mayor. En suma, ni el tercio era español, ni era napolitano, ni lo mandaba Trevico. Esta puntualización parece pertinente no solo porque responde a la realidad, sino también por la excesiva transcendencia que a veces se ha querido dar a este encuentro. Motley, por ejemplo, lo califica como «una victoria en campo abierto sobre las más famosas legiones de España», lo que es algo exagerado.

Las distintas misiones de ambas clases de jinetes exigían temperamentos diferentes. Los borgoñones y los valones, junto con los renombrados reiters alemanes, eran los mejores con la pistola, mientras que españoles e italianos se distinguían como lanzas ligeras o celadas. Quizá por ello, en los ejércitos de España se mantuvieron unidades de estas últimas aún después de que la mayoría de los países las hubiesen suprimido.

En cuanto a los respectivos méritos de las dos especialidades, se afirmaba rotundamente que «si ellas (las lanzas) quieren acometer a las corazas, yo les aseguro que llevarían la peor parte». Esta opinión de Basta, en la línea de La Noue, es, sin embargo, discutible. En la batallla de Mook, el 14 de abril de 1574, «la primera vez que caballería ligera sola ha roto herreruelos... se vio claramente de cuánto más servicio y fruto son para combatir lanzas que los pistoletes». Se atribuyó su victoria a la «presteza» con que cargaron las compañías de celadas del ejército español. Esta rapidez era «la que más desbarata a los herreruelos, por ser de poco servicio los pistoletes después de mezclados con ellos». En efecto, «en descargando los reiters el primer granizo de sus escopetas, dieron la vuelta para cargarlas de nuevo y causar más furioso el segundo. Pero no les dieron lugar las lanzas reales» cayendo sobre ellos cuando estaban inermes. En la primera fase del combate de Dourlens, el 24 de julio de 1595, ciento cincuenta lanzas españolas derrotaron a trescientos caballos franceses armados de pistolas. Aquellas perdieron cinco hombres y estos más de cien, entre muertos y desmontados. En el encuentro, un alférez rompió su corneta en la forma antes mencionada.

A pesar de estos y otros éxitos, el jinete armado de pistola acabó por imponerse al lancero, quizá por ser más barato y más fácil de instruir.

Muy similares a los reiters, tanto en equipo como en tácticas y eficacia, pero dotadas de armas largas de fuego, fueron las unidades llamadas de carabinas, carabineros o arcabuceros a caballo, si bien estos últimos, al menos en el servicio español, en ocasiones desempeñaban además funciones específicas, como veremos enseguida.

Lo deseable era que, ante las insuficiencias tanto de las armas de fuego como de las lanzas, las dos actuasen coordinadamente, de forma que las primeras flanquearan a las segundas, «como las mangas de arcabuceros a un escuadrón de picas» o que abrieran la brecha en la formación enemiga para que las lanzas la explotaran. Por eso se decía «ser provechosa manera esta de mezclar lanzas con herreruelos». El problema estribaba en la dificultad de combinar la acción de tropas tan distintas, casi de características opuestas. No obstante, cuando se conseguía, los resultados eran excelentes. En un encuentro en septiembre de 1579 una unidad de arcabuceros a caballo recibió órdenes de disparar al enemigo «para abrir portillo: hiciéronlo tan bien, tan cerca y tan a tiempo que no erraron tiro ni perdieron bala; los rebeldes cayeron muchos muertos por tierra, y abriéndose un escuadrón cerró García de Olivera con la tropa de lanzas» deshaciendo a los contrarios que, en su huida, arrastraron a sus propios infantes. Aunque en este caso el escuadrón citado era de caballería, y no de infantería, queda bien descrita la eficacia que el sistema podía tener, cuando se reunían circunstancias como una coordinación impecable y una perfecta ejecución de las respectivas misiones de ambas clases de jinetes.

Resulta sencillo explicarse la impotencia de estos ante un cuadro de coseletes. La longitud de sus armas, muy superior a la distancia que separaba las hileras, hacía que el jinete se las tuviera que ver con varias líneas sucesivas de picas. Excepto en el caso de que un caballo herido se estrellase contra la formación, rompiéndola, era casi imposible para la caballería «de ristre», esto es, dotada de lanzas, batir a los infantes mientras estos permaneciesen firmes. Incluso un piquero solo, cuando era más vulnerable, podía enfrentarse a un jinete, mientras no se dejara llevar por el pánico.

La eficacia de los infantes equipados de esa manera quedó patente en cientos de combates. Un choque que tuvo lugar el 4 de mayo de 1592 constituye un interesante ejemplo. Un español, ante el ataque de un caballo coraza, como mandaban los reglamentos terció la pica, clavando el cuento en tierra. La punta del arma le entró al jinete por la visera de la celada, y «le voló de la sillla», cayendo él y su caballo y bloqueando el paso a sus compañeros. Mientras, otros hombres se habían agrupado y hacían frente a más corazas con sus picas: «se ensartaron muchos enemigos en ellas, de suerte que algunos volaron de las sillas y cayeron unos sobre otros, y lo mismo los caballos». Por solo citar otro caso, algo muy similar le sucedió al capitán Villalobos cinco años después. Hallándose solo frente a un jinete francés se defendió tan bien que a su enemigo «le hirió la pica en la ingle, que con la furia que traía el caballo, le fue fuerza caer por las ancas con un trozo de pica clavado».

La conclusión era que «la gente de a pie es más útil que la de a caballo, y que en los casos en los que sucediera pelear los unos con los otros, desbaratará la infantería a la caballería, cerrándose con las picas o acometiéndolos o esperándolos con esta arma de tanta resistencia». A la vista de todo esto, se recomendaba a la caballería que «excusarse ha lo que pudiere de combatir con infantería, sino fuese con ventaja muy conocida y en parte adonde el sitio le fuera favorable, porque las picas siempre la harán quedar con poca honra».

Más complicado, sin embargo, es justificar los frecuentes fracasos de la caballería ante infantes dotados de armas de fuego, teniendo en cuenta el poco alcance y precisión de las mismas, así como la dificultad de cargarlas. Entre las causas que se aducían era el miedo de los jinetes a recibir un disparo, la «pusilanimidad» de los caballos y la reticencia de los hombres a perder su cabalgadura que, en principio, tenían que reponer de su propio

«Tres soldados de caballería armados con pistolas» (1599), grabado de la serie *De ruiterschool*, de Jacob de Gheyn II (*ca.* 1565-1629). Rijksmuseum, Ámsterdam.

sueldo, y que podía costar el equivalente a la paga de seis meses. En todo caso, parece evidente que la caballería hacía gala de una falta de agresividad que solo indicaba la progresiva disminución de su calidad y la consiguiente pérdida de confianza en su capacidad para batir a los infantes. Dicho de una forma más brutal: «la caballería no se atreve a ofender», y «se guarda de los arcabuceros como del pecado». Ahí residía el problema.

Ello, a su vez, respondía a distintos factores, según los observadores contemporáneos. Se aludía al aumento del número de plebeyos en las filas; la escasez de buenos caballos; la insuficiencia de los sueldos… Fuera una u otra la razón, lo cierto es que la sustitución de los pesados hombres de armas por nuevos tipos de unidades más baratas y relativamente más veloces no bastó para devolver a la caballería su antiguo lustre.

Su excesiva timidez dio lugar a escenas bochornosas, como sucedió el 17 de junio de 1583, cuando los jinetes al servicio de España flaquearon, mientras que los arcabuceros y mosqueteros españoles batían al enemigo. Tanto se enfureció Parma que empezó a acuchillar a sus propios hombres, gritándoles «que mirasen a la infantería, que degollaba a tiempo que ellos se retiraban».

Entre muchos ejemplos de la ineficacia de los jinetes frente a infantes dotados con armas de fuego, se podría traer a colación una acción en 1546 en la que a pesar de hallarse en «campaña rasa» y por tanto favorable para los jinetes, una corta fuerza de arcabuceros españoles rechazó tres cargas sucesivas, o el ejemplo de doce mosqueteros españoles que mantuvieron en jaque a una numerosa unidad de caballería francesa porque «se ordenaron tan bien y con tanta brevedad que tomando por frente un pantano plantaron las horquillas y comenzaron a resistirse animosamente, y dando a los franceses una buena carga (descarga) mataron a algunos y entre ellos el capitán, y viendo los demás el daño que habían recibido y que no les podían acometer, se resolvieron a dejarlos». Subrayemos la existencia de algunos elementos decisivos en la narración: un obstáculo que defendía a los infantes y el «ánimo» de estos.

A pesar de estos y otros casos similares que se podrían citar, la doctrina era que arcabuceros y mosqueteros en campo abierto, «hallándose sin picas, que para ello son necesarias como se deja entender, mal podrían oponerse a los (jinetes) enemigos». Cuando se producía esa situación, era muy común que los infantes comenzaran a vociferar reclamando que se les enviaran piqueros para apoyarles.

Mientras en la mayoría de los países la caballería insistía en sus inútiles esfuerzos para romper escuadrones a pistoletazos disparados al trote, empezó a surgir, al principio tímidamente, una escuela que llegaría a su auge a mediados del XVII con Gustavo Adolfo de Suecia, aunque hay autores que atribuyen su origen a Mauricio de Nassau. Partía del concepto de que, históricamente, la ventaja de la caballería residía en el choque, que a su vez estaba en relación directa con la velocidad y la masa. Propugnaba por tanto abandonar tanto la caracola, incompatible con el cuerpo a cuerpo, como la carga descontrolada de las lanzas ligeras, que impedía llegar a este con la unidad concentrada, por «la diversidad de las carreras» de los caballos. La solución era cargar, sí, pero en bloque, de forma que los hombres «no solo parezca que van juntos, sino pegados los unos a los otros», para que chocaran simultáneamente con el contrario, espada en mano o haciendo una sola descarga de pistolas antes del contacto. Incluso se adoptó una formación en cuña en la que cada jinete encajaba la rodilla en la corva de su compañero, lo que reforzaba la contundencia del impacto. Se trataba, en pocas palabras, de devolver a las tropas montadas la agresividad que había sido siempre su mejor arma.

A pesar de las virtudes de esta tesis, confirmada en el campo de batalla, la caballería de muchos ejércitos fue reticente a abandonar el fuego, hasta que ya entrado el siglo XVIII generales como Seydlitz demostraron de forma inapelable sus ventajas. Al respecto, se podrían mencionar numerosos ejemplos de la caballería imperial utilizando, siempre con mal resultado, las anticuadas tácticas basadas en la pistola frente a los más impetuosos jinetes españoles, durante las campañas italianas del reinado de Felipe V.

Una última especialidad a la que hay que hacer referencia, aunque realmente se trataba de un Arma mixta, a medio camino entre la caballería y la infantería, era la formada por hombres que se desplazaban montados en el campo de batalla pero que combatían a pie. Su objeto era aunar la movilidad de los jinetes con la potencia de fuego de los infantes, si bien hasta que no refinó sus tácticas ni tenía la capacidad de choque de aquellos, ni la solidez de estos. Inicialmente estaban armados parte con mosquetes, parte con picas, tan grande era su mimetismo con la infantería, pero no tardaron en abandonar estas.

Los españoles destacan como una gran novedad a este tipo de soldados, que encontraron por primera vez en las campañas de Francia de fines del XVI, bajo el nombre de dragones, y a los que describieron como «mosqueteros en rocines». No obstante, se muestran poco impresionados, tan poco como los propios franceses que les llamaban «enfants perdus». Su misión principal era adelantarse al grueso, merced a sus cabalgaduras, para ocupar un punto importante y defenderlo. Como, habitualmente, montaban caballos de pésima calidad (tan malos que no era raro que los abandonasen tras desmontar) era casi inevitable que se encontrasen en situaciones imposibles. No podían retirarse rápidamente frente a la presión del enemigo, ni recibir refuerzos del grueso del ejército que habían dejado atrás. Resultaban útiles, eso sí, para comprar tiempo, pero generalmente a costa de ser acuchillados. Probaron su valía, entre otras ocasiones, en una acción cerca de Chateau-Thierry, en 1590. Gracias al sacrificio de prácticamente todos sus dragones, que fueron degollados en su mayoría por el tercio de Antonio de Zúñiga, un ejército francés pudo retirarse a tiempo escapando al aniquilamiento.

Aunque se hablaba de ellos con cierta sorpresa, hay motivos para pensar que una especialidad muy similar existía desde antes en el ejército español, bajo la denominación de arcabucero a caballo. Al menos, para algunos sus funciones eran muy similares. Se decía de él que «no solo ha de pelear y servir a caballo, que ha sido criado para de a pie». Otros, en cambio, diferían de esta opinión, asegurando que desmontar era «cosa que no acostumbra la arcabucería a caballo en la milicia española, sino en caso muy forzoso… siendo su profesión el combatir a caballo, que lo hacen con destreza». También se decía que sus habilidades incluían «cargar presto, apearse y subir a caballo». Su armamento principal era el arcabuz de al menos tres pies de largo, pero que no debía ser de rueda «que es tardío y falta al mejor tiempo», sino de cuerda que es «presta y cierta». A diferencia de sus congéneres galos, se recomendaba que estuviesen bien montados, ya que se exigía de ellos evoluciones rápidas.

Hay constancia de que estas unidades en el servicio español gozaban de más consideración que en el francés. Por ejemplo, era costumbre que al menos una de la especialidad figurara entre la guardia de los generales en jefe. Además, nunca dejó de haber compañías de arcabuceros a caballo formadas por españoles y resultaba inconcebible que estos se alistaran en fuerzas poco prestigiosas. Habría que concluir, quizá, que estos jinetes podían combatir como los enfants perdus, pero que normalmente peleaban montados, lo que les distinguía de ellos, colocándoles en un escalón superior.

Avanzado ya el XVII, la denominación desapareció del ejército español. siendo sustituida por la de dragones, pero para entonces la doctrina de empleo de la llamada Arma mixta había comenzado ya un proceso de aproximación a la caballería que haría a ambas a todos los efectos indistinguibles, dándose casos de estos jinetes cargando «a la croata», en orden disperso, lejos de sus pesadas tácticas de infantería montada.

Al contrario de lo que sucedió en la infantería de los ejércitos españoles, que con los tercios alcanzó un grado máximo de madurez, la caballería nunca se llegó a desarrollar totalmente en la época que nos ocupa. La derrota de Rocroi es ante todo una muestra de las carencias de las unidades montadas, deficientemente estructuradas, con insuficientes mandos y una disciplina que dejaba que desear. También a diferencia de la infantería, articulada en torno a las unidades españolas, entre los jinetes nunca hubo un núcleo cualitativamente superior al resto: italianos, albaneses, borgoñones, valones y españoles servían en las distintas especialidades sin que a ninguna se la reconociera una primacía especial.

Las considerables limitaciones de la artillería y la caballería respecto a la infantería no deben llevar a la conclusión de que se trataba de Armas sin valor alguno en la batalla. La inferioridad de los jinetes dependía de una condición esencial, que no siempre se daba: que los infantes no se dejaran amilanar. Frente a una infantería vacilante, o que no conservara la serenidad, la caballería podía ser devastadora. Bastaba que en un escuadrón de picas o en un destacamento de arcabuceros se introdujese la menor duda sobre su capacidad de resistencia para que fuesen arrasados por una carga. Si los coseletes no se mantenían absolutamente compactos o si los arcabuceros, como se diría en un periodo posterior, no «reservaban el fuego», la caballería recobraba instantáneamente su perdida superioridad, como sucedía asimismo si acertaba a atacar el flanco de los piqueros antes de que estos tuvieran tiempo de hacerla frente o de que pudiera formar debidamente el escuadrón.

Lo mismo pasaba cuando la infantería rompía la formación, por ejemplo para seguir a un enemigo derrotado, antes de que su caballería fuese también vencida. Por ese motivo fue alabada la conducta de unos tercios que, tras vencer a los infantes contrarios, hicieron alto, sin acosarles: «como soldados muy experimentados, aguardando a ver la resolución que tomaba su caballería (la del adversario) en el combatir con la nuestra».

Incluso ante un cuadro bien formado, jinetes arrojados podían ser temibles. Así, se aplaudió merecidamente la hazaña de uno holandés que penetró hasta el interior de un escuadrón de infantería española y, tras matar al alférez, le arrebató la bandera. La lógica decía que «aunque las picas fuesen muy pocas, no podía menos de quedarse ensartado en ellas», pero «la extraña osadía y la ferocidad nunca vista» del soldado fueron bastantes para que culminara su proeza. El escuadrón no se deshizo, lo que prueba que la mayoría de los hombres mantuvo la calma, pero evidentemente algunos de ellos se habían dejado impresionar por el jinete, apartándose ante él y abriéndole paso, ya que de otra forma hubiera sido empalado por las picas.

La caballería tenía, además, otro valor añadido. Si, en término generales, era cierto que experimentaba grandes dificultades en batir a infantería sólida, esta, a su vez, tampoco podía atacarla, y ante ella perdía gran parte de su capacidad de maniobra. Si los jinetes enemigos derrotaban a los propios, los infantes quedaban «fijados», sin posibilidad de moverse, y expuestos por consiguiente a la acción de la infantería y artillería del contrario. Desdichadamente para ellos, los tercios en más de una ocasión se encontraron en esta situación, siempre con un desenlace negativo.

En determinadas circunstancias, y manejada en forma adecuada, la caballería, pues, podía jugar un papel importante. Hemos visto que la batalla de Mühlberg, fue realmente ganada por ella, una vez que la espectacular intervención de los arcabuceros españoles de los tercios de Álvaro de Sande y de Pedro Arce franqueó el paso del Elba. La de Gembloux (31 de enero de 1578), se puede citar también como ejemplo del potencial del Arma. Los jinetes españoles, derrotan a las tropas montadas enemigas, que en su huida chocan con su propia infantería, la desorganizan y la arrastran consigo. En hora y media, el ejército de los Estados fue aniquilado, sufriendo millares de bajas y perdiendo treinta y cuatro banderas, toda la artillería y todo el bagaje. Los de España no tuvieron veinte bajas. Ese día, «rara vez se verificó mejor cuánto penden los buenos y malos sucesos de la caballería».

Finalmente, resultaba insustituible en misiones de reconocimiento y de exploración, escoltas, persecuciones, así como para dar seguridad a los desplazamientos y alojamientos propios.

En cuanto a la artillería, a pesar de todos sus problemas, confería a los ejércitos la posibilidad de ofender a distancia mayor de la alcanzada por las armas de fuego portátiles, y con una mayor contundencia, por no mencionar su impacto psicológico, que podía no ser desdeñable. Por ejemplo, Diego Ufano asegura que para la infantería veterana «son fiestas las balas pequeñas, aunque al fin son de quien más daño se recibe», de manera que no se las temía, lo que no sucedía con la artillería que por su «terrible e infernal ímpetu y como su herida es sin remedio y tan incurable, atribula y aflige».

Las dos Armas actuando conjuntamente contra infantes poco aguerridos eran temibles. También eran una combinación mortal contra una infantería de sobresaliente calidad, si quedaba abandonada a sí misma. De nuevo, Rocroi es un ejemplo de ello. En cualquier caso, y como mínimo, ampliaban el horizonte de los ejércitos, al tiempo que limitaban la libertad de movimientos de los infantes.

En conclusión, se podría afirmar que la caballería había dejado de ser el Arma decisiva que había sido en el pasado, y que la artillería no había adquirido todavía esa condición, que alcanzaría posteriormente, convirtiéndose en la nueva «reina de las batallas». La infantería, por su parte había cobrado una relevancia que hasta entonces le había estado vedada. En la época que nos ocupa, la primera estaba en franca decadencia, mientras que la segunda no había desarrollado más que una mínima parte de su potencial. En ese contexto, el infante, arcabucero o mosquetero, se impone en los campos de batalla.

En cuanto a la respectiva reputación de artilleros, jinetes e infantes en el ejército español era, en esencia, la siguiente. Ya se ha indicado que a los primeros se les consideraba más próximos a los artesanos que a verdaderos militares. Los segundos, perdido el prestigio de la caballería noble, no atraían a los mejores hombres debido a que «haciendo profesión su nobleza de servir en la infantería, si algunos siguen la caballería es después de verse cansados de andar a pie y de no haber podido hacer ningún progreso en la infantería, pareciéndoles un género de reposo marchar a caballo y sin armas». Los infantes eran el nervio del ejército y, dentro de ellos, se aseguraba que «si no se pusiese límite, no habría soldado que no quisiese ser arcabucero». En parte, por «andar descargado», en comparación con el piquero, pero también porque en sus compañías era «donde se trabaja más y se ve cada uno para lo que es». La escala arcabucero, coselete, jinete y artillero refleja adecuadamente, además, el valor táctico de cada uno de ellos. Los «principescos» mosqueteros de Brântome, por su más potente arma y su mejor sueldo, tendrían que haber constituido la cúspide del conjunto. Sin embargo, es notable que, posiblemente porque no formaban compañías especiales o porque, durante la mayor parte de la vida de los tercios, eran una especialidad minoritaria, se hablaba de ellos menos que de la arcabucería. Si hubiera que escoger un prototipo del infante español de la época, este sería sin dudar el arcabucero.

Una consecuencia de la distinta consideración de unos y otros eran las rivalidades. Se tenía a infantes y jinetes por «opuestos», debido a que como «en la infantería española servía en aquel tiempo la gente más particular de esta nación y en la caballería alguna de menos quilates... siempre solían tener poca correspondencia los unos con los otros». Así, se consideraba excepcional el caso de unos jinetes que ayudaron a infantes a vadear un río, y para explicar la desusada colaboración se mencionaba que el comandante de los caballeros había mandado antes precisamente la unidad a la que pertenecían los soldados de infantería.

Desde luego, este tipo de actitudes complicaba la imprescindible colaboración entre las Armas, a veces con nefastas consecuencias. Cuando en agosto de 1597 dos maestres de campo de infantería española practicaban un reconocimiento escoltados por ochocientos jinetes, el jefe de estos, al ver movilizarse a un grueso contingente de caballería francesa, recomendó la retirada inmediata. Los maestres se opusieron, estimando excesiva tanta prudencia. Mientras discutían, el enemigo, más numeroso, de mejor calidad y capitaneado personalmente por Enrique de Bearn, un excelente jefe de tropas montadas, cayó sobre ellos y los derrotó de plano, persiguiéndoles durante seis leguas, de forma que el destacamento fue, a todos los efectos, aniquilado. Los propios maestres debieron su salvación a sus cabalgaduras. El revés se atribuyó, con razón, a que eran «muy experimentados en la infantería y del todo ignorantes de la milicia de la caballería».

Al final, los soberbios tercios, que desdeñaban a una caballería desprestigiada y a una artillería gremial, acabarían muriendo a manos de ambas.

4

VIDA Y REPUTACIÓN

Muchas veces acostarse sin cenar y puestos en pie en la mañana, pasarse todo el día sin mascar y a la noche un mendruguillo, costra de bizcocho… y enterrarlo con un jarro de agua, e irse a dormir sobre una tabla o sobre un poco de paja.

Marcos de Isaba

Los tercios eran nómadas. Varios factores contribuían a ello. Ante todo, su carácter de fuerzas de intervención, que les hacía acudir de un teatro de operaciones a otro. Incluso cuando permanecían en uno de ellos, se movían en él, en función de las necesidades de la campaña. Ese era el caso de Flandes, por ejemplo. Las provincias «rebeldes» formaban una especie de media luna, a lo largo de la costa, mientras que las leales se extendían a su alrededor. Así pues, según dónde el comandante en jefe del momento quisiera establecer lo que más tarde se llamaría el punto de gravedad, las unidades españolas tenían que trasladarse de un lugar a otro, a lo largo del perímetro, lo que no tenían que hacer sus adversarios, que disfrutaban de las ventajas de disponer de líneas interiores.

Pero aún en regiones en las que no había guerra, los desplazamientos eran constantes. Hubo compañía en la pacífica Italia que en dos años recorrió tres veces de un extremo a otro el virreinato de Nápoles. Tanto movimiento respondía a dos motivos. De una parte, repartir entre distintas localidades la carga que suponía el alojamiento de las unidades. De otra, porque en el sur de la península era costumbre reforzar en verano, la época en la que eran más frecuentes los ataques de otomanos y corsarios, las regiones costeras.

El permanente deambular implicaba que las marchas fuesen un aspecto importante en la vida de un tercio. Por eso, estaban reguladas hasta en sus más mínimos detalles.

Si se estaba en territorio enemigo, antes de ponerse en camino la caballería había practicado un reconocimiento previo del itinerario a seguir. Era también aconsejable «tener pintada… la provincia», esto es, disponer de mapas.

Siguiendo instrucciones del maestre de campo, el sargento mayor daba órdenes al tambor mayor de que tocara «a recoger». Las tropas se preparaban y, a continuación, formaban el escuadrón. Hecho esto, se ponían en camino. Normalmente, la vanguardia estaba encomendada a una de las dos compañías de arcabuceros, a la que seguía, a unos doscientos pasos, el grueso de la unidad, las banderas de picas, encabezadas por la que ese día había salido de guardia. La segunda compañía de arcabuceros llevaba la retaguardia.

El orden en que iban los distintos componentes era el siguiente. Las compañías de arcabuceros, al completo, con sus alabarderos y mosqueteros, para poder combatir solas, en caso de un ataque. Las de piqueros, en cambio, se subdividían. Primero, los mosqueteros de todas ellas, reunidos. A continuación la mitad de los arcabuceros de estas. Después, parte de los coseletes, seguidos por las picas secas y las banderas. Luego, el resto de los piqueros armados, y al final, la otra mitad de los arcabuceros. Así, si era preciso, se podía constituir rápidamente el escuadrón, con picas en el centro y armas de fuego a los lados. Como el protocolo era estricto, estaba prevista la posición de las distintas banderas. La correspondiente a la primera compañía de arcabucería se colocaba en el extremo derecho de la hilera; a su izquierda, la de la compañía de picas que había estado de guardia, seguida por las demás de esa especialidad. Cerraba la hilera la enseña de la segunda compañía de arcabuceros.

Al menos durante la primera media milla, únicamente el maestre de campo y el sargento mayor iban a caballo. Los demás oficiales caminaban junto a sus hombres, con los alféreces llevando la bandera. La tropa iba en silencio, a toque de tambor. Más adelante, se relajaba un tanto la disciplina. Los alféreces entregaban las banderas a sus abanderados y los criados entraban en las filas para coger las armas de sus dueños. Los oficiales montaban sus cabalgaduras, al igual que los hombres que disponían de ellas, y de esa manera continuaba la marcha. Si un soldado que no dispusiera de mozo, tenía que abandonar la formación para atender a alguna necesidad, dejaba siempre antes su armamento a algún compañero. Por su parte, el capitán barrachel recorría con sus ayudantes la columna de arriba abajo, vigilante.

Entre la última compañía de arcabuceros y el grueso, y a no ser que la situación táctica aconsejara otra posición, iban las mujeres, los mochileros desocupados y el bagaje, que transportaba a los soldados enfermos y aspeados, el equipaje de la tropa y la impedimenta de la unidad: útiles de gastadores, pólvora, munición, cuerda y picas de respeto, destinadas a los arcabuceros que sobrasen al hacer escuadrón y a los alabarderos. Se incluían asimismo los carros con las propiedades de los oficiales. Las mujeres tenían prohibido ir a pie, para no retrasar la marcha, por lo que, a no ser que tuvieran medios propios, tenían que buscar acomodo en el bagaje o en algún carromato.

Todo iba a lomos de animales, bien pertenecientes a los soldados o requisados, mediante recibo, en el lugar donde se había pernoctado, y que eran devueltos al final de la etapa.

En tiempos de paz, se prefería que la impedimenta fuese en vanguardia, para que cuando la fuerza terminara la marcha no tuviera que esperar la llegada de los criados y de sus pertenencias.

Si las operaciones requerían celeridad, se impartían órdenes de dejar «los bagajes, mujeres y otra gente inútil, y que no se pudiese llevar carro ni bagaje que no fuera cargado de vitualla» (en concreto, «granos», para hacer pan). El tercio se convertía de esa manera en una pura máquina de guerra, desprendiéndose de lo que en términos modernos se llamaría «cola», que podía ser muy considerable. Por ejemplo, en 1587 se calculaba que seis mil soldados españoles que se desplazaban de Italia a Flandes sumaban en conjunto dieciocho mil personas, y tres o cuatro mil caballos.

Había otra forma aún más ligera de marchar, cuando se mandaba salir sin banderas. La importancia que se daba a estas hacía que requirieran una fuerte protección, que, por motivos de seguridad, debía ir formando escuadrón. Si la unidad las dejaba con el grueso del ejército, actuaba con mayor libertad, y en despliegues más abiertos.

Mientras la columna caminaba, el furriel mayor con todos los furrieles de las compañías se adelantaba, si se estaba en territorio amigo, con el fin de preparar los alojamientos de esa noche. Para ello, junto a las autoridades de la localidad, recorría todas las casas del lugar, anotando el número de habitaciones y camas disponibles. Con esta información, se cumplimentaban las «boletas», indicando el nombre del soldado y el alojamiento que le correspondía.

Simultáneamente, en el otro extremo de la columnna, el capitán de la compañía de arcabuceros que llevaba la retaguardia, había inspeccionado la población que el tercio acababa de dejar, recogiendo las eventuales quejas de los vecinos e inspeccionando las viviendas para comprobar que ningún soldado se había quedado en ellas, voluntariamente (para desertar), o dormido o enfermo. Tras ello, emprendía la fatigosa tarea de caminar en pos de la unidad, azuzando rezagados y ayudando a cargar bagajes caídos.

Como mínimo una milla antes del final de la etapa, se regresaba al dispositivo adoptado al principio de la misma, desmontando oficiales y soldados para volver a sus puestos en formación, mientras que los mozos entregaban las armas a sus amos.

Periódicamente se hacían altos, a ser posible en lugares con agua, para que la tropa descansara, se refrescara y comiera algo de lo que llevaba en las mochilas. Las paradas se hacían sobre todo por los coseletes, que tenían que llevar «cuando menos, petos, espaldares, espaldarcetes y manoplas», por lo que se daban casos de algunos que en días de mucho calor, «por querer hacer más de lo que su aliento podía, se han ahogado, caminando en las armas». Se trataba, asimismo, de procurar que la unidad fuese reunida, y no «como una larga soga de gente, habiendo muchas veces tres o cuatro millas de la vanguardia a la retaguardia», cuando era muy vulnerable a un ataque inopinado.

Llegado el tercio a su punto de destino, formaba en escuadrón. El tambor mayor leía, en su caso, los bandos dictados por el general o el maestre de campo, conteniendo advertencias a la tropa sobre el comportamiento que debía observar, y las penas previstas en caso de infracción. Se señalaba también la compañía o compañías que entraban de guardia.

Se daba gran importancia a la ceremonia de montar la guardia, no solo por obvios motivos de seguridad, sino porque se la consideraba una especie de ejercicio, dado que «entrando de guardia es donde se enseña al soldado». En efecto, la unidad tenía que constituir un pequeño escuadrón, con las picas en el centro y las armas de fuego a los costados, igual que se hacía en combate. Era, además, un buen momento para ver cómo se arbolaban las primeras, maniobra complicada que reflejaba el grado de instrucción.

El relevo, según algunos, se tenía que hacer una hora antes de anochecer, para que los soldados que empezaban su servicio hubieran tenido tiempo de haber cenado, y para que pudieran hacerlo los que lo terminaban. Otros abogaban para que se llevara a cabo después del crepúsculo, a fin de que el enemigo no pudiera ver dónde se montaban los puestos. En todo caso, el siguiente tenía lugar a la salida del sol, de forma que había una unidad de guardia de día y otra de noche.

A continuación, el sargento mayor disponía los centinelas, que tenían que llevar todas sus armas. No se permitía el uso de capas sino en tiempo lluvioso o muy frío, porque embarazaban al soldado y, si se las ponía sobre la cabeza, limitaban su capacidad para ver y oír.

De noche, había varias clases de centinelas. Las «perdidas» (entonces «centinela» pertenecía al género femenino) eran hombres selectos que se colocaban como escuchas lo más cerca posible del enemigo para vigilar sus movimientos, pasando toda la noche tendidos en el suelo, sin moverse. Tenían un chuzo como arma, y debían vestir de pardo, a no ser que hubiese nevado, cuando convenía que llevaran la camisa sobre el resto de la ropa, a modo de camuflaje. El soldado así destacado tenía que ser «animoso y hombre que no se turbe», porque si era descubierto eran pocas las posibilidades de escapar con vida. Si lo lograba, disponía de un santo y seña propio para regresar a sus líneas.

Los centinelas ordinarios eran los más próximos al campamento propio. Se colocaban a unos treinta pasos del cuerpo de guardia y con unos intervalos entre sí que les permitieran verse y oírse mutuamente. Cada puesto estaba formado por dos hombres: un arcabucero y un piquero, pero ambos pertenecientes a las compañías de picas, ya que las de arcabuceros estaban exentas de las guardias nocturnas, al considerarse que durante el día su misión era mucho más fatigosa. El primero permanecía siempre con la mecha encendida, lo que –incidentalmente– le servía para medir «por las pulgadas de cuerda» que se quemaban, el paso del tiempo. El segundo, podía dejar la pica en el suelo y pasearse a lo largo de ella, sin alejarse más allá. Tenían un santo y seña, que debían pedir a todo el que se acercara, ya que el centinela, «no está obligado a conocer ninguna persona para dejarle llegar a sí».

A treinta pasos de la línea de estos centinelas, se situaban otros, «extraordinarios» o «de seguro». Eran puestos de un solo soldado, cuya misión consistía en dar una alerta temprana de la aproximación del enemigo.

Por medida de precaución, los hombres no sabían anticipadamente el lugar donde iban a montar guardia. Así se buscaba «evitar tratos», de forma que si alguno estaba en connivencia con los contrarios no pudiera avisarles con tiempo.

El resto de la fuerza de servicio quedaba en el cuerpo de guardia, en el que estaba la bandera. Ya se ha dicho que mantenía en él fuego encendido las veinticuatro horas del día, aún en verano, para poder prender las mechas de las armas, si fuera preciso. También, de ser posible, se disponía un tablado de madera, a unas dos pulgadas del suelo, para que los soldados pudieran dormir, pero sin desnudarse. Aunque no siempre debía ser fácil conciliar el sueño, ya que esa habitación era la única en la que se permitía jugar, excepto mientras entraban y salían las guardias. En cambio, no se podía comer en ella, por lo que el soldado de servicio tenía que hacerlo en su alojamiento, con permiso previo.

Del cuerpo de guardia salían los relevos de los centinelas, siempre al mando de un cabo, el cuál, por precaución, trasladaba en voz baja el santo y seña al entrante, para evitar ser oído por posibles escuchas de enemigos. También partía periódicamente, al menos cada tres horas, el sargento para hacer sus rondas, acompañado de un destacamento, formado por piqueros y arcabuceros o mosqueteros, en proporción de uno de aquellos por cada dos de estos. Existían, además, las «sobrerondas», de oficiales. Por su parte, el sargento mayor del tercio hacía sus propios recorridos. En el criterio de Eguiluz, convenía que fuese equipado de rodela, ya que, al parecer, había soldados «desbaratados» que se divertían en apedrear al oficial, con el pretexto de que así demostraban que estaban alerta.

Mientras se montaba la guardia, las compañías francas de servicio se habían dirigido a los alojamientos retenidos para cada una de ellas por su correspondiente furriel. La primera casa que se escogía era para el alférez, que instalaba en ella la bandera, convirtiéndola en punto de reunión de toda la unidad si se tocaba un «arma» o alarma. Los soldados recibían una «boleta» o «cartela», en la que figuraba su nombre y el lugar donde iba a pernoctar. Idealmente, se debían distribuir por camaradas. De esa forma, no solo les era más barato preparar el rancho que hacerlo por separado, sino que constituían pequeños núcleos capaces de defenderse ante un eventual ataque. Además, se facilitaba de esta forma la concentración de la compañía cuando fuese preciso.

Por su parte, los vivanderos montaban sus tenderetes, bajo la vigilancia del barrachel, en el lugar que se hubiera designado, y abrían sus negocios a la tropa. Estebanillo González ha dejado una magnífica descripción de lo que podían ser estos: «eran sus mesas retazos viejos de tajones de cortar carne, sus asientos de grandes y torneadas losas, que habían servido de tapaderas de caños, sus ollas y cazuelas de cocido y no vidriado barro y su vajilla de pasta del primer hombre». Allí la tropa comía y bebía a la vacilante luz de velas mal despabiladas.

Si el alojamiento se hacía en una plaza fortificada, la rutina era muy similar, con la diferencia de que al alba, antes de abrir las puertas, se practicaba un reconocimiento por los alrededores. Para evitar sorpresas, se recomendaba que en el cuerpo de guardia hubiera unos «asadores», que se utilizaban para examinar cargas que pudieran ocultar hombres escondidos.

En tiempos de paz, naturalmente, se reducían las precauciones. Las marchas se realizaban sin exploradores ni flanqueadores, y a veces las unidades se confiaban a un sargento, mientras sus superiores permanecían en la corte del general «pretendiendo» o simplemente descansando. A veces incluso se marchaban a otra provincia donde sí se estuvieran realizando operaciones, para participar en ellas como aventureros o entretenidos.

En el caso de que se tratase nada más que de una compañía, y no del todo un tercio, la rutina de los desplazamientos y los alojamientos era también muy parecida, debido a la particular estructura de estas unidades. El sargento, el furriel y un tambor desempeñaban las funciones correspondientes, en una escala mayor, al sargento, furriel y tambor mayores. El cuerpo de guardia se montaba en la casa donde vivía el alférez y era el capitán quien, tras la salida de la tropa, hacía la inspección de lugar donde se había pernoctado.

Lo expuesto hasta ahora era la teoría. Como en tantos otros casos, la práctica podía ser distinta.

Comencemos por los alojamientos, escuchando a Miguel de Castro que, si sirvió poco con las armas, no dejó en cambio de recorrer el virreinato de Nápoles. En primer lugar, al comentar el comportamiento de los soldados, establece una clara distinción entre los veteranos y los reclutas. A estos, bautizados precisamente por su recato («bisoño» no es sino la españolización del italiano «necesito»), todo lo que les daban sus patrones les «parecía maná». En efecto, «ni sabían el uso que los infantes y soldados de este reino tienen de componerlos con patrones con subrepticia maldad, pidiéndoles no solamente más de lo que están obligados a darles, pero cosas exquisitas».

Lo que tenían que dar por ley no era ciertamente demasiado: cama, fuego y heno para los caballos. Pero aún eso resultaba excesivo para las posibilidades de ciertas regiones, como el citado virreinato. Se decía que allí, a fines del XVI y principios del XVII, aparte de la capital y siete u ocho poblaciones, no había ningún lugar que pudiera dar camas a una sola compañía, ya que «los más de los vecinos apenas tienen cama para sí». Muchas casas estaban en pésimas condiciones. Castro, a pesar de sus privilegios porque ejercía de furriel, estuvo en una en la que entraba tanta agua cuando llovía que un amigo y él tuvieron que ponerse encima dos colchones, otras tantas mantas y sábanas, además de sus capas, e incluso así se mojaron. Sorprendentemente, en los Países Bajos las condiciones no eran siempre mejores, y existía «la costumbre que se tiene en Flandes de dormir los soldados sobre la paja... por no tener otras camas ni otros albergues donde alojarse».

Había sitios con tan pocos edificios utilizables que a veces la mayoría de la unidad tenía que dormir al raso, en la calle, expuesta al frío y al agua, sin fuego. Un ejemplo puede ser un pueblo italiano tan miserable que solo tenía tres casas. El alférez que llevaba a su cargo la compañía se alojó en la mejor de ellas, en una habitación tan estrecha que casi no cabía en el suelo el colchón de un camarada suyo. En el otro cuarto se colocó la bandera y, por tanto, el cuerpo de guardia, que no tenía ni leña ni luz, hasta que el oficial compró de su bolsillo unas velas. El sargento durmió allí en un transpontín y los soldados de servicio en el piso, sin que apenas quedase espacio para que pudiera pasearse el centinela. El resto de la unidad pasó la noche al aire libre.

Estas dificultades para acomodar a los tercios eran, justamente, otra de las causas que explican su eterno deambular.

El problema solo se resolvería con los cuarteles, pero este era un concepto que no existía en el siglo XVI ni, en la mayoría de los países, durante el XVII. Aunque resultaban obvias las ventajas de tener a «los vasallos más seguros, tranquilos y libres de las extorsiones y agravios que causan las ocasiones de odio nacidas de los actuales alojamientos en sus casas», durante años primaron las consideraciones económicas, y los monarcas se resistieron a construir acuartelamientos para las tropas. Por ejemplo, en Francia la cuestión no se resolvió hasta 1719.

Nápoles fue una excepción. En 1608 se construyeron unos, probablemente los primeros de Europa, exceptuando los alojamientos de algunas guardias reales. Se financiaron con un impuesto que se decretó sobre la sal. Tenían una litera con cuatro tablas, jergón, colchón y dos sábanas para cada dos hombres, ya que la costumbre, durante muchos años, fue compartir cama. Incluso en la época napoleónica se comentaba como un gran lujo que los soldados de la guardia imperial dormían solos. Se suministraba, además, para cada grupo de cuatro, una sartén, dos ollas, seis platos pequeños, dos grandes, una jarra para el agua y otra para el vino, un asador, un candelabro, una mesa, cuatro sillas, un cubo para sacar agua y una cuchara grande. Este menaje es curioso, porque parece indicar que la tropa comía con el procedimiento llamado hasta hace poco en Castilla de «cucharón y paso atrás».

Las sábanas se lavaban una vez al mes. La ropa de mesa, cada ocho días en invierno y cada mes en verano. Todo esto, para la época, era un lujo.

Lo normal era, sin embargo, que la tropa, si no vivía en esos cuarteles se alojara con los paisanos, lo que daba ocasión para toda clase de abusos. Sabemos que algunos capitanes cobraban para que su unidad pernoctase en un sitio u otro; los furrieles hacían lo mismo a la hora de repartir las habitaciones; los soldados exigían más de lo que permitían los reglamentos… Se producían raptos, violaciones, asesinatos, altercados. A veces, con la connivencia de los propios mandos, lo que permitió

Tropas españolas en marcha con sus bagajes (1632), grabado de Jan van de Velde II (1593-1641). Rijksmuseum, Ámsterdam.

a Castro llevarse impunemente a una mujer. También había hombres «amigos de gallinas y de golosinas», que robaban cuanto podían.

Tampoco es que los huéspedes fuesen siempre inocentes. Muchos explotaban el privilegio de no alojar reservado a las casas donde viviera alguien de iglesia. Para ello, hacían que uno de sus hijos se hiciera sacerdote de los que se llamaban «clérigos salvajes… porque no tienen más que las primeras órdenes y muchos son casados» o incluso «monacillos». Claro que eso no era un obstáculo para gente como Contreras, que encontrándose con uno de esos casos, mandó respetar «como el día del domingo», el cuarto donde dormía el tonsurado, pero metió en cada uno de los demás tres o cuatro soldados.

El obispo de la ciudad, que no sabía con quién trataba, se atrevió a excomulgarle, a lo que le contestó «que mirase que si me resolvía a estar excomulgado no había nadie de estar seguro de mi, sino en la quinta esfera, que para eso me había dado Dios diez dedos y ciento cincuenta españoles».

Había también habitantes que «calumnian y hacen muchos agravios a la tropa, presentando reclamaciones falsas, quejas sin fundamento o negándoles la más mínima comodidad».

Otra práctica usual era ceder como bagajes animales en malas condiciones, y luego acusar a la unidad de haberlos «estropeado» durante la etapa. Reclamaban entonces el precio de estos, que debía abonar de su bolsillo el acusado. Si no disponía de dinero, el capitán de la compañía tenía que adelantárselo.

En último extremo, apelaban a los grandes medios. Una bandera que pernoctó en un lugar de Calabria, donde perpetró excesos, al tiempo volvió a pasar por allí. Los vecinos, pura y simplemente, le tendieron una emboscada, en la que hubo tiros, estocadas, heridos y muertos. A Pasamonte, que escapó de milagro, le pareció que «los calabreses son un poco ariscos».

Desde luego, también había buenos patrones, que hasta preparaban vino caliente para los soldados, les lavaban y les daban sus ropas viejas. De todo ello hay testimonios, por lo que refiere a Nápoles. En el otro extremo de Italia, se elogiaba «la voluntad y amor de los habitantes» por los españoles, asegurándose que eran más queridos que en su propia patria.

Por otra parte, los abusos no eran monopolio de los soldados españoles. Se decía que en Nápoles «los naturales quieren más dos compañías de españoles y aún un tercio, que una de italianos», por las depredaciones que estos cometían. Peores eran los reiters alemanes, que «no solamente no se contentaban que los pobres donde estaban alojados les diesen toda la cebada y heno, y pan, vino y cerveza, y todas las aves que tenían y ganado, robábanles las casas y tomábanles cuanto tenían, y después de todo esto los mataban». En el ejército francés, «molestábamos los vecinos, gastábamos cada día cien cubas de vino y cada noche un bosque de leña».

La verdad es que tropa y civiles eran víctimas de un sistema intrínsecamente malo. Los ejércitos, históricamente, han pasado como «langostas de los campos, raposas de los cortijos, garduñas de los caminos y lobos de las cabañas». En todo tiempo ha sido «confusión y plaga, tenerlos alojados en los casares» y han provocado «espanto y miedo en los pueblos». Si a eso se añade que en la época que nos ocupa todos, sin excepción, cobraban mal y tarde, los problemas, más que inevitables, eran casi consustanciales a los métodos seguidos para alojarlos y alimentarlos.

Los continuos desplazamientos, además, facilitaban los desmanes. Era la costumbre de «pecorerar», que consistía en alejarse de las columnas para saquear los contornos. Maestros en ella eran los mozos, así como los soldados de caballería, que gracias a sus monturas disfrutaban de una mayor libertad de movimientos. En cuanto a los arcabuceros, más ágiles que los piqueros, ya se sabía que «donde entran, en un pensamiento queda todo limpio».

Nadie discutía que «la nación española», por ser «su complexión más colérica, tiene poca paciencia para ir en orden». Los hombres, en efecto, se desperdigaban por muchos motivos. Algunos, movidos por esa «complexión» que se les atribuía; otros, para pillar. Pero muchos lo hacían sencillamente por el deseo de acabar cuanto antes la etapa para llegar al siguiente alojamiento y descansar, sin someterse al lento ritmo que marcaba el bagaje. Por eso, y en contra de todas las disposiciones oficiales, era frecuente que las banderas terminaran el viaje prácticamente solas, dejadas atrás por los soldados que marchando «a la deshilada» se habían ido desgajando de la compañía.

El capitán barrachel de campaña y sus ayudantes eran los encargados de poner coto a estas perniciosas costumbres, y en ocasiones, como veremos en el próximo capítulo, eran capaces de desempeñar sus funciones con una contundencia espeluznante.

Claro que los tercios no marchaban indefinidamente. Siguiendo un uso que duraría hasta fines del XVIII, «entrado el rigor del invierno se suele respirar algún tanto del trabajo de las armas», para «tener algún descanso y sosiego en los alojamientos donde se recogen para pasar el rigor del invierno, y hallarse con algún alivio para dar la guerra en verano». Se trataba de una tregua tácita, no siempre respetada, que mutuamente se daban los contendientes, cuando el clima imposibilitaba tanto los movimientos como que la tropa campeara. Era una ocasión, también, de restaurar fuerzas y prepararse para la siguiente primavera, cuando las condiciones metereológicas y las cosechas permitían volver a salir a campaña. Por ejemplo, se estimaba en los Países Bajos «que no se sufre campear con ejército formado sino es desde los primeros de mayo hasta los últimos de octubre; al principio por la falta de hierba y forrajes para los caballos, y granos y bestiamen y aún fruta para la gente; y al fin por cargar mucho las aguas y los fríos». Una excepción era Frisia; debido a sus muchos «pantanos», donde «para hacer la guerra se aguarda el rigor del invierno, cuando están helados», ya que, durante el resto del año el enemigo podía cortar los diques, provocando inundaciones que impedían maniobrar a los españoles.

Durante esos meses, normalmente la suerte de los soldados mejoraba de forma muy considerable, al estar alojados, de ser posible, en poblaciones grandes. También en ellas se aposentaban en las casas de

Torneo celebrado por las tropas españolas en la Plaza Mayor de Bruselas (1569-1570), grabado de Frans Hogenberg (1535-1590). Rijksmuseum, Ámsterdam.

los habitantes, pero estas solían reunir mejores condiciones que las de la mayoría de los pueblos. Además, el tener que coexistir soldados y patronos bajo un mismo techo durante meses facilitaba que se estableciese entre ellos un *modus vivendi*, reduciendo las ocasiones de abusos por ambas partes. Finalmente, una tropa acantonada es más fácil de controlar por los mandos que cuando pernocta cada día en un lugar, lo que contribuía a reducir los excesos.

Entre las ciudades, Nápoles era una de las favoritas, «la más populosa, rica, deliciosa, fecunda y noble de toda la Europa», «ciudad la más féliz del mundo». Flandes, en general, recibía grandes elogios, hasta el punto de que en España decir «no hay más Flandes» equivalía a encomiar algo al máximo. Es singular, en este sentido, que hombres como Vázquez, que se jugaron allí la vida durante años, transmitan una opinión extremadamente favorable de aquellas tierras, por otro lado tan distintas a las propias, sin por ello dejar de reprochar que «no hay viñas». Aunque tampoco había unanimidad. Algunos, desengañados, proclamaban que «a Flandes, ni a por lumbre».

De «la corte de Bruselas» se decía que «hay edificios y templos extraordinarios y cosas tan maravillosas que son dignas de notar». De Gante que «era la más poblada y grandiosa de las que hay en Europa»; Malinas era «el jardín de Flandes» y Amberes, «la más rica y vistosa villa que hay en Brabante».

La vida de los hombres durante esos meses poco tenía que ver con la que llevaban en campaña o cuando transitaban de un villorrio perdido a otro. Para empezar, dormían a cubierto y en una cama, lo que ya era mucho. La alimentación estaba resuelta por las autoridades locales, ya en metálico, lo que podía ser una fuente ilegal de ingresos para oficiales poco escrupulosos, que se guardaban parte de lo recaudado, o en especies. Estas últimas, en los Países Bajos, solían consistir en pan, carne y cerveza, aunque los españoles se inclinaban poco por esta última, prefiriendo el vino.

La otra cara de la moneda es que estas comodidades costaban caro a las ciudades, que se resistían cuanto podían. En ocasiones, ofrecían dinero para que se buscara otro alojamiento para una unidad, y hasta hubo casos en que se tuvo que asestar la artillería para conseguir que alguna abriera sus puertas. A veces, se actuaba así por miedo a los gastos y los desórdenes, pero otras las reticencias obedecían a razones políticas, bien a miedo a comprometerse ante el otro bando, bien a antipatía hacia la causa que defendía un ejército. Tampoco faltaron los burgos que se negaron a recibir tropas apelando a privilegios feudales, a los que en algunos casos estaban tan aferrados que preferían ser ocupados por el enemigo antes que renunciar a ellos.

También se daba el caso contrario, cuando una población amenazada solicitaba que se instalaran soldados en ella, para defenderla. Además, la llegada de una fuerza, sobre todo si estaba al corriente de sus pagas o acababa de hacer algún saqueo sustancioso, era una fuente adicional de ingresos nada despreciable. De una parte, porque los soldados, en su ansia por tener dinero contante, malvendían el producto del botín a cualquiera que se lo quisiese comprar. De otra, porque nadie podía negar que los tercios eran rumbosos. Llama la atención la frecuencia con que, en sus memorias, los autores entran en los más mínimos detalles de las ropas, joyas y adornos que compraban, reflejando la importancia que daban al vestido, seguramente mayor que en la actualidad.

Eran dados, también, a las fiestas, «por la mayor parte inventadas a su imitación (del ejercicio de las armas)», en forma de «torneos y saraos». Se trataba, al igual que los vestidos, de un reflejo de los aires aristocráticos que gustaban darse los soldados.

En 1589 se celebraron algunas memorables, en los Países Bajos. El tercio de Manrique, «por no perder el nombre de tercio de los Galanes», empeñó los sueldos que se le debían a cambio de paños y sedas, «galas y vestidos extraordinarios que no habían menester, ni en la guerra se usan, para hacer sus fiestas». Construyeron un castillo de tramoya en Malinas, donde celebraron algo parecido a las fiestas de moros y cristianos, ya que se formaron comparsas de «moros alárabes», jinetes equipados a la morisca, infantería francesa, española y alemana, reiters a la tudesca y lanzas españolas, que fingieron luchar entre sí. Hubo, también, toros, «a uso de España», aunque –naturalmente– los que se pudieron encontrar «no se embravecieron».

El tercio de Leyva, por no ser menos, incurrió en gastos similares. Al final, ambos acabaron endeudados, lo que eventualmente precipitaría su amotinamiento.

También se lidiaban toros en Nápoles, aunque parece que allí daban más juego. Otras diversiones con ínfulas de nobleza eran los encuentros de esgrimistas, que se batían con «armas negras», como se llamaba a las que no tenían ni filo ni punta, para distinguirlas de las «blancas», usadas en combate. Hay referencias, asimismo, a combates navales, en los que dos bandos se enfrentaban utilizando frutas como proyectiles. Alguno acabó a mosquetazos. Por eso, era aconsejable que los soldados acudiesen a las fiestas sin munición, para evitar que algún «gallina» aprovechara el tumulto para saldar impunemente viejas cuentas.

Se afirmaba que los hombres se entregaban a estas actividades porque «la nación española es tan inclinada a las armas» que aún en tiempos de paz gustaba de ejercitarlas, por lo que eran vistas con buenos ojos, como una especie de instrucción informal.

Entre las fiestas habría que mencionar también las relacionadas con acontecimientos tales como bodas, llegadas o salidas de grandes personajes, que se celebraban con el suficiente boato como para dedicar a su descripción opúsculos enteros.

Entretenimientos más sencillos eran, simplemente, darse una vuelta (Miguel de Castro recordaría durante años el paseo de los millares de cortesanas que había en Nápoles), o incluso «ver misa a su gusto», para lo que la tropa se solía emperifollar. Otros podían ser la caza, que se aprobaba también como ejercicio próximo a la guerra, y dos de carácter opuesto. Uno, nada común, ingresar como miembro en alguna de las academias de poesía, en las que se exigía hablar siempre en verso. El segundo, mucho más frecuente, visitar «chorrillos», como se llamaba a las hosterías, frecuentar «gente de herida y pendón verde», «hombres de costa» o «valientes», y mojarse los «criminales» o mostachos en un jarro de vino. Había gente que pasaba con una desconcertante facilidad de una a otra, como aquel capitán español apodado «el milord», «alto, membrudo, fuerte, muy valiente y buen poeta y discursista».

Menos inocente era salir a «capear» o robar la capa a los transeúntes, broma que podía acabar a estocadas, o ir en cuadrillas buscando camorra. Duque de Estrada describe a unos de estos grupos que «deshacía todo nublado de valientes en cantones a broqueladas, de noche, y pocas había que en el cuartel no rondasen muchos valientes acuchillados, con algunas heridas y aún muertes». También las podía producir el juego, al que los soldados eran enormemente aficionados. Tanto, que cuando un capitán hizo desaparecer todos los naipes y dados, sus hombres apostaron a carreras de piojos.

Como se ha dicho antes, se permitía jugar únicamente en los cuerpos de guardia. La razón era bien sencilla. Se pensaba, sin equivocarse, que el vicio estaba tan arraigado que era imposible acabar con él, habiendo soldado «que se juega el sol antes de salir». Por eso, se procuraba encauzarlo, aceptándose que se practicara exclusivamente en un lugar que infundiera cierto respeto, y en el que siempre había oficiales que ejercieran al menos un cierto grado de control. Todos sabían, por otra parte, que en el cuerpo de guardia las infracciones se castigaban «sin remisión», por lo que las pendencias en él eran poco aconsejables.

También se prohibía jugar con hombres que no fuesen soldados, hacerlo a crédito o apostar las armas o el caballo. Si se ignoraba esta norma, la deuda se tenía por inexistente, lo que era otra forma de limitar un tanto este problema.

Aún con estas precauciones, el «abominable y diabólico vicio» perdía a muchos: «por él son malos cristianos, por él no tienen armas, por él son ladrones, por él pierden la obediencia y por él están hambrientos y desnudos; por él faltan muchas veces a las guardias y centinelas». Se le acusaba de ser causa de «cuchilladas, hambres, miserias, hurtos, atrevimientos, desacatos y poca obediencia».

Las mujeres desempeñaban un papel importante en la vida del tercio, aunque imposible de cuantificar. Los mandos y los tratadistas tenían prevención hacia ellas: «quien se casa habiendo de andar tras una bandera o estandarte vivirá lacerado». Por su culpa, los hombres «se vienen a matar más fácilmente que por ninguna otra cosa». Lo que es indiscutible, es que siendo los sueldos cortos y pagados con retraso, y la vida del soldado itinerante, mujeres e hijos eran un problema. Para Basta, las familias eran una de las razones que explicaban la decadencia de la caballería, y ello a pesar de que los jinetes, en general, llevaban una vida menos dura que los infantes. Bentivoglio, en las notables páginas que dedica a los motines, afirma que estos se producían especialmente en las campañas largas, cuando los soldados «se acompañaban con las mujeres y se llenan de hijos». De nuevo, estamos ante un fenómeno común. En el único ejército profesional que existía en Europa en el siglo XIX, el británico, había una actitud similar hacia el matrimonio, y solo se aceptaban seis esposas por compañía, muy por debajo de la cifra que se fijó para los tercios en 1632, al admitir que la sexta parte de los hombres estuvieran casados.

Parece que la tropa, sin desdeñar a las mujeres públicas, para las que existía una amplia gama de nombres, según las regiones, desde «metresa» a «quiraca», tendían a las relaciones duraderas, bendecidas o no. Ello se debía a que las unidades estaban permanentemente destinadas fuera de España, por lo que los hombres muchas veces procuraban organizarse en la región donde se hallasen una vida estable, a veces paralela a la que habían dejado en su tierra. Así, había casos de cortesanas que, sin dejar su trabajo, tenían un amigo fijo, con el que había fundado una familia sui generis.

Hay algunos datos reveladores. Cuando los tercios salen de Flandes en 1577, llevan consigo «treinta mil cabezas». Aunque en esta denominación Estrada incluye el ganado, también tenía que comprender a familias enteras. En 1599, tras pagarse un motín, se destierra de los Países Bajos a todos los que participaron en él. Muchos españoles, sin embargo, intentaron quedarse, «vencidos de las lágrimas de sus mujeres e hijos, y del cariño de aquellos Estados, a quien tenían más amor que a sus propias patrias». También se podría traer a colación el caso, que veremos, de la numerosa compañía femenina que acompañó a la guarnición capitulada en Amiens.

Es significativo que las memorias contemporáneas están llenas de alusiones a mujeres. A veces son historias románticas. Otras, crueles. Castro no vacila en envenenar a una amante, para que no le delate. Contreras, atraviesa con la espada a su esposa y a su querido. No obstante, se comentaba de los soldados que, lejos de ser Don Juanes, eran «amantes nuevos, siendo mejores para pelear con los enemigos que para enamorados».

La vida de las mujeres que deambulaban de un lado a otro siguiendo a las tropas tenía que ser terrible. Vázquez narra un caso estremecedor, el de Beatriz de Mendoza, que se había unido al ejército en tiempos de don Juan de Austria. Llegó a Flandes procedente de Italia, en una carroza que, para atravesar el paso de San Bernardo, tuvo que ser desarmada y vuelta a armar varias veces. Cuando no la utilizaba, cabalgaba una «hacanea con sillón de plata y gualdrapas de terciopelo, bordada con mucho oro». Nunca dejó de acompañar a los tercios, y en el sitio de Maastricht recorría las trincheras repartiendo a los soldados pan, queso, vino y cerveza.

En la campaña de Francia de 1590 estaba ya «muy enferma y tan pobre que comía de limosna y marchaba a pie algunas jornadas, sin que se doliese de ella ningun galán, de los muchos que la habían servido, para llevarla a caballo». Al final, «murió en una caballeriza sobre un haz de paja», a pesar de haber sido amante de «muchos príncipes y señores, de maestres de campo y de capitanes». Se dice que su triste ejemplo llevó a otras que llevaban una vida similar, a «retirarse con lo que tenían, y se casaron».

Las autoridades intentaban mitigar, en lo posible, las condiciones de esas familias, legales o no. En Flandes había al menos una institución para acoger a hijas de soldados españoles, y en materia de testamentos se hacía gala de una elogiable flexibilidad, para esos tiempos. Si el militar moría habiendo expresado su última voluntad, por supuesto, se respetaban sus disposiciones. Pero si fallecía ab intestato, se procuraba proteger a sus deudos.

Se consideraba que su patrimonio estaba formado, aparte de los bienes que pudiera tener, de las pagas que se le debían, además del armamento, que como se sabe era propiedad particular, no del Estado. Se admitía que el capitán de su compañía lo comprara, «a justo precio», en cuyo caso ese dinero se unía a la herencia.

Tenían derecho a esta, en primer lugar, la mujer e hijos «que tuviere en el campo», es decir, que convivieran con él. Se admitía que también tuviera otra familia «en su tierra», pero pasaba en segundo lugar. En el caso de que «tuviera amiga consigo y tuviere hijo de ella o fuese preñada», asimismo se constituía en heredera.

Estas disposiciones, pues, equivalían a reconocer oficialmente la existencia de familias paralelas, e incluso de «amigas», en un loable esfuerzo por proteger las relaciones de facto que, sin duda, eran muy comunes. También se intentó mejorar su suerte proponiéndose que solo las mujeres públicas acompañasen a los ejércitos en campaña, ya que las normas únicamente prohibían la presencia de «ninguna mujer particular, sino fuese casada», lo que –por otra parte– no se respetaba. La idea era que todas las «particulares», sin precisarse si casadas o no, quedaran con sus hijos, mientras duraran las operaciones, viviendo en el lugar que se designara como guarnición de cada unidad, y recibiendo para su manutención un real diario, deducido de la paga de los hombres.

Naipes, mujeres y muchos otros motivos llevaban al duelo, muy frecuente según los testimonios contemporáneos, aunque en 1585 se decía que estaba «ya excluido y bandido justificadamente, como perverso y dañoso». Era un tema tan complejo que se dedicaron a él libros enteros, que entraban en los detalles más sutiles, como por ejemplo, hacer una gradación de las afrentas, estableciendo que las verbales eran menos graves que las físicas, y que dentro de estas, el palo era más ofensivo que la mano. Pero, al margen de estas disquisiciones, la verdad era que cualquier pretexto era bueno en el mundo de los tercios, violento y presidido por una concepción estrecha del honor, para cruzar los aceros.

Duque de Estrada afirma que en un solo año tuvo varios encuentros, aunque no todos fueron desafíos formales. En uno, le clavó el puñal en la garganta a un hombre porque, en el curso de una comida en un garito, le respondió «desvergonzadamente». Luego, por una cuestión de faldas, dio una estocada a un caballero y una cuchillada a un fraile. Finalmente, provocado por un gentilhombre, que además se había atrevido a tutearle, decidió «matarse con él». Fue un duelo a toda regla, a espada y daga, partido el sol y ante testigos. Le asestó tal estocada que el arma quedó «atravesada en su cuerpo por el corazón, saliéndole más de un palmo por las espaldas». Curiosamente, los tres casos se dieron en relación con barajas y hembras, los grandes peligros denunciados por los tratadistas.

Había algunos usos establecidos para controlar algo esta sangría. Por ejemplo, «hacer amistades». Le correspondía a un tercero, que se reunía en privado con los dos adversarios y les convencía para que «se tomasen las manos», haciendo las paces. Si después uno de ellos rompía unilateralmente el compromiso, no solo su antiguo rival tenía derecho a batirse, sino también el tercero, porque había empeñado su reputación. De esta manera se intentaba cimentar «las amistades» con el concurso de dos espadas.

Otra limitación era que en campaña, y salvo casos excepcionales, estaban prohibidos los duelos, ya que el general en jefe «tomaba en sus manos… las pendencias, cuestiones, desafíos e injurias» hasta que terminaran las operaciones, con lo que se esperaba que, al menos durante ese tiempo, los soldados no se matasen entre sí. Evidentemente, tampoco se permitía que un inferior retase a un superior, ya que, de otra forma hubiera sido imposible mantener la disciplina. Sin embargo, este podía aceptar el desafío, si la injuria era muy grave.

Había ocasiones, en cambio, cuando batirse era una obligación, por encima de cualquier circunstancia. Era cuando resultaba imposible evitarlo «sin nota de infamia». Entonces, el ofendido no es que pudiera pedir una satisfacción, sino que debía hacerlo, so pena de quedar deshonrado.

En los cuarteles de invierno no todo eran fiestas, mujeres, dados y duelos. También había lugar para la instrucción. Picas, mosquetes y arcabuces no eran fáciles de manejar, sobre todo en formación, y la eficiencia que con esas armas demostraron los tercios prueba que dedicaban tiempo a ejercitarse, aunque son frecuentes las lamentaciones porque no se consagraba a ello todo el tiempo necesario. Sin embargo, es evidente que los hombres sabían utilizar el armamento que les correspondía y muchos, además, otro alternativo. Son constantes las referencias a «soldados de tres escudos», es decir, picas secas, dotados de arcabuces, y es sabido, por otra parte, que los arcabuceros que sobraban tras hacer las mangas y guarniciones servían con picas en el escuadrón, igual que hacían los alabarderos.

Los ejercicios eran muy variados, incluyendo saltar, correr, tirar al blanco «con mucha presteza y cuenta», adoptar las distintas formaciones, reconocer los toques de tambor y arbolar las picas. También, la esgrima de espada y daga, así como el uso de la rodela. Era bueno aprender a montar a caballo y a nadar.

La instrucción tenía que ser lo más realista posible, «para cuando de veras se ofreciese». Había que hacerla al menos cada ocho días, tanto para enseñar a la tropa como para respetar una máxima aplicable a todos los soldados profesionales: «no se les consienta que estén ociosos», para evitar problemas.

Parece que, con el paso de los años, se empezó a olvidar ese sano principio, de forma que a principios del XVII se comentaba que la vida en los cuarteles de invierno se había hecho demasiado muelle, y que para el soldado consistía «toda su ocupación en festines y banquetes y hacer comedias». Para corregir la situación, se sugirió que «como se solía hacer», volvieran los hombres a salir de ejercicios una o dos veces por semana y además «hacerles tornear cuando entren de guardia».

Entre los alojamientos «en tránsito» y la vida relativamente muelle de las ciudades, había una tercera posibilidad, nada atractiva. Se producía cuando las operaciones se alargaban más de lo previsto, en los asedios o, simplemente, si no existían localidades disponibles. En esos casos, las unidades se instalaban en campamentos formados por «barracas» o «ranchos», hechos con «paja y palos». Escoger el sitio para instalarlos no era sencillo. En los lugares altos a veces escaseaba el agua y los pastos. Los bajos eran susceptibles de inundaciones y de ser dominados por los fuegos enemigos. Tampoco resultaban adecuados si el suelo era «palúdico o arcilloso».

Las compañías se disponían en rectángulos de treinta y dos o treinta y seis pies de largo, por dieciséis o dieciocho de largo. Se señalaba una zona para las mujeres y se designaba «una plaza particular» para los vivanderos. Todos los días, destacamentos recogían los animales sacrificados y las «inmundicias», con el fin de enterrarlas o quemarlas, para evitar infecciones.

La existencia en esos cuarteles improvisados podía ser áspera, sobre todo con mal tiempo. A veces, «para haber de ir de una barraca a otra era menester entrar en el lodo hasta la cinta». Todo un maestre de campo y sus capitanes llegaron a vivir en cuevas donde entraba tal cantidad de agua que «para poderla habitar, era necesario estar cubriendo el suelo de tierra de rato en rato, y no aprovechaba».

Rápidamente, las unidades devoraban cualquier alimento que hubiese en los alrededores, y entonces «para buscar lo que habían de comer caminaban doce y catorce leguas con grande riesgo». En esta labor, en ocasiones, se «buscaba la vida y hallaba la muerte», a manos de campesinos enfurecidos o del adversario. Los mandos, si estaban cortos de fondos, lo que era usual, tenían que cerrar los ojos y dejar a la gente que «se valiese y aprovechase de la campaña» en lo que pudiera, siendo conscientes de que «como no les daba de comer era forzoso pasar por ello y no castigarlos», a pesar del pésimo efecto en la disciplina de ese pillaje sistemático e incontrolado.

De esta forma, se dieron casos de ejércitos que se disolvían en unas semanas. Los soldados tenían que alejarse cada vez más para procurarse alimentos, y había un momento en que ya no regresaban. Los españoles parece que soportaban mejor estas calamidades, «porque la honra contrastaba a la necesidad» y, también, porque al estar a mayor distancia de sus hogares, les resultaba menos fácil dejar las banderas.

Hay ejemplos extremos de hombres devorando «raíces de hierba», y bebiendo aguas empantanadas que les producían toda clase de enfermedades. Para salir de esa miseria, algunos se dedicaban a la caza de enemigos, con el fin de capturarles y canjearles por un rescate que les permitiese comprar comida. Normalmente, un soldado se rescataba por su sueldo de un mes. Los oficiales y los nobles eran mejor negocio, pudiéndose pagar por ellos más de diez mil ducados, una suma muy considerable.

También se podía dar el caso contrario, sobre todo en tierras ricas, como Flandes, del que se decía que «la grandeza de aquellos países es de manera que suple las necesidades de los ejércitos, y con haber alojado en estos tiempos tantos, los ha sustentado como se ha visto». O en la época de las cosechas, cuando se permitía a los soldados que hicieran la recolección, molieran el trigo y vendieran el sobrante a los propios campesinos, con lo que, además de alimentarse, obtenían algún dinero. En territorio enemigo, se hacía montando verdaderas expediciones militares, con infantería y caballería como fuerzas de cobertura, mientras el resto de la tropa segaba y «batía el grano» para luego llevarlo en carros a los molinos. Al menos en una oportunidad, se distribuyeron molinos de mano, de pequeño tamaño, a razón de uno por camarada, para que los soldados confeccionasen su propio pan.

Si había fondos, se organizaba un suministro más ortodoxo. Por ejemplo, en Flandes, se distribuía en las trincheras pan, queso y cerveza. Para la empresa de Inglaterra, Parma hizo acopio de «bizcocho, carne acecinada, pescado seco y menestra».

Se tenía el vino por imprescindible: «es el más necesario mantenimiento fuera del pan… con solo bizcocho y vino está la gente por necesidad sustentada», mejor que con pan, carne y agua, hasta el punto que «valen más diez mil soldados a cualquier necesidad de los que beben vino que quince mil de los aguados».

Pero el principio general era que «el rey no daba de comer a la gente de guerra… sino en las embarcaciones de mar». En campaña terrestre se debía suministrar únicamente pan, a dos libras y media por hombre y por día, y dos celemines de cebada por animal, teniendo el ejército que llevar horneros, albañiles y carpinteros para construir los hornos precisos. En caso de que sobrara pan, se «bizcochaba», en previsión de periodos de escasez. Los soldados obtenían los demás alimentos comprándoselos a los vivanderos. También tenían que pagar la ración de pan, y si carecían de dinero, se les adelantaba. A veces, por si escaseaban los víveres, las tropas marchaban acompañadas de ganado, propiedad del rey, que se sacrificaba cuando era necesario, para distribuirlo entre la tropa a precios razonables. Como la situación normal es que se debieran pagas a los hombres, el precio de las vituallas que suministraba la corona se les descontaba cuando «se fenecen cuentas con ellos», cuando se liquidaban los sueldos devengados. No se les deducía, por tanto, mes a mes de los socorros o adelantos, porque en ese caso, «no podrían vivir». El mismo sistema se seguía para los suministros obtenidos por vía de contribución de las poblaciones.

En regiones inhóspitas, como Berbería, la administración tenía que suplir los mínimos recursos locales, lo que requería «una gruesa cantidad de carros», ya que había que transportar hasta «botas de agua, porque en aquel país no se hallará agua en todas partes para el bestiamen que lleva la artillería y también para la gente toda». Entre las exigencias de operar en aquella región figuraba la de usar «borceguí y zapato… y no media de punto… porque se le meterán los cardos por las canillas de las piernas, y padecerá, que son como abrojos». En todo caso, regía el mismo principio: la tropa tenía que abonar lo que recibía de la corona para su subsistencia.

Cuando los tercios se embarcaban, al no poder funcionar el sistema de vivanderos, sí se les suministraban alimentos. Lo más común era una base de veinticuatro onzas de bizcocho y medio azumbre de vino al día, que se completaba con otros productos. Por ejemplo, los domingos, martes y jueves, seis onzas de tocino o de carne salada, y dos de arroz; los lunes y miércoles, queso o bacalao; viernes y sábado, atún o sardinas. Además, «como menestra», habas o garbanzos, junto con aceite, vinagre y sal.

Para Lepanto se calcularon raciones de libra y media de bizcocho, medio azumbre de vino y una libra de vaca. Como complemento, queso, sardinas, arroz y habas. Con motivo del fracasado ataque de Inglaterra, se prepararon raciones consistentes en bizcocho y vino más, según los días, dieciséis onzas de tocino, de queso o de atún, o media libra de carne salada, y para la menestra, habas, garbanzos, arroz y ajos.

En general, había en esta materia una reglamentación muy consolidada, que cambiaba poco con los lugares o los tiempos. Así, en las armadas de Indias se mantenía la ración base, añadiendo tocino cuatro días; bacalao, dos y queso, uno, todo en porciones de seis onzas, y una menestra consistente mitad en arroz, mitad en garbanzos. En la flota de Barlovento, se daba, además del sempiterno bizcocho, ocho onzas de bacalao y dos de habas y garbanzos, cuatro días a la semana; los otros tres, ocho de tocino y una y media de arroz. De vino, difícil de conseguir en el Pacífico, un cuartillo, o el equivalente en dinero.

En 1665 se fijaron cuatro días de carne, dos de pescado y uno de queso, prefiriendo la primera al bacalao, porque se conservaba mejor a bordo y no necesitaba airearse periódicamente. Estas mismas raciones se mantuvieron hasta entrado el siglo XVIII.

A pesar de su asendereada vida, llena de miserias y de privaciones, los hombres de los tercios tenían una excelente opinión de sí mismos, y de su oficio, al que describían como «el más honroso y sublime de todos». Tanto, «que la milicia no es otra cosa que una semejanza de verdadera religión», «es la más estrecha profesión que se sabe, fuera de los religiosos», paralelismo que venía reforzado por el carácter que se atribuían de defensores de la fe frente a herejes y musulmanes.

Para ellos, su encumbrada actividad implicaba una cierta nobleza: al fin y al cabo, vivían de una «profesión que requiere principalmente

Soldados de los tercios en un vivaque improvisado, óleo sobre tabla de Pieter Snayers (1592-1666). Metropolitan Museum of Art, Nueva York.

honra», en la que «en las hileras se igualan (los soldados) con caballeros, hidalgos y profesores de honra». En una época dominada por los prejuicios de clase y en una sociedad rígidamente estamentada, esperaban que se les «tuviera por muy buenos caballeros e hidalgos muy limpios, aunque en España no lo sean, que ellos son comienzo y principio». Para «el hombre honrado… su profesión es ser soldado… se puede igualar con el caballero y tenerse por verdadero noble». Algún veterano, posiblemente analfabeto y astroso se permitía el lujo de jurar: «¡Pese a tal, que somos hidalgos como el rey, dinero menos!». Eran, en efecto, «hijos de sus obras», es decir, de sus espadas, que les arrancaban de las humildes cunas en las que habían nacido la mayoría, elevándoles a más alta condición.

Que Escalante les dedicara una obra tratándoles de «muy ilustres señores de la infantería española» se les antojaba como algo natural. ¿No se les habían dirigido en términos similares personajes aún mucho más encumbrados, como el duque de Alba o don Juan de Austria?

Siendo, a sus ojos, gentes tan dignificadas por su profesión, no es extraño que desarrollaran un fuerte sentido de casta. Por eso, se opinaba que no debían entrar en «taberna o bodegón público a comer ni beber», y que si lo hicieran por tercera vez tenían que ser «desterrados como infames», ya que en esos lugares se codeaban con sus inferiores. Por la misma razón, tampoco había que permitir que se alistara ningún hombre «con oficio mecánico de uso, que no es bien que se iguale el tal con el hidalgo y soldado honrado». Se llegaba tan lejos como para afirmar que ningún «mozo u hombre bajo» podía afrentar a un soldado, por ser socialmente menos que él. Esto es, el infante estaba tan por encima de personas de esa calidad –que, sin embargo, por su nacimiento podían ser sus iguales– que ni siquiera se les reconocía la capacidad de ofenderle, lo que es el máximo desprecio concebible. Y lo que marcaba la infranqueable distancia era simplemente la profesión de las armas.

Esa mentalidad, o voluntad, aristocrática, tenía un lógico corolario: «son españoles que aman más la honra que la vida, y temen menos la muerte que la infamia».

Se entraba así en el vidrioso tema de la reputación, tan importante «que es de menos inconveniente perder las vidas que la honra y opinión». Este concepto se aplicaba para todos, de soldado a rey. En 1573, un capitán español acude desde Amberes al sitio de Haarlem «por la posta, diciendo que no había dormido noche ni día por el camino por llegar a tiempo de dar el asalto… por irle su reputación en llegar a tiempo». Galopaba hacia la muerte probable, pero era impensable que su compañía diese el ataque definitivo sin estar él al frente.

Movidos por la misma mentalidad, durante la campaña de Picardía de 1636, cinco soldados españoles, que ven que otros tantos gentilhombres franceses se destacan de la línea de escaramuza llevando solamente espadas, arrojan al suelo sus mosquetes –que les daban una ventaja excesiva– y echando mano a sus aceros combaten con ellos de poder a poder: «murieron dos franceses, prendieron uno, del hábito de San Juan, y los otros se retiraron a la vista de los ejércitos».

Y es que la reputación implicaba una estética, se juega la vida a una palabra, a un gesto. Se muere por una frase redonda o por plantar una «tela pintada»(así se llamaba sardónicamente a las banderas) en lo alto de la muralla enemiga.

Todo, porque tras esta preocupación por la honra había otros elementos: «la vida en la guerra se ha de posponer a la reputación, que es la que siempre vive en la memoria de las gentes». Para que quedase ese recuerdo, los cronistas anotaban cuidadosamente el nombre del más humilde soldado que había perpetrado una hazaña, a fin de que, andando los siglos, las generaciones futuras se asombraran del coraje de un oscuro campesino, nacido en un pueblo español perdido que, enrolado en un tercio, coronó el primero la brecha de una plaza que los mapas han olvidado. De esta manera, el hombre se sustraía de la oscuridad de sus orígenes, aspirando a brillar con luz propia, siquiera fuera en la fugacidad de las conversaciones de campamento, o de una línea en un libro.

Asimismo, exigía un cierto ascetismo: «ha de preferir su reputación a los mayores regalos y deleites del mundo, y no ha de hacer caso de ellos, ni los ha de buscar». Se aseguraba que los españoles «deseaban más merecer las mercedes que alcanzarlas» y que «pocos o ninguno sirven más que por su interés». Esa mentalidad hacía que un capitán impecune espetara a un plumífero: «señor –exclamé– no he menester dinero, si hay tanta falta, busco reputación y no dinero».

En principio, todas estas pueden parecer frases huecas, y saqueos y motines prueban que sí pesaba el interés, al igual que la multitud de pretendientes apunta a que no se despreciaban las mercedes. Pero son infinitos los casos de soldados matándose por lo que consideraban su honra, o movidos por ella a empresas que, sin este ingrediente, no se pueden comprender. Hasta el pobre soldado sacristanesco que es Pasamonte, encontrándose enfermo, «por celo de la honra no quise sino ir a la armada o morir». Pagó por su gesto con varias heridas y dieciocho años de esclavitud. No le debió parecer un precio desmedido, ni una decisión equivocada. Al contrario, menciona como algo natural que se dio de alta por su cuenta, como si no hacerlo hubiera resultado inconcebible.

La reputación era un estrecho amo: «el soldado que se viere defendiendo una batería y entrar en una batalla ha de morir peleando y vencer… porque está obligado a esperar al enemigo en la batería y pelear en ella cuanto le fuera posible». A tal grado llegaba el fanatismo, que se autorizaba a cualquier hombre a matar a su oficial si este ordenaba abandonar la resistencia antes de que fuera absolutamente preciso, porque «cualquier cosa de estas que suceda (como ser rechazados), por mínima que sea, quedan deshonrados». Las bajas inútiles que esta actitud podía causar se daban por bien empleadas. Cuando en 1585 cinco mil españoles, todos los que había en Flandes, se encontraron en una posición que parecía no tener salida, se aseguró que «no se estimara en tanto la pérdida de todos, como la reputación de tantos y tan valerosos soldados». Afortunadamente, se salvaron, a costa de tremendos trabajos, pero la escala de valores, al menos para algunos, estaba perfectamente clara. Lo que importaba no eran ellos, sino su honor. Aunque también había quien adoptaba posiciones más razonables. Sancho Dávila, que ciertamente no pecaba de cobarde, refiriéndose al arriesgado socorro de una plaza, sentenció: «no se ha de entrar o morir; se ha de entrar o no ir». Alba, tampoco sospechoso de tímido, diría: «ciega es la temeridad, y casi siempre infeliz lo que con ella se emprende».

Claro que la obsesión por la reputación, llevada al extremo, era perniciosa, y hasta los propios soldados lo admitían, aunque luego actuaran dejándose llevar por ella. Se criticaba esa «bizarría harto necia y dañosa por nosotros mismos», que hacía que en cuanto se viese «un portillo de una braza (en un muro) quiere acometer», y se advertía contra la «cólera fogosa de la nación española», que se traducía en bajas innecesarias. Veremos al hablar de los tercios en combate que llegaba a determinar las formaciones tácticas, que muchas veces se adoptaban con el único objetivo de salvaguardar la reputación de los hombres y de sus unidades. Por ese prurito existía la costumbre de que los capitanes echaran a suerte el orden de asalto de sus compañías, ya que ninguno quería renunciar al primer puesto, de modo que la más afortunada, y no necesariamente la más adecuada, encabezaba la columna. Por la reputación se rozaba la insubordinación, como aquel capitán que encontrándose como jefe accidental de un tercio, discutió con un maestre de campo su derecho a llevar la vanguardia, hasta que este le tuvo que recordar tajantemente que era su superior jerárquico. Por ella se atentaba contra la cohesión de las unidades, extrayendo de ellas destacamentos a los que, reunidos temporalmente con otros, se confiaban misiones particularmente delicadas, para que ninguna se considerara preferida.

Tanta susceptibilidad no era, por otra parte, exclusiva de la infantería. Era sabido que en la artillería, si un oficial se arrogaba el derecho –que no le correspondía– de apuntar una pieza, a veces los hombres la cargaban deliberadamente con menos pólvora de la necesaria, o con demasiada, de manera que el disparo «se lleve tres o cuatro o más amigos», o que el cañón reventaba. Parece que ese tipo de intromisiones en asuntos de su competencia «les enojaba y les descomponía», y no encontraban mejor forma de demostrar su despecho.

Ya se ha dicho antes que no es fácil encontrar en otros ejércitos textos que, al enumerar los motivos para castigar a un soldado, incluyan entre ellos provocar a un enemigo, trabar una escaramuza, o practicar un reconocimiento, una de las actividades más peligrosas, sin permiso. Se llega a precisar que aunque el éxito coronase sus esfuerzos, por ejemplo, «traer clara información» tras una exploración, o matar al adversario al que se ha retado, o incluso tomar una bandera en un asalto, si se había actuado sin órdenes, el castigo debía mantenerse. Porque un corolario de la concepción casi religiosa de la profesión militar y de la importancia de esta, era un sometimiento ciego.

Las alusiones a la obediencia en los escritos de la época son tan frecuentes que llegan a resultar monótonas. Se trataba de hacer ver a la tropa que «no estaba la valentía en embestir sin prudencia, sino en obedecer con paciencia y mostrar el valor cuando se ordenaba», y no cuando el soldado creía que su reputación lo exigía, al tiempo que se recordaba que «ninguna cosa conviene que haya en la gente de guerra como la mucha disciplina y obediencia», y que «más importante es guardar la orden que pelear». La obediencia se presentaba como «el más alto precepto de la milicia», siendo «la principal parte de la disciplina militar» y su «virtud principal». Todas estas amonestaciones respondían al deseo de embridar el coraje, espoleado por la reputación, y encauzarlo en un sentido acorde con las exigencias de la guerra, que no necesariamente coincidían con las veleidades caballerescas de los muchos autoproclamados hidalgos que nutrían las filas de los tercios.

Los españoles alardeaban, no siempre con razón, de ser «la gente más doméstica y bien disciplinada»; «la obediencia de la infantería española es tan grande que aunque vean los peligros manifiestos no los rehúsan». Había quienes llegaban a anteponerla a los principios religiosos: «¡Voto a Dios, que he servido a los dos (el rey y el virrey) más bien que a Dios, que le he quebrantado todos sus diez preceptos y del rey y de V.E. ninguno!».

Los tercios, convencidos del carácter ennoblecedor y semisagrado de su profesión, sostenidos por una hoja de servicios inigualable y arrastrados por su reputación, tenían un enorme complejo de superioridad, y de persecución. Se preguntaban: «¿Quién hay aquí de nosotros que no haya hecho alguna acción señalada o hallándose en ella?». Ellos habían obtenido «las más señaladas victorias que ha habido en el mundo»; eran «ejemplo de las demás (naciones)». «La honrosa vergüenza» y el «valor… tan conocido», les distinguía. Hasta se mantenía que «no acostumbraban hacer desórdenes», a pesar de la evidencia de los motines.

Aseguraban que su coraje era tal que incluso los no combatientes se contagiaban de él. Cuando, en el curso de una sorpresa en 1589, unos comisarios de muestras tuvieron que combatir contra el enemigo, se indica que pelearon «aunque gente de pluma, como animosos españoles».

En este contexto, nada tenía de sorprendente que se observara que los simples bisoños «en cuanto llevan un poco de tiempo en el servicio, el menor de ellos se compara con orgullo con un capitán de distinta nacionalidad». Un soldado español, amonestado por un francés de su propio ejército, le preguntó por su grado; ante la respuesta de que era capitán, le espetó con desparpajo: «pues váyase a todos los diablos con sus capitanerías y no me digáis nada».

Solamente se les reprochaba su demasiado ardor: «una vez indignada la nación española –que jamás lo hace sino por causas muy justas– con dificultad se le va a la mano, habiéndose arrojado a la determinación», si bien también esa característica tenía sus ventajas:

«como de región donde más lugar tiene la cólera, es necesario no darles ocasión de enfriárseles, sino que habiendo de venir a las manos, no dilatarles el que efectúen su trabajo».

Todas estas virtudes residían en una excelencia innata: «nuestra España es la más aventajada» y «la nación española, por su naturaleza, es inclinada a la armas y desea las ocasiones». Se atribuía ello «al clima y natural de la tierra, que tiene superioridad y fuerza», lo que repercutía hasta en la apariencia física de los hombres: «miembros y talle de personas, conformes, iguales, más que no los franceses, germanos e italianos, que son de más desacompasados miembros y diferentes en la composición de ellos». Gente de ese calibre era tan valiosa que Vázquez comenta que la muerte de quince franceses no compensaba la de un capitán español.

Ante tamaña perfección, era normal que España fuese envidiada por «turcos, moros, árabes, judíos, franceses, alemanes, bohemios, ingleses y escoceses», con el resultado de que «la nación española (fuese) la más aborrecida del mundo», porque «sujeta y domina a las demás». Tantos odios se debían, en el fondo, a que todos reconocían, aún a regañadientes, la primacía de España: «dan las demás naciones el primer lugar a la española, cosa que pocas veces lo suelen confesar, si no es a fuerza de tormentos».

Resultaba complicado conciliar este elevado concepto de su propia valía con los condicionamientos de un ejército plurinacional. Las autoridades lo sabían, e intentaban evitar las ocasiones de enfrentamientos, prohibiendo, por ejemplo, que soldados de una nacionalidad entraran en el campamento o en los alojamientos de otra, o que jugaran a las cartas entre sí. También se procuraba que no hubiese mezclas dentro de una misma unidad, aunque muchos españoles sirvieron como oficiales entre valones y franceses residentes en Cataluña o Aragón sentaban plaza en los tercios como españoles. A pesar de todos los esfuerzos, sí había choques, en mayor o menor escala. Los hubo tan graves como uno que se produjo entre españoles y tudescos durante las campañas de Carlos V en Alemania, que obligó al propio emperador a intervenir para separar a los contendientes.

Una fuente constante de problemas era el empeño de los tercios en llevar siempre la vanguardia. Para justificar esta pretensión, no dudaban en apelar a privilegios históricos inexistentes. Se tildaba de «cosa no vista en Flandes, habiendo españoles dar la vanguardia a otra nación». Pero cuando se escribieron esas líneas, todavía en el siglo XVI, la afirmación no respondía a la realidad. Alba, experto en honras, operó en aquellas tierras en 1568 dando a los alemanes el centro o «batalla», y turnando a españoles e italianos en la vanguardia y la retaguardia, como hizo más de diez años después en Portugal. En 1599 se siguió el mismo sistema, en los Países Bajos, con la diferencia de que italianos y valones eran los que se relevaban con los españoles.

La situación cambió a principios del siglo siguiente, debido a que al haber puesto el archiduque Alberto a las demás naciones «al pie de la española, no le queda a esta más preeminencia con que diferenciarse que llevar siempre la vanguardia». Felipe III se tomó tal interés por esta cuestión que llegó a escribir a Spínola para comunicarle que se había «espantado mucho» al enterarse que un tercio de italianos se había atrevido a adelantarse a uno de españoles. Su general le respondió asegurando que «donde me he hallado ha tenido siempre la nación española la vanguardia, como es justo, sin que nadie haya replicado palabra». El maestre de campo italiano fue arrestado y se «abrió una información» sobre lo sucedido, de la que salió absuelto porque pudo demostrar que se había adelantado porque los españoles se habían retrasado sobre el horario previsto, y que la situación táctica exigía celeridad.

Sí que hubo siempre, en cambio, una tendencia a darles la primacía en el mando: «es costumbre inmemorial de la guerra de Flandes, entre los capitanes de naciones, gobernar siempre el capitán español, y entre los maestres de campo, no consentir ser gobernados sino de su nación». Por este motivo, se pudo hablar de la «sinrazón que se hizo al español, quitándole la prerrogativa de mandar a las demás naciones, sin disputa en igual grado de puestos, como se ha usado siempre y debe usarse por razones bien claras; preeminencia que puede practicarse aún sin sentimiento de las demás naciones, pues los mismos españoles cuando eran provincia de los romanos, aunque no menos valerosos que ahora, no pretendieron jamás ni dentro ni fuera de España igualarles en los honores militares».

El criterio importante es la referencia a «en igual grado de puestos». Si el rango era distinto, el principio de primacía de los españoles no se aplicaba. Lo demuestra algo tan obvio como que muchos de los comandantes en jefe de los ejércitos de España, por ejemplo, Farnesio o Spínola, eran extranjeros, al igual que una multitud de generales que tuvieron mando sobre los tercios. No obstante, hubo casos de abierto favoritismo hacia los españoles. Como el de un alférez de estos, al que se confió un destacamento de tres compañías, a pesar de que estaban presentes los capitanes de dos de ellas, valones. Estos reclamaron, sin éxito. Para justificar la decisión, se dijo que cuando un capitán español que había mandado una bandera valona solicitaba que se le diera una española, se le respondía que antes tenía que ser alférez de españoles. Ello se quiso interpretar como prueba de que los grados tenían diferente categoría, según la nacionalidad de la unidad, lo que no era cierto. Por ejemplo, se confió el mejor tercio de infantería española a Cristóbal de Mondragón, tras haber tenido a sus órdenes una unidad valona, y a nadie se le ocurrió decir que antes tenía que servir como capitán de españoles. Efectivamente, y salvo casos excepcionales, lo más normal era que el grado pasase antes que la nacionalidad. En la carta antes citada del rey a Spínola, a pesar de que su objeto es dejar claramente establecidos los privilegios de los españoles, se dice de forma explícita que, por lo que a los mandos respecta, solamente se aplicaban entre «iguales cargos».

Incluso el privilegio de los españoles entre empleos iguales distaba mucho de ser exorbitante. Así, en las fuerzas armadas británicas durante la Guerra de los Siete Años, en la segunda mitad del XVIII, cualquier oficial inglés era superior a uno norteamericano, con independencia de los grados respectivos.

La pretendida igualdad entre unidades era ciertamente más aparente que real. Por una razón o por otra, todos los mandos, sea cual fuere su nacionalidad, tendieron en general a considerar a los tercios de españoles como sus mejores fuerzas, opinión que compartían de forma unánime sus propios enemigos .

En cambio, el sentimiento no era compartido por las demás naciones que componían el ejército católico, y no solamente por lo que a los españoles se refería. Se dieron, en efecto, casos de ataques que fracasaron por forcejeos entre italianos y valones, por ejemplo, por ocupar el puesto de vanguardia.

Los mandos sabían de estas rivalidades, consustanciales a ejércitos de tan diversa composición, y procuraban controlarlas y, a la vez, explotarlas. Así en una operación delicada, «por honrar a todas las naciones de su ejército, mandó que de cada una de ellas fuese una compañía», lo que era una práctica relativamente extendida. En otra oportunidad, para estimular a una unidad de italianos, sus jefes «les avergonzaron con el ejemplo de lo que habían hecho en el otro rebellín los españoles».

Ante un fracaso, todos intentaban dejar a salvo su reputación. Cuando una columna mixta es rechazada, el maestre de campo de un tercio dice a su general: «no son, señor, los españoles los que se retiran, sino la mezcla que V.A. mandó poner con ellos. De V.A. licencia para que solas tres compañías de españoles vuelvan a dar el asalto, que entonces verá V.A. si se retiran los españoles». Y cayó la ciudadela de Calais.

Conviene matizar que, en todo caso, las rivalidades no podían ser tan profundas, cuando las distintas nacionalidades estaban acostumbradas no ya a coexistir, sino a cooperar sistemáticamente. Es sabido que lo habitual era que cualquier ejército español contuviera varias de ellas, que incluso se combinaban en el seno de los escuadrones.

Es posible, además, aludir a ejemplos que indicaban la camaradería que también existía. Uno sería el de dos valones que tropezaron con un español dejado por muerto con veintisiete heridas, «en cueros, el cuerpo en el lodo y los pies en el agua». Cuando toparon con él llevaba diez días así, con «tantas heridas que ya las bocas de ellas estaban muy hinchadas, corruptas y llenas de gusanos, la carne azul y podrida». Improvisaron unas angarillas con las cuerdas de sus arcabuces y le transportaron, entre el barro y «con inmenso trabajo», hasta el campo español, donde murió.

El hecho de que los españoles se consideraran los mejores soldados del mundo, no significaba que despreciaran a los demás. Su sentimiento de superioridad dejaba espacio para apreciar virtudes en otros, aunque no olvidaban subrayar lo que percibían como defectos. Había excepciones, claro, como aquel español que, al describir un ejército, decía que tenía «tres mil italianos, tres mil tudescos y seis mil soldados», siendo estos él mismo y sus compatriotas. En todo caso, los hombres de los tercios nunca olvidaban que «aunque algunos son naturales vasallos, no se tiene la fidelidad y esperanza que de los españoles, de manera que estas naciones se puede decir que sirven por la necesidad del tiempo, porque acomodadas las cosas de la guerra con los reinos con que se hace, son pagados y despedidos, lo cual no es de la nación española, sino que entonces se señala y pone en el tercio y reino donde ha de servir como cosa perpetua». Para los tercios, su carácter permanente, a diferencia de otras unidades, resultado y causa de su lealtad, era un factor distintivo que les ponía por encima de ellas.

Es evidente, no obstante, que con independencia de la percepción que tuvieran de los soldados de otras nacionalidades que combatían a su lado, cada una de ellas poseía sus propias virtudes. De hecho, en gran medida la fuerza de los ejércitos que formaban residía en la suma de las características propias de cada contingente. A ello obedecía la práctica de crear agrupaciones provisionales con tropas de distinto origen.

Comenzando por los alemanes, que lucharon tanto a favor como en contra de España, se decía que su piquería era excelente, y se alababa su «mucha paciencia». Los propios españoles reconocían, por ejemplo, que eran «nación más apta que nosotros» para la tarea «peligrosa y fastidiosa», a la vez que importante, de dar seguridad a la artillería. Se destacaba la «antigua amistad, conservada por largos años», desde tiempos de Carlos V, entre ambas naciones. Se les reprochaba, en cambio, «lo mal que suelen disponerse a dar asaltos»y su carácter abiertamente mercenario: eran «acreedores mal sufridos de ordinario».

Los reiters o herreruelos tenían una fama especialmente mala, y muchas veces se les reclutaba exclusivamente para evitar que el enemigo les contratara. Se les acusaba de codiciosos y despiadados, «diabólicos y mala gente», y que nada había más duro que «el corazón de un reiter».

Algunos opinaban que «quien se pudiera excusar de ellos, y aún de la infantería tudesca, haría acertadamente, porque los unos y los otros son muy costosos, más que todas las naciones». Desde luego, eran tropas complicadas, y los contratos que se firmaban con ellas lo reflejaban, incluyendo, por ejemplo, cláusulas conteniendo bonificaciones por defender una plaza, lo que no exigían, en cambio, unidades más sufridas. También había quien les comparaba desfavorablemente con los italianos, «que cuestan menos que los herreruelos, y pelean con dinero y sin ello, lo que no hacen los herreruelos».

Otros opinaban lo contrario, y así, Alba, para la invasión a Portugal, escribía a Felipe II: «italianos, por amor de Dios, S.M. no traiga más, que será dinero perdido; alemanes… aunque se vendiese la capa es necesario traerlos».

Había, por consiguiente, criterios divergentes respecto a alemanes e italianos, pero en general se mencionaban las similitudes entre estos últimos y los españoles, ya que eran «lo propio en el estilo de guerra, trato y trajes; lo que se dice de una nación, este caso se dice de la otra». De ambas se afirmaba que eran «las de más obediencia», aunque había quien les describía como «gente muy licenciosa en los desórdenes y malos tratamientos de los villanos». No se discutía «su antiguo valor» y gozaban, en general, de un bien ganado prestigio, especialmente su arcabucería, ágil y maniobrera. Sus unidades destinadas en Flandes tendían a tener un carácter más estable que las alemanas o valonas, por ejemplo, ya que al hallarse, como las españolas, alejadas de sus lugares de origen se intentaba mantenerlas, por lo caro que resultaba levantarlas de nuevo y transportarlas hasta los Países Bajos. En conjunto, posiblemente esta «nación» fuera una de las mejor consideradas por los mandos, tras la española: «aquí tiene muy buena reputación, y particularmente la napolitana, aunque no se puede comparar con la española en opinión ni en valor».

Los irlandeses eran, con diferencia, los favoritos, porque «se aunan y acompañan de bonísima gana con españoles, mejor que cualquier otra

La sala de guardia (1641), óleo sobre lienzo de David Teniers el Joven (1610-1690). Rijksmuseum, Ámsterdam.

nación». Debido a ello, se les reconocía un status sui generis: «tienen los soldados irlandeses, por merced particular de mucho tiempo, que sus soldados son admitidos en las compañías de los españoles, y en los puestos y en las ocasiones se mezclan con ellos, como si todos fuesen una nación, y merécenlo porque son muy gallardos soldados». Aunque un tanto montaraces: «de casta de silvestres y de fieras, cubierto el cuerpo de cintura abajo, lo demás desnudo, con zancos o pértigas de que, levantados en alto, usaban para desguazar los ríos, sobreponiéndose a los otros largamente, y amenazando con arcos y flechas». Esta descripción corresponde a irlandeses al servicio de Inglaterra, muchos de los cuales se pasaron luego al bando español, pero resulta extraordinariamente gráfica.

En el caso de los ingleses y escoceses católicos, había sospechas sobre su lealtad por dos motivos. El primero, porque muchos de ellos se habían pasado del ejército enemigo, y se temía que volvieran a sentir la tentación de cambiar de lado. El segundo, porque se sospechaba que entre ellos se ocultaban muchos «herejes». No obstante, se tenía a ambas naciones por «valerosísimas, y las veces que han servido allí nunca han hecho cosa mala».

En cuanto a los valones, eran «bonísimos para expugnaciones de tierra, si tienen cabezas de valor» y su arcabucería, como la italiana, disfrutaba de acreditada fama. Era, asimismo, «muy honrada y valerosa (nación)», que «se ha señalado y combatido valentísimamente», y «algunos de ellos han hecho en Flandes cosas muy señaladas». Se lamentaba, no obstante, su falta de disciplina: «si como tienen el ánimo y osadía fueran tan obedientes como los españoles, las harían muy mayores» y se afirmaba que eran especialmente codiciosos en los saqueos, en los que registraban escrupulosamente a todos los ciudadanos de cualquier sexo o edad, «persuadiéndose que en cada pliegue de la saya o basquina han de hallar cantidad de escudos».

El que en Flandes se movieran en terreno propio tenía repercusiones inevitables. Se hablaba de favoritismo de las autoridades locales hacia ellos, señalando que «los señores de los Estados favorecen a alemanes y valones». Por su parte, los holandeses, como vecinos, les daban un trato mejor. En la derrota de Tournhoult, cargaron gritando «salva valón», dándoles cuartel, mientras que pasaron a cuchillo a los italianos. También, lógicamente, tenían más tendencia a desertar que las tropas venidas de España o de Italia, por estar más cerca de sus casas.

La familiaridad con el territorio presentaba, de otro lado, ciertas ventajas: «borgoñones y valones son muy buenos soldados, y para la guerra que se hacen unas fronteras a otras son mejores y de más provecho que los españoles, por, demás de saber la tierra, con la lengua, que es casi francesa, tienen más inteligencia que las otras naciones». También era un dato a su favor, en los Países Bajos, que fueran tropas «más baratas y más a mano» que las reclutadas en el sur de Europa, por lo que en una emergencia se podía acudir a ellas, levantando rápidamente unidades de valones, lo que, desde luego, no resultaba posible ni con españoles ni con italianos.

Ciertamente hubo casos de deserciones al enemigo, pero en términos generales, las unidades valonas, que en ocasiones tuvieron que sentir que sus lealtades se dividían en la guerra de Flandes, que en parte era civil, mostraron una notable lealtad a la corona. No en vano Felipe V, cuando decidió formar una guardia real de nueva planta a principios del XVIII, incluyó en ella a tantos valones como españoles, privilegio que no hizo extensivo a ninguna otra región de sus dominios.

Parker ha estudiado la entidad numérica de los diferentes contingentes que integraron el ejército de Flandes. Mencionando únicamente dos de los años que ha analizado, y despreciando las centenas, se ve que en 1587, sobre un total de sesenta y un mil hombres, había cuatro mil españoles, otros tantos italianos, mil borgoñones, veintiséis mil alemanes y veinte mil valones, además de caballería. En 1627, de sesenta y nueve mil, seis mil españoles, cuatro mil italianos, dos mil borgoñones, cerca de dos mil británicos (la mayoría irlandeses), veinte mil alemanes y veintisiete mil valones, más caballería. Salvo épocas muy concretas, las dos últimas nacionalidades citadas suponían en torno a las dos terceras partes de toda la infantería.

Respecto a las naciones enemigas, hay que destacar la enorme admiración que existía hacia los turcos, sobre todo los jenízaros, a los que se llegó a proponer como «espejo» o ejemplo a imitar por los españoles. Se aplaudía su «esfuerzo», «templanza», honestidad y disciplina. También, su valor, aunque, a veces e injustamente, se atribuía a que combatían borrachos de aguardiente «y de una raíz que comen llamada apium». Obras como El viaje de Turquía popularizaron la imagen de un imperio otomano poderoso y rigurosamente organizado, y los múltiples combates en el Mediterráneo dieron ocasión de que los tercios comprobaran la calidad de las tropas de la Sublime Puerta. Nunca comprendieron la crueldad de que hacían gala, pero tampoco dejaron de respetar su arrojo y su entrega a su señor y a su religión.

Los suizos, en cambio, les impresionaban poco. Tras haberles batido en Italia y haber impuesto un modelo militar inspirado en el helvético, pero superior, se les tenía poco respeto. Eran «una milicia embarazosa» y quisquillosa, que –por ejemplo– estando al servicio del Papa, aliado a los españoles– «rehusaron entrar en Francia contra rey declarado», porque Enrique IV había sido ya proclamado. Si las capitulaciones de los tudescos eran complejas, resultaban sencillas comparadas con las de los esguízaros, gente de «más gasto que provecho: no va a los asaltos ni a las escoltas; no abre trincheras, ni toma la zapa y la pala para más que fortificar su alojamiento». En una palabra, eran «malos de contentar». Lo más que se reconocía, aunque con escaso entusiasmo, es que «mucho valen sus picas», pero se añadía que «poco caso se debe hacer de sus arcabuces».

Hasta cierto punto, los españoles pensaban que los suizos eran lo contrario que ellos. Alardeando de servir para todo, en tierra, mar, trincheras o murallas, desdeñaban a unas tropas que no se movían un ápice de sus contratos. Presumiendo de su flexibilidad, repudiaban la rigidez suiza. Si bien la piquería helvética jugó un papel destacado en algunas campañas de Carlos V, cuando el modelo español no había llegado a su grado máximo de madurez, posteriormente desaparecería de los ejércitos de sus sucesores. Parma hizo un breve experimento con ella, y se arrepintió de haber reclutado unidades tan complicadas. También se aliaron suizos a principios del siglo XVII para guarnecer Milasenado, con tal mal resultado que se les acusó de «infidelidad y cobardía». Es curioso que, cuando en el XVIII los Borbones de España volvieron a alistarlas, en términos generales, se mostraron poco satisfechos con sus servicios, al contrario que sus primos de Francia, que siempre las tuvieron entre sus tropas más leales.

De los escoceses al servicio británico, ha quedado constancia sobre todo de su ferocidad y exotismo: «eran de ver los escuadrones de escoceses, los cuales, o por ostentar la audacia o por no poder tolerar el calor… arrojados los vestidos, con sola la camisa y aún desnudándose algunos de ellos, y retorciéndola de la cintura abajo, andaban poco menos que en cueros». Se trataba, posiblemente, del «belted plaid», que evolucionaría luego hasta el kilt actual.

En cuanto a los franceses, no se les tenía por muy sólidos, a veces injustificadamente. Se les llegó a reprochar, por ejemplo, que «todas las veces que pueden dormir en cama, lo hacen», lo que parece exagerar la crítica.

Normalmente, se establecía una clara diferencia entre los peones y los jinetes. De estos se resaltaba que «la nobleza y los caballeros particulares de Francia sirven en la caballería», y que combatían «cara a cara, como convenía a la nobleza de Francia». Se deploraba, en cambio, «la dificultad con que se sujetaban… aunque eran gente de valor». Son continuas las referencias a la «impaciencia francesa»; «es imposible quitar de salir a escaramuzar»; «de naturaleza impaciente y regalada, que sufre dificultosamente largo tiempo el trabajo de la guerra, en llegando a ser demasiado grande y continuo». Esto se debía a que «como no tenían por oficio ser soldados, no las sufrían como los que lo son», en criterio de un español envuelto en su orgullo de profesional, como todos los miembros de los tercios y que, desde esa perspectiva, miraban por encima del hombro incluso al más encopetado noble que practicara la guerra a la antigua, casi por afición y de forma esporádica.

Se advertía contra «su primera furia acostumbrada», pero, pasada esta, no era tan complicado batirlos, dado que «después tiene ruines medios y peores fines… así se dice la furia francesa, porque no dura el primer movimiento». Resulta curioso que, escribiendo más de un siglo después, durante la Guerra de Sucesión española, el capitán inglés Parker repitiera casi literalmente este juicio, aunque sustituyendo «furia» por «fuego»: «el fuego, por el que los franceses se han hecho notar tanto en los primeros asaltos… pero, una vez que son rechazados, su fuego inmediatamente disminuye».

Los infantes, eran «más diestros en defender asaltos que en darlos», «gente muy ordinaria y de poca estimación la que sirve en la infantería, y de menos obediencia, y no es posible soportarlos, además de no tener ninguna disciplina, por ser gente de esta calidad».

Durante el XVI Francia tuvo, en efecto, un ejército muy inferior al español, de corte casi medieval, basado en una caballería noble y en una infantería nacional improvisada o extranjera mercenaria de cuyos integrantes se ha llegado a decir que eran «como bandidos». Enrique IV y Sully iniciaron una reforma, «buscando inculcar las cualidades «españolas»de resistencia y habilidad» a esas tropas, pero las décadas de guerras civiles que vivió el país frustraron en gran parte sus esfuerzos. La firme mano de Richelieu reemprendería la labor, aunque se ha escrito que en la época de Rocroi, «si bien existía algo que se podría llamar un ejército francés, no fue sino hasta Louvois que pudo ser organizado y merecer ese título, pero aún entonces siguió estando formado en gran parte por mercenarios». Es indiscutible, no obstante, como se vio en la mencionada batalla, que para 1643 sus fuerzas montadas habían alcanzado una abrumadora superioridad sobre las españolas, mientras que su infantería contenía unidades organizadas permanentemente, y no ya levantadas para cada campaña.

Al hablar de los holandeses, también se marcaban diferencias, pero no entre las armas, sino entre las clases de tropas. De las regulares, se destacaba lo «bien que defienden las baterías» y los «hermosísimos escuadrones» que formaban. Se respetaba a sus soldados viejos, pero se decía con ironía que acostumbraban «contra toda buena astrología a dividirles los meses en cuarenta días» a efectos de calcular sus sueldos, y que se les pagaba en «manteca y cerveza». Lo que era verdad, aunque los españoles tuvieron que recurrir a fórmulas similares para reducir los gastos de la eterna guerra de los Países Bajos, cuyo desorbitado costo puso a prueba incluso la hacienda de las muy prósperas Provincias Unidas.

«En ningún momento de la guerra, ni siquiera en los sangrientos años setenta del XVI, dejaron los oponentes de mirarse mutuamente con respeto». En efecto, holandeses y españoles reconocían sus respectivas virtudes. Unos y otros eran infantes particularmente correosos y sufridos, y nada despreciables enemigos. Hasta en esos «sangrientos años», cuando ambos bandos se hacían una guerra sin cuartel, se ve al implacable Fadrique de Toledo expresar su sorpresa y admiración hacia las entonces poco fogueadas tropas de Guillermo de Orange: «se trabó escaramuza, la cual fue tan buena que nunca pensé yo que tenían estos herejes gente que así lo supiera hacer».

Muy otra era la opinión sobre los «vrybuters (por «vrijbuiters»), que son soldados que sin darles sueldo sirven a los rebeldes por solo las presas y los robos que podían hacer», a los que se degollaba sin vacilar, como ladrones «porque no tiraban ni recibían sueldo». Sus actividades, incontroladas, acabarían siendo una pesadilla para todos, incluido su propio lado.

Se habrá constatado en las anteriores páginas la frecuencia de las referencias a los sueldos. Y es que para los españoles, a pesar de las exigencias de su reputación y del carácter elevado que daban a su profesión, era algo fundamental, que definía a esta: alguien «sin sueldo no sería soldado, sino considerado hombre de mala vida»; «del sueldo o soldada que ganamos nos viene el nombre». El verdadero militar se caracterizaba por tres cosas: tener plaza, sueldo y servir bajo bandera. De ahí, la consideración hacia los regulares holandeses, a los que se tenía por iguales, y el desprecio a los «frabutes» y a los infantes franceses. Pero también a los suizos, por su demasiado aprecio al dinero.

Porque a las anteriores características del soldado había que añadir la lealtad y el espíritu de servicio, que les obligaba, en pura teoría, a permanecer en filas, aunque no se les pagase, dado que tenían que «sentir mucho la necesidad y trabajos de su rey… y tener mucha paciencia si el sueldo o pagas se entretuviese por cosas que se ofrecen». En el capítulo siguiente se verá que esta exigencia de resignación tenía, en todos los ejércitos, unos límites.

5

DISCIPLINA

Se han ahorcado tantos, que creo que han de faltar sogas.

Alba al rey, desde Portugal, 18 de julio de 1580

No era tarea fácil sujetar a la disciplina militar al tipo de hombre que reclutaban los tercios. De un lado, con un cristalino sentido del honor, de su reputación y de su propia importancia. De otro, «despreciadores de la muerte», acostumbrados a vivir «con la hostia en la boca, el Cristo en las manos y la muerte en los ojos». Hombres, además, que se pasaban meses en campaña, marchando sin cesar, deteniéndose solo para dar una batalla o para enterrarse durante meses en el barro de las trincheras. Se afirmaba que «más ocasiones de delinquir tienen los hombres de guerra que ningún otro género de gente».

Había que diseñar para ellos un sistema punitivo que fuese duro, pero que, simultáneamente, respetara su muy particular idiosincrasia.

Básicamente, el marco jurídico en el que se movía el soldado era el siguiente. En virtud del «privilegio militar», excepto en casos muy concretos (por ejemplo, temas hipotecarios), «ningún soldado podrá ser reconvenido ni llamado a justicia por ningún delito» sino ante jueces militares. Tampoco estaban sujetos a la legislación propia del territorio donde operaban o se alojaban, «porque los soldados que sirven debajo de la bandera, a cualquier parte que vayan, han de tener siempre las mismas leyes, costumbres y principios», para no «mudar a cada paso de leyes» y debido a que «tampoco conviene a la autoridad de la disciplina militar que los soldados estén sujetos a las leyes y costumbres de las provincias donde hacen la guerra».

La justicia militar, que debía ser «breve», sumaria, sin admitir dilaciones «que no conviene a la soldadesca ni a la milicia», comprendía dos instancias. La superior se encarnaba en el auditor general en quien el capitán general, comandante en jefe del ejército, «descarga todos los negocios y causas de justicia». Su competencia se extendía a «la cognisción, jurisdicción y determinación de todos los casos, querellas y delitos que acontecieren entre soldados y gente de guerra», pertenecientes a unidades distintas. También a «todas las causas que importen pena de vida». Actuaba como tribunal de última instancia, de forma que no cabía apelación contra sus sentencias, aunque el capitán general se reservaba el derecho de gracia.

A un nivel inferior estaban los simples auditores, que tenían «jurisdicción civil y criminal» sobre todos los miembros de un tercio. Una excepción era cuando se tratase de casos en los que estuviese en juego la vida o la honra de «capitán, alférez o persona principal», que eran competencia del auditor general. Podían, en cambio, en ausencia de este, actuar en delitos castigados con la pena de muerte, excepto «si se tratase de la vida de una persona de calidad o notable». Asimismo, intervenían si se trataba «de algún caso repentino que convenga ser luego castigado, para que sirva a otros de ejemplo, sin que sufra dilación». Estaban obligados a informar al auditor general de todas sus actuaciones.

En los llamados «casos mixtos», que afectaran a civiles y militares, la norma era «la intervención de ambas justicias, pero la sentencia se dará por el juez del preso». En principio, la jurisdicción militar no tenía competencia sobre los paisanos, salvo en asuntos de «traición o caso atroz contra el servicio del rey y la seguridad de la milicia», pudiendo actuar en esos supuestos, a no ser que fuese requerida por la ordinaria para que entregara al acusado.

Para ejercer sus funciones, auditores generales y simples contaban con escribanos y alguaciles. También podían disponer del capitán barrachel, entre cuyos ayudantes, como es sabido, figuraba un verdugo.

Todo parece indicar, sin embargo, que los soldados, como sus compañeros de siglos pasados y futuros, desconfiaban profundamente de la negra gente de toga, siempre dispuesta a emborronar resmas de papel que, a sus ojos, únicamente servían para embarullar las cosas. Desde luego, los mandos tendían a compartir este desprecio, temiendo además los retrasos que implicaba un proceso en buena y debida forma, distanciando la falta de la pena, lo que nunca ha sido aconsejable para el mantenimiento de la disciplina.

No obstante, a veces se recurría a ellos, sobre todo para delitos graves, pero que no exigían una sanción inmediata.

Sin embargo lo más frecuente, para las faltas habituales, era imponer el castigo en el momento, creándose de esta manera una especie de sistema paralelo, relativamente informal, pero no menos eficaz. En efecto, da la sensación de que un número elevadísimo de casos de indisciplina se resolvían rápidamente, sin papeleo engorroso, a nivel de compañía. Los mecanismos oficiales se activaban, en cambio, para los delitos verdaderamente graves, y ni siquiera todos ellos pasaban por los canales reglamentarios, sino que a veces se recurría a métodos expeditivos, dictando sentencia sobre el terreno, sin mayores trámites.

Lo importante era mantener la disciplina ciega en la que, hasta la tropa lo reconocía, residía en gran parte la superioridad de la infantería española. El coraje se suponía, pero no bastaba: «aunque el valor de la nación española es tan conocido, no se pueden con él solo alcanzar victorias». A la pregunta que se hace Williams: «¿Qué es lo que hace que la disciplina española sea tan famosa?», él mismo se contesta: «su buen orden». Tan rígida podía ser que, cuando en la segunda mitad del XVII, época en que ya se había relajado, el futuro Jaime II de Inglaterra apremia al príncipe de Ligne para que ataque sin tener instrucciones de hacerlo (ambos servían en el ejército de Flandes), este le responde «que no sabía hasta dónde podía llegar la severidad española; que atacar sin órdenes le podía costar la cabeza», a pesar de su alcurnia.

El soldado tenía que recordar que «el día que asienta su nombre en la lista de su rey, tira su sueldo y empieza a gozar de él… ha de entender que se despoja de la libertad». Pero esa «obediencia» tenía dos límites. El primero, consistía en que solo era exigible «en el servicio del rey». Fuera de este, el oficial se convertía en un hombre, igual que el soldado, y carecía de potestad para reprenderle, que los grados no se daban para abusar de ellos, sino exclusivamente por razones funcionales. Gracias a este sano principio, el alférez Contreras, aunque había dado a su capitán una estocada que le puso a las puertas de la muerte, no fue decapitado, porque se habían batido por una mujer, lo que «no era cosa tocante al servicio del rey».

Había otro factor tan esencial como la disciplina, y que también era vertebral en los tercios: la honra. Por consiguiente, a la hora de castigar a un hombre había que hacerlo de manera que no la perdiese, a no ser que –por el delito cometido– se le considerase indigno de seguir en las filas. Se trataba, pues, de reprimir de forma inmediata, contundente y de modo que se dejase a salvo la reputación.

Esta última exigencia implicaba limitaciones adicionales en el ejercicio del poder por parte de los mandos. Ante todo, y en la medida de lo posible, había que amonestar al culpable en privado, «en secreto», para no avergonzarle innecesariamente ante sus pares. De ahí que fuera conveniente que el sargento mayor hiciese solo sus rondas de las guardias, para poder reprender sin testigos a los centinelas. Lo mismo se hacía con los oficiales, a los que se debía llamar la atención «en oculto lugar, a solas».

Otro aspecto a tomar en consideración era el instrumento de castigo, para que no fuese afrentoso. El soldado no debía ser insultado, ni menos abofeteado: si un superior «le diese puñada o mentida... no le ha de conocer obediencia como oficial»; «no hay cosa alguna de que el español reciba más disgusto ni sienta más que la mala palabra».

Desde luego, estaba totalmente excluido «a ninguno azotar». Además, «a los soldados no se les castiga con palo». Como hemos visto más arriba, se afinaba tanto en esta materia que hasta se discutía si el bastón del sargento mayor era infamante o no. Londoño piensa que se puede utilizar sin compunción para castigar. Eguiluz opina lo contrario. A lo más que llega es a decir que el soldado no tiene que sentirse ofendido si, accidentalmente, se le rozaba con él, hasta ese extremo era la tropa celosa de su honra.

No todos, sin embargo, consideraban infamante el palo. Los alemanes y los valones, «con el bastón o palo, que dicen que es del gobierno y mando, permiten ser castigados».

Lo que nadie discutía era que el honor del soldado tenía que quedar a salvo, ya que era algo inherente a la profesión, «porque sin honra no se puede servir al rey». A este respecto, también había diversidad de criterios sobre la pena de la cuerda. Londoño, lisa y llanamente afirma que no se podía «dar la cuerda para dejarle más ser soldado, que los dignos de semejante pena son indignos». Eguiluz introduce un matiz: se podía aplicar en privado, sin mayores consecuencias, pero en público, solo cuando el que la sufre «no sea para el servicio del rey», es decir, haya dejado de ser considerado soldado.

Caso distinto era si «se le da por vía de tormento, que entonces no pierde nada de su honra». Así era, se trataba de una fase normal de ciertos procedimientos judiciales y, como tal, no afectaba al honor del individuo. Duque de Estrada y Castro reconocen haberla sufrido (el primero ha dejado una descripción pavorosa) y ninguno de ellos lo tienen por baldón, sino como algo habitual.

Había que descartar, por tanto, el insulto, la bofetada, el palo y la cuerda. Quedaba nada más que un instrumento: «más presto se le hiera con la espada que soltar la lengua ni las manos»; «españoles e italianos quieren que les castiguen con la espada»; «el soldado es bien que sea castigado con el arma». Esta era la reglamentaria, según los grados: el sargento mayor y el capitán, con jineta y espada; el sargento «con la alabarda o jineta». Según algunos, el cabo con la espada, aunque otros creían que no podía ir más allá de «amonestación y represión». Aunque resulta extraño, parece que estos métodos se empleaban también con los oficiales. Entre las características que Scarrion de Pavía pide del maestre de campo figura que «tenga brío para poder reprender y castigar a un capitán con su espada y persona, y no por justicia, que no puede sin orden del general». Es decir, el mismo sistema que el aplicable a la tropa en caso de flagrante falta que exigiese ser reprimida en el acto, sin esperar a un proceso formal. En cambio, valones y alemanes no toleraban ser reprimidos con el acero, y si un superior intentaba hacerlo, le plantaban cara e incluso se consideraban con derecho a procurar matarle.

Teniendo en cuenta la contundencia del instrumento aceptable para los españoles, se recomendaba que se emplease «sin cólera», y «de manera que no matasen ni mancasen los miembros necesarios para el manejo de las armas».

El problema era que convenía que el castigo se aplicase «en la fragancia del delito», y entonces eran de temer tanto la ira del oficial como la del soldado. Para evitar las consecuencias de la una y de la otra, se sugería que el inferior saliera corriendo, y aguardara a que su superior se tranquilizase. A ningún precio debía «acordarse de su espada», porque si «pudiéndose desviar pusiese mano a la espada y esperase» al oficial, la pena de muerte era segura, habida cuenta que «es el mayor delito de la milicia perder respeto a los superiores». Lo comprobó, por ejemplo, un soldado, que en junio de 1568, marchando de Bruselas a Malinas, se atrevió a echar mano a su arma contra un sargento. Fue inmediatamente ajusticiado, y su cadáver puesto en una carreta, con un escrito detallando su delito. El tercio entero desfiló ante él, para que la tropa aprendiera la lección.

Por su lado, el oficial tampoco debía perseguir al culpable, sino dejarle que huyera, ya que «el soldado, con la rabia que lleva consigo y el temor a ser maltratado, podía revolverse y meterse por su espada fácilmente».

Con estos prudentes consejos a ambas partes se buscaba poner ciertos límites al carácter letal de las armas como instrumento de disciplina y al explosivo temperamento de los integrantes de los tercios.

Porque no se reconocía a los mandos un derecho irrestricto de vida y muerte sobre sus hombres. Aparte de que, como se ha mencionado, únicamente podían castigar «en negocio tocante a la orden», y nunca «fuera del servicio de las banderas», y de que debían controlar su carácter, se pedía de ellos que no fuesen vengativos y que recordasen que «no menos obligación tienen los oficiales a ser humildes y bien criados con los soldados, que los soldados de serlo con ellos». Se exigía «que se moderen en el castigo de los soldados, y que sea de manera que no los maten, ni manquen de sus miembros necesarios para el servicio de S.M.».

Además, tenían que saber dar muestras de cierta flexibilidad: «no todas las cosas se han de llevar con el soldado por todo rigor». En la Guerra de Granada se dio un buen caso de aplicación de este criterio, incluso en algo tan grave como la abierta cobardía. Cuando unos hombres, en vez de combatir, se escondieron en una torre, su superior, al enterarse de que eran bisoños, les dice: «no me maravilla que los que no conocéis la condición de los moros y no os habéis visto con ellos, temáis sus gestos y algarazas; más pues sois españoles, y no os falta otra cosa para ser soldados sino haber tratado con moros, la penitencia que os quiero dar por el descuido que habéis tenido es que recogéis todos los cuerpos muertos y los amontonéis y los queméis, porque de esta manera perderéis el miedo que tenéis cobrado». Se trató de un excelente ejemplo de dotes de mando, y de comprensión ante el estado de ánimo de unos reclutas arrojados a una campaña feroz.

Más discutible es lo que sucedió en 1578, ante Philipville. Se produjo una alarma, y cuando el escuadrón se estaba formando, un soldado se salió de filas para irse contra el enemigo. Su capitán le ordenó que regresara a su puesto. Se negó. El oficial le tiró una cuchillada, y le contestó con dos que «de no repararse, le matara». Fue arrestado sobre la marcha y condenado a ser decapitado, por decisión directa de don Juan de Austria, actuando —como se ha comentado que se hacía en ocasiones—, no en calidad de segunda instancia, como pedían las normas, sino de primera y última. Farnesio, que se encontraba en el ejército, intercedió para que anulara la sentencia, «por el valor y el deseo» mostrado por el soldado, que había actuado «con honrado intento, no acordándose de la obediencia» en sus ansias de combatir.

Por dos veces, Don Juan rechazó la petición. A la tercera, accedió, «algo enojado y con libertad comedida, envuelta en mucha cólera». El soldado fue puesto en libertad, cuando «el verdugo tenía el alfanje levantado» y él, «el bonete sobre los ojos».

Cuando le correspondió mandar, Farnesio raramente mostró tanta flexibilidad, quizá recordando lo que le dijo el de Austria en el sentido de que si no mantenía la disciplina, los soldados «algún día le pondrían la mano a él».

Don Juan de Austria (1567), óleo sobre lienzo de Alonso Sánchez Coello (*ca.* 1532-1588). Convento de las Descalzas Reales, Madrid.

No obstante todas las apelaciones a que los oficiales combinasen el rigor con la prudencia para evitar los excesos, estos se producían. Hubo casos de mandos que llegaban a «romper la cabeza del soldado» con la jineta, o que asestaban tales estocadas que «se le veían los sesos», inflingiendo «bestiales e inconsiderados castigos» con alabardas y espadas, «hiriendo, estropeando y aún matando muchos soldados por causas muy ligeras». Existían oficiales «que se persuaden de tener poder absoluto sobre las vidas de los soldados, dándoles heridas mortales o mancándoles de sus miembros muchas veces por causas ligeras y de poco momento o, lo que es peor, por ofensas particulares». Los que así se comportaban olvidaban, además, que solo el maestre de campo y los grados superiores tenían potestad para quitar la vida a un hombre, a no ser que se tratase de casos muy graves, como la traición y ello únicamente cuando las circunstancias no permitían arrestar al culpable. Este, si la falta era grave y no requería un castigo inmediato, debía ser arrestado para que la pena se impusiera «por orden y vía de justicia», es decir, por los órganos judiciales.

Por supuesto, el problema en gran parte residía en el empeño de aceptar como medio para el castigo, exclusivamente, algo tan peligroso como un arma de guerra, hecha para matar. Pero se trataba de una servidumbre más de la obsesiva reputación. Se veía algo noble en el acero (la forma normal de ejecutar a un aristócrata era la decapitación, no la horca, considerada infamante), y los soldados de los tercios, presos de su alto concepto de sí mismos, preferían que los «mancaran», antes de ser castigados con procedimientos menos brutales, pero más próximos a los que se aplicaban al común de los mortales, tan despreciado por ellos. Un infante, condenado a perder una oreja por haber sido sorprendido robando (lo que, por cierto, es un ejemplo de esa justicia informal, ya que dicha pena no estaba prevista en la normativa), exclamó: «¡Una oreja, pesía tal! Más querría yo morir que sufrir tal afrenta». Su capitán, comprensivo, mandó que le pasaran por las armas, diciendo: «concédase esta gracia a este soldado tan deseoso de honra».

La gama de los delitos posibles era amplísima. Sin ningún ánimo de ser exhaustivos, habría que mencionar la traición y «pláticas con el enemigo», deserción al bando contrario, simple abandono de las unidades, insubordinación, pérdida del respeto a las banderas y a los «cuerpos de guardia», asesinato, «fuerza en las mujeres», «pecado nefando», robos –sacrílegos o no–, pillaje, incendio doloso, venta de armamento y equipo, pendencias, blasfemias, y todo el capítulo de faltas menores a la disciplina, así como los distintos tipos de fraude en relación con las muestras y los alojamientos. Cualquiera de los bandos que los capitanes generales publicaban periódicamente contiene una lista, que sorprende por sus dimensiones, de los muchos hechos punibles que podían perpetrar los integrantes de un ejército.

Como métodos de ejecución para las infracciones más graves se recomendaba que «ahorcarse, debería a solo traidores, ladrones y amotinadores, cortar las cabezas a los que cometieran otros delitos dignos de muerte». El texto entrecomillado merece por lo menos dos comentarios. El primero es que, como enseguida veremos, los soldados que se pasaban al enemigo, una de las más claras formas de traición, no eran colgados, por regla general. El segundo es la mención de «amotinadores», no de «amotinados», que establece una distinción que no siempre fue respetada. Hubo casos en que tanto estos como aquellos quedaron impunes. En otros, ambos fueron castigados.

En general, la impresión es que los mandos tenían una extraordinaria libertad de actuación a la hora de reprimir los desafueros, lo que a veces se traducía en que un mismo delito se castigara de forma distinta, según el criterio personal de quien lo imponía, lo que tendía a introducir un elemento de incertidumbre nada conveniente.

Uno de los más graves era la deserción. Oficialmente, estaba penado con la muerte, pero en la práctica se distinguían claramente tres situaciones distintas, según implicara pasar a un ejército aliado, al enemigo o, simplemente, dejar la profesión militar.

Aunque relativamente raro en los dos primeros casos citados, no era un fenómeno desconocido en los tercios, si bien se aseguraba que los hombres que incurrían en ellos con mayor frecuencia no eran auténticos españoles, sino personas que se habían alistado haciéndose pasar por tales, como los ya mencionados franceses residentes en Cataluña y Aragón, los mochileros, muchos originarios de Flandes o de Francia, y los moriscos. En cambio, era indiscutible que sí que eran verdaderos españoles los que practicaban la deserción en su sentido más simple, y más frecuente, de limitarse a abandonar las banderas para regresar a sus hogares.

Podían ser varios los motivos que llevaban a un hombre a dejar su unidad. Uno de ellos era el económico. En los presidios africanos, por ejemplo, el soldado podía acumular tales deudas simplemente comprando alimentos a cuenta, que no le quedaba sino pasarse al enemigo, aunque ello implicara apostatar de su religión. Por otro lado, ante los sistemáticos retrasos en las pagas, no siempre resultaba fácil resistir la tentación de sentar plaza en otro ejército, cuando además podía conllevar un ascenso, dado el prestigio de los tercios. Por esta causa se produjeron, por ejemplo, deserciones a las fuerzas imperiales, que al ser aliadas de España no planteaban graves conflictos de lealtades. Lo mismo sucedía con el ejército católico francés, durante las guerras civiles del vecino país. Fue lo que hizo un soldado de nombre Vega, que tras haber tenido el grado nada oficial de sargento mayor en un motín, se enroló con los franceses, que le dieron ese empleo, esta vez con carácter regular.

Haber participado en un motín era, en efecto, otra de las razones que impelían a un hombre a dejar su unidad, sobre todo si había desempeñado un papel significativo en él. Jugaban también factores como «por desdeños o por pendencias y delitos que han cometido». Probablemente el desertor de mayor rango que actuó impulsado por uno de estos móviles fue el capitán Alonso Luis Fajardo, que se enfrentó con su sargento mayor, «cosa pocas veces o nunca vista». Afortunadamente para este, su agresor era de corta estatura, por lo que solo acertó a dar dos o tres golpes con la jineta al caballo que montaba. En vez de ser decapitado en el acto, se abrió juicio contra Fajardo. Aprovechando un descuido del centinela, huyó, entrando a servir en las filas del duque de Saboya. El capitán mandaba una compañía de arcabuceros, fuerza de élite por excelencia, lo que hizo que lo sucedido fuese todavía más escandaloso, pero ante la alternativa entre la deserción y la muerte segura, la elección le debió parecer evidente.

Al parecer, en estos casos, frecuentemente las autoridades cerraban los ojos, y no pedían a sus aliados la entrega de los desertores, para hacer justicia con ellos, aunque a veces también se llegó a acuerdos para la devolución de estos hombres.

Muy distinto tratamiento tenía el pasarse al enemigo, aunque no fueran diferentes las razones para hacerlo. Notable ejemplo de «desdeños» como móvil, fue el de un mulato de Andújar, Alonso Venegas. Se trataba de un soldado ejemplar que «se preciaba de andar mejor armado que otros», lo que —es sabido— suponía que se le prefería a la hora de formar en las primeras hileras del escuadrón, las más prestigiosas. Ello provocó la envidia de sus compañeros y de algunos superiores. Así, un ayudante de sargento mayor le obligó cierto día a dejar el puesto que le correspondía. Venegas, irritado, le desafió, «no como a oficial, sino como a soldado», recibiendo a cambio una respuesta despectiva, cargada de connotaciones racistas. Convencido de que entre los españoles no encontraría justicia, se pasó a los holandeses, recibiendo el grado de capitán. Con ese mismo empleo figuraron en las filas enemigas otros hombres, como Alonso López y uno llamado Manzano, que se distinguió defendiendo Maastricht contra sus compatriotas. Castrillo fue otro desertor que alcanzó el grado de teniente de caballería, mientras que un tal Llera fue alférez. Entre los simples soldados figuró uno de nombre Bartolomé de Cabañas.

Los que tuvieron la mala suerte de caer en manos de sus antiguos compañeros de armas fueron ejecutados fulminantemente, que la nación española era «celosa de que los soldados no desamparasen las banderas sin causa justa», y estimaba que las deserciones al enemigo era un baldón que ponía en entredicho la reputación de toda ella. Manzano, cuando fue capturado, pidió él mismo «que le matasen como a soldado, y así lo pasaron por las picas». Igual le sucedió a Llera. Su unidad fue capturada por un destacamento católico integrado por hombres de varias nacionalidades. Los españoles renunciaron a la parte que les correspondía en los despojos de la misma a cambio de que se les entregara al desertor, que fue ajusticiado con las picas. Hubo otros que acabaron arcabuceados.

Es notable que a todos ellos, al parecer, se les aplicaran castigos reservados a los soldados. Pasar por las picas era, efectivamente, «pena que la infantería española acostumbra a dar cuando el delito del soldado es de calidad y merece que toda la nación en general se resienta de ello». Se realizaba con gran solemnidad, ante el escuadrón formado. Que murieran de esta forma, y no de manera infamante, indica que sus compañeros, a pesar de la magnitud del crimen que habían cometido, les respetaban como militares. De uno de ellos comentaron que fue «gran soldado e ingeniero», y de otro que era «uno de los más valientes soldados españoles que en su tiempo hubo». Sin duda, la tropa, en su fuero interno, encontraba justificados casos como el de Venegas, y, por ser profesional, no dejaba de valorar la competencia en otros soldados, con independencia de consideraciones sobre la lealtad o la subordinación.

La deserción motivada por el deseo de regresar al hogar o de abandonar la profesión militar tenía, en la práctica, un tratamiento completamente distinto. Incurrió en ella un porcentaje considerable de hombres, desengañados por el servicio, cansados de la disciplina o respondiendo a muy diversas consideraciones, entre ellas algunas poco atendibles, como el desencanto al ver que se prohibía el pillaje, o la cobardía . Eran tan frecuentes, en efecto, las deserciones en unidades que recibían órdenes de partir para un teatro de operaciones, que, para evitarlas, los mandos ocultaban hasta el último momento el punto de destino. Los saqueos provechosos o el pago de motines o de sueldos atrasados se traducían también en sangrías de hombres, que, encontrándose en posesión de una fuerte suma de dinero, preferían obviar su incierto futuro bajo las armas y decidían jubilarse por su cuenta. Normalmente, no se tomaba represalias contra los que actuaban de esta manera, aunque sobre ellos siempre pendía el riesgo de incurrir en la pena de muerte que, sobre el papel, estaba reservada a este delito.

Similar era el caso de los «tornilleros», en gran parte porque acostumbraban a actuar con la complicidad de los oficiales de una compañía. Las autoridades superiores, en cambio, veían con menos complacencia este tipo de fraude, que le costó la vida, en palabras de Calderón de la Barca «a más de un miserable soldado».

En principio, dejar sin permiso una unidad de infantería para sentar plaza en otra de caballería, o viceversa, también se castigaba. Al capitán se le imponía una multa de veinticinco escudos de oro, y al soldado, «pena de muerte u otra arbitraria», pero no parece que estas disposiciones se aplicaran de una forma rigurosa.

Había un último tipo de deserción: la que cometía un hombre descontento en una unidad, pero que no quería ni transferir su lealtad a otro señor, y aún menos si era enemigo, ni dejar la carrera de las armas. Entonces, abandonaba un ejército y se alistaba en otro, pero del mismo príncipe. Practicaron esta modalidad soldados de los tercios de Flandes, que pasaron a Bretaña, e ingresaron en las fuerzas españolas que mandaba del Águila. No se conoce que la justicia del rey les siguiera hasta allí. En todo caso, con los primitivos métodos de identificación personal de la época, les sería fácil servir con nombre supuesto.

Tan reprobable y tan rigurosamente castigada como la deserción al enemigo, era la venta de una plaza a este. No se conocen ejemplos de españoles que lo hicieran, «por maravilla se ha visto que español natural haya entregado plaza a traición», pero sí lo intentaron dos destinados en la guarnición de Amberes. Descubiertos, fueron ahorcados en el momento. La pena infamante obedeció al desprecio por una acción que no implicaba valor alguno, y que ponía en peligro la vida de compañeros. En realidad, todo lo relacionado con la seguridad de una fortaleza o ciudadela era especialmente delicado, y como tal se castigaba. Un capitán español perdió el grado simplemente por haberse dejado relevar por otro, sin una orden expresa, fiándose de su palabra. Dolido por la medida, dejó el servicio, y se fue a las Indias. Quedarse dormido estando de guardia, se podía pagar con la vida, ya que se aseveraba que un oficial estaba legitimado para «echarle de la muralla abajo» al culpable. Otra alternativa era «encestarle», meterle en un cesto, que se colgaba en el cuerpo de guardia, lo que deshonraba al soldado e implicaba la expulsión del ejército.

También se quitaba la vida a los acusados de cobardía. Sabiéndolo, el hermano de un capitán que esperaba sentencia en la cárcel por haber abandonado en combate a su maestre de campo, le envenenó, «viendo que habían de darle muerte infame por lo hecho». En 1574, cuando seis españoles fueron atacados por más de un centenar de campesinos, uno de ellos, que huyó dejando a sus compañeros, fue ejecutado «con el rigor que castiga (la nación española) a los que dan muestras de cobardía», y «por castigo de la flaqueza que había hecho… y ejemplo de los demás».

El concepto de cobardía, en ocasiones, englobaba la falta de heroicidad. Cuando, en 1585, fracasa un golpe de mano contra Ostende, dos capitanes españoles estuvieron cerca de pagarlo con su cabeza, por considerarse que «debieron hacer pie en él (un rebellín) hasta morir todos».

Este juicio tan duro se aplicó a una intentona durante la cual se peleó con empeño, y en la que murieron dos capitanes valones. Es cierto, sin embargo, que sus colegas españoles habían hecho algo tan inadmisible como renunciar al puesto de vanguardia que se les ofreció, ya que entendieron que la operación estaba mal planteada y que iban a «la carnecería». No se les decapitó, pero pasaron un largo periodo en prisión.

Atentar contra la vida de un superior era, asimismo, un grave delito. Hemos comentado más arriba casos de sargentos mayores muertos por sus propios hombres, en combate, cuando era imposible localizar a los culpables. Pero si se les encontraba, no había perdón para ellos. El ejemplo más espectacular fue el intento de asesinato de todo un maestre de campo, Manuel de Vega, muy impopular por su rigidez en materia de disciplina. La idea era volarle en su alojamiento, para lo que dos soldados colocaron en él un cuerno lleno de pólvora, con una mecha encendida. Al ver que pasaba el tiempo, y que no estallaba, uno de los confabulados se acercó a la carga, pensando que la cuerda se había apagado. Con tan mala fortuna, que en ese momento reventó. Quedó seriamente quemado, pero aún así fue ahorcado inmediatamente. Su cómplice se dio a la fuga, desapareciendo. Lo singular es que de los dos, uno era hermano y el otro primo del sargento mayor del tercio, el célebre Cristóbal Lechuga, reputado artillero. Afortunadamente, pudo demostrar que no había tenido ninguna parte en el complot, ya que en un primer momento, y por razones lógicas, se sospechó de él.

El carácter casi sagrado de los cuerpos de guardia, por albergar las banderas del rey, se mantenía estrictamente. Un alférez del tercio de Leyva que, estando en dicha habitación, se atrevió a echar mano a la espada, fue condenado a ser decapitado. La sentencia llegó en apelación al auditor general, que la confirmó. No resulta extraño, ante una medida de ese tipo, que se permitiera allí algo en principio poco compatible con el servicio como era el juego. Si la disciplina se mantenía de forma tan draconiana, era el sitio perfecto para evitar las riñas que pueden llevar aparejadas los naipes y los dados.

Naturalmente, en campaña se extremaba el rigor. Simplemente por robar un carnero, tres soldados tuvieron que echar a suerte cuál de ellos iba a ser ahorcado. Aunque en casos extremos de penuria, los mandos se veían obligados a cerrar los ojos, si el pillaje respondía a una falta real de bastimentos y a verdadera necesidad, «siendo la falta de ella (la comida) el pretexto más disculpable de los desórdenes que cometen los soldados y los que menos se pueden castigar». Esto sucedió durante la campaña de 1584, cuando el ejército entero, desesperado, se dedicó a robar de forma masiva.

Únicamente se ahorcó a cinco hombres, uno por cada nacionalidad representada en el mismo, a pesar de que los culpables se contaban por cientos.

Para faltas menos graves, los mandos podían improvisar castigos extraoficiales. Por blasfemar, un soldado tuvo que pasarse una hora de pie, al sol, cargado con un morrión y un peto a prueba de balas, que pesaban treinta libras cada uno.

Junto a los delitos mencionados hasta ahora, menos el último todos de carácter militar, no faltaban los de índole civil. Entre otros muchos, riñas, «heridas maldadas», violaciones, robos, problemas de todo tipo con los paisanos, etc. Para ellos se recomendaba la intervención del auditor, mejor que los métodos expeditivos habituales, y la apertura de un proceso en toda regla.

A fin de ver la justicia militar en acción, posiblemente no exista mejor ejemplo que la campaña de Portugal de 1580, al menos por dos razones. La primera es que la dirigió el duque de Alba, conocido por su rigor. La segunda es que al tratarse formalmente de la incorporación de un reino a la corona de España, y no de una conquista, se dieron órdenes de extremar la disciplina, para que el ejército no malquistara a los habitantes, a los que se tenía no por enemigos, sino vasallos del rey. Estas instrucciones, combinadas con el temperamento del capitán general que las aplicó, ofrecen una oportunidad excelente de ver un caso extremo de cómo se intentaba controlar a la tropa en el curso de operaciones.

Los problemas se presentaron desde un primer momento, justamente por las características especiales de la campaña. El deseo de no enemistarse con la población, llevó a que se decidiera que, contra lo habitual, las tropas no vivieran sobre el terreno, sino que fueran abastecidas por la administración. A estos efectos, se hizo un enorme esfuerzo, movilizándose seis mil carros y trescientas acémilas. Pero ni con la mejor voluntad resultaba posible en la época alimentar con este procedimiento a millares de hombres durante semanas. El pésimo estado de los caminos, que llegó a inutilizar hasta cien carros diarios, complicó todavía más la situación. El sistema logístico, sencillamente, se derrumbó. La tropa, pronto hambrienta, se dedicó al pillaje, justamente lo que se quería evitar, y lo que más podía indignar a los habitantes.

Por su parte, Alba, atado por unas órdenes draconianas, puso en acción la justicia militar en campaña. El 29 de junio (se había entrado en Portugal el 27), ahorca a dos soldados españoles. A uno, por robar un haz de trigo, aunque el propio dueño pidió misericordia para el ladrón. Al otro, por maltratar a un vivandero.

Retrato del duque de Alba a caballo (*ca*. 1591-1632), grabado de Hessel Gerritsz. Rijksmuseum, Ámsterdam.

Las privaciones, especialmente sentidas por los bisoños, que formaban una gran parte del ejército, junto a la proximidad de los hogares, por lo que a los españoles se refería, acarrearon un problema adicional, la deserción, que en fecha tan temprana como el 18 de julio era ya lo suficientemente importante para que el duque recordara que «los desertores de las banderas tienen pena de muerte». Él mismo recomendaba, sin embargo, que no se ajusticiara a todos los que se cogiera, sino nada más que a dos o tres para dar ejemplo, ya fuera porque era consciente de que habitualmente no se aplicaba esa norma o porque, ante la magnitud del fenómeno, ponerla en práctica hubiera supuesto un número excesivo de ejecuciones.

Ese mismo día cayó Setúbal, casi sin resistencia, lo que no impidió que las tropas cometieran excesos. Alba, que como vimos en el caso de la reforma del tercio de Cerdeña, era partidario –y no sin razón– de achacar a los mandos las faltas de sus subordinados, mandó decapitar a un capitán y a un alférez italianos, y arrestar a dos oficiales del tercio español de Nápoles, que luego fueron privados de su empleo y sentenciados a servir diez años en galeras, sin sueldo. Hasta se planteó mandar a un castillo al maestre de campo de esa unidad, medida que hubiera provocado un enorme escándalo, pero este consiguió probar su inocencia. Seis soldados fueron ahorcados.

A pesar de estas medidas, cuando Cascaes se rinde incondicionalmente, también es saqueada. El 6 de agosto, el capitán general escribe que ha colgado a varios hombres, que tiene la intención de hacer lo mismo con otros, y que ha enviado a galeras más de cincuenta. Ocho capitanes fueron cesados. Solo once días después, con el ejército ante Lisboa, la situación no ha mejorado. El duque informaba que «no me bastan cuantas diligencias he hecho, cuantos he ahorcado, cortado cabezas, echado en galeras, para tenerlos en freno». Le parece imposible evitar el pillaje: «ayer se ahorcaron montones de ellos, y cada día se hace; no se les da más por ello que si les diesen de almorzar». Era, en verdad, gente agria, hecha a la muerte.

La caída de Lisboa también provocó algunos desmanes, que molestaron profundamente a Felipe II, quien había decretado, por razones políticas, que se evitaran a toda costa. Mucho peor fue lo que pasó en los arrabales de la ciudad, que fueron saqueados durante tres días seguidos. Se dice que Alba lo toleró, con el fin de que la soldadesca se desfogase allí, y respetara la capital, lo que logró en parte.

Pasado ese plazo, empezó a tomar medidas serias. Convocó a todos los mandos, exigiéndoles la máxima disciplina en sus hombres y amenazando con quitar el empleo a quien fuera preciso. Envió seis destaca-

«L'arquebusade» (1633), grabado de Jacques Callot (1592-1635) que muestra la ejecución de un soldado. Pertenece a la serie *Les grandes misères de la guerre*. Bibliothèque Municipale de Lyon.

mentos de caballería para que contuviesen a los saqueadores. Para ayudarles en su labor, mandó «que se llevasen bagajes cargados de sogas».

Con la campaña casi acabada, tiene lugar la toma de Oporto. Aunque en escala menor, también hubo desórdenes. Sancho Dávila, que dirigió la operación, y era tan estricto como el duque, escribía a este el 24 de octubre lamentando lo sucedido, «por mucha diligencia que he puesto para evitarlo». Como prueba, indica que «he ahorcado y descalabrado muchos, que no he hecho otro tanto en mi vida», lo que dicho por un hombre como él era harto decir. Tan expeditivo fue, que aseguraba que el saco «costó más sangre de soldados castellanos de mi mano y de los capitanes por estorbarlo, que no de portugueses».

Completada la ocupación del país, el rey envió a dos juristas para que examinaran los abusos que se habían producido. Tanto Alba como el ejército, recibieron la medida como un insulto. El primero, porque le parecía un mezquino pago por la conquista de un reino. El segundo, porque verdaderamente los soldados habían hecho la campaña «con bizcocho y agua y atún podrido, y descalzos y sin dinero». Lo cierto es que la logística se había colapsado, las pagas estaban atrasadas, como siempre, y muchos hombres eran bisoños, lo que hacía más difícil sujetarlos a disciplina. Comentaremos, de pasada, que el régimen alimenticio al que estuvieron sometidos se parece al que se daba en los buques. No mucho más se podía conservar por largo tiempo, ya fuera en la bodega de un barco o bajo el toldo de una carreta tirada por bueyes. Al final, Felipe II retiró a los leguleyos.

Como ejercicio de justicia militar, la campaña resultó un ejemplo aterrador «ahorcando tantos soldados fascinerosos y ladrones, que se afirma por cierto que murieron más en esta ejecución de justicia que en todo el rigor de la guerra». La brutalidad de los castigos, empero, no superó a la dureza de los hombres. Asimismo refleja los enormes problemas que, aún para una administración tan desarrollada –en términos comparativos– como la española de aquel entonces, suponía mover, alimentar, pagar y controlar a un número importante de hombres. Todas las sogas eran pocas.

Los motines constituyen una prueba dramática de la casi imposibilidad de manejar unos ejércitos que habían crecido demasiado para el estado. Parker ha tratado el tema en profundidad, pero puede ser útil aportar a su estudio magistral datos que reflejen sobre todo la opinión de los hombres que los vivieron.

Para enmarcar el tema, habría que partir de algunas premisas. La primera, que no fueron un fenómeno exclusivo de los tercios españoles. La segunda, que en gran parte estaban justificados, siendo algo más complicado que una simple demostración de indisciplina o de barbarie, como a veces se han presentado. Finalmente, indicar que, excepto en el caso ya descrito del «tercio viejo», respondieron siempre a razones puramente económicas o profesionales. Incluso en ese no faltaron los aspectos pecuniarios. La tropa se amotinó básicamente ante la perspectiva de volver a ser alojada en un lugar desprovisto de todo. Si hubiera recibido medios para sostenerse, a los que tenía derecho, su principal reivindicación habría quedado resuelta.

Sobre el primer aspecto, bastará recordar los acontecimientos que sacudieron en el periodo 1587-89 al más eficaz enemigo de los españoles, las fuerzas armadas holandesas, y que llevaron a actos tan graves como enfrentamientos armados entre tropas leales y sublevadas, la venta de plazas al adversario y la deserción a este de miles de hombres. En 1587, en concreto, el muy importante contingente británico cometió toda clase de desmanes, siendo los hombres acusados por las autoridades neerlandesas de comportarse como «salteadores» y «bandidos», y de ser peores que los españoles, lo que sin duda era entonces el mayor insulto que se les podía ocurrir. Los excesos fueron provocados por cinco meses de atrasos en las pagas, lo que es muy corto espacio de tiempo, comparado con los que se acumulaban en el ejército católico.

En el seno de este, todas las nacionalidades que lo integraban se amotinaron en un momento u otro, a veces con menores motivos que los españoles, y llegando más lejos que ellos en la «desobediencia». En 1567, cuatro compañías tudescas no solo se amotinaron, sino que hicieron prisionero a su coronel y amenazaron con entregar la plaza que guarnecían a los hugonotes. Fueron pagados, pero cuando caminaban de vuelta a sus hogares con el dinero conseguido, se les tendió una emboscada, siendo ahorcados los que se cogieron prisioneros.

En 1582, un regimiento alemán se subleva «por solas dos pagas», lo que resulta irrisorio para la época. También se le pagó, pero un soldado de cada una de las trece compañías fue colgado y se disolvió la unidad.

Respecto al segundo punto, hay que recordar que los tercios estaban formados por hombres que servían a cambio de un sueldo, que en la inmensa mayoría de los casos no contaban con una fuente alternativa de ingresos y que muchas veces tenían que mantener una familia. No se podía exigir indefinidamente a esa gente la resignación a la que aludíamos al final del capítulo anterior, y pedirla que sintiera mucho las necesidades de su rey y que tuviera «mucha paciencia». Demasiada tuvieron. En abril de 1572 se les debían dieciocho meses. Dos años después, seguían sin cobrar, con lo que los atrasos habían aumentado en proporción. En 1576, de nuevo se les adeudaban casi veinticuatro pagas. Hubo tropas, como los españoles que guarnecían Amberes, que estuvieron ciento siete meses sin cobrar. Ningún colectivo de profesionales de ninguna época podía permitir este estado de cosas (por ejemplo, S. L. Menezes ha identificado hasta veintisiete motines –casi todos por motivos económicos, y varios de ellos de oficiales– entre 1757 y 1855 en el ejército de la Compañía de las Indias Orientales, considerado uno de los mejor pagados del mundo y en el que los sueldos se abonaban puntualmente). La cuestión es que, sencillamente, no había dinero: en 1574, «la soldada de las fuerzas destinadas en los Países Bajos doblaba las rentas totales de Felipe II», pero no se podía pretender que la tropa sufriese sin protestar las consecuencias económicas de mantener una política que estaba por encima de las posibilidades de España.

Cierto es que se intentaba «entretener» a los hombres con pequeños «socorros» o adelantos, y que muchas veces los saqueos no fueron sino un medio informal de pago, pero la verdad es que, de las dos partes contratantes que intervenían en el alistamiento de un soldado, la administración real fue la primera en incumplir sus compromisos.

Iba más allá, no vacilando en engañar a los hombres. Así, se emprendieron asedios en la confianza de que las unidades, comprometidas en ellos, dejasen de lado sus agravios. Este fue uno de los motivos para cercar Maastricht, pensándose que «estando en el sitio, les sería fuerza no tratar» de la cuestión de los atrasos, porque «tenían tan empeñada su reputación» en él. Incluso algo tan esencial como las «muestras» o revistas, dejaron de hacerse, a veces durante años, ya que eran la ocasión habitual para percibir los haberes.

Resulta imposible exagerar las repercusiones de los motines, «atrasando la guerra, entera reducción de los Países Bajos y extirpación de la herejía en ellos, negocio que mal se puede estimar con ningún precio».

Para empezar, comprometieron campañas enteras: «han sido casi más dañosas a las cosas del rey en Flandes las armas de sus soldados que las de sus enemigos». Se trató de «una peste que quitó la vida a los progresos más importantes de aquellas guerras». Sobre todo, teniendo en cuenta que los tercios de españoles, a los que nos referimos principalmente, constituían la punta de lanza del ejército. Que uno solo de ellos se declarara en rebeldía podía costar una provincia.

De otra parte, fomentaban la indisciplina, con consecuencias que podían ser gravísimas. El saco de Amberes, por ejemplo, producto directo de un motín, casi llevó a la pérdida de las provincias «leales»de los Países Bajos. Fue, en efecto, el detonador que provocó la firma de la llamada Pacificación de Gante, con las «rebeldes», que de no haberse frustrado hubiera supuesto un golpe de muerte a la soberanía española sobre esas tierras.

En un tono menor, llevaron a irregularidades como la falta de revistas periódicas, lo que suponía que los mandos no sabían a ciencia cierta con cuántos efectivos contaban, lo que era un problema serio a la hora de planear cualquier operación.

Se ha descrito el motín como una especie de «huelga militar», lo que ciertamente era, ya que suponía que unos profesionales decidían dejar de realizar su trabajo como medida de presión para obtener unas reivindicaciones que, esencialmente, eran económicas.

Pero es preciso enfatizar mucho el adjetivo «militar». En efecto, el tercio amotinado o «alterado», es por encima de todo una unidad castrense, aunque –provisional y esporádicamente– haya suspendido su plena integración en un ejército. Y decimos esporádicamente porque enseguida veremos tropas amotinadas que hacen un paréntesis en su actitud, operan junto a sus compañeros que permanecen fieles, y luego regresan a la «huelga».

Sin embargo, este punto de vista, relativamente generoso, no era compartido ni por los mandos superiores ni por los tratadistas. Para ellos no era sino un execrable delito, «la más bellaca e infame acción» que podía cometer un soldado, entre cuyas obligaciones –pretendían– figuraba la de que «no hará sentimiento por no ser pagado de su sueldo». Dicha aspiración, sin embargo, era tan poco realista, que parece imposible que nadie creyera seriamente en ella. Se decía que se trataba de una falta tan grave que tenía que ser «terriblemente castigada», lo que asimismo era imposible, por lo extendida que estaba.

Infame delito o plante profesional, el motín en los tercios revestía unas características concretas. Estos tenían una «costumbre diferente de las demás naciones, porque piden sus pagas a los generales antes de pelear y al tiempo de venir a las manos con los enemigos, y los españoles, después de haberlo hecho y combatido». Era este un elemento específico, que respondía a la reticencia de sus integrantes a verse como simples mercenarios. Casi se podía decir que se amotinaban a su pesar, porque ello, en gran parte, vulneraba el concepto que tenían de sí mismos. De ahí que recurrieran a hacerlo prácticamente como medida de pura supervivencia, cuando ya no había otra alternativa. Amotinarse «por solas dos pagas», como los mencionados alemanes, estaba totalmente descartado. Resulta indicativo que procuraran también «huir del nombre de amotinados, siempre ignominioso», prefiriendo a cambio el de «alterados». Estas actitudes parecen indicar que, si para definirse hubieran tenido que elegir entre las palabras «soldados» o «profesionales», probablemente habrían escogido la primera. Para ellos, lo militar era primordial. Por eso posponían la «huelga» hasta después de una operación, aún sabiendo que, para muchos, un mosquetazo o un picazo terminaría con sus reivindicaciones salariales, y que –desde una perspectiva exclusivamente «sindical»– el mejor momento para plantear estas era precisamente cuando más se les necesitaba, antes de un combate, no al término del mismo.

Abundando en este sentido, durante el motín, el tercio mantenía frecuentemente un orden sorprendente. Un observador extranjero comentaba al respecto: «para decir la verdad, si puede haber algún buen orden en los motines, los españoles hacen los suyos en buen orden y cuando les manda el electo mantienen una disciplina tan buena y tan estricta como cuando sus oficiales están con ellos».

En efecto, conservaba íntegra su personalidad militar, creando una estructura jerárquica paralela a la oficial. La alteración comenzaba a las voces de: «¡Motín, motín. Afuera, afuera los guzmanes (como a veces se llamaba a los particulares) que nos queremos amotinar!». A continuación se expulsaba a los mandos, que – «por no poner en peligro su vida ni su honor»– se retiraban a otro lugar llevándose las banderas, ya que era impensable que estas, símbolos de lealtad, quedaran con unos hombres que habían «roto la obediencia». Les acompañaban los soldados que deseaban permanecer al margen de la alteración, «cuanto había de sano en el tercio». Entre ellos, figuraban habitualmente los reformados y los particulares. Cuando, en algún caso, estos optaron por permanecer con los amotinados, el hecho se comentaba como algo extraordinario. En el de Zichem, una de los más graves, pero protagonizado por «las naciones», no por españoles, se dijo: «cosa notable y no vista hasta entonces la desvergüenza con que se fueron a meter en el motín hasta oficiales y tenientes reformados… personas de grandes pagas».

Efectivamente, estos hombres gozaban de especial consideración en la jerarquía interna e informal de las unidades, por lo que sorprendía que se uniesen a los indisciplinados. A veces, los mandos utilizaron de forma deliberada ese prestigio, pidiendo a dichos soldados que se unieran a los alterados para hacerles entrar en razón. Esa misma jerarquía hacía también que se considerara especialmente alarmante cuando se detectaban síntomas de descontento entre arcabuceros y mosqueteros. Ello, en principio, podía sorprender, porque al gozar de mayor sueldo, se les debía siempre más dinero que a los simples piqueros. Es explicable, en cambio, si se recuerda que se les consideraba, en cierto modo, una élite dentro de la élite que eran los tercios. Estamos, de nuevo, ante otro ejemplo de la mentalidad profundamente militar que impregnaba las alteraciones.

La siguiente medida, una vez apartada la estructura oficial de mandos, consistía en crear una alternativa. Los soldados votaban a mano alzada a uno de ellos como «electo», que juraba obediencia a sus compañeros en el curso de una misa. Se designaba, además, un sargento mayor, si se trataba de infantes, o un gobernador, si los alterados eran jinetes. También, como toda organización militar, se dotaba de una bandera, que se confiaba, como correspondía, a un alférez. Tal era el grado de mimetismo, que ese sargento mayor sui generis usaba «bastón pintado y muy galán», exactamente igual que el auténtico oficial de ese grado.

Al parecer, y hasta 1598, esta estructura alternativa asimismo fue una especialidad española. Así, en los motines del año se comentó como una novedad que «las naciones también habían llegado a tener electos y consejeros, y todos los demás ministros de este género, acostumbrado hasta allí solo por los españoles».

Estos mandos improvisados no eran figuras simbólicas. Se podría citar de nuevo el de Amberes, que se produce tras un combate en el que figura una unidad de amotinados, dirigida por su electo, seguido del alférez bandera en ristre. El electo, por cierto, murió.

Tenían, además, potestad para imponer la disciplina, llegando a dictar, y ejecutar, sentencias a la horca para hombres que habían violado los bandos que, de nuevo al igual que en el ejército, se dictaban marcando pautas de conducta. Algunas veces estas normas estaban «tan bien reguladas que no se podían hallar mejores en la más perfecta república». Entre otras muchas cosas, prohibían el juego, las mujeres públicas, los hurtos, las blasfemias, las pendencias y la embriaguez. En un motín de italianos y valones de 1599 estos tres últimos pecados tenían las siguientes penas. Las blasfemias, tres latigazos por la primera vez; por la segunda, se atravesaba la lengua del culpable con un clavo; a la tercera vez, se le ejecutaba. Provocar pendencias costaba ser pasado por las picas hasta morir. Las borracheras eran menos perseguidas: se pagaba por ellas tres latigazos. Obedecía este rigor a que «se ha puesto principalmente la mira en quitar toda ocasión de discordia y contienda que pueda desunir al escuadrón», como se calificaba al grupo de amotinados. No hay que hacer, sin embargo, excesivo romanticismo. Los motines también podían degenerar en una «vida licenciosa y disoluta», acompañada de toda clase de atropellos y desórdenes.

Respecto a la calidad de dichos oficiales, se tachó a algunos de ser «los más ruines soldados que hallaron los amotinados», y algún electo fue tildado de «hombre de poca conciencia». Pero el ejemplo recogido antes de un sargento mayor de motín que sirvió luego, y con distinción, en el ejército francés con este grado, pero ya reconocido formalmente, demuestra que estas críticas no siempre respondían a la realidad. De hecho parece más cierto que eran escogidos cuidadosamente por sus compañeros entre los hombres «más valientes y sólidos», pudiendo incluso ser designados contra su voluntad.

Es verdad, no obstante, que su futuro era complicado, quedándoles pocas alternativas a la deserción, una vez que la alteración había acabado: «jamás se ha visto hasta hoy que le haya lucido a ningún oficial de motín el dinero que por fuerza de armas se haya hecho pagar de su príncipe». Catalogados por sus superiores como hombres peligrosos, terminaban muchos «viviendo arrastrados y fugitivos hasta acabar la vida». Ningún maestre de campo quería correr el riesgo de tenerles en sus filas, y se les consideraba deshonrados por haber valorado «más el interés de su dinero que la reputación y buen nombre». Las autoridades podían no tomar represalias contra la masa de los amotinados –muchas veces no era posible– pero no olvidaban, especialmente a los dirigentes, que habían mostrado unas dotes de mando que les hacía peligrosos. Quizá por ese motivo había la costumbre de que, acabado el motín, cada uno de los alterados diese una cantidad de su peculio al electo para que pudiese abandonar los dominios del rey.

Tan grande era su capacidad de organización que un tercio llegó a crear su propia unidad de caballería, cumpliendo así el desiderátum soñado por algunos autores, pero nunca llevado a la práctica por las unidades convencionales.

Salvo casos contados, las fuerzas formadas por amotinados que colaboraron con el ejército fueron muy eficaces, precisamente porque querían demostrar que no eran vulgares «huelguistas» y para «enmendar sus yerros, porque ya que faltan a su obligación y lealtad, no lo hacían cuando era menester servirse de ellos, y peleaban en defensa de su príncipe». Eran conocidas «las victorias que algunos alterados habían alcanzado».

Desde luego, el carácter popular que tenía todo motín –se decía que la fuerza alterada constituía una «república militar», lo que es una excelente definición–, llevaba aparejados algunos elementos peculiares, e incompatibles con las estructuras tradicionales. El electo podía ser depuesto e incluso ajusticiado por sus votantes descontentos con su gestión, y se asesoraba por un consejo, cuyas decisiones eran vinculantes. Estaba siempre, asimismo, bajo sospecha de sus compañeros, y no podía recibir cartas ni leerlas sin que ellos lo supieran, para evitar el riesgo de que fuese sobornado. El electo del motín que protagonizó el tercio de Valdés pagó con la vida su excesiva independencia. Entabló negociaciones con el enemigo, sin consentimiento de sus compañeros. Estos, cuando se enteraron, le sentenciaron a ser pasado por las picas.

A pesar de ello, siempre se procuraba mantener la actitud militar que hemos mencionado. Así, uno de los rehenes que entregaron las autoridades a los amotinados en prueba de su buena fe, durante todo el tiempo que estuvo con ellos no dejó de estar acompañado de una guardia que no le perdía de vista, lo que refleja la existencia de una sólida disciplina y de mecanismos de relevos bien establecidos. De igual forma, se alabó en una alteración que los hombres se comportaban «tan sin tumulto, en medio del tumulto, tan en forma y con tanto orden, que de ningún modo parecía obrar allí la sedición».

Tan pronto como una unidad se amotinaba, se establecía un diálogo con la superioridad, en el que ambas partes estaban interesadas. La una, para obtener satisfacción a sus peticiones. La otra, para poder volver a contar con los servicios del tercio, tanto más importantes cuanto menor era el número de españoles en el teatro de operaciones. La ansiedad de los mandos en congraciarse con los alterados se plasmaba, por ejemplo, en la exquisita cortesía con que personas como Alba o Don Juan se dirigían a ellos, llamándoles, por ejemplo, «muy magníficos soldados y señores míos». O en detalles simbólicos, como, en una acción conjunta con tropas leales, dar el mando de una columna a un electo, «por hacer esta honra a los amotinados». Claro que todas esas consideraciones no reflejaban los verdaderos sentimientos de los superiores. En una carta, Alba se refiere a los hombres que se amotinaron en 1573 como «aquellos galanes», en un contexto donde esa expresión está desprovista del cualquier matiz elogioso. En otra, con menos sutileza, habla de «la desvergüenza de estos soldados españoles».

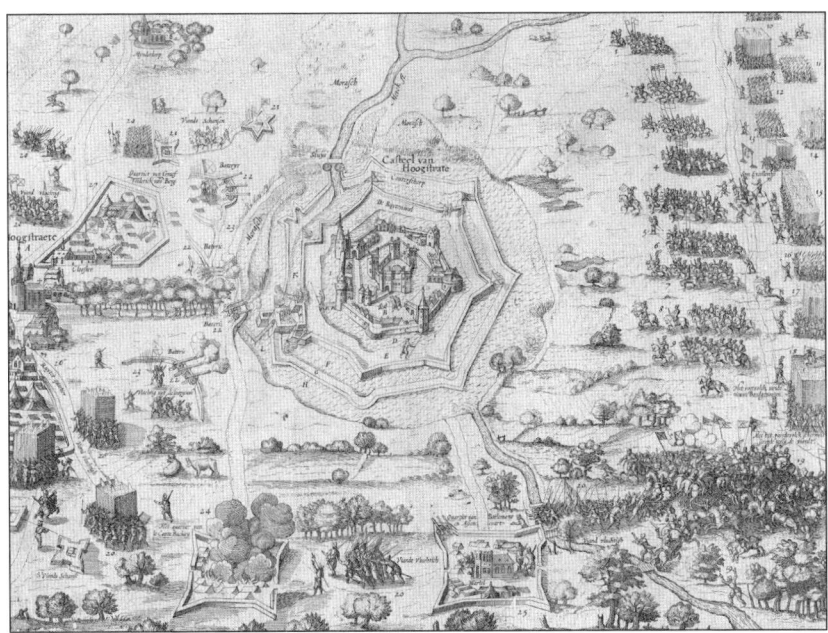

Mauricio de Nassau socorre a los amotinados de Hoogstraten (*ca*. 1603-1605), grabado anónimo. Rijksmuseum, Ámsterdam.

Pero lo que sucedía era que se les necesitaba. Tanto que, por ejemplo, Requesens, tras encabezar una carta que escribió a los amotinados con la fórmula de «muy magníficos señores» y recordarles que «en Amberes no crece dinero», se expresa en términos casi abyectos: «lo que os pido y ruego en mi nombre y en el de S.M., a quien servís, os lo ordeno y mando, y en el de Jesucristo os lo protesto, es que, pues os halláis vestidos con los paños y sedas que os he mandado dar, recibáis en tabla y mano propia las demás pagas que yo he podido juntar, que serán a lo más otras diez y lo que faltare… lo prestéis a S.M. y a mí en su nombre solo por tres meses». Era la impotencia de un Estado, obligado a pedir plazos a sus propios soldados para hacer frente a sus obligaciones.

Mientras duraban las conversaciones y se acopiaba el dinero necesario, podían transcurrir meses, e incluso más de un año, especialmente si los atrasos eran grandes o elevado el número de hombres implicados, y el tercio necesitaba sobrevivir, «entretenerse», durante ese periodo. La costumbre era entregar a los hombres pequeñas cantidades a cuenta o designarles –como se hacía en invierno con todo el ejército– una localidad para que vivieran en ella y de ella, y ceder algún rehén para demostrar la buena voluntad por llegar a un acuerdo. En ocasiones, no obstante, la superioridad no quería o no podía hacer concesiones, y en ese caso los amotinados se sustentaban por su cuenta, «poniendo a contribución» una región, y llevando a cabo en ella operaciones de requisa perfectamente montadas en general, pero susceptibles de degenerar en verdaderas «razias».

Otras veces, pocas, los alterados llegaron a tratar con el enemigo, para que les asignara en su territorio un lugar donde asentarse. Incluso hubo negociaciones a dos bandas, cuando estos trataban simultáneamente con su ejército y el adversario, estudiando las respectivas ofertas que les hacían.

Existía asimismo la posibilidad de que, exasperados, los amotinados se entregasen a saqueos incontrolados, pero era una fórmula que les perjudicaba a ellos, y no solo a la población civil, transmitiendo una pésima imagen. De ahí que únicamente lo hicieron en Aalst y Amberes. Las repercusiones de este último saco fueron tan graves que hasta los propios sublevados comprendieron que en el futuro no les convenía repetir esos desmanes salvajes.

Cuando se llegaba a un arreglo sobre el pago, lo usual era que se diera a los soldados la oportunidad de escoger la unidad donde querían seguir prestando sus servicios, concesión que se interpretaba muy ampliamente. Se dieron cambios de compañía, pero también de tercio y hasta de arma, pasando infantes a caballería.

A medida que los motines se fueron haciendo más frecuentes y más serios, las autoridades evolucionaron hacia una menor tolerancia. Veremos ejemplos en los que se dictó lo que equivalía a una orden de caza y captura de los alterados, «cosa que fue muy ventilada y murmurada entre soldados y capitanes viejos, porque nunca se había hecho con otros amotinados». Lo que sucedió es que colmaron la paciencia de los mandos, porque «eran tantos los daños y maldades que hacían que no podían ser más dañosos los rebeldes (refiriéndose a los holandeses)». Hay que decir que si las altas instancias desaprobaron unánimemente los motines, aunque pudieran reconocer en su fuero interno que estaban justificados, no todos los oficiales compartían este criterio. En algunos casos fueron cómplices de los hombres: «si bien ellos no se alteran… deseando ser pagados como los demás, callan y disimulan, y echan leña al fuego en vez de apagarlo». Efectivamente, en varias ocasiones, sabiendo que la tropa complotaba (en general, un motín no se producía sin preparación previa y sin ir precedido de síntomas de descontento), no hicieron nada al respecto. Esta pasividad podía responder a otros móviles, aparte de cobrar los haberes, siendo el más común la esperanza de la oficialidad de que la alteración se saldara, como sucedió a veces, con el cese de algún superior impopular.

Antes de pasar a comentar muy sucintamente los motines de españoles y algunos otros de especial importancia, conviene hacer una breve alusión al orden en que se pagaba a las tropas, ya que motivó más de alguna sublevación. Como habitualmente el dinero disponible no bastaba para pagar a todos, se establecían prioridades a la hora de hacerlo. Se pensaba que había que tener en cuenta ante todo a los hombres que «no eran naturales de las mismas provincias». La explicación era sencilla: «al soldado forastero faltaban en tierra ajena muchas cosas que los del país tienen a mano en sus casas».

Este criterio favorecía sobre todo a italianos y españoles. Además, de estos últimos se afirmaba que por su «lealtad... su larga milicia, su constancia en los trabajos y la prerrogativa de la nación en ejército del rey de España», debían ser pagados en primer lugar.

El argumento molestaba y perjudicaba especialmente a los valones en Flandes, que veían que los atrasos se acumulaban, por no ser forasteros. Por eso protestaban «que ya es costumbre el pelear el flamenco, el vencer el español», ya que se daba prioridad a los españoles en la distribución, por ejemplo, de los fondos obtenidos de una ciudad capturada a cambio de evitar el saqueo. Por otro lado, el razonamiento se podía volver al revés. Según más de un tratadista, precisamente por servir a su «príncipe natural», los españoles tenían que tener más paciencia que otras naciones del ejército. Tampoco podían olvidar que los tercios tenían carácter permanente, por lo que su sueldo estaba asegurado, lo que no sucedía a los miembros de unidades que se reformaban con mayor facilidad. Por último, recibían prebendas, como cargos en otras regiones o mandos de castillos, con mayor facilidad que los extranjeros.

El dilema no se resolvió satisfactoriamente y siguió siendo una fuente de problemas en épocas de penuria. Como lo fue, a una escala inferior, la costumbre de pagar antes a las compañías de los maestres de campo, lo que resentían las demás.

Para Parker, hubo dos grandes ciclos de motines en el ejército de Flandes, no necesariamente de unidades españolas. De 1572 a 1577 se producen cinco. De 1589 a 1607, treinta y siete.

Cronológicamente, el primero de los españoles tiene lugar en 1573, tras la toma de Haarlem. Para entonces se les debía casi dos años, a pesar de lo cual, cuando a los dos meses se les dio cuatro pagas y catorce escudos por hombre a cuenta, depusieron su actitud. Participaron en él exclusivamente los tercios que llevaban más tiempo de Flandes. Los otros, prosiguieron las operaciones con toda normalidad.

Un año después, y con el tema de los atrasos todavía sin resolver, inmediatamente a continuación de la victoria de Mook, los tercios protagonizan otra alteración, cuyo primer resultado fue impedir la explotación del éxito alcanzado. Cuando se intentó que los hombres depusieran su actitud, haciéndoles ver las repercusiones de la misma, contestaron que si el enemigo se rehacía volverían a la obediencia y combatirían, pero que mientras no se produjese esta situación, no se moverían hasta percibir sus haberes. Acto seguido, marcharon sobre Amberes, ocuparon la ciudad, expulsando de ella a una unidad valona, y convencieron a sus compatriotas que guarnecían el castillo para que se les unieran, «alteración que jamás ha hecho la nación española, estando en castillo, por muchas pagas que se les debieren». Llegó la insubordinación hasta intentar expulsar del mismo a su gobernador, Sancho Dávila, oficial de armas tomar, que se negó en rotundo a dejar su puesto, aunque le costara la vida. Los soldados, conociéndole, no insistieron. Dávila no era, sin embargo, el único con coraje que había en la ciudadela. Un alférez suyo, aprovechando un descuido, apuñaló sucesivamente a los dos dirigentes del motín, quedando este sofocado.

No obstante, los de Mook continuaron alterados. Permanecieron así cuarenta y dos días, hasta que fueron pagados, en parte con la plata personal de Requesens, que fue fundida para acuñar dinero con ella. Mientras esto sucedía, veinticinco compañías de españoles siguieron en campaña, sin solidarizarse con sus compañeros.

En ninguno de estos motines tomaron las autoridades medidas punitivas, quizá por entender que, en parte, eran comprensibles, ante la entidad de los atrasos.

Lo que sucedió en 1576 fue mucho más grave, una crisis total. Comenzó con un motín de la caballería ligera española, a la que se adeudaban setenta y dos meses, pero, al no estar apoyado por infantería, duró poco, ya que los jinetes, obligados a estar en continuo movimiento, no tenían la capacidad para ocupar una plaza. Sin embargo, dio motivo para que las autoridades, conociendo esta circunstancia y careciendo de dinero, cometiesen el grave error de permitir a la población civil que se armara y repeliera por la fuerza a los amotinados, para defenderse de sus rapiñas.

En julio, tras la captura de Zierikzee, el tercio de Valdés, cansado de no cobrar, se declaró en desobediencia. Ignorando las súplicas de los mandos, se fue a encerrar en Aalst, que saqueó con saña. La alteración se produjo en el peor momento. De un lado, porque menos de un año antes el rey se había declarado en bancarrota, lo que indicaba que difícilmente se podrían pagar los atrasos. De otro, porque el triunfo militar había abierto grandes posibilidades, que se frustraron. Finalmente, debido a que la población civil, cansada de la guerra y de los desórdenes de las tropas, indignada y atemorizada por el saco, empezó a expresar de forma crecientemente contundente su descontento. Haciéndose eco de este sentimiento, el Consejo de Estado de las provincias leales dictó un decreto autorizando a los civiles no ya a que se enfrentaran a los amotinados, sino a todos los españoles en general. Las unidades valonas y algunas alemanas empezaron a tomar partido por el Consejo, produciéndose choques armados con las tropas fieles al rey. De hecho, era una rebelión.

Simultáneamente, los ánimos de los alterados se exasperaron aún más, al verse «perseguidos como piezas de caza de una parte a otra por tropas leales (al Consejo) y por civiles ultrajados, con precio a sus cabezas».

El siguiente paso, en este ambiente de creciente ruptura, fue un intento de dichas tropas por apoderarse del principal reducto español, el castillo de Amberes. Al enterarse, los amotinados, que hasta entonces habían rechazado todas las ofertas para volver a las banderas a cambio de un pago parcial, se movilizan en ayuda de sus compañeros. En plena noche, emprendieron la marcha. El 4 de noviembre por la mañana entraron en la ciudad, donde ya habían llegado unidades no alteradas de españoles y tudescos, a las que se sumó la guarnición de la ciudadela. Tras una marcha de veinticuatro millas, se limitaron a aceptar un vaso de vino, pero rehusaron la comida que se les propuso diciendo que «en ninguna parte habían de cenar, sino dentro de la ciudad, después de rendida».

Lo que siguió fue el atroz saco de Amberes, con la muerte de miles de burgueses. La reacción popular, horrorizada, no se hizo esperar. El 8 de noviembre se firmaba el acuerdo de Gante, cuyo artículo segundo especificaba la salida de «los soldados españoles y otros extranjeros». El 17 de febrero de 1577, el nuevo gobernador, Don Juan de Austria, aceptaba esta decisión, a través del Edicto Perpetuo.

Poco después, los tercios salían de Flandes, todavía sin haber cobrado todas sus pagas, y tras haber hecho perder los frutos de diez años de guerra.

En 1590 se produce otra oleada de motines de españoles. El 23 de febrero, el tercio de Manrique en pleno se altera, cansado de vivir con tanta penuria que «hasta faltaba el pan de munición», es decir, que además de no pagarle, las autoridades ni siquiera le daban el sustento básico. Se apodera de Cortray y desde allí pone «a contribución todo el condado de Flandes». Los soldados incluso intentaron asesinar al capitán que tenía el mando accidental de la unidad y al sargento mayor. No contentos con eso, procuraron que les siguieran las ocho compañías que habían quedado de la reformación del tercio viejo, pero fracasaron, porque estas, «estimando más su reputación que el sueldo que se les debía», no se dejaron convencer.

Cuando seguía sin resolverse este motín, que duró cuatro meses, el tercio de Bobadilla, a su vez, se preparaba a sublevarse. En diez meses había percibido solamente la tercera parte de una paga. La conjura fue descubierta mediante una delación. Se resolvió el problema con dos meses de sueldo en dinero y otros tantos en paños, y con tres soldados ajusticiados a garrote.

Finalmente, más de cien días después de que se hubiese alterado, se pagó al tercio de Manrique, al que se necesitaba con urgencia para emprender la inminente campaña de Francia. Se negó a aceptar el pago parcial que se le ofreció, por lo que hubo que abonarle todos los atrasos. Consiguió, además, una importante reivindicación «laboral»: que se simplificara y unificara el cálculo de los sueldos sobre la base de escudos de diez reales, lo que era una vieja aspiración de estas unidades. Obtuvo, asimismo, lo que constituyó un pésimo precedente, que el sargento mayor «con quien estaban mal por el rigor con que les castigaba», fuera relevado. Esta concesión, incompatible con la disciplina militar, solo se explica por la debilidad de la posición negociadora de los mandos, que requerían a toda costa los servicios del tercio.

Siguiendo la costumbre, se permitió a los hombres que escogieran la compañía a la que se querían incorporar. Esto se hacía colocándose los capitanes con sus enseñas en un espacio abierto, y allí esperaban que los soldados se les unieran. Se trataba, de nuevo, de un sistema poco acorde con la disciplina, pero saludable para la oficialidad, que era «calificada» sobre el terreno por sus propios subordinados. Este tipo de prácticas era, así, un correctivo informal que limitaba los abusos de los superiores, sabiendo que en algún momento podían tener que pagar por ellos. Eso sucedió ese día: «algunos oficiales andaban solicitando soldados para llevar a sus compañías, y no quiso ir ninguno». Como las unidades estaban casi siempre faltas de gente, cabía la posibilidad de que esos capitanes se viesen reformados, bien por carecer sus banderas de efectivos, o porque el maestre de campo había tenido ocasión de comprobar que la tropa no quería servir a sus órdenes.

Ese mismo año tuvo lugar aún otro motín de españoles, el del tercio de Manuel de Vega. Como en los demás casos, se le debían grandes sumas –cuatrocientos mil escudos de oro, en concreto– y los soldados se hallaban «desnudos» y «pobrísimos», tras haber pasado grandes penalidades en Frisia. Tenía que ser, en efecto, extraordinariamente irritante encontrarse en esa lamentable situación simplemente porque la corona no respetaba sus compromisos. La unidad se instaló en Diest. Se pretendió comprar su paciencia con «algunos vestidos de munición» y la tercera parte de una paga, pero la gente no quería componendas. Aunque su guardia personal protegió al impopular maestre de campo de las iras iniciales de los más exaltados, luego le abandonó, por lo que se encontró prácticamente solo. No tuvo otra alternativa que dejar a los sublevados, y retirarse con sus oficiales y las banderas. Poco después se le unió una compañía, alojada en otra localidad, y que permaneció leal.

Durante casi todo 1591, el tercio continuó alterado, rehusando la oferta de pasar una muestra ante los oficiales del sueldo, ya que insistía en cobrar todo lo que se debía, y no solamente una paga, y no aceptaba que estos se limitasen a hacer las cuentas de lo que se adeudaba. También rechazó el ruego de que, a pesar de todo, saliera a campaña. Sí lo hizo, en cambio, la compañía leal. Por una de esas curiosas peculiaridades de estas unidades, su capitán siguió a su frente, aunque se integraron en ella todos los oficiales del tercio, el propio Manuel de Vega y varios maestres de campo, incluidos Luzón y Pimentel, de regreso de sus aventuras en la empresa de Inglaterra. Llegó a tener cuatrocientos hombres, «y todos por ser particulares servían con picas», un ejemplo más del prestigio del arma, a pesar de que para entonces las de fuego habían probado sobradamente su eficacia.

El tercio abandonó, temporalmente, su actitud para ayudar a socorrer Hulst, donde se hallaba sitiada una guarnición católica. Con ese fin envió un destacamento de ochocientos infantes, e incluso una improvisada fuerza de caballería, «ochenta lanzas muy en orden y bien a caballo», formada con las monturas dejadas por la oficialidad.

A finales de 1591 se le pagó. Simplemente para hacer las cuentas, fueron necesarios dos meses, porque en las filas había «gente de grandes remates», es decir, veteranos con muchos años de servicio y con «ventajas». También en esta oportunidad se cedió a las exigencias de los alterados, que lograron que su maestre de campo fuese relevado por Alonso de Mendoza, prueba del poder que tenían y de la impotencia de sus interlocutores.

En 1593 empieza otra oleada de motines. El 9 de mayo, la caballería española, seguida por quinientos soldados, «la hez de la infantería española», de los tres tercios, expulsa a los mandos y se instala en rebeldía en St. Pol. Hay que resaltar, con Coloma, «la fidelidad de los tercios que habían quedado en obediencia», no obstante los atrasos de meses. Desdichadamente, para compensar su lealtad, se les dieron cuatro pagas a cuenta, mientras que italianos y valones recibieron solo dos.

Fue un error que no quedó impune. Poco después, hasta tres mil hombres de estas nacionalidades se amotinaron. En el caso de los valones su decisión sorprendió mucho, por ser «gente del país, no acostumbrada hasta entonces a pedir remates, ni el rey a dárselos», lo que es realmente extraordinario.

En agosto de 1594 ambos motines fueron pagados, pero para esa fecha había tenido lugar otro de grandes dimensiones en julio, en Zichem, que reunió hasta más de dos mil hombres, aunque no españoles. En septiembre, en cambio, unos cientos de estos y de valones imitan su ejemplo en La Chapelle, siendo notable porque fue «la primera vez que estas dos naciones se acomodaron entre sí para una acción tan infame».

La alteración de Zichem no tardó en degenerar. Los participantes en ella, irritados porque se hubiera pagado otros motines antes del suyo, llegan a entablar negociaciones con el enemigo. Ante ello la reacción de sus mandos fue rápida. Un destacamento de tres mil efectivos, en los que se comprendían dos tercios españoles, marcha contra la villa. El 13 de diciembre, se da un combate entre ambas fuerzas. A costa de doscientas bajas, las leales expulsan a las rebeldes. Al parecer, aquellas, al principio, se limitaron a tirar solo con pólvora, por solidaridad con los amotinados, pero al ver que estos combatían de verdad, se emplearon a fondo. Tras vagar de un campo a otro, se les concedió alojamiento en Tirlemont. De allí mandaron un contingente de seiscientos caballos que colaboró con el resto del ejército en las operaciones contra Cambrai, a las que asistieron, asimismo, doscientos cincuenta de La Chapelle. En abril de 1596 cedieron otros setecientos para enfrentarse, con buenos resultados, a incursiones del enemigo.

Hasta julio de ese año no se pudieron pagar estos motines: «de los italianos se fueron más de la mitad a sus casas, cargados de dinero». En efecto, se les abonó trescientos sesenta mil ducados. Casi todos los que se quedaron se incorporaron a unidades de caballería, a pesar de que muchos eran infantes, pasando a servir dos mil quinientos al asedio de Hulst, en el que se distinguieron.

Entre 1597 y 1598 hay una avalancha de motines de españoles, italianos, valones y alemanes en Calais, Châtelet y Cambrai, entre otras

«El ahorcamiento» (1633), grabado de Jacques Callot (1592-1635) de *Les grandes misères de la guerre*. Bibliothèque Municipale de Lyon.

localidades. Actuaron movidos por la «desesperación» ante la falta de pagas, llegando la situación al extremo de que «parecía que todo pacto se había perdido, no solo la vergüenza al mundo, sino también el amor y casi la fidelidad al rey». Algunos de ellos fueron abortados a tiempo por los propios oficiales, ayudados de soldados leales, siendo castigados severamente los culpables. El resto se pagó como se pudo.

En agosto del último año mencionado se produce algo tan escandaloso como los motines de las guarniciones españolas de Gante, Lieja y, sobre todo, Amberes, plaza cargada de significación por su enorme importancia. Posiblemente debido a esto, se saldaron sus cuentas muy rápidamente en febrero de 1599, aunque se les adeudaba la muy considerable cantidad de trescientos mil ducados, incluyendo «el real de servicio de muchos años que pidieron con particular jactancia».

Sin embargo, esta vez las autoridades no estaban dispuestas a perdonar su impertinencia. En un primer momento, y siguiendo la práctica, los hombres eligieron las unidades donde querían continuar. Pero al poco, un decreto les expulsó de los Países Bajos. Algunos, se pasaron al enemigo, otros, fueron asesinados por los campesinos, que «acudían a la fama de su riqueza». El resto se puso a salvo, menos unos sesenta que encontraron asilo en sus respectivas compañías.

En diciembre del mismo año más de dos mil españoles, italianos y valones protagonizan el segundo motín que tiene a Diest por escenario. Hasta 1601 no cobraron. Entre 1600 y 1606 tienen lugar nuevos motines, con una mínima participación española. En el curso de algunos de ellos, los valones alterados vendieron varios fuertes a los holandeses. En diciembre de 1606 se produce, de nuevo en Diest, otra alteración, afectando a más de cuatro mil hombres, sobre todo valones e italianos, con una presencia de españoles ínfima. Casi un año después se les hicieron efectivos los cuatrocientos mil ducados que se les debía. Pero, en castigo por sus muchos desmanes, se fulminó orden de expulsión contra los amotinados, dándoles un plazo de veinticuatro horas para salir de Flandes. Pasado ese tiempo, se ofrecieron veintiséis escudos a cualquiera que capturara a uno de ellos y lo entregara a las autoridades. En 1609 se extendió la medida a todos los que hubiesen participado en una alteración en los últimos diez años. Se fijó un mes para que dejaran aquellas tierras, lo que se aplicó sin contemplaciones: «fueron muchos de ellos presos y muertos por la justicia, y otros por los naturales de la tierra».

Si hay que creer a Brantome esta severidad no era algo nuevo, sino al contrario, una vuelta a un sistema anterior que había caído en desuso. Efectivamente, el autor francés asegura que en la primera mitad del XVI, dos motines de españoles producidos en los dominios de Italia fueron castigados implacablemente. En uno de ellos, el virrey de Sicilia mandó «ahorcar a todos los jefes y a muchos más, y a otros los hizo arrojar al mar». En el segundo, los alterados fueron diezmados y los principales jefes, ejecutados. En ambos, el resto de los hombres fueron enviados a destinos especialmente duros.

A partir de 1607, con la tregua con Holanda, ya no volvería a haber motines. Después, cuando se reiniciaron las hostilidades, tampoco se reprodujeron. En parte, debido a mejoras introducidas en la administración, aunque –excepto en contados periodos– los atrasos siguieron siendo crónicos. Pero posiblemente ayudó más la singular fórmula que encontró Spínola y que Rodríguez Villa ha recogido.

En 1622, veintiséis soldados italianos destinados en Flandes, decidieron alterarse. Debían ser gente legalista, porque a pesar de su ínfimo número, nombraron un electo y los correspondientes oficiales. Se pusieron bajo la protección de los holandeses, y con el consentimiento de estos, comenzaron a cometer desmanes en tierras de soberanía española. No habían contado con que su general era un genovés lleno de sutileza. A los pocos días, Spínola había organizado en el ejército enemigo otro motín, justamente de veintiséis hombres, que, con su autorización, empezaron a perpetrar desórdenes similares en lugares de los neerlandeses. El motín de los italianos creció hasta reunir cien soldados. El de los holandeses subió al centenar. Spínola informó a Madrid del final del asunto: «tuvo por bien el príncipe de Orange de concertarse que de una y otra parte no se diese asistencia a los amotinados, con lo cual (el motín) se deshizo de sí mismo». Sin duda, este entendimiento ayudó a desanimar a eventuales alterados, ya que con él perdían una de sus mejores medidas de presión: pedir apoyo al enemigo o incluso pasarse a él.

Con el fin de los motines desaparece lo que, por razones opuestas, había sido una pesadilla para mandos y tropa, y un obstáculo casi permanente para el funcionamiento normal del ejército. Para las autoridades tuvo que ser extremadamente preocupante la especie de escalada que se había ido produciendo. Sucesivamente, se fueron rompiendo una serie de convenciones no escritas: los valones se amotinan; se unen a españoles; el modelo de organización de estos es adoptado por «las naciones»… Lo sucedido con las plazas es especialmente revelador. Al principio del periodo escandaliza el mero hecho de que sus guarniciones se alteren; al final del mismo, acaban vendiéndolas al adversario. Hay, también, un grave incremento en la deslealtad. Al principio, esta consiste simplemente en negarse a servir, pero en el motín de Hoogstraten (1602-1605) de más de dos mil hombres «de todas las naciones», se llega mucho más allá. El archiduque Alberto envió contra ellos, para reducirlos, a Van den Berg con siete mil infantes y dos mil caballos. Entonces, «los amotinados ocurrieron luego al Mauricio con diez mil hombres para que los socorriese», como lo hizo, obligando a retirarse a las tropas leales. Acto seguido, los alterados firman un acuerdo en buena y debida forma con el general enemigo. Ceden Hoogstraten, pero a cambio se les concede Grave. Además, «prometieron de servir en esa campaña» junto a los holandeses «y no tomar armas contra su ejército en cuatro meses, aunque se concertasen con el archiduque». En otras palabras, se unen a las fuerzas enemigas para combatir a las propias, e incluso para el caso de que el motín acabase, conciertan una tregua por su cuenta. Cumpliendo con lo pactado, participan en el fracasado intento por tomar Den Bosch. Más lejos no se podía ir en la traición.

Por otro lado, aunque no hay un aumento sistemático en el número de hombres implicados, las cifras que se habían alcanzado en los últimos años eran serias: más de ocho mil quinientos participaron en motines entre 1602 y 1606.

En conjunto, pues, el de las alteraciones era un fenómeno que, de prolongarse, hubiera amenazado la propia presencia de España en Flandes.

No obstante, aunque no se volvieron a repetir, los motines nunca dejaron de pender como una espada de Damocles sobre las autoridades. En 1628, cuando el consejo de estado debatía un tema de tan enorme trascendencia como era decidir si se continuaba la guerra con Holanda o se buscaba la paz, uno de los argumentos en favor de esta última era que, ante la falta de fondos, se podría producir un gravísimo motín entre las tropas, si estas salían a campaña. Lo peor es que se pronosticaba que las alteraciones serían aún más generalizadas que en el pasado. Efectivamente, en ocasiones anteriores se habían ido pagando a medida que se producían, por lo que siempre había al menos una parte del ejército satisfecha. Sin embargo, como en los últimos veinte años no habían tenido lugar nuevas alteraciones, al tiempo que subsistían los atrasos por la sempiterna escasez de fondos, todas las unidades tenían pagos pendientes, y muy elevados: «alcanzan muchísimo». Claramente, el sistema entero estaba en crisis, y el dinero, o por mejor decir, la falta del mismo, era la causa principal de tan lamentable situación.

6

LOS TERCIOS EN FUEGO

El soldado trae de ordinario la muerte al ojo
y el alma entre los dientes, en la guerra.

Martín de Eguiluz

A lo largo de su historia, los tercios se enfrentaron a los más variados enemigos por tierra y por mar, cosechando una larga serie de triunfos que justifica que un experto en la materia, como el mariscal de campo Montgomery haya dicho de ellos que «por lo menos hasta 1600 la infantería española –arcabucería, mosqueteros y piqueros– demostró ser la mejor de Europa; su confianza en sí misma y su pericia en las tácticas convencionales de la época eran extraordinarias».

Estas victorias, obtenidas en circunstancias tan diversas, desde batallas campales a combates en el mar, pasando por la guerra de sitio o por operaciones anfibias, fueron fruto ante todo de un elemento clave al que hemos hecho referencia anteriormente: la versatilidad de estas unidades.

Efectivamente, no es fácil conciliar la brillante hoja de servicio de los tercios, y su larga preponderancia, con las tesis generalmente admitidas que –sin dejar de alabar su solidez– critican su rigidez, contrastándola desfavorablemente con los despliegues más flexibles que eventualmente introdujeron Mauricio de Nassau o Gustavo Adolfo de Suecia.

Quiza el máximo exponente de ellas sea Roberts. Pero en su *Gustavus Adolphus*, su crítica parece partir de una confusión en los términos. Así, dice que «el tercio era un sólido bloque de piqueros y alabarderos… rodeado de tiradores». Como tal, dicho historiador estima que era «incapaz de improvisaciones tácticas, y hacía un pobre uso de los mosqueteros». Sin embargo, esta opinión –discutible– se podría aplicar en todo caso al escuadrón, no al tercio. Este era, obviamente, un tipo de unidad militar, y como tal, podía operar de distintas formas, y no únicamente (ni siquiera principalmente, lo veremos a continuación) desplegado en escuadrón.

Por otra parte, estas opiniones están generalmente basadas en estudios no del modelo español propiamente dicho, sino de la interpretación que de él hicieron los imperiales durante la Guerra de los Treinta Años, y más concretamente, en Breitenfeld y Lützen. Aun así, no faltan autores modernos que han empezado a plantearse si las formaciones que en esas batallas adoptaron los generales del emperador fueron copiadas de los tercios o si eran fruto de una evolución autóctona, solo parcialmente influida por modelos extranjeros.

Además, no tienen en cuenta factores ya expuestos anteriormente (evolución orgánica de los tercios; diferencia entre efectivos oficiales y reales…), ni uno que nos interesa especialmente en este capítulo: el escuadrón, que encarnaba esa hipotética rigidez, se utilizó con mucha menor frecuencia de lo que se afirma.

Para empezar, y por razones evidentes, no era utilizado en acciones navales. Tampoco se empleaba en desembarcos anfibios, excepto en los de grandes dimensiones, que fueron una minoría. Ni en la guerra de sitio, aunque se diera un asalto general, lo que era la excepción. Ni en los pequeños combates que constituyeron la norma en el escenario más habitual de los tercios, los Países Bajos.

Así pues, un porcentaje muy elevado de las actuaciones de estas tropas se desarrolló en ambientes que excluían el uso de unos escuadrones que exigían grandes espacios abiertos y libres de obstáculos. Incluso en los combates terrestres, las escaramuzas, aunque fuesen de considerables proporciones, los golpes de mano y las «encamisadas», predominaron abrumadoramente sobre las batallas regladas.

Los tercios, por consiguiente, tuvieron que afrontar una multitud de situaciones en las que el Arte de escuadronar no era aplicable. Que, en general, las resolvieran satisfactoriamente, indica su flexibilidad, en la que residía una de sus más destacables características, no en su carácter monolítico.

Sus propios mandos nunca les vieron ni los manejaron como un todo homogéneo, sino justamente como lo contrario. Cada uno de ellos era un conglomerado de compañías con dispar armamento, lo que les confería un elevado grado de autonomía, haciendo de ellas un pequeño tercio, si se nos permite la expresión, que reproducía en menor escala la organización de la unidad principal. Si el tercio tenía su maestre de campo, la compañía tenía su capitán; el sargento era un sargento mayor disminuido; el furriel, en el ámbito de la bandera, tenía las mismas funciones que el furriel mayor en el suyo propio. Si el maestre disponía de una combinación de arcabuceros, piqueros y mosqueteros, en igual situación, si bien en inferior medida, estaba el capitán. Con frecuencia, la compañía vivía, marchaba, se alojaba y combatía independientemente, constituyendo un mundo en sí misma.

En realidad, se trataba de un mecanismo de muñecas rusas. El general maniobraba con tercios; el maestre, con compañías; el capitán, con escuadras. Cada uno de ellos, a su nivel, contaba con distintos tipos de armas blancas y de fuego, que podía articular en diferentes proporciones según la naturaleza de la misión que se le encomendaba.

Nunca hubo la menor dificultad para jugar con elementos distintos, sino que, al contrario, esa era la regla. Un general podía mezclar, por poner un ejemplo típico, arcabuces españoles y picas alemanas, ya que unos y otras se reputaban excelentes en sus respectivas especialidades. O seleccionar una docena de banderas de varios tercios y regimientos, reuniendo, para mencionar otro caso común, sus arcabuceros.

De idéntica manera, el maestre creaba destacamentos *ad hoc*, similares a los grupos de combate modernos, con solo una parte de las compañías de su tercio. De la misma forma, un capitán enviaba contra un objetivo una treintena de hombres entre picas secas, coseletes, arcabuceros y mosqueteros, ya que disponía de todos esos elementos.

Al igual que cualquier oficial podía manejar solo una parte de su unidad, también podía recibir el mando de efectivos de una entidad superior. Por eso, a menudo, se confiaba a un maestre de campo un conjunto de fuerzas equivalente a más de un tercio, o se ponía a un capitán al frente de una agrupación de compañías.

Hasta un escuadrón ya formado distaba mucho de ser intocable. Si las circunstancias lo aconsejaban, se le debilitaba en pleno combate, extrayendo de él hileras de piqueros para apoyar a los arcabuceros, o se le reforzaba acogiendo a estos cuando tenían que replegarse.

En ningún caso, la nacionalidad de las tropas o el hecho de que perteneciesen a una unidad o a otra se consideraba como un obstáculo. En efecto, no se conocen situaciones en las que nadie haya formulado quejas ante esas mezclas, que eran habituales y que abarcaban todas las combinaciones imaginables. Incluso se consideraban aconsejables para fomentar la emulación entre sus diferentes integrantes, fueran estos tropas de distintas nacionalidades, tercios, compañías o especialidades.

Quizá serían útiles algunos ejemplos de estas mezclas, sistemáticas por otro lado. En la batalla de Alcántara, en 1580, la infantería española se distribuyó de la siguiente manera: se reunió a dos mil cien arcabuceros de los seis tercios presentes, y con ellos se formaron siete mangas de trescientos, que actuaron destacadas de sus unidades de origen. Estas, a su vez, se constituyeron en tres escuadrones. Uno, de veteranos, con el tercio de Nápoles y banderas de los de Sicilia y Lombardía. Otro, con el tercio de Enríquez. El tercero, con los de Zapata y Niño. La ductilidad es, pues, absoluta: arcabuceros desgajados de sus tercios, constituyendo unidades *ad hoc* independientes; escuadrones de un tercio, de dos, y de uno más banderas sueltas...

Durante sus brillantes operaciones en Flandes, en 1582, Farnesio bate a un ejército francés formando sus tropas en dos escuadrones. Uno, de ciento cincuenta piqueros españoles y borgoñones, junto con quinientos arcabuceros de esa última nacionalidad. El otro, con trescientas picas alemanas y quinientos arcabuceros, españoles y valones. En su campaña de Francia de 1592, va en busca del enemigo con una gruesa formación de suizos, «y a causa de consistir sus fuerzas en muchedumbre de picas y carecer de armas de fuego», lo guarnece con infantería del Papa y arcabuceros y mosqueteros alemanes y valones.

Por fin, y para no insistir más, ya que los casos son infinitos, el 24 de julio la guarnición de Amiens hace una salida importante con dos destacamentos. Uno, de cuatrocientos cincuenta hombres, con tropas españolas, picas irlandesas y mosquetería valona. El segundo, de doscientos cincuenta, con españoles y «gente de naciones». Por cierto, derrotaron al famoso regimiento francés de Picardía.

El sistema de combinar fuerzas de diferente procedencia también se aplicaba a las guarniciones. En 1641, para defender Aire-sur-la-Lys, se envían compañías de españoles, valones, italianos e irlandeses, pertenecientes a seis unidades distintas. En esas ocasiones, se acostumbraba repartir las defensas en sectores, que eran adjudicados a cada nacionalidad, aunque –una vez empezado el asedio– los españoles reclamaban su privilegio de que se les confiara el punto por donde se esperaba el ataque principal.

Añadamos, para mencionar otra prueba más de la ausencia de rigidez, que existía una organización intermedia, aunque no prevista por la normativa, entre el tercio y la compañía, a la que a veces se llamaba «tropa». Se formaba con un número de banderas cuando este era insuficiente para constituir un tercio o cuando, por el carácter provisional de la agrupación, se estimaba innecesario dotarla de un maestre de campo con su plana mayor. Esta última situación se daba, por ejemplo, cuando las compañías tenían como misión trasladarse a un teatro de operaciones para, una vez en él, ser repartidas como refuerzo entre las demás unidades. Era un caso similar a lo que en el ejército francés se denominarían a partir del XIX «unidades de marcha». En otras ocasiones, en cambio, las «tropas» podían actuar a lo largo de toda una campaña como formaciones de combate.

En resumen, resulta difícil concebir un sistema más flexible. Debido a ello, las grandes disparidades que se producían en el número de compañías que podía tener un tercio no constituían ningún problema serio. Este experimentaba, sin mayores consecuencias, un proceso casi continuo de contracción y expansión. Si las banderas estaban demasiado debilitadas, se reformaban algunas de ellas y sus integrantes se distribuían entre las demás. Luego, cuando le llegaban refuerzos, se incrementaba con idéntica facilidad el número de estas. Y es que, en realidad, se pensaba más en términos de compañías que de tercios. Posiblemente, no sería exagerado ver a estos como un depósito de aquellas, que eran las auténticas unidades de maniobra que manejaba el general en jefe con plena autonomía, sin sentirse constreñido por el hecho de que perteneciesen a un tercio o regimiento u a otro.

En un intento de sistematizar los escenarios en los que intervinieron los tercios, habría que hablar de operaciones terrestres y marítimas. Las primeras se subdividirían en batallas campales, asedios y combates de menor cuantía. Las segundas, en enfrentamientos navales propiamente dichos y acciones anfibias, de variable envergadura.

Comenzando por las campañas en tierra, en ellas las batallas fueron la excepción, no la regla. Es incuestionable que a lo largo de los siglos únicamente los generales más geniales, o más insensatos, han mostrado predilección por ellas. Hasta se podría argumentar que uno de los aspectos que sirven para calificar a un general de grande es precisamente su disposición a arriesgarse a dar una batalla. Efectivamente, menos en contados casos, los más brillantes se han distinguido por esta característica de agresividad cuidadosamente medida.

La común reticencia con que históricamente se han visto los choques frontales se justifica al menos por dos razones. Pueden ser muy costosos, en términos de hombres, y el azar siempre juega en ellos un papel destacado, por muy meticulosa que haya sido la preparación previa. Se dice incluso que no hay plan que siga vigente después del primer disparo, tantos son los imponderables que se presentan.

El coste es, en sí mismo, evidente, ya que una batalla implica un enfrentamiento de grandes dimensiones entre dos ejércitos y en campo abierto. En épocas como la de los tercios, antes del servicio militar obligatorio, el soldado era un bien escaso y caro. Se estimaba que «más difícil era conseguir soldados que capitanes», y que había que cuidar a aquellos «como a una reliquia», sobre todo si eran veteranos. Se trataba de profesionales, difíciles de reclutar, pagar, mantener, instruir y equipar y utilizaban armas cuyo manejo adecuado requería tiempo de servicio. En el caso concreto de España, el problema se agravaba todavía más por la escasez de población, los numerosos compromisos internacionales del imperio y la lejanía de muchos de los teatros de operaciones, lo que encarecía y complicaba los desplazamientos, por no hablar de la crónica insuficiencia de dinero.

La batalla, pues, era, o lo parecía por ser más precisos, un derroche. Incluso si se saldaba con el mejor de los resultados posibles, una victoria, esta podía ser pírrica, al quedar el ejército ganador tan desangrado que no era capaz de proseguir la campaña y cosechar los frutos de su triunfo.

En cuanto al factor suerte, ha sido, es y será omnipresente. La cantidad de factores que pueden afectar negativamente al mejor plan, basta para amilanar a un general convencional. Problemas en la transmisión de órdenes, de mala interpretación de las mismas, la climatología, las siempre imprevisibles reacciones de la tropa ante el hecho brutal del choque, los pánicos injustificados y tantas otras circunstancias que escapan al control del mando, pueden tener una influencia decisiva. Por eso, se entiende que un oficial exclamara: «Plegue a Dios que se haga la guerra sin batalla, que se aventura el ejército en ella», lo que no era cobardía, sino el deseo de un profesional de no comprometer una campaña por algo tan imprevisible como un combate en campo abierto.

Todo ello explica las vacilaciones para tomar una decisión que, en unas pocas horas, puede implicar la pérdida de millares de hombres irremplazables, de un reino o de meses de operaciones.

Los generales prudentes, como fueron la mayoría de los que mandaron tercios, preferían evitar, en la medida de lo posible, estos enfrentamientos frontales, y acudir a otros expedientes menos comprometidos. Posiblemente, un excelente ejemplo sea la espectacular campaña del duque de Alba en Flandes, en 1568. Alba, a pesar de su fama de brutal, en otros aspectos bien merecida, se esforzó al máximo por no dar una batalla que le podía haber costado los Países Bajos, ya que prácticamente carecía de reservas y las posibilidades de recibir refuerzos de veteranos eran muy remotas. Prefirió, por eso, entablar una serie de acciones localizadas, de menor entidad, que a un coste inferior le permitieron batir al enemigo, sin comprometer a su propio ejército. Optó así por causarle «descomodidades», acosándole sin cesar, hostigándole con combates puntuales hasta destruir su capacidad de resistencia. En unos pocos meses, y a cambio de una quincena de

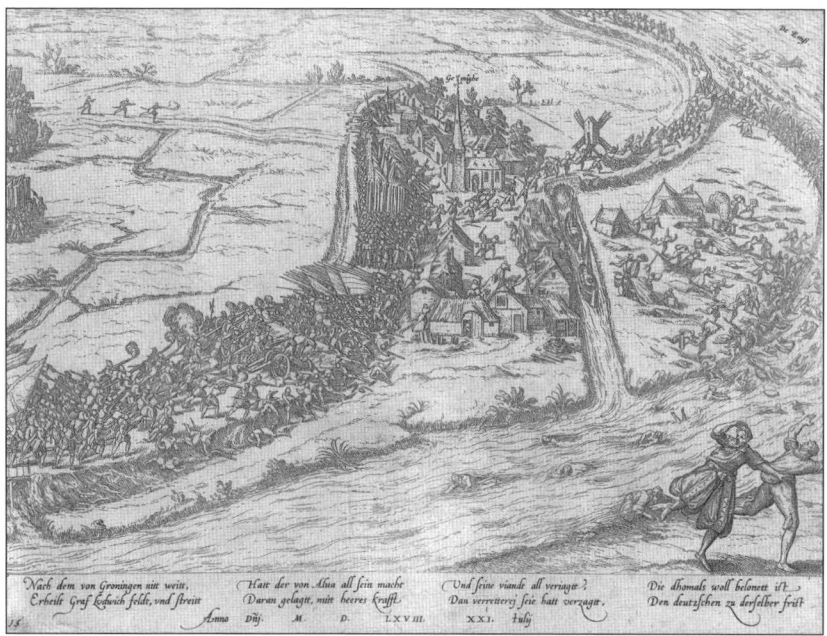

La batalla de Jemmingen (*ca.* 1568-1570), grabado de Frans Hogenberg (1535-1590). Rijksmuseum, Ámsterdam.

bajas, le hizo perder varios miles de hombres con esta táctica pruden-te. En Groninga y Jemmingen aplasta a Luis de Nassau, a pesar de que tenía la mitad más de fuerza; luego se revuelve contra su hermano Guillermo y logra dispersar su ejército. Lo consiguió apoyándose a la calidad de sus tropas y a la flexibilidad de las mismas.

Veamos con algo más de detalle esas operaciones, presididas, por el lado español, por ese deseo de no arriesgarse a disputar batallas regladas.

En Groninga, Luis de Nassau ocupaba una fuerte posición, parte de ella al abrigo de un canal cruzado por dos puentes. Sobre un flanco existía una casa que había fortificado.

Alba se pone en movimiento destacando cuatrocientos arcabu-ceros españoles a los que monta en carros para que maniobren más rápidamente. Tras hacer un breve reconocimiento personal, mandó al coronel Gaspar de Robles que con doscientos arcabuceros valones to-mara la casa. Logrado esto, Robles pide al duque refuerzos para explotar el éxito. Se le envían doscientos arcabuceros españoles del tercio de Cerdeña, con un capitán al frente.

Cuando el enemigo, bajo la presión de estas fuerzas, da muestras de vacilar, Alba lanza otros cuatrocientos arcabuceros, también españo-les, pero del tercio de Nápoles, guiados por cinco capitanes, a un ataque contra la posición principal. A la vez, ordena a su artillería que entre en fuego, a fin de apoyarles, y a dos compañías de lanzas ligeras albanesas que amaguen cortar la retirada a los «rebeldes».

Los cañones no tienen tiempo de cumplir su misión, porque los de Nápoles, con cuarenta caballos de particulares, incluyendo a capitanes sin mando, se arrojan al asalto. A pesar de que los de Nassau habían prendido fuego a un puente, lo atraviesan «quemándose las barbas y vestidos». Ardiendo, se precipitan sobre el enemigo y lo ponen en fuga. Los albaneses, por su lado, al llegar al otro puente lo encuentran destruido. Sin vacilar, se lanzan al agua, y asidos a las crines de sus caballos franquean el obstáculo, para emprender luego la persecución de los derrotados. Un destacamento, formado por jinetes, que intenta frenar a los españoles, es dispersado por «una viva ruciada (descarga)» de los arcabuceros, que luego se unen al «alcance». En total, Nassau perdió más de trescientos hombres. Alba, diez.

La acción reúne varios aspectos destacables. El general español no plantea una batalla campal, sino que vence a su contrario, que le esperaba formado en escuadrones, con una serie de ataques muy localizados y un incremento paulatino de las fuerzas empeñadas, calculado cuidadosamente para producir el grado de presión suficiente. A la vez, adopta medidas para el caso de que se vea obligado a interrumpir el combate, y así manda traer barcazas para hacer un puente, por si era preciso suspender la acción y reanudarla en fuerza al día siguiente. Amenaza también con su caballería la línea de comunicaciones del enemigo, como medio de forzarle a levantar el campo sin necesidad de un ataque frontal a ultranza.

Es notable asimismo el uso exclusivo, por lo que a infantería se refiere, de arcabuceros, y estos de dos nacionalidades y tres unidades distintas. Como lo es que estos se bastaran para dispersar a los jinetes enemigos, sin ayuda de picas o de caballos propios. O la ineficacia de la artillería. La de Nassau mató un caballo; la española no hizo un disparo. Mencionar también el papel de los particulares, como una especie de tropas selectas informales. Finalmente, apuntar que los escuadrones de Alba brillan por su ausencia y que los de los enemigos se muestran impotentes ante los tiradores valones y españoles.

Unos días después, de nuevo se enfrentan ambos generales en Jemmingen. Luis comete el error de encerrarse en una península, rodeada por los ríos Ems y Dollard. Una explicación es que lo hizo para obligar a combatir a sus tropas, amotinadas por falta de pagas. Los protestantes, despliegan con diez mil infantes en dos grandes escuadrones y una caballería poco numerosa. Planean hacer su posición inabordable abriendo unos diques. Actúan, sin embargo, con demasiada lentitud, porque antes de que hayan podido llevar a cabo su propósito, aparece Alba, a las ocho de la mañana del 21 de julio. Con una pequeña escolta montada practica dos reconocimientos sucesivos: el primero para comprobar personalmente las disposiciones del adversario; el segundo para confirmar la información suministrada por un herreruelo capturado por su vanguardia, de treinta arcabuceros a caballo. Estudiada la situación, manda reanudar el avance a estos, reforzados con treinta particulares y quinientos arcabuceros españoles. Les siguen dos maestres de campo que llevan trece capitanes con otros quinientos arcabuceros y trescientos mosqueteros, perteneciente a los tercios españoles de Lombardía, Sicilia, Nápoles y Cerdeña, todos los presentes en la campaña. Un sargento mayor ha sido encargado de seleccionarlos. Dos compañías de jinetes cierran el dispositivo.

A continuación, el resto del ejército, en tres escuadrones, uno de españoles, el segundo de valones y el tercero de alemanes. Marchan uno en pos del otro, porque las características del campo no permiten el despliegue.

La vanguardia entabla la escaramuza, apretando al enemigo y tomándole cinco piezas. Este reacciona y la acción se generaliza. Los jefes españoles piden hasta tres veces al duque que envíe picas en su apoyo, pero se niega. Sabe que su vanguardia está bien sostenida, aunque a distancia, por los escuadrones, y que en terreno tan cortado los coseletes son de poca utilidad.

Luis de Nassau, creyendo que toda la fuerza de que disponen los españoles es la que tiene a la vista, piensa que se le presenta una oportunidad de batirla antes de que llegase el grueso. Contraataca, por tanto, con sus dos escuadrones, pero son rechazados por el fuego, sobre todo de los mosqueteros que ese día acreditaron de una vez por todas su eficacia. Los holandeses pliegan, y es el turno de Alba, que da el golpe definitivo con un último asalto. Lo que siguió fue una carnicería, una persecución de cuatro leguas, en el curso de la cual la caballería contraria fue barrida por los católicos. Al día siguiente, cuatrocientos arcabuceros continuaron la matanza. El Ems se cubrió con los sombreros de los muertos, anunciando la extinción del ejército por «la particular forma de los sombreros, de que solamente usaban en vez de morriones las tropas alemanas, dio a entender el agua que la victoria había quedado por el español».

En total, Nassau perdió más de siete mil soldados, veinte de sus veinticuatro banderas y dieciséis cañones. Tras dejar un rastro de «doce millas de hombres y de caballos», sus tropas habían dejado de existir. Alba tuvo ocho muertos.

El combate reflejó el abismo de calidad que entonces existía entre los dos contendientes, de general a tambor. Un oficial español describiría a sus rivales como «gente vagamunda y vil». De nuevo, los escuadrones españoles no intervienen, los arcabuceros y los mosqueteros ganan la jornada, la artillería no juega ningún papel… Aunque, al igual que en Groninga, el peso lo llevan los españoles, Alba juega con sus fuerzas sin atender a nacionalidades ni unidades orgánicas, constituyendo grupos de combate de acuerdo con las necesidades del momento. De cuatro maestres de campo españoles, dos mandan una agrupación *ad hoc* con armas de fuego de todos los tercios. Los otros dos, capitanean al resto, junto con todos los piqueros. No cabe más flexibilidad, ni mayor libertad de movimientos para el mando, que no reconoce límites a su capacidad para emplear los elementos disponibles a su antojo. Los tercios, por su propia estructura, le conceden esa posibilidad.

Tras su triunfo en Frisia, Alba va en busca del hermano de Luis, Guillermo de Orange, que encabeza otro ejército de casi treinta mil hombres, nueve mil de ellos a caballo. El duque, por su parte, cuenta con dieciséis mil de infantería y cinco mil quinientos jinetes.

Los primeros son cuarenta banderas de Nápoles, Sicilia y Lombardía (el de Cerdeña ha sido ya disuelto para entonces); dieciséis de valones en tres regimientos y veinte de alemanes en dos. Los caballos son dos mil de las bandas de Flandes, de mayor reputación que utilidad; veintidós compañías de caballos ligeros italianos, españoles y borgoñones y mil quinientos más de Borgoña, quizá arcabuceros montados. Para entonces habían llegado doce compañías de infantería bisoña, levantadas por otro tantos capitanes enviados a España por el de Alba. Más tarde constituirían el tercio que se llamaría de Flandes, pero de momento no salen a campaña, e ingresan como guarnición en el castillo de Amberes, liberando a soldados viejos –es decir, veteranos– para las operaciones activas.

El orden de marcha que adopta ese conjunto de fuerzas es muy representativo. En vanguardia, caballos ligeros seguidos de herreruelos (o de arcabuceros a caballo, las denominaciones en caballería eran confusas) y de parte de los hombres de armas. A continuación, y relevándose cada día, infantería española y valona. Luego, los infantes alemanes, custodiando la artillería. Cierran la marcha, según el día, valones o españoles. Alba retiene al resto de los jinetes pesados como reserva.

La primera fase de la campaña está presidida por los deseos de Orange de dar batalla. Su rival, en cambio, la evita cuidadosamente y prefiere maniobrarle, amenazando su retaguardia. Confía en la mala calidad de las improvisadas tropas contrarias, formadas por gascones, loreneses, tudescos y valones, y en las dificultades económicas de Guillermo, que le impiden mantener durante largo tiempo a un ejército en campaña. En efecto, no tardarán en producirse motines por la falta de pagas.

El 9 de octubre –Alba se ha puesto en campaña el 11 del mes anterior– la estrategia empieza a dar resultados: los de Orange están desmoralizados y el duque se dispone, solo entonces, a dar batalla. Forma cuatro escuadrones. El más próximo al enemigo, con toda la infantería española. Frente a la caballería de Guillermo, que era «muy buena» se protegen con unos artefactos diseñados por el ingeniero italiano Campi, consistentes cada uno en dos rejas de cuerda, tendidas en el interior de sendos marcos de madera, unidos entre sí por unas «aldabas». La idea era que al cargar los jinetes, «habían no solo de tropezar los caballos, para caer al momento que tocasen en los cuadros, embarazándose las manos en las cuerdas y maderos». Para que al rodar por tierra no descompusieran a la formación de picas, se colocan a ocho pasos por delante de esta. Ese escuadrón «estaba el más florido y crespo, por los muchos coseletes que jamás creo yo haber visto de la misma nación en ninguna parte». Así fue, porque entre los españoles el número de arcabuceros no dejaría de aumentar en el futuro, en perjuicio de los piqueros.

A continuación, dos de alemanes, uno de ellos guarnecido por armas de fuego españolas; el otro, con arcabucería valona, ya que era habitual que los tudescos tuvieran una dotación relativamente baja de este tipo de armas. Finalmente, un escuadrón valón.

El ala izquierda tenía una corneta de herreruelos y seis escuadrones de lanzas, formados por un número variable de compañías. En la derecha, los hombres de armas, con otra corneta de herreruelos. La artillería desplegaba delante de la infantería alemana.

Ante este despliegue, Orange, prudentemente, rehúsa el encuentro y se repliega. Alba le sigue, llevando en cabeza la caballería ligera y quinientos arcabuces de España. A partir de entonces, se producen casi a diario escaramuzas, protagonizadas por ambos tipos de tropas de los dos ejércitos. El 16, Guillermo está cerca de Jodoigne, con el río Geete a sus espaldas, que se dispone a cruzar para unirse a Genlis que desde Francia acude con refuerzos.

El duque decide atacar inmediatamente. Envía por delante a la caballería ligera con seiscientos arcabuceros del tercio de Lombardía, mandados pos cuatro capitanes; cuatrocientos del Sicilia, con cinco, y quinientos valones, seguidos por seis cornetas de herreruelos, los hombres de armas, seis cañones y los escuadrones de infantería con el resto de la artillería. Sus enemigos, mientras, empiezan a pasar el río, cubriéndose con caballería y cinco mil arcabuceros.

El comandante de la vanguardia española, López de Acuña, pretende dar una carga con sus jinetes. Alba le niega el permiso: «por no ser llegada entonces nuestra arcabucería, porque con la que ellos tenían en los jardines, que les hacía espaldas, desharían nuestra caballería». Cuando llegan los arcabuceros se dividen en dos destacamentos, uno de españoles y otro de valones que, sin titubear y espada en mano, se arrojan al ataque, acuchillando a los enemigos, derrotándoles. Un escuadrón de caballería que se lanza contra un grupo de aquellos, es dispersado por una descarga. Son atacados entonces por dos cornetas, con igual resultado. Orange, derrotado y habiendo perdido la mayoría de sus arcabuceros, sin los cuales era imposible continuar la campaña, se interna en Francia, donde su ejército se disuelve.

Una vez más vemos que Alba no emplea ni sus escuadrones ni sus piqueros. Es, para la época, una guerra sorprendentemente fluida, por el predominio absoluto de las armas de fuego individuales. La importancia de los arcabuceros queda patente. Con ellos, Alba gana; sin ellos, Guillermo no puede proseguir las operaciones. Los de ambos bandos se imponen a la caballería. El duque se niega a utilizar la suya frente a arcabucería. Los jinetes de Orange, son derrotados por esta.

En el curso del combate, el general español hace una reflexión que revela su filosofía. Ante la insistencia de uno de sus subordinados que pide licencia para lanzar un ataque a fondo, le responde que toca a los soldados querer pelear, para distinguirse. En cambio, el objetivo de los generales es vencer, si es posible, sin perder un hombre. Mostraba de esa manera su prudencia y su preocupación por ahorrar vidas, característica esta de los buenos generales, aunque no siempre de los geniales. Farnesio, que más tarde heredaría sus responsabilidades, pensaba de forma parecida. «No admitía por compañero de su gloria el acaso», buscando la batalla exclusivamente cuando creía tener previamente asegurado el resultado. Como respondió a un desafío de los hugonotes, «no acostumbraba a dar batallas al gusto de sus enemigos, sino al suyo». Lo que buscaba era el triunfo por el medio más económico, en hombres y dinero. Si eso suponía librar batalla, no cabía la vacilación. Pero si existían otras opciones, se debía acudir a ellas antes.

Hasta ahora hemos hablado de lo que fueron poco más que escaramuzas, aunque de proporciones notables y con resultados en el plano estratégico. Podría ser oportuno, pues, aludir a otra de las modalidades de menor entidad, dentro de la «pequeña guerra». Nos referimos a la «encamisada», también llamada «alborada» o «trasnochada». Se trataba de un golpe de mano nocturno, que preferiblemente se asestaba en el denominado cuarto de guardia de «la modorra», pasada la media noche, cuando el enemigo dormía y a sus centinelas les costaba más combatir el sueño. Idealmente, el tiempo se calculaba para que el ataque en sí se produjera de forma que cuando hubiera terminado, empezase ya a clarear, lo que permitía efectuar la retirada a la luz del día, al amparo de las fuerzas de cobertura que siempre se disponían con esa finalidad.

El nombre de estas pequeñas operaciones se debía a que los participantes en ellas se colocaban las camisas sobre los demás vestidos, para reconocerse entre sí en la oscuridad. Los yelmos también se cubrían con tela blanca, utilizando, por ejemplo, servilletas o pañuelos. El número de tropas empleado variaba mucho, pero normalmente era de cierta entidad, si se querían obtener resultados significativos. Aunque los españoles tenían predilección por ellas, no faltaban algunos especialmente quisquillosos que las despreciaban «por vergüenza», creyendo poco caballeroso dar de estocadas al enemigo mientras dormía. Pero la mayoría no compartía esos prejuicios, más acordes con tiempos pretéritos, que se dejaban de lado ante las posibilidades de distinguirse que brindaba la encamisada. Ello no obsta para que se reprochase a los españoles lo mucho que les costaba guardar el silencio que esta exigía, lo que con toda probabilidad era una acusación justificada.

Se trataba de acciones cortas y violentas, en las que se explotaba al máximo el factor sorpresa, con las que se buscaba debilitar o desequilibrar al enemigo, más que derrotarlo, a no ser que fuera muy débil. Desde luego, no se utilizaban escuadrones, que eran inadecuados por su lentitud.

En general, se planeaban esmeradamente, pero una vez lanzadas resultaba casi imposible dirigirlas. Los mandos inferiores tenían que improvisar a tenor del desarrollo de los acontecimientos, al tiempo que en la oscuridad y la confusión perdían normalmente el control sobre sus hombres. Dos peligros omnipresentes eran que los soldados se encelaran en la degollina o que se entregaran al pillaje. Ambos podían complicar la retirada, ordenada y a tiempo, que debía coronar una alborada perfecta. Era esta, por consiguiente, materia complicada, que requería grandes dosis de disciplina y de coordinación entre las distintas fuerzas actuantes, así como un exquisito cálculo del factor temporal, midiendo tanto el momento de dar el golpe como el de iniciar el repliegue. Solo se podían emplear tropas fogueadas y de toda confianza – soldados «los más ágiles, de buena opinión, ordenados y corregidos»– y aun así siempre existía el riesgo muy real de un revés.

El marqués de Pescara fue un verdadero experto en este tipo de operaciones, que gustaba de dirigir personalmente. La campaña de Pavía le facilitó la ocasión de realizar algunas importantes. En Melzi, no lejos de la plaza mencionada, dio una espectacular. El almirante Bonnivet, principal –aunque desafortunado– asesor militar de Francisco I describió a su rey lo sucedido en estos términos: «muchas veces, señor, me habéis preguntado por los españoles que me vencieron y siempre os dije que dormían; y efectivamente, esta mañana se han despertado en camisa y os han llevado toda la gente que teníais en Melzi; mirad, señor, bien lo que hacéis, puesto que si los dejáis vestir, no será acaso difícil que nos lleven a todos nosotros». Desgraciadamente, como hemos descrito más arriba, «los dejó vestir», y fue Pavía.

Precisamente poco antes de esa batalla, Pescara asestó dos encamisadas en dos noches sucesivas, utilizando sus tropas favoritas, los arcabuceros españoles. Relató una con sencillez a Carlos V: «una noche, viendo yo algunas banderas, aunque fortificadas, fuera del fuerte de todo el ejército, pedí licencia para dar en ellas; el duque y el visorrey tuviéronlo por muy bueno, y así fui con doce banderas españolas y creo que les matamos ochocientos hombres».

La propia batalla tiene un cierto aire de gigantesca encamisada, dado que en ella los imperiales, como se recordará, llevaban esta prenda sobre sus ropas como signo de reconocimiento. Fue un expediente eficaz, ya que, en palabras de un testigo, los españoles, «en viendo la cruz blanca (distintivo de los franceses) o el caballero sin camisa, daban con él por tierra».

Otro buen ejemplo de trasnochada fue la que se dio en septiembre de 1572. El objetivo era sorprender a una fuerza enemiga alojada en el pueblo de San Sinforien, a las órdenes del príncipe de Orange, y que intentaba socorrer a Mons, cercado por los católicos. La operación fue encargada por el duque de Medinaceli a Fadrique de Toledo, que la llevó a cabo tras una minuciosa preparación.

El mando táctico se confió a Julián Romero, famoso maestre de campo, a la cabeza de cuatrocientos arcabuceros guiados por cuatro capitanes. De ellos, el que llevaba la vanguardia ha sido descrito como «un capitán desesperado llamado Muxica». Como apoyo inmediato dispuso de tres capitanes con doscientos arcabuceros más y cincuenta alabarderos. Cuatrocientos pasos a retaguardia desplegaron ciento cincuenta arcabuceros, con dos capitanes y otros cuatrocientos más allá, la misma cantidad de hombres, con un capitán. Finalmente, a retaguardia se colocó caballería ligera y siete banderas de valones con doscientos soldados. Toda la infantería, menos la mencionada en último lugar, era española. Siguiendo la costumbre, y hasta el último momento, los arcabuceros llevaban tapada la mecha de sus armas para que su resplandor no les delatara. Tras degollar a los centinelas, la fuerza irrumpió en el lugar, literalmente a sangre y fuego, ya que lo incendiaron, pasando a cuchillo a los enemigos y desbarrigando caballos. El propio príncipe de Orange se salvó de milagro, gracias a que su perro le despertó con sus ladridos, cuando dormía tranquilamente. A partir de ese día, nunca dejó de estar acompañado de una mascota de esa misma raza. La función duró una hora, en el curso de la cual murieron al menos trescientos «rebeldes» y terminó, como convenido, cuando un tambor tocó «a la española». Los asaltantes perdieron sesenta hombres, la mayoría por no obedecer la señal de repliegue. Hubo un intento de persecución, que no llegó a cuajar ante la presencia de caballería católica, acompañada de muchos trompetas que comenzaron a sonar la fanfarria, lo que hizo creer a sus adversarios que el ejército español en pleno les aguardaba en batalla. Al día siguiente, las tropas de socorro se retiraron. Poco después cayó Mons.

Fue una encamisada casi modélica, por su minuciosa planificación que incluyó prever las eventuales reacciones del contrario, al que se logró no solo sorprender, sino engañar sobre la fuerza real española, mediante la estratagema de las trompetas. No participaron en ella ni mosqueteros ni piqueros, por ser sus armas demasiado embarazosas para esos trabajos. Se recurrió, en cambio, a los que se podría describir como elementos ligeros de los tercios, arcabuceros y alabarderos. De los primeros habría que destacar la frecuencia con que se acudía a ellos, prácticamente como fuerzas de élite. Habría que anotar la presencia de los segundos, en misión de cobertura frente a la caballería. Por último, señalar tanto la utilización de españoles como la demasiada osadía de estos, problema recurrente en ellos.

Una de las claves del éxito fue el responsable de la encamisada, Julián Romero. Incluso para los tercios era un personaje asombroso. Como él mismo diría en una carta al comendador mayor de Castilla, en 1574 tenía cuarenta años de servicios, en el curso de los cuales había perdido en combate un brazo, una pierna, un ojo, un oído, tres hermanos «y agora últimamente un hijo en quien yo tenía puestos los ojos». Unos años después, un nieto, de su mismo nombre y con dieciocho de edad, moriría en el sitio de Hulst, tras recibir veintisiete heridas, cuando fue el primer hombre que se arrojó a rechazar una salida del enemigo.

También se dieron, claro está, golpes de mano diurnos. Quizá se podría describir como tal el que llevó a la conquista de la isla de Duiveland, en Zelanda, en 1575. Lo llevaron a cabo menos de dos mil voluntarios, «los más, españoles, no pocos flamencos e italianos, los demás, alemanes». Se metieron en el agua «desnudos de armas (en el sentido de desprovistos de elementos de la armadura) y vestidos, menos zapatos y calzoncillos». El jefe de la expedición, Juan Osorio Ulloa, con «jubón, medias, calzas, zapatos, sombrero y espada en mano». Llevaban colgadas sendas bolsas, una con pólvora, la otra con bizcocho y queso, «y las picas, espadas y arcabuces en las manos y en alto, porque no se les mojasen, dándoles el agua al principio hasta las rodillas, y después a la cinta y a los pechos». La mayoría eran arcabuceros, aunque también iban piqueros y alabarderos. Les acompañaba buen golpe de gastadores.

Cuando la mitad de la fuerza estaba cruzando, subió la marea. Casi todos los gastadores perecieron ahogados y la retaguardia no pudo seguir al resto de la tropa. Quedaron para llevar a cabo la operación poco más de un millar de hombres. Caminando por un estrecho banco de arena, que les obligaba a avanzar de dos en fondo solamente, sufrieron, sin poder contestar, los ataques que desde numerosas embarcaciones les hicieron los holandeses. Un capitán que cayó herido rechazó los intentos de sus compañeros para llevarle consigo diciéndoles «que ya había vivido», y ordenándoles continuar la marcha. Al poco murió.

Superado el obstáculo, el destacamento se encaramó a un dique, tomándole al asalto y poniendo en fuga a sus defensores. Ganó de esta manera una cabeza de puente que permitió que tomara tierra el resto del ejército para iniciar la conquista metódica de la isla.

En el curso de la misma, se produjo uno de los innumerables incidentes producto del exceso de pundonor de los españoles. Sin que se hubiera practicado el menor reconocimiento previo, un capitán recibió órdenes de tomar una posición fortificada. Pocos le parecieron los soldados que le confiaron para llevar a cabo la misión, pero se limitó a afirmar que «él moriría ejecutándola, si bien mal se podía ganar con la gente que se le daba». Cumplió su palabra, cayendo al pie de la empalizada, con cuarenta de los suyos. Este capitán, Gabriel de Peralta, había mandado la retaguardia de la tropa que cruzó el agua, y por la creciente no había participado en la operación. Probablemente estimó que su reputación le obligaba a morir.

Dentro del capítulo de encuentros de menor cuantía hay que mencionar los centenares de ellos que se produjeron en Flandes –en paralelo a las grandes operaciones– que muchas veces tomaban la forma de salidas organizadas por la guarnición de poblaciones de escasa importancia, o de acciones de partidarios. Entre estos últimos descolló «el terrible» Schenk, el «Esquenque» de las crónicas españolas. Tras haber servido con Felipe II, se cambió de bando, levantando su propio contingente de hombres, a cuyo frente se distinguió tanto por su audacia legendaria como por su crueldad. Fue maestro en el arte de cobrar el «brandschatzung», como se llamaba al tributo que fuerzas de ambos bandos imponían a localidades enemigas, en una especie de antecedente de la «protección» mafiosa. Terminó su airada vida ahogado por el peso de su armadura. Los ciudadanos de Nimega, que había intentado tomar con uno de sus famosos golpes de mano, repescaron su cadáver, lo decapitaron y lo descuartizaron.

Comparada con la informalidad de la «guerra pequeña», en la que no había escuadrones ni uniformidad, la batalla era un acontecimiento que podía estar rodeado de protocolo. Iba precedida de un reconocimiento, casi siempre practicado por «corredores» de caballería. De ser posible, debían «tomar lengua», es decir, hacer prisioneros para conseguir información del enemigo. Caso extremo fue el de un capitán de lanzas que, disfrazado de reiter, «a la raytra», se llegó al campamento contrario, agarró a un hombre «por los cabezones… y lo puso en el arzón», llevándosele. Los mismos generales hacían a menudo una inspección personal para hacerse su composición de lugar y confirmar los datos obtenidos: «con el agua a media pierna… nos metimos a pie un poco a ver si el hielo nos sufría». Si estos eran contradictorios o les parecía oportuno, ordenaban un segundo reconocimiento.

Cuando el comandante en jefe estaba satisfecho, hacía sus planes y disponía a las tropas. Aunque, evidentemente, mucho dependía de las características del campo y del enemigo, lo más usual era colocar a la infantería en el centro, con la artillería al frente, y a la caballería en las alas. A medida que se entró en el XVII, cada vez fue más usual reforzar los flancos con infantes distribuidos entre los jinetes. Siempre que se podía, una parte del ejército –tanto de caballería como de infantería– quedaba en reserva. No era raro que se situase en vanguardia un «escuadrón volante» de tropas de a pie, para iniciar el ataque, en la ofensiva, o absorber el primer choque, en la defensiva. También se le podía emplear como masa de decisión, para asestar el golpe definitivo. Fuerzas de dragones desmontados, de arcabuceros a caballo o de mosqueteros tomaban posiciones en puntos estratégicos, preferiblemente a cubierto de un obstáculo natural, para frenar al enemigo, si este llevaba la iniciativa, o para apoyar el avance propio.

En ocasiones, antes de empezar la batalla, se llamaba al contrario a la misma mediante trompetas, o se enviaba a uno de estos con un cartel de desafío. Era una costumbre medieval que tenía sus inconvenientes. Más de uno acabó ahorcado por considerar el otro bando a sus contrarios como rebeldes, y por consiguiente no amparados por las leyes de la buena guerra.

Se daban casos, también como herencia de tiempos pasados, en los que hombres de ambos ejércitos se retaban a singular combate. Estaba rigurosamente prohibido recoger el guante sin autorización superior, pero esta a veces se concedía. Hubo incluso especialistas en esta clase de duelos, como lo fueron en los primeros años del siglo XVII los capitanes Quevedo y Bartolomé González, en infantería, y Mendo, de caballería. Tal era su fama que el enemigo les excluía expresamente «en los desafíos particulares, por los muchos que habían muerto».

Otra costumbre del pasado que podía respetarse, y que perviviría hasta principios del siglo XIX, era la de vestir la tropa sus mejores ropas en día de batalla, «aseando plumas y galas» para la ocasión.

Tomadas ya todas las disposiciones, la infantería española hincaba rodilla en tierra y hacía una breve oración. Si se estimaba preciso, se daba un santo y seña para distinguir las tropas propias de las contrarias. Asimismo, los generales podían pronunciar una breve arenga, exaltando el valor de sus tropas, apelando a su codicia o denigrando al enemigo. Bentivoglio cita dos muy representativas. En una de ellas, tras describirse Mondragón a sí mismo y a sus hombres como «nosotros, despreciadores de peligros», les asegura que «podemos esperar rica presa de la precipitada huida en la que infaliblemente se pondrán los enemigos». En la otra, Dávila establecerá una comparación entre los contendientes: «nosotros, criados tantos años entre las banderas… los enemigos, traídos siempre bisoños a cualquier función militar», destacando de esta forma la profesionalidad de la que tanto alardeaban los españoles. Era usual dirigirse a estos en las alocuciones como «señores soldados» o «señores españoles», tratamiento que sin duda consideraban acorde con la excelente opinión que tenían de sí mismos.

Tras estos prolegómenos, y «con el acostumbrado estruendo de cajas y clarines», se iniciaba el combate, cuyo objetivo último era destruir la infantería contraria. La artillería podía cambiar de mano, sin que se diese el encuentro por decidido; la caballería podía ser derrotada o dispersarse en busca de botín, lo que también sucedía, pero las espadas seguían –literalmente– en alto mientras los escuadrones de infantes no hubiesen sido batidos o puestos en retirada. Ellos eran la clave.

Algunos autores dan mayor relevancia al papel de la caballería, diciendo que en ella residía la clave de la victoria. Esta afirmación puede ser válida para el caso francés, por ejemplo, en cuyos jinetes residía la principal fuerza del ejército, pero no en el español articulado en torno a los tercios. Hasta que el último de ellos no fuera batido, la batalla no estaba decidida.

Casi siempre, el telón lo corrían los cañones con su fuego, aunque este cesaba rápidamente en el bando que llevaba la iniciativa, dado que las piezas resultaban demasiado pesadas para acompañar el avance del resto del ejército. A continuación se trababa una escaramuza, entre las caballerías ligeras o los arcabuceros, siendo los españoles famosos por su aptitud para la misma, si bien «por su cólera», tenían tendencia a abreviarla, para pasar al cuerpo a cuerpo.

Vale la pena detenerse unos momentos en la participación de los tercios en este tipo de combate ya que con frecuencia de él dependía el resultado de toda una batalla.

En las escaramuzas se actuaba en orden abierto, similar al que más tarde adoptaría la infantería ligera. Ello no quiere decir que los hombres gozaran de entera libertad. Al contrario, existía una estricta disciplina en la que se basaba su éxito, aunque se dejara margen para un cierto grado de autonomía. Pero «la flema» era esencial.

La técnica que se seguía en el ejército español era la siguiente: un destacamento de arcabuceros, de distinta entidad, según la fuerza del enemigo, se adelantaba a vanguardia. De él, se sacaban tres hileras de cinco hombres cada una, separadas quince pasos, mientras que cada soldado estaba a tres de su vecino –tres veces más que en el escuadrón de picas–, para que pudiera moverse con libertad. A distancia de tiro, empezaban a hacer fuego pausadamente, con cuidado de no hacer más de cuatro disparos, para evitar que el arma se recalentase, ya que en ese caso no solo era más difícil cargarla, sino que incluso podía llegar a fundir dentro del cañón el plomo de la bala, «y no hace efecto». Debían presentar el costado al enemigo, como duelistas, para ofrecer menos blanco. En la medida que fuese necesario, se iban extrayendo sucesivos grupos de quince.

El objetivo era encelar así al adversario –se decía que «el escaramucear... sirve de alcahuete para descalabrar al enemigo»– de forma que este respondiese con un fuego intenso y descontrolado, recalentando al hacerlo sus arcabuces.

Eso era lo que esperaba el jefe español, que en todo momento debía conservar su calma. Porque entonces relevaba su línea con soldados cuyas armas, al estar frías, eran mucho más efectivas, y a los que había mantenido en reserva justamente con ese propósito. Así adquirían la superioridad de fuego. Tras una o varias descargas, que a veces se hacían solo a quince o veinte pasos, debían lanzarse al ataque espada en mano, con lo que se esperaba que el adversario fuese derrotado. Y ello debido a que, al parecer, los integrantes de los tercios pensaban que, por distintas razones, en los combates a espada tenían ventaja sobre otros ejércitos. Por ejemplo, los franceses no las llevaban en las escaramuzas, para que no entorpecieran sus movimientos, mientras que los alemanes, por ser su especialidad la pica, apenas escaramuceaban. En cuanto a los turcos, sus cimitarras eran más cortas, y tenían la desventaja en el cuerpo a cuerpo por no llevar la cabeza protegida por yelmos. Los españoles únicamente reconocían como iguales a los italianos en este tipo de choques. Sus numerosas victorias obtenidas, a partir de escaramuzas bien llevadas, indican que este análisis no era equivocado, y que su agresividad, debidamente controlada, sumada al gran número de arcabuceros que había en sus filas, constituía una mezcla que podía ser temible.

Si el enemigo sostenía esa primera fase del combate sin desordenarse, entonces se empeñaba la batalla propiamente dicha, entrando en acción el grueso de ambos ejércitos. Los avatares de la misma, naturalmente, variaban enormemente, dependiendo de los planes y de la situación de los contendientes.

Como hemos dicho, la lucha entre las respectivas infanterías, cuando estas eran sólidas, constituía el momento decisivo, excepto en los relativamente raros casos en los que la caballería se bastaba para derrotar a infantes aguerridos.

Era más frecuente, no obstante, que los escuadrones de piqueros de uno u otro bando, o de los dos, avanzaran, «se mejoraran», en el lenguaje de entonces, buscando el choque. En ese caso, la práctica española consistía en replegar a los arcabuceros desplegados a vanguardia sobre las mangas de las que se habían destacado para escaramucear. Si el adversario mantenía la presión, estas a su vez se replegaban a retaguardia, despejando de esa manera el frente del tercio, mientras que la arcabucería de las guarniciones, a ambos lados del escuadrón, continuaba tirando.

En el caso de que, a pesar de ello, el enemigo siguiera manteniendo la formación, se llegaba a «medir las picas» o a luchar «pica a pica». Lo normal, en la defensiva, era usarlas sin que el soldado se moviese del sitio, dando el «bote» o golpe de la forma ya descrita, moviendo con fuerza hacia delante la mano más próxima al extremo posterior del asta. En la ofensiva, se daba simultáneamente un paso al frente, de manera que el hombre avanzaba y, a la vez, daba más impulso al golpe. Así se combatía hasta que uno de los bandos cedía. Entonces, si los vencedores eran los españoles, se oía la orden de «picas secas, fuera». Este tipo de piqueros, que por no llevar protección, se encontraban en el centro del tercio, salían del escuadrón y corrían en pos del enemigo, «ejecutándole», tarea que no se encomendaba, en cambio, a los coseletes por el peso de las piezas de armadura que usaban.

La situación era distinta cuando se trataba de infantería de inferior calidad, cuando una derrota de la caballería podía decidir el encuentro, al arrastrar en su fuga a sus compañeros de a pie, que no aguardaban el choque con los infantes contrarios. En cambio, como hemos visto en un capítulo anterior y veremos de nuevo en este a mayor escala, si el escuadrón mantenía la formación, los jinetes por sí solos carecían de la capacidad de romperlo, por lo que era preciso acudir a otras fórmulas para alcanzar la victoria.

A continuación veremos a los tercios en cuatro batallas significativas. La primera tuvo lugar en 1574. Junto con Pavía (1525) y Mühlberg (1547), ya comentadas, puede dar una idea de los tercios en combate durante el XVI. La segunda es de 1600, un interesante momento de transición. Las otras dos, de 1634 y 1643, son ejemplos de su actuación en el XVII. En conjunto, presentan a esas unidades en lucha con sus principales enemigos terrestres, así como el enfrentamiento entre los tres principales sistemas militares del periodo: el español, el holandés y el sueco. Separadas, menos las dos últimas, por intervalos de unos veinte años, pueden facilitar una visión de conjunto de las batallas sostenidas por los tercios en su siglo y medio de existencia.

La batalla de Mook tuvo lugar durante la campaña que Luis de Nassau emprendió en febrero de 1574, con seis mil infantes y tres mil caballos, procedente de Alemania. Buscaba unirse a Guillermo de Orange, para realizar una invasión conjunta de Brabante, con el fin de distraer la atención de los españoles, que estaban operando en Holanda, teniendo sitiada a Leyden. Sobre el papel, el plan era bueno. El gobernador Luis de Requesens apenas tenía tropas en esa provincia y era de esperar que la concentración pudiera llevarse a cabo sin mayores dificultades. No tenía en cuenta, sin embargo, la capacidad de reacción del mando católico, ni la calidad de sus fuerzas.

En efecto, Requesens, en cuanto tuvo noticias del movimiento de los enemigos, envió en su dirección a las escasas fuerzas que tenía a mano, para que le cortaran el paso del Mosa, mientras acudían los efectivos que había llamado de Holanda. En cumplimiento de estas

La batalla de Mook (*ca.* 1574-1576), grabado de Frans Hogenberg (1535-1590). Rijksmuseum, Ámsterdam.

instrucciones, la vanguardia española marcha contra Luis de Nassau. Sin tomar en consideración su inferioridad numérica, no se limita a la defensiva, sino que actúa agresivamente, mediante constantes escaramuzas y una encamisada modélica. Esta se dio el 18 de marzo, con la participación de trescientos arcabuceros españoles y otros tantos valones, cubiertos por caballería. Se saldó con setecientos infantes enemigos degollados, muchos caballos inutilizados y la captura de una enseña, a cambio de tres españoles y cuatro valones muertos y algunos heridos.

Merced a este hostigamiento continuo, el gobernador logró dos objetivos deseados: impide que Nassau franquee el río, teniendo que abandonar su proyecto de tomar Maastricht y gana días para reunir un ejército, que confía a Sancho Dávila.

De esta manera, se cambian las tornas. Son los católicos quienes se han concentrado, y los protestantes los que están separados. Los primeros se encaminan hacia el norte, siempre buscando la reunión. Dávila no solo les sigue, sino que les adelanta con una marcha forzada, cruza el río y les corta el paso. La batalla en sí se dio el 15 de abril, cerca del lugar de Mook, en una llanura a la orilla del Mosa. Nassau dispuso a su derecha mil seiscientos jinetes en cuatro escuadrones, y en una loma que cerraba el campo, otros mil. Los restantes, hasta los tres mil con que había empezado las operaciones, habían desertado o sido víctima de los combates anteriores. Formó el grueso de sus infantes a la izquierda, en un gran escuadrón de veinticinco banderas, casi todas de arcabuceros, y otro menor con diez, que colocó en una trinchera frente a la aldea.

Los católicos desplegaron en cinco escuadrones. Los españoles constituyeron cuatro de ellos, con veinticinco compañías de los tercios de Lombardía, Nápoles y Flandes, dirigidos por los maestres de campo Hernando de Toledo y Gonzalo Bracamonte. Dieciséis compañías de valones de Mondragón forman el quinto. A la izquierda, en primera línea, estaban, en tres agrupaciones, cuatro pequeñas compañías de arcabuceros a caballo, con ciento setenta hombres; detrás, tres escuadrones con ciento setenta, ciento quince y ciento diez lanzas, respectivamente, flanqueados por uno de doscientos herreruelos.

Justo antes de que comenzaran las hostilidades, llegó un importante refuerzo de trescientos arcabuceros españoles del tercio de Sicilia y cuatro banderas del Lombardía que, aunque amotinadas, habían marchado también desde Holanda.

El combate se inició con la habitual escaramuza. Trescientos arcabuceros –doscientos valones y el resto españoles– se trabaron vigorosamente con los adversarios. Hora y media duró el combate, hasta que viendo «que tiraban algo más flojamente», dan el asalto y les desalojaron del trincherón. Un contraataque de Nassau lo recuperó. Se «refrescó», en terminología de la época, la vanguardia con trescientos arcabuceros adicionales –de nuevo, españoles y valones, pero en proporciones inversas– y cien picas españolas, con lo que se volvió a tomar la trinchera, poniendo a los enemigos en fuga. Allí dos oficiales españoles fueron baja: un capitán, muerto de dos tiros, y un alférez herido quince veces, lo que da idea de lo empeñado del cuerpo a cuerpo. Un alférez valón cogió una bandera.

Con elogiable disciplina, y en contra de lo que sucedía frecuentemente, la infantería católica no se lanzó en pos de los defensores de la trinchera, que huían. En buena hora, porque los «rebeldes» todavía conservaban intacta su caballería, casi dos veces más numerosa. Con ella intentan restablecer la situación, dando una carga que dispersa a los herreruelos, tras intercambiar con ellos sendas descargas de pistola. Pero las lanzas ligeras de los católicos atacaron por el frente y el flanco, deshaciendo a los jinetes enemigos. Estos reorganizan y lanzan otro ataque, «la postrera pieza que podían jugar», que también fracasa ante una contracarga de las celadas. Sin tropas que empeñar, el ejército protestante buscó la salvación en la fuga, siendo acosados por los vencedores durante más de una legua.

Perdieron, aproximadamente, dos mil quinientos infantes, quinientos jinetes, treinta banderas, tres estandartes, dos pequeños cañones y todo el bagaje. Murieron sus tres principales jefes, Luis de Nassau, su hermano Enrique y el duque Palatino. Los católicos tuvieron una veintena de muertos, mitad españoles, mitad valones, y un centenar de heridos.

Mook es un brillante ejemplo del ejército de Flandes en acción, y refleja la enorme seguridad que en él tenían sus mandos. Si bien el enemigo obtiene, inicialmente, la sorpresa estratégica, los católicos inmediatamente ganan la iniciativa, sin desconcertarse y reuniendo sus fuerzas con una rapidez insospechada. Desde el primer momento pasan a la ofensiva a pesar de su inferioridad numérica, sobre todo en caballería, y la mantienen a lo largo de todo el ciclo de operaciones. El mismo espíritu les hace atacar a las fuerzas de Nassau, aunque estas se hallaban, al menos en parte, en posiciones preparadas. Ni se molestaron en esperar la llegada, prevista para el día siguiente, de cuatro mil hombres de refuerzo, entre ellos dos mil quinientos de los tercios. El balance del enfrentamiento demuestra lo justificado de esta confianza. El otro lado de la moneda es que esa mentalidad fomentaba una agresividad rayana en la imprudencia, y que no era el mejor estímulo para introducir modificaciones en un modelo que parecía perfecto.

Además, tras la batalla se produce algo gravísimo, que sacaba a la luz los verdaderos límites del poderío español. Los tercios victoriosos se amotinan por falta de pagas: «España, por falta de dinero, estaba empezando a perder el control de esa máquina admirable que era el ejército español», en palabras de alguien tan poco sospechoso como Geyl. En efecto, mantener el Imperio, si era preciso a la fuerza, exigía unos gastos que, a largo plazo, la Corona no se podría permitir. El motín, similar al producido tras la toma de Haarlem, y precursor de tantos otros, impidió a Requesens extraer todas las ventajas de un triunfo que, por una semana, había puesto a su merced a los protestantes, paralizados por la magnitud del revés. No sería la última vez que sucediera algo similar.

Nieuwpoort, o primera batalla de las Dunas (2 de julio de 1600), resulta interesante porque es la primera victoria importante del ejército holandés, del que hasta entonces se decía que «no se atrevía a mostrarse en campo abierto», y que únicamente servía para tomar ciudades. Sin embargo, las reformas de Mauricio le habían convertido en un peligrosísimo adversario, como se vio ese día.

El combate es consecuencia de una maniobra de amplias miras. Los Estados, aprovechando su dominio del mar, deciden llevar a cabo un desembarco en territorio controlado por España. Confían conseguir de esta forma dos objetivos: mantener a Inglaterra como aliada y acabar con las bases de operaciones corsarias que eran Nieuwpoort y Dunkerque. Esperaban contar para ello, además, con una sublevación general de la población de Flandes, a la que creían reprimida por el yugo español. El 22 de junio, las fuerzas de Mauricio saltan a tierra. Al enterarse de la noticia, el archiduque Alberto, que gobernaba los Países Bajos, parte de Bruselas para hacer frente a la amenaza. Sobre la marcha, pide ayuda a las tropas amotinadas en Diest, que le dan ochocientos infantes españoles y seiscientos caballos, para servir en vanguardia bajo sus propios jefes, formando un escuadrón volante.

El ejército, tras haber andado doce leguas en un día y una noche, cae sobre tres pequeños fuertes ocupados por los holandeses. A pesar de que las guarniciones se rinden, los amotinados, «porque deseaban mucho degollarlos y coger el pillaje… les quebrantaron la palabra y les degollaron». Tras ello, prosiguen su avance, topan con Ernesto de Nassau, que avanzaba a su encuentro con dos mil infantes escoceses y zelandeses, cuatro escuadrones de caballería y dos piezas y, sin casi detenerse, les deshacen, no dándoles cuartel. «Los escoceses, en un éxtasis de miedo», a pesar de su bien ganada reputación, se desbandan como los demás. Ni siquiera fue una batalla: «en un momento mataron de mil ochocientos a dos mil hombres, se apoderaron de dos cañones y varias banderas».

Siguiendo la desalada caminata, llegan ante las posiciones de Mauricio. Este había desembarcado con unos nueve mil infantes, de los que habría que deducir los destacamentos recién batidos, en torno a tres mil caballos y seis piezas. Ha desplegado en la playa, pero la marea creciente le obliga a correr su izquierda, donde se concentra la infantería hasta ocupar una serie de dunas, reforzadas con sendas baterías. Los jinetes, expulsados de su primitiva posición por el agua, forman a la derecha. Por falta material de espacio, las tropas se escalonarán en profundidad.

Cánovas afirma, no sin razón, que era un ejército protestante más que holandés, ya que en él servían, además de holandeses, escoceses, ingleses, alemanes, suizos, franceses y un regimiento de desertores valones, que poco antes habían vendido a Mauricio las plazas que les habían sido confiadas. Pero lo mismo se podía decir de sus rivales, que también presentaban tropas de distintas nacionalidades.

Los católicos suman entre nueve y diez mil infantes, menos de mil seiscientos caballos y siete cañones, más los dos cogidos recientemente. Entre los primeros, tres tercios españoles, los de Zapena, Villar y Monroy, así como dos unidades valonas, una italiana y una irlandesa.

También, cuatro mil alemanes que marchan a retaguardia y que no participarán en la batalla.

Según algunos, el archiduque toma por sí la decisión de atacar, quizá dolido por las acusaciones por su actuación en el socorro de Amiens, que comentaremos en el capítulo siguiente. Otros, en cambio, afirman que son los soldados –especialmente los amotinados– quienes «ensoberbecidos con este buen suceso (sus anteriores victorias) y llevados de la codicia del pillaje y de la gloria», los que le fuerzan a combatir, mostrándose tan insolentes que los oficiales superiores le aconsejan que «pues eran los soldados los que habían de hacer aquella facción, los dejase».

En cualquier caso, la elección no fue nada prudente, por demasiados motivos: los españoles tenían un flanco expuesto al fuego de la escuadra que había traído al ejército enemigo; las tropas estaban aspeadas tras la marcha forzada empezada esa madrugada, y tendrían que pelear con el sol, y sobre todo el viento de cara. Finalmente, no estaban al completo: casi la mitad de la infantería se hallaba todavía en camino.

El choque inicial se producirá entre vanguardias. A medida que las demás unidades van llegando, irán alimentando el combate. El dispositivo adoptado por Mauricio es el siguiente. En la izquierda, junto al mar, cuatro cañones. A continuación, en la línea de dunas, los dos regimientos ingleses de los hermanos Vere y el muy numeroso de frisones de Hertinga, más la guardia holandesa. Otras dos piezas, situadas también en una duna sirven de enlace con la primera línea de caballería, que forma el flanco derecho, ya en terreno firme, practicable para las monturas. Ante la falta de espacio, el resto del ejército se situará detrás, en líneas sucesivas.

El archiduque lleva en vanguardia a los infantes y jinetes amotinados. Tras ellos, coloca su artillería a la derecha. Junto a esta, los tres tercios españoles y el italiano, y a la izquierda su caballería. Al igual que las holandesas, y por idénticas razones, las unidades restantes se sitúan a retaguardia. Los tercios, «como si les fuese igual la muerte o la victoria», «con el mayor fervor y valor que se ha visto, muertos de sed y tan fatigados que parecía casi imposible poder dar paso», cargan frontalmente, jadeando, hundiéndose en las dunas, cegados por el sol y por un viento que les mete la arena y el humo en los ojos, y que apaga la llama de sus mosquetes.

Con los amotinados a la cabeza, dan un primer asalto, que la sólida infantería enemiga, apoyada por la artillería, rechaza. Se reagrupan y lanzan un segundo, sin mejor suerte. Mientras, fuerzas holandesas de caballería han dado una carga por la derecha, que arrolla a los jinetes católicos, pero que es detenida por el fuego de los infantes. Un tercer ataque de estos, en cambio, les permite apoderarse de una de las alturas, expulsando a los ingleses y frisones. Algunos de ellos, llevados por el miedo, se arrojan a las olas para escapar. Su jefe, sir Francis Vere, se ha batido con coraje, recibiendo dos tiros en una pierna, y siendo muerto su caballo. Ante ese revés, la línea holandesa entera vacila. Parecía en ese momento que «todo el ejército, el único ejército de los Estados, estaba perdido, roto, dominado por el pánico; los gritos de victoria de los españoles sonaban en todas partes».

Estos hacen un breve alto para tomar aliento. Luego, aunque agotados y diezmados, empiezan el asalto de otra duna defendida por una batería, llegando tan cerca de esta que, tras un último disparo, está a punto de ser abandonada.

Pero ya es demasiado tarde. Mauricio, «que parecía el único hombre del campo (holandés) no atemorizado», ha aprovechado el mínimo respiro que se le ha concedido. Midiendo perfectamente el tiempo, hace cargar a las únicas fuerzas ordenadas que le quedaban, los regimientos de caballería de Balen, Vere y Cecil. Estos barren a los jinetes católicos, que en su fuga arrollan a parte de sus propios infantes, dejando aislado al resto. Siguiendo la carga, los caballos caen sobre el flanco de la primera línea católica, que recibe a la vez un contraataque por su frente de la infantería holandesa, reorganizada y apoyada por la artillería que ha vuelto a abrir fuego.

El archiduque, pie a tierra, intenta evitar el colapso. Un enemigo le hiere «entre las sienes y la cabeza», pero «él le mató con la espada de una cuchillada con que le abrió la cara». Sin embargo, los españoles han sufrido pérdidas terribles, incluyendo a dos de los tres maestres de campo, los tres sargentos mayores, treinta y seis capitanes y centenares de hombres. Sus compañeros italianos, que han combatido valerosamente, no están en mejores condiciones. Abandonada y exhausta tras una jornada que ha consistido en una marcha forzada, el encuentro con el destacamento de Ernesto de Nassau y su persecución, además de varias horas de combate en la arena, bajo el sol de julio, la infantería se hunde.

Las cifras de las respectivas bajas varían considerablemente. Las holandesas se pueden cifrar en torno a los mil setecientos muertos o heridos. El archiduque tuvo alrededor de cuatro mil, incluyendo más de sesenta capitanes y un número desproporcionadamente elevado de españoles, difíciles de sustituir, quedando tanto los amotinados como los tercios «menguadísimos», ya que llevaron el peso del combate. Los irlandeses y los valones, que por estar en segunda línea apenas tuvieron ocasión de batirse, salieron mejor parados, como sucedió a la caballería, a causa de la escasa resistencia que presentó. Entre los capturados estaba el almirante de Aragón, jefe de los jinetes. Un mosquetazo le mató el caballo, que cayó de espaldas sobre él.

Más de doscientos prisioneros fueron pasados a cuchillo, en justa represalia por los excesos cometidos por los españoles. Los demás serían rescatados dos años después, mediante el pago de cien mil escudos.

El nuevo sistema holandés mostró en la batalla algunas de sus excelencias. En efecto, aunque las formaciones españolas no fueron excesivamente profundas –parece que tenían doce soldados de fondo, casi igual que los diez u once preconizados por Mauricio– ciertamente cada una de ellas era mucho más nutrida. Sus enemigos, en cambio, aparecen ya en los batallones que a partir de ese día se hicieron famosos. El mejor grabado contemporáneo del combate muestra dieciocho unidades protestantes, frente a únicamente seis católicas, para una cifra similar de infantería. Obviamente, las primeras ofrecían a su comandante en jefe muchas más posibilidades tácticas, al disponer de más elementos para manejar. Sin embargo, ya que apenas hubo ocasión de maniobrar, esta ventaja no se explotó al máximo, no resultando, por tanto, decisiva.

Del lado católico, habría que comentar la mediocre calidad de la caballería y la presencia de los amotinados y de su indisciplina, reflejo de la incapacidad de España para financiar sus guerras. Poco antes de la batalla, la archiduquesa en persona tuvo que prometer a los soldados que empeñaría sus propias joyas, para darles algún dinero a cuenta de las numerosas pagas que se les debían. La derrota, se atribuyó precisamente a la combinación de los dos elementos mencionados en primer lugar: «fue causada principalmente por los jinetes amotinados».

Desde luego, a nivel de la dirección de la batalla, el archiduque, no resiste la menor comparación con Mauricio, aunque «amigos y enemigos estuvieron de acuerdo en que aquel día el archiduque se había batido como un león». Podía ser valiente, pero no era un general capaz de enfrentarse a tan formidable enemigo.

En una perspectiva más amplia, las Dunas presenta un modelo naciente y lleno de fuerza, el holandés, frente a otro que empezaba ya a mostrar fisuras, el español.

Resulta casi una paradoja que la victoria neerlandesa, a pesar de su importancia táctica y moral, no generó ningún resultado estratégico. En contra de lo previsto, la población civil no se unió a sus pretendidos libertadores contra la tiranía española. Por otra parte, las pérdidas de estos, lejos de sus bases, habían sido sensibles: «el golpe fue fatal: a fines de mes, Mauricio estaba de vuelta con sus hombres en Zelandia». La invasión había fracasado. Cuatro años después, Spínola comenzaba con la toma de Ostende una serie de campañas victoriosas. Antes de que en 1607 se firme el armisticio que se consolidará en la Tregua de los Doce Años, conquistará Oldenzaal, Lingen, Wachtendonk, Cracow, Lochem, Groll y Rheinberg.

Nördlingen (6 de septiembre de 1634), es otra batalla interesante. Especialmente porque, exceptuando el poco significativo episodio del asedio de Oppenheim, es la primera y última vez que se enfrentan los dos modelos rivales, el sueco y el español, practicados por sus creadores. Los suecos conservaban hasta entonces en sus banderas desgarradas el eco de dos victorias aplastantes que, quizá injustamente, han dejado mayor recuerdo en la historia militar que el propio Nördlingen. Nos referimos a Breitenfeld y Lützen. Si bien en la segunda de ellas Gustavo Adolfo muere del pistoletazo de un coracero enemigo, la herencia de sus fulgurantes campañas pervivía en un ejército tenido por imbatible. Organizado según el comúnmente llamado modelo sueco y formado por soldados excelentes, incluyendo a regimientos escoceses, había batido a las mejores tropas del Imperio.

Este, agotado, recurre a España, para salvar a la causa católica. Felipe IV envía a su propio hermano Fernando, el cardenal-infante. Es un soldado sin estrenar que desde España, vía Italia y camino de su gobierno en Flandes, llega con quince mil infantes y tres mil quinientos caballos. Entre ellos, un puñado de españoles, encuadrados en los tercios de Idiáquez, veterano, y Fuenclara, formado por compañías de las destinadas en Nápoles y Lombardía. El primero tiene veintiséis banderas y mil ochocientas plazas. El segundo, diecisiete y mil cuatrocientas cincuenta. Son tres mil doscientos cincuenta hombres, que bastarán para acabar con la leyenda de la invencibilidad de los suecos. Un testigo describe a esa infantería diciendo que «era tan buena y tan bizarra, tan llena de gente particular y de oficiales reformados».

La batalla gira en torno al cerco de Nördlingen por los católicos, mandados por el archiduque y rey de Hungría Fernando de Austria. En su socorro marchan los protestantes dirigidos por el duque de Sajonia-Weimar y por el general Horn, un veterano cubierto de gloria junto a Gustavo Adolfo. Suman los primeros, incluido el refuerzo español, más de veinte mil infantes y trece mil caballos, frente a dieciséis mil y nueve mil, respectivamente. Pero Bernardo, convencido de que la caída de la ciudad afectaría muy gravemente a su causa, desea dar la batalla a toda costa, a pesar de su inferioridad numérica en la que prefiere no creer.

Antes de que tenga lugar el choque frontal entre los ejércitos, se produce un forcejeo para ocupar posiciones con vistas a la batalla. El punto en disputa es la colina Hesselberg y un bosquecillo adyacente, cuyo control ambos bandos estiman vital.

El 5 de septiembre los católicos, mandados ya por los dos infantes, ocupan el bosque con doscientos mosqueteros del tercio del conde de Fuenclara, a las órdenes de su sargento mayor Francisco de Escobar, con instrucciones de defenderlo a toda costa. Sucesivamente, se situarán en la colina otras cuatro unidades, tres alemanas y una italiana, como reserva.

El primer enfrentamiento es de ambas caballerías. Llegará a absorber seis mil jinetes, y se salda con una victoria de los protestantes. Animados por el éxito, y a pesar de lo avanzado que está entonces el día, atacan a los infantes españoles. Estos luchan obstinadamente, pero tras cinco horas de forcejeo, insuficientemente apoyados y diezmados, abandonan la posición. Dejan tras de sí numerosas bajas. Entre ellas, Escobar, que ha caído prisionero. Se le conduce al coche de Weimar, que le interroga sobre las tropas traídas por el cardenal-infante. El sargento mayor le da las cifras reales. Su interlocutor piensa, o quiere pensar, que le engaña, exagerándolas. Enfurecido, amenaza con ahorcarle, brutalidad contraria a las prácticas normales. En efecto, se consideraba que, entre mandos, tan obligado estaba el prisionero a decir la verdad como el captor a respetarle. Nobleza obligaba. Poco después, quizá arrepentido de sus malas maneras, Weimar le invita a cenar, junto con Horn. En el curso de la comida se repiten las preguntas. Bernardo persiste en su escepticismo, y convence al sueco –mucho más reticente y partidario de aguardar la llegada de un refuerzo de seis mil hombres– para dar la batalla al día siguiente.

El día 6, los dos ejércitos despliegan. Por el lado protestante, Weimar se hace cargo de la izquierda y Horn de la derecha. Frente al primero se colocan los del archiduque. El cardenal-infante hace frente a los suecos, las mejores tropas protestantes. El campo es una llanura dominada por cuatro colinas. Dos las habían abandonado, un tanto irreflexivamente, los católicos el día anterior, sin combatir. Hesselberg había caído durante la noche. Únicamente les quedaba la cuarta, Albruch, que se convierte así en el punto neurálgico. La ocupan dos unidades alemanas, los regimientos de Salm y de Würmser y el tercio napolitano de Toralto. Un jesuita español que ha llegado con el infante en su calidad de experto en la materia, supervisa el emplazamiento de la artillería y la preparación de una trinchera que no puede perfeccionarse por la naturaleza pedregosa del suelo. Dispuestas ya las fuerzas, el infante empieza a albergar dudas sobre la solidez de los tudescos, que son soldados nuevos, y envía al tercio español de Idiáquez para que releve a los de Würmser. El coronel de estos se niega a replegarse, argumentando que «iba para treinta años que por su persona servía al rey de España y la honra por tales servicios ganada no era cosa que con dejarse sacar de allí la perdiera». Si no había otra solución, acataría la orden, y retiraría a su regimiento, pero él se quedaría, formando con una pica en la primera hilera del tercio de Idiáquez. Al final, se consentirá que su unidad permanezca en su puesto y los españoles pasan a la segunda línea, de reserva.

Por una confusión, los suecos dan el primer asalto con caballería, cuando el plan de Horn era que los infantes rompiesen el frente y que los jinetes explotasen la brecha. Los napolitanos rechazan a estos, con lo que el avance sueco por ese lado queda detenido. Los tudescos, en cambio, son desalojados al primer embite, pero sus oficiales a cintarazos les hacen volver a las posiciones que han abandonado, a cubierto de una carga de jinetes italianos, que baten a los caballos enemigos. Los suecos entonces atacan por segunda vez, rompiendo definitivamente a los tudescos, que se dan a la fuga, no sin que antes tanto Salm como Würmser hayan caído en la lid. En su huida amenazan con desordenar el escuadrón de Idiáquez, pero son apartados a picazos.

Con la batalla próxima a estar perdida, el cardenal-infante manda a los españoles que avancen para colmar el dramático hueco que se ha abierto en la línea. Impasible, el tercio entra en fuego. Lo forman «mucha gente particular, sargentos mayores, capitanes y alféreces reformados, y bastante nobleza y caballeros de hábito». Es, en cierto modo, una destilación de décadas de la «temible infantería española» y de sus grandes tercios viejos. Un coronel sueco describe así a estos hombres: «entonces avanzaron con paso tranquilo, cerrados en masas compactas... eran casi exclusivamente veteranos bien probados: sin duda alguna, el infante más fuerte, el más firme con que he luchado nunca».

El maestre de campo destaca en vanguardia una manga de arcabuceros al mando de tres capitanes. Casi inmediatamente, un cañonazo arranca el brazo izquierdo de uno de ellos. Otro impacto, vuela la reserva de pólvora de la unidad. Entre explosiones y pica en ristre sus hombres recuperan el terreno perdido. La excelente infantería sueca contraataca y es rechazada. En las siguientes seis horas repite los intentos hasta quince veces, siempre con igual suerte. Lo más florido de sus legendarios regimientos, acostumbrados a vencer siempre, los conocidos, por el color de sus banderas, por los nombres de Negro, Azul, Amarillo, se desangra en vano. Idiáquez practica una táctica que fue muy comentada. Ordena a sus soldados que pongan rodilla en tierra al ver a los enemigos encarar sus armas. Así las balas pasan por alto. Tras la descarga, los españoles se incorporan y hacen la suya. Se dijo que no perdían un tiro. El sistema, aunque eficaz, no era nuevo. Ya lo había usado con buenos resultados Verdugo en Frisia. Algunos infantes, sin órdenes, se salen del escuadrón y con la pica acaban con los más osados de los adversarios. Entre ellos, el propio sargento mayor del tercio y dos capitanes que demuestran así su valor personal, pero también dan un mal ejemplo de indisciplina a sus hombres. Pagarán por ello: el primero muere de un mosquetazo y los otros son heridos muy gravemente.

Paulatinamente, Horn acabará empeñando todas sus tropas, y otras que Weimar le envía, pero no rompe al tercio.

Mientras, también se lucha en las faldas del Albruch, donde los jinetes de los dos lados intercambian sablazos y pistoletazos, distinguiéndose la caballería napolitana de Gambacorta. Bernardo, por la izquierda, emplea sus caballos contra los imperiales, aunque se ha despojado de casi todos sus infantes para apoyar a los suecos.

La posición de Horn, no obstante sus esfuerzos, se va haciendo insostenible. Sus ataques frontales han sido otros tantos fracasos y sus flancos empiezan a ser amenazados. Los de Idiáquez aguantan todas las embestidas, «mostrando con experiencia este valeroso tercio, tan probado en Flandes, el coraje invencible de España».

Por fin, los suecos, agotados, dan muestras de vacilar. Es entonces cuando los católicos asestan el golpe final. El cardenal-infante juega su última carta, cuatrocientos arcabuceros y mosqueteros del tercio del conde de Fuenclara. Simultáneamente, Idiáquez pasa a la ofensiva. Por fin, los protestantes ceden y se produce el «alcance». Horn y Gratz, dos de los tres principales jefes, caen prisioneros. El tercero, Weimar, se salva a uña de caballo. Un total de catorce coroneles y seis mil soldados son capturados; otros tantos hombres quedan tendidos en el campo. Los católicos cogen «muchas damas» que acompañaban al ejército enemigo, trescientos estandartes, cincuenta y cuatro cañones y cuatro mil carros de bagaje. Además, «mucha riqueza en coches y caballos», «la mayor parte de lo cual se vendió en el cuartel de las tropas croatas, lo que constituyó una moneda rica, de mucha variedad y entretenimiento». En efecto, entre las tropas del archiduque figuraban dos mil croatas, reclutados en los confines del imperio, antecesores de la futura caballería ligera, excelentes para la guerra irregular y las persecuciones, pero que por lo menos hasta la segunda mitad del siglo XVIII, cuando se les empezó a inculcar una mayor disciplina, eran famosos saqueadores.

En su huida, Bernardo pasa a galope junto a Escobar. A modo de despedida, como este escribió dolido por la falta de cortesía, «me tiró un pistoletazo», fallando. No contento con ello, ordenó a sus guardianes que le mataran. Pero el sargento mayor era de armas tomar. Se apoderó de la espada de uno de ellos y le tiró una estocada, «con harto daño suyo», echando luego a correr. Eventualmente volvería a las líneas propias, aunque en camisa, por haber sido desvalijado por sus compañeros.

Nördlingen fue una derrota total, que significó «el final para Suecia», que quedó descartada como potencia europea. Solo la intervención in extremis de la católica Francia salvó a la causa protestante. De ahí que resulte sorprendente, dada la magnitud de la derrota, que –como ya se ha dicho– habitualmente se conceda mayor importancia a Breitenfeld y a Lützen, cuyos resultados fueron menos espectaculares, y a pesar de que «todo lo que se había perdido en Lützen, se había ganado de nuevo en Nördlingen».

Lamentablemente, por sus características no se puede tomar como punto de referencia para comparar el modelo sueco con el español, tal como lo practicaban sus creadores (ya se ha indicado que en Breitenfeld y Lützen, que se suelen citar como prueba de la superioridad del primero sobre el segundo, combatieron tropas imperiales, no españolas). Las condiciones del terreno no permitieron a los de Horn demostrar su tan alabada flexibilidad, y en la defensa ante ataques frontales, la pretendida rigidez de los tercios era una ventaja. En otras palabras, ni el sistema táctico sueco pudo desplegar sus ventajas ni el español sus limitaciones. Pero no cabe olvidar la importancia del papel de las mangas de arcabuceros y mosqueteros españoles, basado justamente en la flexibilidad, y que en esta como en tantas otras ocasiones fue fundamental.

Ambos bandos derrocharon valor, pero el resultado final se saldó con una derrota sin paliativos de los suecos. Su trayectoria fue tan brillante como fulgurante. Duró los tres años y once días que transcurrieron desde Breitenfeld a Nördlingen. En cambio, la epopeya triunfante española, si ponemos su punto inicial en Ceriñola (1503) y el final en Nördlingen (1634), lo que pecaría de demasiado prudente, duró un siglo y cuarto.

Para terminar con la batalla, los tercios tuvieron en ella un comportamiento irreprochable. Con razón se ha atribuido la victoria a la «soberbia disciplina española». El de Idiáquez, sobre todo, fue una roca ante la cual se estrelló lo que muchos estimaban, sin duda equivocadamente como demostraron los hechos, la mejor infantería de Europa.

Hasta cierto punto, Rocroi constituye la apoteosis de los tercios. Los ejércitos siempre han considerado un timbre de gloria las derrotas gloriosas. La agonía de la guardia francesa en Waterloo o la sangría de la caballería británica en Balaclava se han exaltado más que muchas victorias. El valor desgraciado tiene algo de noble.

La imagen de los tercios solos, abandonados por todos, apiñados en torno a sus banderas hechas jirones, peleando un campo de batalla perdido, muriendo en un marco adecuado de relámpagos de explosiones, corona un siglo de triunfos. Bien es cierto, sin embargo, que no se extinguen en Rocroi, y que todavía sabrán imponer respeto a los adversarios hasta su desaparición definitiva, a principios del XVIII: «hay que reconocer que muchos excelentes historiadores han cometido el gran error de no destacar claramente que estas tropas (las destruidas en Rocroi) eventualmente fueron reemplazadas, y que las que les sucedieron se batieron con frecuencia de forma admirable, aunque parece cierto que nunca fueron tan formidables como sus antecesoras». Pero dicha batalla es un momento estéticamente oportuno para despedirles, y así se ha estimado desde hace años, con independencia de que la Historia les diera medio siglo más de vida y algunas victorias adicionales.

Hasta el mismo día de Rocroi, eran un temible instrumento de guerra. Contra una idea generalizada, que da por terminado su periodo de gloria casi con el XVI, los tercios siguieron siendo un factor de peso, incluso decisivo, durante las operaciones que se desarrollaron en las primeras décadas del XVII.

En Fleurus, el 29 de septiembre de 1622, un ejército español de unos diez mil hombres batió a uno francés de trece mil, causándoles mil doscientas bajas y arrebatándole diecinueve banderas. En 1625, el «annus mirabilis», los holandeses son derrotados en Breda, Bahía y Puerto Rico; los británicos en Cádiz; franceses y saboyanos en Génova. Ya hemos visto lo que sucedió a los suecos en 1634. En 1635, cae la fortaleza holandesa de Schenkenschans, cuya importancia estratégica era tal que se llegó a pensar que su caída podría significar el fin de la guerra en los Países Bajos. De la situación doce meses después se ha dicho: «el año de Corbie, 1636, fue terrible, y mientras el ejército del cardenal-infante avanzaba sobre París, solo los consejos y las amonestaciones del padre José impidieron (a Richelieu) sucumbir a la desesperación». En 1638, se alcanza sobre los neerlandeses en Kallo «la mayor victoria que las armas de Vuestra Majestad han obtenido desde que empezó la guerra de los Países Bajos». Los derrotados la describen como «este gran desastre». Los españoles tuvieron menos de mil bajas. Un ejército enemigo de seis mil hombres quedó aniquilado: solamente los prisioneros fueron dos mil quinientos, y perdió treinta cañones y decenas de banderas. Poco después, es el turno de los franceses, batidos en Saint Omer y Fuenterrabía, mientras que los holandeses sufren un revés «humillante» en sus intentos contra Geldern. «En conjunto, 1638 fue un año en que Felipe IV y Olivares tenían todos los motivos para estar satisfechos de sí mismos».

Socorro de París, 1590, óleo anónimo de principios del siglo XVII. Monasterio de San Lorenzo de El Escorial, Madrid.

«La sorpresa de Calais», tapiz de la serie *Triunfos y batallas del archiduque Alberto*, taller de Martin Reynbouts (1597-1599), según modelos de Otto van Veen y Hans I Snellick. Armería del Palacio Real, Madrid.

Fragmento de «La toma de la plaza de Hulst», tapiz de la serie *Triunfos y batallas del archiduque Alberto*, taller de Martin Reynbouts (1597-1599), según modelos de Otto van Veen y Hans I Snellick. Palacio Real de Madrid.

Escena de guerra durante el asedio de Ostende (*ca*. 1601-1614), óleo sobre tabla de Sebastian Vrancx (1573-1647). Schlossmuseum Gotha, Alemania.

El asedio de Aquisgrán, óleo sobre lienzo atribuido a Pieter Snayers (1592-1666). Christie's, Londres.

La victoria de Fleurus (1634), óleo sobre lienzo de Vicente Carducho (1576-1638). Museo Nacional del Prado, Madrid.

Batalla, óleo sobre lienzo de Pieter Snayers (1592-1666) que representa, probablemente, la batalla de Wimpfen (1622). Rijksmuseum, Ámsterdam.

Soldados saqueando una granja (*ca.* 1620), óleo sobre tabla de Sebastian Vrancx (1573-1647). Deutsches Historisches Museum, Berlín.

La recuperación de San Juan de Puerto Rico (1635), óleo sobre lienzo de Eugenio Cajés (1574-1634), terminado por Luis Fernández (1594-1654). Museo Nacional del Prado, Madrid.

El socorro de Brisach (1634-1645), óleo sobre lienzo de Jusepe Leonardo (1601-1652). Museo Nacional del Prado, Madrid.

Sorpresa de un convoy (s. XVII), óleo sobre lienzo de Sebastian Vrancx (1573-1647) y Jan Brueghel el Joven (1601-1678). Museo Nacional del Prado, Madrid.

La rendición de Breda (1634), óleo sobre lienzo de Diego Velázquez (1599-1660). Museo Nacional del Prado, Madrid.

A la izquierda retrato de Francisco Hurtado de Mendoza, almirante de Aragón y segundo al mando del archiduque Alberto (1601), óleo sobre lienzo de autor anónimo. Rijksmuseum, Ámsterdam. Y a la derecha, retrato del maestre de campo don Tiburcio de Redín y Cruzat (*ca.* 1635), óleo sobre lienzo de fray Juan Andrés Rizi (1600-1681). Museo Nacional del Prado, Madrid.

Combate de infantería en un puente (s. XVII), óleo sobre lienzo de Nicolaas van Eyck (1627-1679). Rijksmuseum, Ámsterdam.

Sitio de Aire-sur-la-Lys (1653), óleo sobre lienzo de Pieter Snayers (1592-1666). Museo Nacional del Prado, Madrid.

La batalla de Rocroi (1643), detalle del grabado atribuido a Salomon Savery (1594-1683). Rijksmuseum, Ámsterdam.

El 26 de mayo de 1642, en Honnecourt, un ejército francés pierde seis mil hombres y, entre otras enseñas, la corneta blanca del rey de Francia y el estandarte del delfín. Con motivo de esta victoria, el hijo del rey, el infante don Baltasar, escribió su primera carta de su puño y letra al general español diciéndole: «habéisme puesto en deseo de ser vuestro soldado».

Pero esas y otras victorias se consiguen con un ejército que empieza a dar muestras de agotamiento. En Nördlingen hemos visto ceder a los alemanes. En Honnecourt, son los italianos los que pliegan. La caballería, en general, es deficiente. En todas las ocasiones son los tercios españoles los que llevan el peso del combate y pagan el correspondiente tributo de sangre. Unos tercios cada vez más debilitados, lanzados a un crescendo de guerras, cada vez más imposibles de financiar. Como arrastrada por un vértigo, parece que España va a acabar combatiendo al mundo entero, sacando hombres y dinero de donde no los había.

Al final, claro, vendrá el desplome de una situación que era insostenible desde hacía años, y que parecía mantenerse solo merced a la voluntad iluminada de Olivares y a las picas de unos tercios exangües que se resistían a morir. Como Quevedo anunció, lo que España a todos quitó sola, se lo acabarían quitando todos a ella.

Quedaba por jugar, sin embargo, un último acto suficientemente dramático. Rocroi proporcionaría el escenario perfecto. Los tercios llegan a él tras haber sido objeto de una serie de reformas. En 1611, con vaguedad digna de elogio, porque reflejaba la realidad, se dispuso que cada uno de ellos tuviera el número de compañías «que cupieran» según los efectivos disponibles. La única condición era que la bandera debía contar como mínimo con cien hombres, mitad piqueros, mitad arcabuceros y mosqueteros. Estos últimos tenían que suponer un diez por ciento del total. En 1632, otra ordenanza, que no especificaba la plantilla de las compañías, establecía tercios de quince de ellas a doscientas plazas, reteniendo la cifra, en gran parte mítica, de tres mil por unidad.

En la época de Rocroi estaba vigente una normativa promulgada por el cardenal-infante el 20 de marzo de 1636, que establecía para los tercios italianos y españoles quince compañías, dos de ellas de arcabuceros y el resto de piqueros. Aquellas, con ciento sesenta arcabuceros y treinta mosqueteros. Estas, con sesenta y nueve coseletes y ciento veintisiete mosqueteros. Los valones tenían por bandera ciento cuarenta y dos mosqueteros y cuarenta y seis coseletes, sin que existieran compañías especializadas. Los regimientos de tudescos contaban con una cantidad variable de banderas, todas a trescientos hombres. Las de alemanes altos reunían una numerosa primera plana, ciento treinta y dos coseletes y ciento cincuenta mosqueteros. Las de alemanes bajos, ciento cincuenta coseletes, cien mosqueteros y veintinueve arcabuceros. Incidentalmente, estos datos parecen desmentir la leyenda según la cual las unidades alemanas que participaron en la batalla estaban cortas de armas de fuego.

Destacar que los tercios mantienen unas plantillas teóricas muy similares a las tradicionales. Ha aumentado mucho, sin embargo, el porcentaje de arcabuceros y mosqueteros, especialmente de estos últimos. Ello, más la crónica escasez de efectivos, hacen que se acerquen notablemente al modelo sueco. Es curioso comprobar que los arcabuces se mantienen sobre todo en unidades como las españolas e italianas, reputadas por su habilidad en su manejo, sin haber sido totalmente sustituida por mosquetería. Posiblemente, ello se debe no solo a su conocida predilección por esas armas, sino también a consideraciones económicas.

La batalla se produce el 19 de mayo de 1643 en el contexto de un asedio más, el de la plaza de Rocroi, sitiada por los españoles y cuyo cerco quiere romper el duque de Enghien. Este joven general –tenía veintidós años– con una marcha audaz y atravesando un terreno difícil se acerca peligrosamente. El jefe de los españoles es Francisco de Melo, que todavía tiene fresco el recuerdo de su resonante victoria en Honnecourt, casi exactamente un año antes. Se ignora si fue sorprendido por la celeridad del movimiento o si, envanecido por su historial, desdeña a los franceses a los que había derrotado. Lo cierto es que no tomó las más elementales medidas para cerrarles el paso antes de que, cruzando un desfiladero fácilmente defendible, veintitrés mil hombres desemboquen en una llanura donde despliegan el 18 por la tarde. Sin apenas tiempo para descansar, hacen dos intentos, fallidos, por socorrer la ciudad. Muy temprano en la mañana del 19 los dos ejércitos, probablemente similares en fuerza, se disponen al combate. Enghien, avisado por un desertor de la proximidad de Beck con refuerzos para el enemigo, quiere forzar la situación para no encontrarse al día siguiente en inferioridad.

La formación que adoptan ambos ejércitos es convencional. Caballería en las alas e infantería en el centro. Se ha subrayado que los jinetes galos van entremezclados con tropas de infantes, pero ya sabemos que no se trataba de ninguna novedad. Era una práctica consagrada por Gustavo Adolfo, y muy extendida. Es más, se ha criticado a Fontaine, el maestre de campo general de los españoles, por no haber establecido un dispositivo similar, y a su comandante en jefe por respetar su decisión. De ahí que se dijera que el ejército había quedado como «para muestra», y no para pelea. Más acertado parece, en esta cuestión, el reproche a Fontaine que el elogio a Enghien.

Melo, o por ser exactos, Fontaine, coloca a sus hombres en lo que se ha descrito como «batallones», aunque en aquella época ese nombre no aludía, como sucedería más tarde, a una unidad orgánica específica, sino a una agrupación de tropas, procedieran o no de un mismo tercio. A pesar de que muchos aspectos de Rocroi, por lo que se refiere al bando español, son confusos, ya que hay datos contradictorios sobre el despliegue y no se conoce un estado de fuerzas, procuraremos, no obstante, hacer una interpretación que pueda ser razonable. A la derecha de la primera línea, cinco de estos «batallones». Pertenecen todos a tercios que se habían distinguido en Honnecourt: los de Villalba, Mercader (antiguo Alburquerque), Garcíes, Castelví y Velandia. Algunos opinan que el de Garcíes, más nutrido, se había desdoblado en dos batallones. En la izquierda, otros tres de italianos y borgoñones. En segunda línea, cinco de valones. En tercera, o de reserva, otros tantos de tudescos. El número de batallones, según las versiones, oscila entre dieciocho y veintiuno. Aunque, como hemos indicado, no se conocen exactamente los efectivos de Melo en la batalla, no resulta muy arriesgado afirmar que esos batallones tenían que oscilar en torno a los mil hombres (en caso contrario los españoles hubieran sido muy superiores en número a los franceses, lo que parece descartado). Eran, por consiguiente, unidades muy manejables, lejos de los masivos escuadrones que tradicional y erróneamente se viene identificando con los tercios hasta su último día. La mejor representación gráfica de la batalla, elaborada por un ingeniero francés, muestra la infantería de ambos ejércitos distribuida en un número similar de unidades. Por otra parte, el mencionado desdoblamiento del tercio de Garcíes apunta a que Melo prefería no tener formaciones demasiado nutridas y, por consiguiente, excesivamente rígidas.

El estado de fuerzas más cercano a Rocroi que se conoce, de 7 de noviembre de ese año, podría confirmar esta opinión, ya que da una media no muy superior a los mil hombres por unidad no presente en la batalla. Naturalmente, las españolas que sí asistieron aparecen con efectivos notablemente por debajo de esa cifra, a pesar de que para entonces probablemente habían intentado completar sus plantillas.

El duque de Alburquerque, que en Honnecourt había mandado su tercio, figura ahora al frente de la caballería de Flandes, en el flanco izquierdo. Isembourg está en el derecho, con la caballería de Alsacia. Tiene a Melo a su lado, mientras que el anciano Fontaine, que acumulaba cincuenta años de servicios a España, se encuentra en el centro, dirigiendo de hecho a la infantería. La gota que sufre le obliga a permanecer en una silla de manos.

Los franceses tomaron la iniciativa, con sendos ataques por las alas con su caballería, llevando Enghien en persona la primera línea de la derecha, asistido por Gassion, y L'Hopital la izquierda. Los españoles, siguiendo un principio básico de este tipo de combates, que desaconseja aguardar pasivamente una carga, les salieron al encuentro. La derecha gala resulta batida, y los caballos de Alburquerque incluso se apoderan de algunas piezas. En el otro extremo, L'Hopital es herido y se tiene que retirar, y su segundo, capturado con cinco heridas, siendo sus hombres derrotados. En el centro, Espernan, que manda la infantería, no tiene fuerzas suficientes para romper el frente. Según una fuente francesa, «entre las cinco y las seis de la mañana, nuestra izquierda estaba deshecha, tomada nuestra artillería, nuestro centro en retirada». Pero la infantería española ha permanecido inmóvil, por no tener órdenes de avanzar, lo que se reprochará a Melo y a Fontaine, que no aprovechan la momentánea debilidad de sus adversarios, dejando pasar así una oportunidad única de ganar la batalla. Algunos de sus hombres, no obstante, piensan que la jornada está decidida y agitan en el aire sus sombreros en señal de victoria.

No contaban con Enghien quien con su segunda línea, más nutrida que la primera, todavía intacta y apoyada por piquetes de mosqueteros, se revuelve contra los hombres de Alburquerque y los deshace. En cuanto a los de Isembourg, pierden la formación, unos para perseguir al enemigo, otros para entregarse al pillaje. En unos minutos, la situación cambia, pues, de cariz.

El general francés es todo actividad. Con un uso juicioso de sus reservas, apuntala su centro y su derecha. Demostrando una virtud esencial en un jefe de caballería, y al contrario que Isembourg, evita que sus jinetes vencedores se le dispersen y se le vayan de la mano. Se encuentra así en condiciones de lanzarlos contra el flanco de la infantería española, que ha quedado en el aire tras la derrota de los de Flandes.

Los tercios aguantan el choque impávidos, aunque en el combate caen muertos Fontaine y dos de los maestres de campo, Villalba y Velandia, luchando al frente de sus hombres, como mandan los cánones.

Sin desanimarse, el joven general realiza una maniobra totalmente heterodoxa, pero que será decisiva. Al frente de su caballería recorre toda la retaguardia española para caer por detrás sobre los desorganizados hombres de Isembourg, que simultáneamente son atacados de frente por formaciones de refresco. Ante este doble asalto los de Alsacia son batidos. Su jefe caerá en manos enemigas con un brazo roto y dos sablazos en la cabeza. Uno le abrió el cráneo y otro le cortó la nariz. Los dos flancos españoles quedan así al descubierto.

Comienza entonces la sistemática destrucción de la infantería. Los franceses caen sobre la tercera línea, de alemanes, que son derrotados. Igual sucede con la segunda, de valones. Unos y otros se han defendido, sin embargo, con coraje ante el inopinado ataque. En concreto, un tercio valón y un regimiento tudesco pierden todos sus oficiales, muertos o heridos. El coronel de este último fue capturado tras haber sufrido cinco cuchilladas. Melo acude desde la derecha e intenta apoyar a los infantes con alguna caballería, pero ya es demasiado tarde. Es el turno luego de los borgoñones e italianos. Los primeros son también destrozados. Los segundos se retiran en buen orden, haciendo frente al enemigo. Se ha atribuido su comportamiento ese día al resquemor hacia los españoles por cuestiones de precedencia. El caso es que apenas combatieron.

Queda ya solo la que Dodge llama «la espléndida y vieja infantería española», los tercios, bajo un huracán de fuego (un capellán que fue a confesar a Villalba recibió en un instante cinco balazos) y huérfanos de la mayor parte de sus jefes (hay dos maestres muertos y un tercero, Mercader, hecho prisionero). Entrando y saliendo de sus escuadrones, para cargar o protegerse de un ataque, hay un remolino de mandos de caballería que, abandonados por sus hombres, no se resignan a la derrota y lucharán hasta el final, en tropas «compuestas solo de capitanes y oficiales, sin soldados». Melo está con ellos casi solo, habiendo sido baja una parte importante de su estado mayor.

Todo el ejército francés, infantería, caballería y artillería, se abate sobre los tercios. Pero las viejas unidades, aunque desgarradas, se resisten a morir. Bossuet dirá de ellos que eran como unas torres que tenían la virtud de reparar sus brechas, y calificó a sus componentes de «leones». Lenet se entusiasmó ante «aquella brava infantería española que hizo tan bella y extraordinaria resistencia que en los siglos por venir parecerá increíble», añadiendo: «no puede alabarse bastante el valor de la infantería española» y describiendo su defensa como «inaudita».

Porque los tercios, bajo las descargas de los infantes y de los cañones que –como metralla–, lanzan una granizada de balas de mosquete, bajo los asaltos de la caballería, atacados por tres lados a la vez, requieren las picas y disparan acompasadamente arcabuces y mosquetes, rechazando hasta tres ataques. Dos horas, de ocho a diez de la mañana, duró aquella lucha imposible. Algún autor extranjero, admirado, opinará que la batalla «todavía no se había perdido». Pero no era así. Desgastados por el fuego y el acero, los tercios van cayendo. Los supervivientes se agrupan alrededor de las banderas viejas. Al final solo subsiste uno, el que había sido de Alburquerque y que, con su maestre de campo prisionero, está mandado por el sargento mayor. A él se acogen los maestres todavía en pie, Garcíes, con cinco mosquetazos en su peto «fuerte», y Castelví, aniquiladas ya sus propias unidades. A un miembro de una de ellas le preguntarán sus captores por el número de hombres que tenía, y respondió: «Contad los muertos». Se dice que el último tercio tiraba ya solo con pólvora, agotada la munición. Finalmente, y tras recibir un parlamentario, «como una fortaleza», se rindió, horas después de que todo estuviera perdido, menos su honor.

Aunque los autores discrepan, parece que quedaron en el campo entre seis y diez mil hombres del ejército de Melo, entre ellos más de la mitad de los españoles. En la revista del mes de noviembre antes citada, figuran los tercios con una media de poco más de quinientas plazas. Uno de ellos, el de Castelví, tiene solamente doscientas setenta, casi los efectivos de una compañía. Se perdieron también ciento setenta banderas y veinticuatro cañones. El francés tuvo unas dos mil bajas.

Melo que no mandó, aunque combatió, pudo salvarse. También, asombrosamente, Isembourg, tras capturar a uno de sus captores, a pesar de sus heridas. Se reunieron con los refuerzos que traía Beck, que para entonces estaba ya cerca de Rocroi. Con ellos, incluyendo el tercio español de Ávila, y con los supervivientes de la batalla, se hizo un nuevo ejército, tan numeroso como el derrotado. A su frente, Melo condujo una campaña tan bien dirigida que Enghien apenas pudo sacar frutos de su resonante y merecida victoria.

Muchas son las razones que se han esgrimido para explicar la derrota de los españoles. Melo se equivocó sobre las intenciones de su rival, creyendo que quería simplemente socorrer a Rocroi, no dar una batalla campal. Le infravaloró, y pagó por ello. Tampoco ejerció sus funciones de comandante en jefe, aislándose en un flanco, perdiendo la perspectiva global del combate y desaprovechando la oportunidad

La batalla de Nördlingen (*ca.* 1634-1636), grabado de Balthasar Florisz van Berckenrode (1591-1645). Rijksmuseum, Ámsterdam.

que tuvo de vencer. Fontaine adoptó una formación equivocada, que su superior aprobó, y no mandó a la infantería en el momento decisivo que se le presentó. Dejó además a sus jinetes sin apoyo de infantes (excepto unos centenares de mosqueteros que desplegó en un bosque y que fueron sacrificados inútilmente).

Aunque estos factores, y otros, jugaron un papel, parece que una parte considerable de la responsabilidad por lo sucedido debe recaer en la caballería, que simplemente abandonó a sus jefes y a sus compañeros de a pie. El propio Melo, después de la batalla, escribió que «habemos (sic) llegado al último desengaño de que nuestra caballería no quiere pelear... nuestra infantería está tan resentida de la caballería que temiera alguna desgracia». Indicaba, como algo digno de ser imitado que «los franceses tienen regimientos», mientras que en el servicio español no había unidades permanentes de esa entidad, y que «la orden de su caballería les ha dado la victoria».

Es cierto que la organización de las tropas montadas era deficiente. La mencionada ordenanza de 1636 no reconocía unidad superior a la compañía de cien hombres, aunque en campaña se establecían agrupaciones de estas, pero con carácter provisional y con jefes también temporales. Habrá que esperar hasta 1649 para que aparezcan oficialmente formaciones de mayor entidad, bajo el nombre de tercios. Su moral no era mejor. En 1635, en un combate cerca de Namur, «a la primera carga», volvió las espaldas y «huyendo, rompió el dicho escuadrón volante». Estaba este formado por el tercio español de Ladrón de Guevara y el italiano de Sfrondato. Abandonados, aguantaron cinco cargas de la infantería y caballería francesas, «vendiendo las vidas hasta el último fin de ellas» y quedando «muy deshechos». Casi exactamente lo que sucedió en Rocroi, aunque a otra escala.

Porque en el periodo inmediatamente posterior a la batalla nada se hizo para superar esta anomalía en la organización, atribuyendo la mala actuación de los jinetes a que no había ninguna compañía formada íntegramente por españoles, como si ello explicara todo, e ignorando el dato indiscutible de que en el pasado habían existido excelentes unidades no españolas. De hecho, como ya hemos mencionado, y al contrario que en infantería, no se atribuía especial relevancia a que una fuerza fuera española o no. Justificadamente, muchos de sus jefes fueron relevados.

Alburquerque no figuraba entre ellos, a pesar de que se le tildaba de que le sobraba coraje y le faltaba experiencia. Ciertamente, se batió bien, resultando herido. En sus propias palabras: «no hubo grueso nuestro que yo no llevara a la carga, ni peligro que yo no buscara para mejorar el resultado de la batalla. Prisionero estuve dos veces y me libré con la espada. Ningún día me ha debido tanto el servicio de Su Majestad y ninguno me ha debido menos la vida». Pero ni el valor suyo, ni el de otros muchos oficiales que cargaron prácticamente solos, bastaba.

Desdichadamente, la caballería continuaría jugando un papel similar a lo largo del XVII. Cinco años después de Rocroi, la derrota de Lens se volvió a achacar a ella. Mientras la infantería quedó tan diezmada que el archiduque Leopoldo hablaba de que era necesario «volver a hacer un cuerpo de infantería», de la caballería se informaba que «se da por perdida muy poca, porque fue la que no aguardó a ponerse en el riesgo». En efecto, «la (caballería) de V.M., menos cuatro o cinco escuadrones que pelearon, sin llegar a ver al enemigo se puso toda en huida». El conde de Fuensaldaña, jefe del ejército, añadía: que «el conocimiento de lo poco que hay que fiar en ella me ha hecho estar siempre muy recatado». Por su parte, el siempre ponderado Consejo de Estado dictaminaba: «se ve cuán mal anduvo la caballería; pues si no hubiera desamparado a la infantería y vuelto las espaldas, se tiene por cierto que la victoria hubiera sido de V.M. y que ella ha sido causa en otras ocasiones de no haber tenido las Reales armas de V.M. muy prósperos sucesos». Esta vez, agotada la paciencia, se recomendaba que «sin dilatarlo», se hiciese «un castigo grande y que sea ejemplar».

En la tercera batalla de las Dunas (14 de junio de 1658), se repite casi exactamente el escenario de Rocroi. Los tercios españoles se baten valerosamente, «muy honrosamente»: en uno de ellos caen muertos siete capitanes de once; los maestres de campo de dos de los otros tres son hechos prisioneros. El resto de la infantería, menos algunas de las unidades inglesas, apenas lucha. En cuanto a los jinetes: «la mayor parte de ellos, especialmente los de la segunda línea, salieron corriendo sin haberse sido cargados, e incluso sin haber visto ningún enemigo, aunque la mayoría de sus oficiales no faltaron a su deber, intentando pararles».

Dicho esto, sería injusto no destacar que el responsable último del resultado de Rocroi fue Enghien, que gobernó con mano maestra la batalla. Su audaz marcha de aproximación, la forma en que reorganizó a sus jinetes, la maniobra envolvente que llevó a cabo fueron más que suficientes –junto con los errores españoles– para darle una merecida victoria, y la categoría de excepcional general. No se puede dejar de mencionar, sin embargo, que existen autores franceses que atribuyen la victoria a una iniciativa personal de Gassion, argumentando que Enghien estaba ocupado intentando reorganizar las tropas que se habían dispersado, y que por tanto no pudo ordenar el movimiento envolvente que decidió el combate.

Se dice que el propio duque, comentando su victoria, lamentó la suerte de Melo, indicando «que la caballería le había abandonado, y que si la infantería se hubiese avanzado con la caballería, corría peligro de perder él la batalla». Este análisis parece muy acertado. La inmovilidad de los infantes, huérfanos de órdenes de Fontaine, hizo que se desaprovechara la oportunidad creada por los triunfos iniciales de los jinetes. Luego, debido a la indisciplina de los alsacianos y a la debilidad de los flamencos, la infantería quedó abandonada a sus propias fuerzas. En suma, mientras el ejército francés actuó como un todo, en el español cada Arma combatió por su cuenta, siendo batida por separado. Con esas tácticas, la derrota era inevitable.

A los tercios, nada se les puede reprochar. Combatieron con una bizarría tan asombrosa, aún para tropas de su calidad, que concitaron la admiración de propios y extraños. La magnífica y victoriosa caballería francesa no fue capaz de romper su formación, refrendándose así la tesis sobre las limitaciones de los jinetes frente a una buena infantería. Para destruirla, se necesitó un ejército entero. Aún después de la derrota, en plena caza de culpables, hubo tiempo para solicitar mercedes para las viudas de los dos maestres de campo muertos en la batalla.

La frase de que «los españoles no perdieron en Rocroi su reputación, como sucedió a los suecos en Nördlingen, pero murieron defendiéndola», refleja fielmente los acontecimientos de aquel triste, pero no olvidable, 19 de mayo.

Antes de pasar a comentar otros tipos de actuaciones de los tercios, resulta obligado mencionar, siquiera brevemente, la última clase de operaciones que se practicaba en campo abierto, al igual que las escaramuzas o las batallas. Se trata de una de las maniobras más delicadas que se pueden realizar: la retirada frente al enemigo. Sea cual fuere el motivo que lleve a un general a iniciarla, siempre enfrenta a un ejército con la moral debilitada por el mero hecho de replegarse, con otro que, por ese mismo motivo, se crece. Supone, además, llevar a cabo, a la vez, dos acciones en principio contradictorias: combatir al contrario y alejarse de él. Exige, tanto de los mandos como de la tropa, dosis notables de sangre fría y de disciplina, dado que hay que combinar la necesaria agresividad para pelear, ya que en caso contrario la retirada degenera en una huida, con la imprescindible prudencia para no dejarse arrastrar a una batalla que es precisamente lo que se desea evitar.

La evolución de los acontecimientos en los diversos teatros en que se emplearon los tercios obligó a estos en más de una ocasión a acudir a tan arriesgado expediente. Un buen ejemplo fue el repliegue del ejército católico, al mando del conde de Mansfeld en la campaña de Francia de 1594, cuando, tras fracasar el socorro a La Fére, tiene que retirarse ante Enrique de Navarra.

Las tropas de Mansfeld se dividían en dos regimientos de tudescos, uno de valones, un tercio de napolitanos y dos de españoles. Estos eran el de Mendoza, en esa oportunidad mandado por su sargento mayor, Hernán Tello, y el de Agustín Messía, a quien por su experiencia y reputación se confió una gran parte de la responsabilidad de la operación. Las dos unidades sumaban solo, al principio de la campaña, tres mil hombres, por lo que la empezaron casi reducidas a la mitad. Un desafortunado intento de introducir víveres en la ciudad, les había costado trescientos hombres más. El ejército se completaba con artillería y una caballería muy escasa, por hallarse entonces gran parte de ella amotinada.

El orden de marcha que se escogió fue constituir una vanguardia con arcabuceros a caballo, seguidos por los valones y la mitad de los alemanes, parte de los cuales había sido dotada con material de gastadores para que fueran abriendo camino a las piezas. Seguían el bagaje y los cañones, escoltados por el resto de los tudescos. Caballería francesa cubría los flancos. La retaguardia, el puesto más comprometido, se encomendó a trescientos napolitanos y a los dos mil setecientos españoles, que marchaban «a la ligera», sin impedimenta. Entraron en las filas de los tercios, pica en mano, algunos de los más destacados miembros de la nobleza católica francesa, y con ellos el duque de Mayenne, general de la Liga que dijo querer ser ese día «soldado de don Agustín». Principió el movimiento en la noche del 17 de julio, para que no fuera descubierto por el enemigo. Entre eso y que se escogió un camino poco previsible, a través de un bosque, se desarrolló sin novedad para el grueso de la fuerza. El alba sorprendió, sin embargo, a la retaguardia en pleno bosque, entre los cadáveres de sus compañeros muertos el día anterior en el abortado intento de auxiliar a la plaza.

Tan pronto como sale de la espesura, divisa a la caballería contraria que, advertida de la operación, aspira a frustrarla. Son cuatro mil caballos, «la flor de la nobleza de Francia». Los sargentos mayores se apresuran a formar el escuadrón. Ante el cariz de los acontecimientos escogen el «cuadro de gente», ideal para defenderse de ataques por los cuatro costados. Lo apoyan con una manga suelta de doscientos mosqueteros, «baluarte fortísimo contra caballería».

Los tercios reanudan el avance, entre una nube de jinetes. Cuando parece que estos se disponen a cargar, hacen alto, los mosqueteros buscan un obstáculo natural que les cubra y los coseletes calan las picas. Continúan así hasta que dos centenares de corazas se acercan al trote largo. Su jefe ha alardeado de ser capaz, con solo ellos, de destruir a los españoles. Una descarga basta para dispersarlos. El de Bearn acogió a los contritos fugitivos con sorna, diciendo a su comandante: «¿Qué es esto, no decías que todos esos españoles eran pocos para ti solo?».

Tras esta experiencia, los jinetes se limitaron a amagar cargas y a practicar caracolas estériles. El escuadrón continuó el repliegue. Cada trescientos pasos, se detenía y hacía frente, cejijunto. Luego, reanudaba el camino. El enemigo no se volvió a poner a tiro de mosquete. Así llegó a su destino, intacto, a pesar de la amenaza de una nutrida y soberbia caballería, mandada por un general emprendedor. La retirada se completó «sin perder un carro».

La operación, limitada pero brillante, puede servir para destacar dos aspectos: el primero, la capacidad de una infantería disciplinada para resistir a jinetes, aunque fueran numerosos y de sobresaliente calidad; el segundo, la utilización de un escuadrón formado por más de un tercio. La suma de mosquetes, arcabuces y picas seguía conservando su vigencia, sobre todo si su solidez se complementaba con la flexibilidad de una manga de tiradores bien mandadas.

A lo largo de este capítulo, hemos visto a los tercios en una muestra, que perece representativa, de las batallas que disputaron por tierra. Quizá sea instructivo repasar sus actuaciones concretas, para ver si en ellas se detectan síntomas de decadencia de un modelo, por el apego a fórmulas superadas.

Desde luego, en Mook, en plena época de esplendor, no hay rastros de este fenómeno. La batalla se gana a golpes de arcabucería y de capacidad para alimentar juiciosamente el combate, sin empeñar más fuerzas de las estrictamente precisas, y sin recurrir al escuadrón de picas.

En las Dunas, sí que se aprecia un cierto retraso en la evolución orgánica. Las unidades, sin duda, son más pesadas que las enemigas. Pero la infantería alcanza gran parte de sus objetivos y siembra el desconcierto en el ejército holandés. Solo un alarde de sangre fría de Orange restablece la situación. Los tercios –atacados por los infantes y los jinetes enemigos, sostenidos por artillería– se contagian del desmoronamiento general, pero nada indica que si hubieran adoptado una formación distinta, el resultado hubiera sido diferente.

En Nördlingen, asistimos a un alarde de ductilidad. La noche anterior, un destacamento de doscientos mosqueteros del tercio de Fuenclara defiende el bosque. En la batalla, el de Idiáquez interviene precedido por una «manga suelta»de sus propios arcabuceros. El de Fuenclara lanza cuatrocientos tiradores para dar el golpe de gracia. Ninguno de ellos actúa como un bloque monolítico. Al contrario, se desprende de elementos para hacer frente a distintas situaciones. Al tiempo, el tercio de Idiáquez conserva la cohesión precisa para rechazar quince asaltos de una infantería excepcional. El manejo de las técnicas de fuego es impecable. Los hombres cumplen las órdenes de «que dejasen venir al enemigo muy cerca sin tirar». Y con excelentes resultados: «nuestra mosquetería jugó tan diestramente y a tiempo que desbarató y maltrató mucho a la caballería contraria».

Tampoco en Rocroi se aprecian formaciones masivas, incapaces de maniobrar. Si no se mueven, es porque no se les dio instrucciones para que lo hicieran. Las unidades en sí eran excelentes. Recordemos que esos tercios habían batido en Honnecourt, justamente casi un año antes, a los mismos franceses. Uno de ellos, el de Garcíes, no era sino el que, bajo Fuenclara, se había distinguido en Nördlingen.

En principio, parece difícil sostener que métodos que en 1634 y en 1642 habían demostrado su eficacia, en 1643 han quedado súbitamente anticuados. El problema, ya lo veremos, era mucho más complejo, y no residía, desdichadamente, en simples deficiencias en la orgánica o en que se formara con más o menos hileras, cuestión que se había resuelto satisfactoriamente, como testimonian las victorias conseguidas contra ejércitos de tan moderna estructura como el sueco o el francés. El modelo militar que los tercios representaron fue ciertamente derrotado, pero no por defectos intrínsecos al mismo, sino porque estaba al servicio de una opción política que fijó para ellos objetivos que, a la larga, resultaron desmedidos para los recursos disponibles.

7

EN LAS TRINCHERAS

> Cada día se ven cosas extrañas y nuevas,
> a lo que aseguran cuantos soldados viejos hay.
>
> Parma al rey, el 25 de marzo de 1585, desde el sitio de Amberes

Si las batallas fueron un acontecimiento relativamente excepcional durante los siglos XVI y XVII, los asedios fueron, en cambio, mucho más frecuentes. En 1632, Cruso escribía: «las acciones en las guerras modernas consisten sobre todo en sitios, asaltos, salidas, escaramuzas, etc. y por tanto dan lugar a solo pocas batallas». De las cuatro operaciones que cita, las tres primeras están directamente relacionadas con la guerra de sitio.

En la misma línea, en el imaginario diálogo que, con fines pedagógicos, se recoge en el *Tratado de la Artillería y uso de ella*, un capitán veterano alega para justificarse ante una pregunta difícil de contestar «las pocas batallas que por acá (Flandes) han sucedido». Había varios motivos para ello, además de los mencionados en el capítulo anterior. El principal teatro de operaciones de los tercios, los Países Bajos, por su propia naturaleza, se prestaba poco a enfrentamientos campales que requerían amplios espacios abiertos para el despliegue de las tropas. Por la misma razón, era ideal para ser defendido con fortificaciones que además servían para controlar rutas terrestres y fluviales estratégicas, así como para proteger las opulentas ciudades que en él existían, y donde se concentraban los recursos necesarios para sostener la guerra.

Por otra parte, los asedios parecían, en principio, más económicos en hombres y dineros, aunque la práctica demostraría, con el perfeccionamiento de las técnicas defensivas, que podían acabar costando más que la más encarnizada de las batallas. También resultaban, a diferencia de estas, básicamente previsibles. Aunque las depuradas teorías de Vauban adquirirían su mayor lustre solo en los años finales del XVII y en el XVIII, el Arte de expugnar plazas se había desarrollado ya lo suficiente antes de que acabara el XVI como para poder hablar de asedios que empezaban a ser matemáticos. La artillería pesada era capaz de abrir brecha, «batería», se decía en la época, en los muros más sólidos en un tiempo calculable. Se podía, asimismo, cuantificar en días la capacidad de resistencia de una guarnición que no recibiera auxilios del exterior. En gran parte, ya se aplicaba el principio de «plaza cercada, plaza tomada».

Frente al albur de la batalla, el sitio ofrecía la reconfortante seguridad, aunque no siempre confirmada, de lo inevitable. Si se aplicaban suficientes cañones del calibre requerido contra una fortificación, y si se les dotaba de la necesaria munición y si el cerco era lo bastante estanco, la victoria estaba asegurada.

Por ello, empiezan a surgir prácticas, que durante «la Guerra de encaje» llegarían a su máxima perfección, en materias como las capitulaciones, que se establecían sobre las respectivas posibilidades de conquistar una plaza o de defenderla. O la costumbre de pasar a cuchillo al bando que forzaba al otro a dar un asalto general, una vez que la brecha era practicable, prolongando así la resistencia más allá de lo razonable. Porque sobre la violencia irreflexiva de la batalla, lo que primaba en la guerra de sitio era, siempre en teoría, la razón, los cálculos fríos e inapelables de los ingenieros frente a las carnicerías ciegas de los combates campales.

Claro está que, a la larga, los cercos eran la opción menos ventajosa, porque raramente producían resultados decisivos y degeneraban en años de asedios, y asedios de años, más gravosos que cualquier batalla. Y de dudosa rentabilidad. En las quejumbrosas palabras del magistral expugnador de ciudades que fue Spínola: «lo que se podría hacer en un verano sería tomar una plaza, que son tales cada una que será menester gastar todo ese tiempo en ella, y vendrá a servir solo para la reputación, pero no para el fin de la guerra». La solución más económica, desde luego, era la que quebraba cuanto antes la voluntad del contrario y esta, casi inevitablemente, pasaba por un choque frontal en el curso del cual su ejército era destruido. Pero la fórmula implicaba un riesgo que no todos los generales estaban dispuestos a asumir, prefiriendo debilitar a sus contrarios por un proceso menos aventurado de desgaste y de estrangulamiento, a través de una sucesión de asedios de los que se esperaba que, al final, le dejarían sin hombres y sin medios materiales para continuar la lucha.

La guerra de sitio alcanzó, además, un extraordinario desarrollo en los Países Bajos (que acabarían convirtiéndose en la región más densamente fortificada de Europa), hasta el extremo de que se ha afirmado que la Guerra de los Ochenta Años fue «de primera importancia en la historia de la guerra de sitio». En el curso del conflicto «los españoles y los holandeses contribuyeron en igual medida a los grandes avances» que tuvieron lugar: «el llamado "Método de Mauricio de Nassau"… fue simplemente una continuación de lo que Parma había hecho en la década de los ochenta del siglo XVI. A su vez, "la fortificación neerlandesa" fue originada por los holandeses, pero ampliamente aplicada por los españoles».

Unos y otros fueron maestros en esa difícil especialidad, diciendo de ellos sus contemporáneos que «los oficiales españoles y holandeses han hecho un arte de la captura de las ciudades». Las decenas de asedios que emprendieron se convirtieron en escuelas, a las que acudían ingenieros de toda Europa para aprender las técnicas más modernas. Eventualmente, y al igual que ellos habían tomado el relevo de los maestros italianos, a su vez serían sustituidos por los franceses a partir de la segunda mitad del XVII.

Algunos de los mejores jefes que tuvieron los tercios, especialmente Parma y Spínola, como algunos de sus más brillantes oponentes, por ejemplo, Mauricio y Federico Enrique, fueron cumplidos maestros en la guerra de sitio, lo que explica la enorme experiencia que ambos ejércitos adquirirían en la expugnación y defensa de plazas.

No obstante, el hecho de que este tipo de guerra fuese el más practicado, no significaba que no se percibiesen sus múltiples inconvenientes, sobre todo, su coste en vidas, tiempo y dinero. Para evitarlos, se diseñaron varias fórmulas, que seguramente ganaron más plazas que los asedios formales. Así pues, al igual que se puede decir que hubo más sitios que batallas, de la misma forma se podría afirmar que estos eran únicamente el último recurso al que se acudía para apoderarse de una ciudad enemiga, y que antes de llegar a ese extremo, se prefería utilizar sistemas más baratos.

Los tercios, de una u otra forma, participaron en todas las modalidades de este tipo de guerra, desempeñando un papel muy diferente al que hemos visto en el capítulo anterior. No combatirían al descubierto, sino detrás de un parapeto o bajo tierra; desplegarían a lo largo de una trinchera, o se apiñarían en una brecha, pero sin formar escuadrones. Se trataba, por tanto, de una «experiencia militar» diferente.

El desiderátum de la guerra de sitio era que este no llegara a producirse. Una manera de alcanzar dicho resultado era la «escalada». Se designaba con ese nombre un asalto repentino a una plaza, sin pasar por las engorrosas servidumbres de abrir trincheras, emplazar la artillería, etc. Se utilizaba, en general, contra fortificaciones que se estimaban vulnerables, por la debilidad de sus defensas o de su guarnición, o por la posibilidad de una sorpresa: «solo se da a una guarnición reducida o negligente», en palabras de sir Robert Williams, que llamaba a la operación «scalado», igual que en vez de encamisada decía «camisado», reflejando la originalidad de estos conceptos para los que no existían palabras en inglés. Era un factor también la propia debilidad del atacante, que podía no estar en condiciones de emprender un sitio regular. En efecto, se estimaba que «tierra que no estuviese del todo cercada y no tomada en veinticuatro horas era difícil de ganar si los de su parte la quieren socorrer y los de dentro defender». Si no había medios o tiempo para el asedio, un golpe de mano podía ser la solución.

La escalada no estaba prevista para empresas de mayor consideración, ya que un ataque sin preparación previa contra una plaza alerta y bien defendida resultaba simplemente insensato.

Desde luego, aún en condiciones ideales, no siempre daba resultado, como demuestra el golpe de mano nocturno que intentó dar contra Namur el duque de Anjou en 1582. Sus hombres plantaron las escalas –pintadas de negro, a modo de camuflaje– contra los muros, pero fueron descubiertos y acuchillados por los defensores antes de que pudieran lograr su propósito. Igual les sucedió en Diest, en Brabante, a los españoles. Lograron entrar en la ciudad, pero no abrieron las puertas a la caballería que esperaba fuera para apoyarles y fueron rechazados.

El mencionado Robert Williams, que luchó, sucesivamente, contra y con los españoles, participó en una escalada contra la guarnición que estos tenían en Goes. Los defensores, «mandados por jefes más expertos que nosotros», se percataron de lo que se tramaba y esperaron hasta que los atacantes colocaran las escalas y coronaran los muros. Entonces, «hicieron una descarga directamente en nuestros rostros, matando a muchos». Otros, fueron despeñados. Este intento fracasado «debilitó tanto nuestro valor que desesperamos de poder tomar la ciudad». Eventualmente, levantarían el sitio.

Mejor lo hizo Verdugo en Frisia, su habitual teatro de operaciones, cuando tomó Steenwijk con una escalada. No le costó un hombre, aunque sí cuarenta monedas. Esta fue la suma que dio a una mujer para que se paseara alrededor del foso y fingiera que el viento le arrebataba el sombrero. Entró en el agua a recogerlo, lo que permitió constatar que era poco profunda, ya que apenas le llegó a la rodilla. Ese era el dato que necesitaba el español, quien a la noche siguiente lanzó su ataque.

No menos éxito tuvo la que ganó el castillo de Villaviciosa, en junio de 1580. Un destacamento de jinetes, llevando a la grupa doscientos mosqueteros del tercio de Nápoles, realizó una rápida marcha

La toma de Diest por escalada en 1580 (*ca.* 1580-1582), grabado de Frans Hogenberg (1535-1590). Rijksmuseum, Ámsterdam.

de aproximación. Con el alba estaban colocando una escala para trepar a los muros, pero resultó corta. No se sabe si por suerte o porque la hubiera depositado allí un traidor de la guarnición, encontraron otra junto al foso. Ataron las dos y de esa manera pudieron entrar en la fortaleza y apoderarse de ella sin bajas.

Aunque la escalada tenía sus riesgos, uno de ellos, y no el menor, que los soldados se entregasen al pillaje antes de asegurar la conquista, era frecuente que se intentara, ya que la relación entre su coste y sus posibles dividendos era muy favorable para el atacante. En efecto, se la tenía por «función que si se sabe emprender es de importancia por la poca costa y ahorro en gasto, pertrechos y municiones que tiene». Podía implicar el uso de un «petardo», para volar la puerta. Se describía a este ingenio como «un vaso vaciado, no desemejante en la forma al mortero» y lleno de material explosivo. Su tamaño debía ser tal «que lo pueda llevar y cubrir debajo de la capa un soldado de bastantes fuerzas». «Petardero» se llamaba al que transportaba tan peligroso artefacto, con su mecha humeando. Se podía recurrir, asimismo, a lo que con rebuscado lenguaje se describía como «una rueda artificiada de fuego repentino a tiempo limitado», que también se anclaba a la madera para reventarla.

Mejor aún que la escalada, que normalmente suponía bajas, era lograr que una plaza se entregara sin lucha, de grado o de fuerza. El primer caso podía obedecer a las más diversas razones. Como consideraciones personales o políticas. El coronel de irlandeses Stanley entregó la importante Deventer a los españoles «porque era muy católico» y había tenido problemas con sus superiores. No recibió ninguna suma, pero sí el mando de un regimiento. Su segundo, gracias a cuyos buenos oficios se ocupó el fuerte de Zutphen, obtuvo el mando de una compañía de caballos. Muchas ciudades abrieron voluntariamente sus puertas a uno u otro bando. Por ejemplo, Brujas, en 1584, a los españoles. Los burgueses incluso pagaron los atrasos a la guarnición protestante, diez banderas de escoceses, que a continuación se alistaron en el ejército español, donde se «les admitió con gusto, por quitar aquel nervio de milicia al enemigo».

También jugaban factores económicos, lo que sucedió en Ypres, que para evitar un asalto pagó al ejército católico veinte mil florines. Los móviles pecuniarios actuaban también en sentido opuesto, cuando el desembolso lo hacía el bando contrario. Se pasaba así del chantaje al soborno. Era una fórmula perfecta: se ganaba una plaza, se reducían los efectivos enemigos y se aumentaban los propios. Dependía, sin embargo, de dos condiciones. Disponer del dinero necesario y que la guarnición fuese venal. Ambas se dieron en Lier, en 1582, cuyo comandante —escocés de nación— entregó las llaves a cambio de mil ducados, «una muy grande y muy gruesa cadena de oro» y una pensión vitalicia. Sus ochocientos soldados, británicos, se alistaron en el ejército español. En 1584 pasó lo mismo en Aalst, donde cinco banderas de ingleses y escoceses depusieron las armas a cambio de cuarenta y cinco mil ducados, y también pasaron a sueldo de España. En 1589 los mil ochocientos hombres de la guarnición de Geertruidenberg fueron más lejos. Se amotinaron, rechazaron un intento de sus compañeros de armas por recuperar por la fuerza la ciudad y la vendieron a los católicos a cambio de quince pagas que tenían atrasadas. De ellos, cuatrocientos infantes engrosaron precisamente el regimiento de Stanley, y ciento cincuenta jinetes cambiaron de bando.

Mucho más barata fue la toma de Breda por los holandeses en 1590. A cambio de un convite, que costó un doblón, a dos soldados italianos de la guarnición, se hicieron dueños de la plaza. En tan poco «se apreció la ciudad y castillo de Breda», que luego costaría mares de sangre.

Era posible, asimismo, apoderarse de una plaza sin usar la fuerza, pero tampoco dinero. A veces, una exhibición de poderío bastaba. Es más, la regla convencional así lo estipulaba. Se esperaba que una guarnición que se encontrase en aplastante inferioridad de condiciones, por su número o la flaqueza de sus defensas, tuviese el sentido común de rendirse sin pelear. Era una prueba más de dos de los principios que gobernaban la guerra de sitio, la racionalidad y la economía. El mero deseo de infligir pérdidas al enemigo no justificaba una resistencia que, por la disparidad de medios de ambos bandos, solo podía acabar en una rendición. De ahí que en ese caso se exigiese la capitulación inmediata de la guarnición. Caso de que no se produjese, el castigo era el degüello, para desalentar en el futuro inútiles defensas a ultranza, con el consiguiente ahorro de vidas y de medios para el atacante.

Así se hizo, por ejemplo, en 1594, con los franceses del castillo de «Huessi», cerca de Cambrai, que fueron colgados de las murallas por su «pertinacia, que no puede llamarse valor el que excede los límites de la razón». Lo malo es que no era sencillo calcular cuáles eran dichos «límites», y más de un gobernador acabaría ejecutado por sus superiores que estimaron insuficiente su defensa, como le sucedió al inglés que rindió Grave en 1586. Hubo también excepciones a la regla. En 1591, la guarnición de Chateauneuf salvó la vida a pesar de que «había obrado contra las leyes de la guerra, pues se había atrevido a esperar la violencia de los tiros en un lugar tan flaco». Así era, el mero hecho de obligar a emplazar la batería podía bastar para degollar a los defensores de plazas pequeñas. Lo experimentaron en 1595 los veintiséis defensores católicos del castillo de Weerd. Por no rendirse inmediatamente, su jefe fue colgado. De poco le valió que se rompiera la cuerda, como sucedió. Los sitiadores procedieron a ahogarle en el foso. En cuanto a la tropa, echó a suertes su destino. Trece salvaron la vida, pero a condición de que ahorcaran a sus restantes compañeros.

Existían otros métodos para amedrentar a una guarnición. En 1596 se rindió un castillo francés cuando los españoles, que habían capturado a su alcaide, le pusieron a la vista de su mujer y sus soldados con una soga al cuello, jurando «dejarle en un árbol» si no se entregaban. Inmediatamente, abrieron las puertas.

Con tal de evitar un sitio formal, los atacantes daban pruebas de su fértil imaginación, recurriendo a toda clase de estratagemas. Muy espectacular fue la toma de Amiens, en 1597. Hernán Tello de Puerto-carrero recibió información de que la guarnición de la plaza se consideraba segura, por lo que hacía con poco celo el servicio de guardia. Tras confirmar el dato, introduciendo disfrazado en la ciudad a un sargento aragonés que hablaba francés, decidió asestar el golpe. Se trataba de una empresa de consideración, por el tamaño y la importancia del objetivo. Por eso movilizó un fuerte destacamento de dos mil doscientos hombres, quinientos cincuenta de ellos españoles, pertenecientes a diez banderas de tres tercios distintos.

El grueso de esta tropa se emboscó cerca de la ciudad, adelantando un destacamento de trescientos –doscientos españoles y el resto valones e italianos– que se escondió en una ermita a solo quinientos pasos de la muralla. Al amanecer, se abrieron las puertas y la guardia hizo muy someramente el preceptivo reconocimiento de los alrededores, de forma que no se percató de la presencia del enemigo. A continuación, se admitió la entrada a los campesinos que acudían a comerciar. Entonces se puso en marcha la operación, con un grupo de hombres disfrazados y que se habían manchado las caras y las manos para parecer agricultores.

En primer lugar, avanzaron dos soldados, uno milanés y otro valón, y el sargento aragonés, llevando a la espalda sacos de legumbres y frutas. Detrás, un carro con tres borgoñones y uno valón sentado en él. Finalmente, seis valones más, «todos oficiales reformados y gente de confianza». Solo los tres de vanguardia tenían armas, unas pistolas escondidas entre las ropas.

Llegados a la puerta, era tan miserable su aspecto que la guardia les invitó a que se acercaran a una hoguera, para calentarse, «que no les fue luego de poco servicio para poder menear las manos». Allí intercambiaron bromas sobre la proximidad de los españoles. Sin embargo, algo sospechoso vio un sargento francés, ya que interpeló al aragonés preguntándole de dónde era. El otro, hombre de pocas palabras, respondió: «de aquí soy» y le descerrajó un tiro. Inmediatamente, sus compañeros cogieron las armas que el enemigo tenía en el cuerpo de guardia y empezaron «a menear las manos». Tan bien lo hicieron que mataron a varios de los sorprendidos enemigos.

Mientras, los del carro, al oír el tiro, lo colocaron bajo el rastrillo de la puerta y desengacharon los caballos que lo arrastraban. Un francés tuvo la presencia de ánimo necesaria para cortar la cuerda que sujetaba al rastrillo, con lo que este cayó. Pero el carro frenó la caída y las puntas de hierro no llegaron al suelo. Arrastrándose por ese espacio, la gente que había estado escondida en la ermita entró en la ciudad, uniéndose a la lucha. Poco después el peso del rastrillo perforaba el obstáculo, y todas las puntas menos una lo atravesaron. Por el hueco que quedó y gateando siguieron pasando hombres, que acabaron por vencer la resistencia de los defensores. Así cayó Amiens. El sargento aragonés recibió el mando de una compañía. Eventualmente, moriría de capitán en la batalla de las Dunas. Un sargento mayor pagó de su bolsillo los sacos que los falsos campesinos llevaron al hombro. Le costaron un escudo y medio «con que se ganó una de las mejores ciudades de Francia». Ciertamente, la inversión fue rentable.

Los disfraces fueron recurso frecuente para estas aventuras. En 1576 se estudió un proyecto, que no fue adoptado, para tomar Mons con soldados españoles, de los cuales unos debían ser «sin barbas y que pareciesen mujeres, mintiendo el sexo con vestidos mujeriles toscos y propios de aldeanos» y otros «ancianos vestidos también groseramente y a lo rústico». El plan incluía asimismo la utilización de un carro, que perdería una rueda, impidiendo que las puertas de la plaza se cerrasen.

En 1591, Mauricio de Orange tomó Zutphen usando «doce soldados mancebos imberbes» disfrazados de mujeres, lo que los españoles alabaron como «buen ardid».

La traición era otro de los métodos que se practicaban. De nuevo Amiens proporciona un ejemplo. Cuando supo la pérdida de la ciudad, Enrique IV de Francia se apresuró a tomar medidas para recuperarla, como veremos más adelante. Con el fin de abreviar el asedio, organizó una conspiración con algunos de los habitantes. La idea era que un grupo de ellos, junto a cuatro oficiales franceses que habían entrado disfrazados de mozos de frailes, se escondieran en el convento de los agustinos. Se lanzarían a abrir una puerta tan pronto como otro de los conjurados prendiese fuego a su casa. Tuvieron la desdicha de que uno de los comprometidos era un agente del gobernador español, al que denunció la trama. Los ciudadanos que habían participado en ella fueron ahorcados como traidores, ya que habían jurado fidelidad al rey de España. Los oficiales fueron canjeados.

El «mercado» de plazas fuertes llegó a tener gran actividad. Por ejemplo, en 1587, desde luego un año no representativo, los holandeses tomaron al menos tres sin pegar un tiro. Una les abrió las puertas voluntariamente y dos mediante golpes de mano. Intentaron además apoderarse de Amberes con la complicidad de dos soldados traidores, pero se descubrió el complot. Los españoles, por su parte, obtuvieron Deventer y el fuerte de Zutphen, como ya se ha dicho, más el castillo de Wauwe, que compraron por dieciséis mil florines y Güeldres, de la que se apoderaron tras pagar a su gobernador Patton, de escoceses, treinta y seis mil florines más la vajilla y mobiliario de su compañero, el famoso Schenk. Retuvo el mando de la ciudad y más tarde campearía junto a los católicos a la cabeza de un regimiento.

En esta atmósfera espesa de conspiraciones, sobornos y traiciones, había también lugar para los agentes dobles. Los españoles lo aprendieron, muy a su pesar en 1588, cuando intentaron apoderarse «por trato» de una plaza de la importancia de Begenop Zoom. Un jefe de la guarnición, de nombre «Rostoner», inglés de nación, ofreció franquear las puertas de un fuerte cuya captura permitiría conquistar la ciudad. Dando por buena su palabra, se encomendó la operación al brillante maestre de campo Sancho Martínez de Leyva, con dos mil hombres seleccionados, entre españoles, italianos, alemanes y valones. Los primeros pertenecían a nueve compañías, tres de cada uno de los tercios disponibles.

Fue una pesadilla. Se pusieron en movimiento la noche del 20 de octubre. Por la situación del fuerte, tuvieron que meterse primero en un canal, con el agua hasta el pecho. Este desembocaba en otro todavía más profundo, y la marea empezaba a subir. El propio maestre se echó a nadar, para encontrar un vado antes de que se le ahogase la gente. Por fin lo halló, y guió al destacamento a tierra firme, al pie de la muralla.

Una vez allí interpeló a la guarnición para que le facilitara la entrada, como estaba convenido. La respuesta fue un mosquetazo en los riñones que «le pasó y le deshizo todos los lomos». A pesar de la gravísima herida, Leyva, pensando que le habían disparado por error, animó a su destacamento a que entrara en el fuerte, que había subido el rastrillo. Así lo hizo, pero una vez dentro la vanguardia, la puerta se cerró a sus espaldas. La guarnición cayó sobre ella, matando, hiriendo o haciendo prisioneros a todos sus componentes. El resto de la fuerza huyó como pudo, azuzado por el fuego que se hacía desde las almenas. Leyva fue de los que se salvó, pero muchos murieron arcabuceados, ahogados o enterrados en el fango.

Un compañero de «Rostoner» que había actuado de guía de la fuerza, logró escapar de los católicos. Se trataba, sin duda, de un hombre valeroso. Aunque la operación no fue demasiado caballerosa, ciertamente encajaba en las costumbres de la época. Muchos españoles la tuvieron que admirar, para su capa.

Cuando no había otro remedio, y no antes, se procedía a establecer un asedio formal. Este suponía un esfuerzo directamente proporcional a la fortaleza de la plaza y a la determinación de sus defensores, aunque no siempre acorde con la importancia de la misma. A veces, la vidriosa reputación se ponía en juego, y el coste final podía llegar a ser desmedido. Era tal la importancia de esta que Farnesio, cuando se le presentó a la firma un documento datado «en el sitio de», lo rompió indignado, ordenando que se pusiera en su lugar «frente a» porque él o no sitiaba una plaza o si lo hacía, la tomaba. Aunque eso no era rigurosamente cierto, la anécdota es significativa.

Se incurrió así en asedios eternos, con bajas que se contaban por millares, cifras que ponían en tela de juicio las aparentes ventajas de

Alejandro Farnesio (*ca.* 1580-1588), grabado de Crispijn van de Passe (*ca.* 1564-1637). Rijksmuseum, Ámsterdam.

este tipo de guerra, y que permitían preguntarse si, después de todo, las batallas hubiesen sido la solución más aconsejable.

Los prolegómenos de un sitio serio consistían en acumular ingentes cantidades de reservas de muy distinta clase, lo que en sí mismo, y antes de que se hubiera disparado el primer cañonazo, ya era un desafío de consideración para los ejércitos de entonces, siempre escasos de recursos y acostumbrados a vivir al día. Había que concentrar soldados para combatir, trabajadores para cavar, artillería para bombardear, alojar, alimentar, municionar y pagar (si era posible) a una multitud… Gigantescos convoyes de miles de carros transportaban por los precarios caminos todo lo preciso, poniendo a prueba la vacilante logística militar.

Se trataba de mantener abastecidos a miles de hombres durante meses. Inevitablemente, no tardaban en agotar los recursos locales, de manera que había que acarrearlos desde más lejos cada vez, lo que complicaba y encarecía progresivamente la operación. Quizá no sería exagerado afirmar que el asedio formal de una gran fortaleza era una de las empresas más complejas que podía acometer un ejército, e incluso un Estado de la época, y que apuraba hasta el límite su capacidad de organización. Con razón, el conde de Gondomar decía a principios del XVII que «para sitiar y tomar una plaza de las que poseen los rebeldes, es menester un verano y un ejército». Y una fortuna, podía haber añadido. Spínola recibiría el mando del ejército español no por sus virtudes militares, que eran una incógnita, sino porque estaba en condiciones de financiar el sitio de Ostende, lo que no se podía permitir Felipe IV. Por eso eran tantos los cercos abortados, simplemente porque los sitiadores no eran capaces de seguir manteniendo la enorme carga que suponían.

Terminada la tarea de acumular hombres y medios, lo primero que hacía el atacante era rodear completamente la ciudad con trincheras «para quitarle el socorro», la posibilidad de recibir auxilios del exterior que permitieran prolongar la defensa casi indefinidamente. Esto se realizaba mediante un línea de circunvalación, que, a veces, tenía que completarse con otra de contravalación, si el sitiador era relativamente débil y creía que el ejército enemigo intentaría levantar el asedio mediante una ofensiva.

Se calculaba que las dimensiones óptimas para las trincheras eran cinco pies de profundidad por diez de ancho, a fin de que brindaran una adecuada protección a las tropas y permitieran, al tiempo, los movimientos de estas con un frente de unos tres hombres. Los españoles fueron criticados a veces por limitarse a «solamente escarbar» la tierra, en vez de cavar todo lo necesario. Una explicación era el deseo de evitarse un trabajo pesado y penoso. La otra, que pensaban que su reputación quedaba en entredicho si se ocultaban del enemigo. Naturalmente, con la experiencia se cambió esta actitud.

Las líneas suponían llevar a cabo grandes movimientos de tierra que con los medios del periodo –picos y palas– exigían un personal numeroso, los gastadores, con funciones similares a los actuales zapadores. A diferencia de estos, sin embargo, no eran soldados, sino que se reclutaban de una forma u otra entre los villanos de la región, aunque a veces, un ejército iniciaba la campaña con un contingente de trabajadores previamente organizado, al que incluso se le daba una estructura vagamente militar (por ejemplo, en el caso español, los capitanes que mandaban estos grupos se distinguían por el uso de una jineta con borlas). En todo caso, dependían del jefe de la artillería.

De los gastadores así encuadrados se decía que eran «gente de poco respeto, y hacen desvergüenzas, y bellaquerías y muertes por causa del juego». Por eso, era conveniente que el comandante de los artilleros tuviera siempre erigida en su campo una horca, para tenerlos a raya o para colgarlos, según los casos.

La fórmula de reclutar campesinos en el momento presentaba la ventaja del bajo coste de la mano de obra que así se conseguía, y el inconveniente de que esta no era nada aguerrida, de dudosa lealtad y proclive al pánico ante el menor amago de peligro.

Los hombres trabajaban preferentemente de noche, para escapar a las vistas y los fuegos de los sitiados, al amparo de un cordón de tropas, que desempeñaban el doble papel de vigilarlos para que no huyeran y de protegerlos frente a salidas de la guarnición. La de los gastadores era una misión ingrata, de mucho riesgo y poca gloria. No era excepcional que al término de un asedio contaran sus bajas por millares.

Muy a menudo había que reforzarles con soldados, ya porque no hubiera bastantes de ellos, o porque se negaran, a pesar de todas las amenazas, a trabajar en los lugares más expuestos o, simplemente, porque se deseara acelerar los trabajos con brazos suplementarios. En el servicio holandés, por ejemplo, esta actividad podía ser muy remunerativa por las generosas primas que se pagaban.

En los tercios había opiniones encontradas al respecto. Algunos consideraban esta labor indigna de su profesión y propia de campesinos. La mayoría, no obstante, con una visión más amplia de las obligaciones del soldado, la aceptaba como algo inevitable. No era infrecuente que, para disipar cualquier duda sobre la nobleza de esas tareas, los mandos, empezando por el propio general en jefe, dieran ejemplo, removiendo algunas paletadas de tierra con sus propias manos.

La primera fase de un asedio podía verse complicada por la naturaleza del terreno, ya que a veces, especialmente en los Países Bajos, se encontraba agua muy cerca de la superficie. Se ha descrito, por un testigo, cómo «los soldados, cargados de fajinas de noche y el agua a la cintura, iban poniendo las fajinas y clavándolas debajo del agua con estacones, unas sobre otras». Otras veces, «cavaban la tierra con los puñales, y la llevaban en los petos y los morriones». Este problema podía forzar a levantar el sitio o, como mínimo, lo encarecía y retrasaba, obligando a tomar medidas adicionales, que podían oscilar desde complicados trabajos de ingeniería a la construcción de parapetos con sacos y cajones de madera.

A veces hubo que fabricar literalmente una superficie firme para cercar la plaza y plantar las baterías. Por ejemplo, en el sitio de Ostende, que duró más de tres años, «hacíanse unas faginas largas de veinticuatro pies y en medio se ponían muchos ladrillos atados por muchas partes muy fuertemente con cuerdas de la misma madera, y llamábanlos salchichones, y puestos unos sobre otros y clavados con fuertes estacas los hacía estar firmes». Eran tan pesados, que para moverlos había que utilizar un complejo sistema a base de cabrestantes, poleas y anclas de barcos. Se arrojaban al agua, constituyendo los cimientos sobre los cuales, a base de salchichones más pequeños se erigían las defensas propiamente dichas. Todo eso, bajo el fuego del adversario y, en invierno, entre hielos.

La guarnición de la ciudad no estaba en mejores condiciones. Hubo un momento en que se acabó la tierra para hacer sus propias fortificaciones y para reparar los desperfectos causados por la artillería española. No tuvieron otro remedio que recurrir a la que había en los cementerios, y hasta ofrecieron primas por cadáveres desenterrados, que eran utilizados como material de construcción.

Para el sitiador, lo más urgente era poner cuanto antes a las tropas al abrigo de los tiros de la fortaleza y empezar el bombardeo. Este se llevaba a cabo desde «camaradas» o baterías, término confuso, ya que con él se designaba también a las brechas, que albergaban un número variable de cañones. Construidas sobre unas plataformas de madera y con un blindaje de cestones, su misión era, en un primer momento, «quitar los fuegos» a la plaza, es decir, desmontar («desencabalgar») las piezas del contrario u obligarle a retirarlas. También se perseguía desgastarle, disparando contra los edificios y procurando incendiarlos. Se esperaba con ello desmoralizar a los habitantes –quizá hasta el punto de que hicieran capitular al gobernador– y agotar a la guarnición robándole el sueño.

Cuando el fuego defensivo empezaba a disminuir, se reanudaba la labor de zapa a través de ramales, con objeto de acercar las tropas y la artillería al objetivo. Después se cavaba una segunda línea de trincheras, limitada esta vez al punto de las murallas escogido para ser batido y dar por él el asalto, aunque lo normal era trabajar también frente a otros para confundir a los defensores sobre las verdaderas intenciones del sitiador. La elección de dicho punto tenía una importancia decisiva, y se discutía cuál podía ser el más conveniente. Una opinión, que parece bien argumentada, era que en un fuerte aislado era preferible abrir brecha en uno de los baluartes, porque las cortinas «son muy cortas y las cubren y defienden mucho los baluartes». Es decir, estaban bien cubiertas por el fuego más peligroso, el de flanqueo, que podía diezmar una columna de asalto.

En cambio, en una fortificación extensa, la situación se invertía. Al ser más largos los lienzos de la muralla estaban menos protegidos por ese tipo de fuego. Presentaban la ventaja adicional de que en ellos resultaban más difícil para los sitiados cerrar la brecha con una media luna interior improvisada. Por eso se recomendaba que el ataque se concentrara ahí, y no en los baluartes, llegándose a decir que «no hay gobernador de plaza, como sea villa o ciudad, que no se huelgue más que le acometan por el baluarte que por la cortina».

Dependiendo de las circunstancias, se construían o no sucesivas líneas de trincheras, tanto para montar a su amparo nuevas baterías que eventualmente empezaban a «batir en brecha», es decir, a derruir una parte de los muros, como para reducir el espacio abierto que las tropas habrían de recorrer en el momento del asalto. Al tiempo, otras piezas menos pesadas, llamadas de «defensa», tiraban en contrabatería.

Algunos, como Lechuga, más expeditivos, abogaban por simplificar todo el proceso, emplazando los cañones solo una vez, tan cerca de la plaza que «parte de las piezas caigan dentro de los fosos». Naturalmente, a tan corta distancia, su fuego era arrasador, pero el sistema presentaba al menos dos inconvenientes. Colocar la artillería tan próxima a los fuegos de la plaza era labor sangrienta. Por otro lado, quedaba expuesta a eventuales salidas de la guarnición. Debido a ello, la práctica más extendida era situar las primeras baterías a doscientos o trescientos pasos, donde eran menos efectivas, ciertamente, pero también menos vulnerables.

El consenso era que el fuego de los sitiadores resultaba más eficaz que el de los sitiados, y no solo porque habitualmente dispusieran de mayor número de piezas. Así, en la contrabatería se decía que los propios cañones de los primeros protegían con su masa la parte más vulnerable, las cureñas, de las trayectorias descendentes, mientras que la artillería de la guarnición no disfrutaba de esa ventaja, al estar expuesta a disparos de abajo a arriba. Se aducían, también, oscuras teorías sobre «los movimientos naturales y violentos» para explicar esta mayor eficacia, asegurándose del defensor que «aunque se muestre más ardioso que Marte su artillería no ha de ser bastante a hacerle la cara a la de fuera».

Por otro lado, a medida que los trabajos se aproximaban a los muros, resultaban más difíciles de batir por la guarnición, ante la falta de ángulo de tiro: «es cosa bien sabida que, en estando arrimados los enemigos, es poco fruto la artillería».

Finalmente, el sitiador tenía la posibilidad de enterrar sus baterías, situándolas en modo de fosos, sustrayéndolas de esa manera casi totalmente a los disparos de los defensores. El único inconveniente de este método es que, obviamente, exigía terrenos secos para cavar los emplazamientos. Debido a ello, se usó poco en Flandes, pero mucho en las campañas de Francia, por ejemplo.

La tarea de demolición tenía el objetivo de colmar con escombros de la propia brecha el foso que casi siempre había al pie de las fortificaciones, de forma que fuese posible franquearlo. A su vez, este se hallaba protegido por la «estrada cubierta», luego llamado camino cubierto, una empalizada o un talud de tierra, defendido con tropas. Las últimas fases del asedio eran, pues, la conquista de dicha «estrada», el paso del foso y el asalto general.

Al igual que el asedio era el último expediente al que se acudía para tomar una plaza, el asalto era el último recurso en un asedio. Se trataba de una de las más sangrientas operaciones posibles, ya que consistía en trepar por ruinas defendidas por un enemigo alerta y desalojarle en un cuerpo a cuerpo salvaje. Por tratarse, para ambos lados, de un momento decisivo, se echaba mano de todos los medios de destrucción disponibles, con lo que el resultado, ganase quien ganase, era una masacre.

Los autores contemporáneos se recrean, con pavorosa fruición, en dar fórmulas para fabricar ingenios diabólicos, destinados a rechazar a los atacantes. Para las «ollas de fuego», se recomendaba una mezcla de pólvora, pez, resina y aceite de linaza. Las «alcancías» se elaboraban con pólvora, azufre, vidrio machacado «como granos de trigo», alcanfor, «perdigones de hierro como garbanzos» y aguardiente. Las «trompas de fuego», con pólvora, pez y vidrio molido, o con «óleo de linojo», «óleo petróleo», azufre y salitre (existía un método para que no se pudiesen apagar «sino con orines, ceniza o vinagre»). Para las «balas de fuego», nada mejor que salitre, alcanfor, azufre, aguardiente y «un poco de unto de hombre» (artículo este último al que además se atribuían propiedades curativas. A veces, tras una batalla, los médicos recorrían el campo de batalla, para sacárselo a los cadáveres). Se podía recurrir, asimismo, a mezclar pez, alquitrán, tártaro, «azufre vivo», farsacol, nitro y «doblada cantidad de cal viva». Todo ello, batido con «aceite de yemas de huevos en un vaso de vidrio».

Había, además, dardos explosivos, «balas para tirar con la mano» hechas de forma que «saltará la mixtura encendida, se pegará como liga y abrasará cuanto encuentre», barriles atiborrados de pólvora y balas de arcabuz y «guirnaldas de fuego» o cercos de estopa que se arrojaban ardiendo, esperando coger en ellos a varios atacantes. Idénticas o muy similares eran las «guirnaldas turquesas» y las «rosquillas de fuego». Existían, asimismo, «ballestones» y arcos, para lanzar bombas rematadas por un arpón. También, los denominados «venlomenses», globos de bronce cargados con materiales combustibles que causaban tales estragos que hicieron a «los hombres degenerar en fieras», ante el espectáculo de sus compañeros despedazados.

No es extraño, pues, que el asalto se intentase evitar a toda costa, con la aplicación de una regla brutal. Si la plaza con una brecha practicable no capitulaba, se pasaba a cuchillo a la guarnición (y frecuentemente a la población) y se entregaba la ciudad al saqueo. Era esta una actividad que, aunque de manera informal, estaba perfectamente organizada: los hombres, «distribuidos en escuadras por las principales calles, unos guardaban las puertas de las casas (para evitar que compañeros les disputaran el botín), otros, entretanto, se metían por los aposentos, escudriñaban lo más secreto, cuanto había de oro, de plata, de joyas, lo recogían».

A sabiendas de la suerte que les estaba reservada, en la mayor parte de los casos se izaba bandera blanca antes de sufrir un asalto.

La rendición se plasmaba en las capitulaciones, un documento que recogía las condiciones de la entrega. Era mucho más que una formalidad, ya que reflejaba la relación de fuerzas entre atacantes y defensores y, de nuevo, ponía en juego la preciosa reputación.

Para obtener condiciones más favorables, todas las estratagemas estaban permitidas. Fue muy celebrada la del gobernador español de la Fére. A pesar de que sus hombres se vieron abocados a comerse «las sabandijas caseras y cocidos los cueros de las sillas de los caballos», todos los días sacaba a pacer dos vacas, para dar la sensación al enemigo de que disponía de comida abundante. Con el mismo motivo, cuando llegó el momento de negociar la entrega, hizo que el enviado de los sitiadores pasara junto a una pila de sacos llenos de tierra, pero por cuyas bocas asomaba algo de trigo «que para el efecto había guardado». Los franceses, creyendo que contaba con suficientes víveres, le concedieron términos mucho más generosos de los que habrían aceptado de saber que la guarnición estaba próxima a la inanición.

En esa singular época, en la que la caballerosidad no parecía reñida con la traición, las negociaciones podían convertirse en un instrumento de guerra. Cuando el gobernador de Ostende se encontró con que una terrible tempestad había arrasado parte de sus defensas, y enterado de que los españoles preparaban un asalto para aprovechar la situación, no dudó en abrir conversaciones con los sitiadores para la rendición. Como prueba de su buena voluntad (inexistente), intercambió rehenes. Obtuvo de esta forma la tregua que necesitaba. En el curso de la misma, le llegaron los refuerzos que esperaba e inmediatamente rompió las negociaciones, reanudando las hostilidades.

El momento final de un asedio victorioso llegaba cuando el general, entre los vítores de sus hombres, entraba solemnemente en la ciudad, a ser posible por la propia brecha.

Este era el esquema más elemental, casi ideal para el atacante, pero que raramente se daba. El enemigo intentaba complicarle la tarea cuanto fuera posible, por ejemplo, con la construcción de obras exteriores a la plaza propiamente dicha, cuya captura podía requerir un pequeño asedio dentro del asedio. También, desde fuera se podían montar operaciones contra el sitiador, con la finalidad de obligarle a levantar el sitio o de introducir ayuda en la ciudad. Desde esta, a su vez, se organizaban salidas o «surtidas» con la intención de causar bajas al atacante, inutilizar su artillería o destruir sus trabajos.

Era casi excepcional el cerco en el que el fantasma del hambre no merodeara, de una u otra forma. Comúnmente se le considera como una desgracia que afectaba sobre todo a los defensores, pero igualmente la podían sufrir los propios sitiadores, por falta de recursos o porque el enemigo les aislaba dentro de sus líneas.

En conjunto, pues, los asedios eran operaciones duras, acompañadas siempre de la destrucción y la muerte. Veamos a continuación algunos ejemplos de sus distintas fases.

Las operaciones previas, como ya se ha dicho, podían ser muy encarnizadas. En el sitio de Hulst, en el verano de 1596, supusieron tomar al asalto una isla fortificada, ya que el resto del terreno había sido inundado con la apertura de unos diques. Para ello, los católicos tuvieron que avanzar, «a pesar de los lodos pegajosos y aguas encharcadas que muchas veces les llegaban a la cintura, cargados con sus armas y cada soldado con bastimentos para dos días». Una vez en tierra, expulsaron al enemigo, tras un duro cuerpo a cuerpo, y cavaron trincheras bajo el fuego de la plaza. Solo esta pequeña operación costó la vida de centenares de hombres, incluidos un coronel de alemanes y ocho capitanes españoles. El género de heridas da idea de la naturaleza del combate. A uno de estos, una bala le voló la cabeza; a otro, un cañonazo le arrancó una pierna. A cambio, solo habían conseguido el terreno preciso para iniciar el sitio, quedándoles todavía por conquistar una serie de fuertes exteriores antes que siquiera pudieran empezar a pensar en atacar la ciudad.

El duque de Parma conquista Neufchâtel-en-Bray (1592), grabado del taller de Frans Hogenberg (1535-1590). Rijksmuseum, Ámsterdam.

Excavar las trincheras era el siguiente paso. Los españoles aunque a veces «al principio hacían mal rostro», afrontaban el trabajo con mejor espíritu que otras naciones. Para los franceses, por ejemplo, fue «cosa muy nueva ver hacer oficio de gastadores o peones a gente tan particular» como la que formaba el tercio de Zúñiga. Pero la doctrina era que «ya es en la milicia proverbio decir que la azada y la pala son las que finalmente levantan y derriban los castillos». Era preciso, por consiguiente, que «en vez de espadas y arcabuces manejasen (los soldados) las azadas y las palas», dejando a un lado prejuicios.

Aislar totalmente a la plaza era un requisito indispensable, y podía resultar penoso. En el sitio de Calais, con esa finalidad, se envió al anochecer a un capitán con cien arcabuceros y mosqueteros españoles a una línea de estacas de un pie de alto, que entonces se encontraban en seco. Tenía la orden de que «sobre las puntas estuviese lo que durare la marea». Se encaramaron a ellas, con la mala suerte que hubo marea viva, de forma que el agua les llegó hasta los muslos y a algunos se les mojaron las mechas. Uno de ellos murió allí mismo de frío y otro falleció al día siguiente. Pero al amanecer seguían en sus puestos. Cuando llegó el enemigo, fue rechazado por una descarga cerrada, acompañada de los gritos de los soldados cuyas armas habían quedado inutilizadas y que, a falta de otros medios, acudieron a las gargantas para desconcertar a los contrarios.

«Quitado el socorro», y perfeccionada la primera línea de trincheras, era hora de afrontar las defensas exteriores, si las había. Estas podían ser muy complejas y estar protegidas por su propio camino cubierto y su foso. Había que aislarlas de la plaza mediante la zapa, bombardearlas, abrir brecha y asaltarlas. Como se trataba, en realidad, de un pequeño asedio para cada una de ellas, también estaba previsto que capitularan, en cuyo caso siempre se incluía una cláusula prohibiendo a los defensores incorporarse al resto de la guarnición. Era más habitual, no obstante, que se tomaran al asalto, a ser posible con tropas seleccionadas. Por ser esta ocasión de distinguirse, se llevaba al extremo la costumbre de mezclar fuerzas, con el objeto de fomentar la emulación y evitar susceptibilidades. En el sitio de Grave en 1582, por ejemplo, se escogió para formar la vanguardia a cincuenta españoles elegidos de todos los tercios presentes. La mayoría eran oficiales reformados. En otra oportunidad se fue todavía más lejos: se eligieron tres hombres de cada una de las compañías de un tercio.

A medida que el asedio avanzaba, a menudo la ciudad empezaba a experimentar escasez de víveres. En su permanente deseo de evitarse bajas, el sitiador confiaba en que «en los cercos obra más muchas veces el hambre que la espada». Se dieron casos terribles, como llegar a desenterrar para comérselos animales que llevaban varios días muertos o devorar ratas y perros. En París, en 1590, se habló de casos de antropofagia y de harina hecha con esqueletos humanos. En Midelburg, la guarnición católica comió hasta las pieles de los animales y vio reducida paulatinamente su ración de libra y media de pan a solo dos onzas, acabando por consumir tortas de linaza. En mes y medio murieron de inanición mil quinientas sesenta y ocho personas, lo que explica la práctica de expulsar de la plaza a las bocas inútiles para ahorrar alimentos. Claro que el sitiador podía devolver a esos desdichados, con la finalidad de agravar la situación de la ciudad.

Los sitiadores a veces no estaban en mejores condiciones. En el ejército católico se hizo famosa «el hambre de Ninoven», sufrida en el asedio de esa ciudad en 1582. Hasta el general en jefe tuvo por todo alimento pan «negro, pegajoso y sin sazón». Por treinta de ellos, un capitán ejemplar tuvo que vender en doscientos ducados una cadena de oro, a fin de alimentar a su compañía. Un sargento mayor que dejó un momento su caballo para recibir órdenes se encontró al regreso con que la guardia lo había decuartizado para comérselo. Por «cortesía», le dieron un pedazo. Los hombres de las distintas naciones del ejército lucharon entre sí por comida, llegando al asesinato, tanta era la necesidad.

La falta de víveres no solo era un motivo para rendir una plaza. Podía ser un pretexto. Se acusó a la guarnición protestante de Bonn de haber consumido sus alimentos más rápidamente de lo necesario, para poder entregarse, en 1589.

En caso de que el hambre no surtiera efecto, los sitiadores, sin por eso cejar en el bombardeo continuo de la artillería, podían entrar en uno de los aspectos más pavorosos de los cercos: la guerra de minas, galerías subterráneas cuyo objeto era colocar explosivos bajo las fortificaciones contrarias y volarlas. El otro bando, si sospechaba algo, recurría a métodos como colocar tambores en el suelo, boca abajo, con el fin de que detectaran las vibraciones producidas por los golpes de pico. Localizada, aproximadamente, la dirección de los trabajos de los sitiadores, practicaban sus propios túneles, las contraminas, con el objeto de neutralizar sus galerías, bien mediante el cuerpo a cuerpo, o a través de cualquier otro procedimiento, produciéndose así aterradores combates bajo la superficie. Para estas tareas se reclutaban, siempre que era posible, mineros entre la población civil, aunque cuando se aproximaba el momento del contacto eran relevados por soldados.

El asedio de Maastricht, en 1579, se cita como ejemplo de esta clase de lucha, aunque la zapa se vio complicada porque el terreno, que tenía mucho hierro, no permitía utilizar «la piedra Imán» para orientar las galerías.

El 26 de marzo los españoles dieron fuego a dos minas utilizando una mecha de algodón con una mezcla de pólvora y salitre. Estallaron sin resultado, por haberse hecho en «tierra movediza». Sirvieron, en cambio, para alertar al enemigo, que empezó a hacer sus propias contraminas con tanto acierto que no tardaron en dar con otras dos que preparaban los católicos. Para expulsarlos de ellas, en una volcaron una cuba de agua hirviendo; llenaron la otra de humo producido por hogueras de madera verde, alimentadas con los fuelles del órgano de catedral. Ambos procedimientos funcionaron y los sitiadores tuvieron que retirarse.

Volvieron, sin embargo, al día siguiente. Se eligió a un grupo de hombres de tres compañías españolas, que se dividieron en destacamentos. Cada uno, de dos soldados con pistoletes, que llevaban un escudo de madera de un palmo de grueso, en el que habían practicado troneras. Les seguían otros cuatro con picas cortadas. Así bajaron a las minas. Los de delante iban empujando la protección, disparando por las mirillas, mientras que sus compañeros, si la ocasión lo requería, tiraban picazos. De esta manera recuperaron lo perdido, combatiendo bajo tierra, a la luz de los fogonazos.

En otro momento, siempre dentro del mismo asedio, los españoles hicieron una nueva mina. También la detectaron los holandeses, que esta vez cavaron la contramina por debajo, colocaron explosivos y los prendieron fuego, matando o enterrando vivos a sus enemigos. Por mala fortuna cuando esto sucedió dormían la siesta en la galería un buen número de españoles, huyendo del calor del día, entre ellos tres capitanes y varios soldados particulares. Solo uno sobrevivió «con las costillas hechas pedazos».

Ciertamente, era esta una forma de guerra especialmente inhumana, subterránea, en la que los hombres se mataban a oscuras, como ratas, empleando el agua y el fuego, la pistola y la daga. A pesar de ello, no parece que se crearan unidades especiales para este tipo de combate. Leyendo los relatos contemporáneos, parece que se consideraba que cualquier soldado servía para tan arduo menester.

Mientras bajo tierra se combatía de esta manera, por encima continuaba el bombardeo, primero como un duelo artillero y luego de forma prácticamente unilateral por el lado sitiador, una vez «quitados los fuegos» al sitiado.

Conquistadas por el cañoneo, las minas o los asaltos, las obras exteriores, quedaba por tomar el núcleo de la plaza. El primer obstáculo que se tenía que abordar era el foso. Se debatió mucho entonces si este era más eficaz estando seco o con agua. Si estaba enjuto, obviamente resultaba más fácil de franquear para el enemigo, pero también facilitaba las salidas de la guarnición y el apoyo a las defensas exteriores. Si contenía agua, se daba la situación contraria, ya que, en cierto modo, «sitiaba» aún más a los sitiados. Presentaba un inconveniente añadido: las aguas estancadas se pudrían, convirtiéndose en un foco de enfermedades para la población.

Ante un foso con agua, el sitiador tenía varias opciones. Una era «sangrarlo», es decir, vaciarlo mediante una trinchera que desde una cota más baja desembocara en él. La otra, era construir un puente para pasarlo, lo que presentaba serios inconvenientes. Hacerlo a pie de obra, bajo el fuego enemigo costaba muchas bajas. Transportarlo desde lejos también tenía sus inconvenientes.

Se vio en el sitio de Alkmaar (1573). Primero se fabricó uno sobre barcas, pero un soldado de la guarnición se arrojó de noche al foso, nadó hasta él y barrenó una de las embarcaciones hundiéndola. Se hicieron entonces dos, sobre barriles. Uno lo intentaron llevar el día del asalto hasta la brecha los bisoños españoles de los tercios de Santiago y San Felipe, pero resultó demasiado pesado y quedó atascado. A pesar de eso, se lanzaron al ataque siendo rechazados con pérdida de trescientos hombres. El otro, más ligero pero de menores dimensiones, se había situado en las propias trincheras, por lo que fue sencillo transportarlo hasta el foso y emplazarlo. Para ello, varios hombres tuvieron que lanzarse al agua, entre ellos, el capitán y futuro maestre de campo Francisco de Bobadilla. Sufrieron, naturalmente, el fuego enemigo. Varios murieron y Bobadilla recibió tres arcabuzazos. Le debieron parecer poca cosa, porque salió del foso nadando y se incorporó al ataque, donde le dieron dos más «y le quebraron los dientes y le abrieron la lengua hasta la garganta, con que le retiraron más muerto que vivo».

Una columna de los tercios viejos avanzó por el puente. Este, sin embargo, permitía el paso de pocos hombres de frente, con lo que el asalto, que además tropezó con la valerosa defensa de la guarnición, careció de la fuerza necesaria. Se tuvieron que retirar también dejando cuatrocientas bajas. Los españoles se vieron obligados a abandonar el sitio, cortando así una trayectoria de triunfos, hasta el punto de que los holandeses, legítimamente orgullosos de haber frenado el ímpetu de sus enemigos dijeron que «en Alkmaar empieza la victoria».

Los puentes podían ser considerables. No era raro que estuvieran blindados con tablones por los lados y por encima y recubiertos con pieles mojadas para evitar que los contrarios los incendiaran. Otros, más sencillos tenían paredes de tela, para ocultar los movimientos que por ellos se hacían de las vistas de los sitiados.

Con un foso seco, la solución era más fácil. Era cuestión de colmarlo, con los escombros de la propia fortaleza, sacos o fajinas, haces de ramas que fabricaban los soldados y sus mujeres en su tiempo libre. Para irle llenando era costumbre que los hombres de cada compañía que entraba de guardia llevaran una fajina y la arrojaran desde las trincheras. Claro que también se corría cierto riesgo, porque el contrario estaba alerta y, por la noche, mantenía iluminados los alrededores de la brecha, pero se le presentaba un blanco pequeño y fugaz, de modo que este método era eficaz y relativamente seguro.

Preparar el paso del foso era la última operación antes del asalto. Implicaba que el camino cubierto había caído y que existía una brecha practicable. Para entonces, frecuentemente, los defensores habían sufrido graves pérdidas, se encontraban desanimados, quizá hambrientos y eran conscientes de las funestas consecuencias de prolongar la resistencia y aguardar el asalto. Se abría, en ese caso, un nuevo capítulo de la guerra de sitio: las capitulaciones. Lo primero era establecer un diálogo formal con el sitiador, para lo que a veces se aprovechaban las habituales conversaciones, salpicadas de insultos, que se mantenían de un lado y otro de la muralla. Más protocolario era enviar un trompeta, al que convenía vendar los ojos para que no tomara nota mental de las obras del enemigo con el fin de informar luego a sus superiores. Si el ambiente estaba muy encrespado, la misión de este hombre era poco envidiable. Alguno recibió un mosquetazo de un soldado enfurecido.

Iniciadas las negociaciones, se forcejeaba sobre las condiciones de la entrega, que dependían de una multitud de factores: estado respectivo de ambos bandos, existencias de víveres y municiones, posibilidades de socorro… Hasta el clima influía, ya que estando el invierno próximo, los sitiadores tenían prisa por poner sus tropas al abrigo de las inclemencias.

Solo raramente se rompió la tregua que se establecía mientras duraban las conversaciones, pero entonces era casi inevitable la rendición incondicional o el ataque sin cuartel.

Lo habitual era que la tropa sitiadora viera con malos ojos todo el proceso. La mejor compensación para sus fatigas era la perspectiva de un saqueo, y ver que esta se alejaba por una entrega acordada causaba profunda irritación. Era, en efecto «aborrecible a los que cercan las ciudades el nombre de entrega».

Escandaloso fue lo que sucedió en Neuss (1586). El asedio ya empezó mal. Parma, que quería la ciudad intacta para abastecer a su ejército, pidió que se entregara. Antes de que su mensajero hubiera regresado con la respuesta –que fue negativa– el duque se acercó a la muralla para intentar convencer a los sitiadores, que le propinaron una descarga de la que salió indemne de milagro. No se sabe si fue un malentendido o una traición, pero los españoles lo consideraron una «maldad jamás vista en la guerra», con evidente exageración. Se inició el sitio, tan enconado que los protestantes, al ver que los católicos celebraban el día de Santiago con hogueras, lo festejaron quemando vivos a dos prisioneros españoles.

El 16 de julio se dio el asalto. Únicamente al séptimo intento, y con las consiguientes bajas, se puso pie en la muralla. Durante la lucha, el valeroso gobernador, de nombre Kloet, recibió dos arcabuzazos. Aprovechando un alto en la lucha, mientras sus enemigos se reorganizaban para el ataque final, mandó un mensajero ofreciendo la entrega.

Pero la soldadesca no quería una solución tan pacífica: «afligía a muchos… que les arrebatasen a ellos los premios de tan opulenta victoria». El enviado fue retenido y los españoles, seguidos por los italianos, entraron en la ciudad, espada en mano. Según Estrada, «fuera de los imbéciles, niños y mujeres no se veía otra cosa por calles y plazas sino cuerpos muertos tendidos por el suelo». Fue aún peor, no se respetó a nadie. Unas cuatro mil personas, entre civiles y militares, fueron pasadas a cuchillo, la ciudad, saqueada e incendiada. Resultó «un saco muy rico, y lo quedaron todos los soldados del ejército español». Algunos de ellos irrumpieron en el aposento del gobernador, y a pesar de estar herido, le dieron garrote y luego colgaron su cuerpo. Ni Parma ni sus oficiales fueron capaces de detener tantos desmanes, provocados por la negativa de la tropa a aceptar una capitulación que les hubiera estorbado el pillaje de la plaza.

Fue más frecuente, sin embargo, que se respetara lo convenido. Para asegurarse de ello, ambas partes intercambiaban rehenes, que no se ponían en libertad hasta que se hubiesen cumplido todo lo estipulado.

De las formas de entregar una ciudad, la menos airosa para la guarnición era hacerlo sin condiciones, lo que suponía salir con varas blancas, en señal de petición de misericordia. Con tan frágil garantía en la mano, desfilaba entre sus vencedores, sin duda rezando para que estos se mostraran magnánimos.

Había un sinnúmero de combinaciones posibles. Se podía salir con armas, pero con las mechas encendidas o «muertas», con bala en boca o sin ella; con las banderas arboladas y tendidas, o plegadas, o sin ellas; a tambor batiente o «con cajas destempladas»; con o sin bagajes; con solo las espadas o sin ellas… Si la guarnición incluía unidades de jinetes que habían luchado desmontados, se les privaba de las monturas. Para premiar a un gobernador valeroso, se le dejaba salir a caballo.

En al menos un caso, se permitió que los defensores se llevasen consigo un cañón, «en agradecimiento de la pólvora» que habían ahorrado al sitiador por no prolongar la resistencia. El dudoso honor recayó en un capitán español, de nombre Miranda, que mandaba en 1597 la guarnición de Meurs. El jefe enemigo, Mauricio de Nassau, cuando pasó frente a él, le dijo con cierta sorna que no debía utilizar la pieza contra plazas holandesas. El español, que seguramente no estaba de humor para bromas, le contestó que había participado en la toma de treinta y siete de ellas y «que esperaba que Dios le diese ayuda a ganar otras tantas». Añadió que cuando Mauricio tomara posesión de la ciudad que había entregado, comprendería el por qué de la temprana capitulación. Pudo comprobar, en efecto, que apenas quedaba pólvora. Al llegar al campo español, Miranda fue sometido a consejo de guerra, ya que era obligación del gobernador acumular todos los medios de defensa necesarios. Fue exculpado, cuando demostró que había hecho lo posible, pero que no se le habían enviado los bastimentos que pidió.

Se estipulaba también si la guarnición podía regresar a su ejército, o si tenía que desbandarse; el tiempo durante el cual no podía servir con el enemigo, etc. Incluso, en ocasiones el sitiador reclutaba parte de ella, hasta permitiéndole conservar sus propias banderas. Era materia deli-

Los habitantes de Leiden se alimentan de telas y alimañas durante el asedio español de 1574 (*ca.* 1612-1614), grabado de Willem de Haen. Rijksmuseum, Ámsterdam.

cada y llena de matices que nadie se tomaba a la ligera. Como mínimo, estaba en juego el honor profesional. Como máximo, la vida y hacienda de miles de personas.

A continuación resumimos los artículos de una capitulación que puede servir de modelo. Se refieren a Mons, defendida por una políglota guarnición que se rindió a los españoles el 19 de septiembre de 1572. Se autorizó a los jefes holandeses y a todos los efectivos franceses a llevarse sus armas, caballos y bienes de cualquier clase. Los soldados flamencos y valones, súbditos del rey, solo podían sacar, en cambio, espada y daga, más los efectos que pudiese cargar un caballo. Sus capitanes, empero, podían llevar todas sus armas. Todos, excepto Luis de Nassau –que mandó la defensa– los ingleses y los alemanes, se comprometían a no volver a luchar contra España. En cuanto a la población civil, los que habían contribuido a la resistencia eran expulsados, llevándose sus pertenencias como los soldados ya mencionados, pero sin ningún arma. El resto, podía permanecer en la ciudad, salvo los no católicos que tenían que abandonarla.

Si la plaza se empecinaba en defenderse, no quedaba sino el asalto. Lo primero era hacer un reconocimiento del foso y de la brecha o brechas, para comprobar que eran practicables. Era esta misión «la mayor honra y merced» que se podía confiar a un hombre, por su importancia, por el riesgo que entrañaba y por la posibilidad de distinguirse ante todo el ejército. Era recomendable emprenderla de noche, y defendido con rodela y yelmo fuertes, que el enemigo estaba barba sobre el hombro y arcabuceaba todo lo que se moviera por aquellos lugares. Llevar peto tenía sus ventajas, por la protección que brindaba, pero existía el inconveniente de que su peso estorbaba los movimientos, y en esas empresas frecuentemente la vida dependía de la rapidez.

No era raro que, para estimular la tan mencionada emulación, se encomendase la tarea a hombres de unidades e incluso nacionalidades distintas. Siempre eran oficiales, «vivos» o reformados, particulares o soldados de élite. Se les podía exigir, si regresaban, un informe por escrito y firmado, para comprometerlos más en la veracidad de sus datos. Si morían en el empeño, cosa no excepcional, se enviaba a otros, ya que era una locura dar un asalto sin este requisito previo, aunque a veces se hiciera, con el previsible resultado. A pesar de tanta precaución, más de un explorador dio información poco exacta, distraído por el fuego enemigo que no le dejaba observar a su guisa. En esos casos, el fracaso del ataque era frecuente.

Los reconocimientos en el asedio de Corbeil fueron especialmente sangrientos. Para medir la anchura del Sena en ese lugar, un sargento y un soldado de un tercio de españoles se metieron en el río. Volvió solo el segundo, ya que el primero fue capturado, tras recibir dos mosquetazos, uno de los cuales le rompió un brazo. Esa noche, para comprobar la profundidad, fueron dos españoles y dos italianos. Dos murieron a tiros. Los supervivientes fueron heridos. Uno, español, fue obligado a asirse de una cuerda que le tendió el enemigo, siendo capturado. El otro, italiano, vivió lo justo para dar su parte al general en jefe, antes de fallecer. Practicaron el reconocimiento final seis alféreces españoles. Tres murieron y los demás quedaron heridos, pero volvieron con la información necesaria. Aunque resulte sorprendente, nunca faltaron voluntarios para estas misiones, para las que siempre se elegía, como mínimo, a un español.

Costase lo que costase, un reconocimiento bien hecho era más barato que un asalto a ciegas. Generales como Alba, Don Juan de Austria o Parma fueron conocidos por su insistencia en este tema, encargando siempre especialmente que se comprobase que no hubiese «traveses», esto es, que la brecha no estuviese enfilada por los flancos, lo que hizo fracasar muchos ataques. Como era su obligación, «posponían sus propios intereses y el del Rey por conservar los soldados y no aventurarlos en las baterías (en el sentido de brechas)» si estas no habían sido previamente inspeccionadas de manera escrupulosa. No hace falta excesiva imaginación para hacerse una idea de lo que ello implicaba. Un hombre solo, embarazado por el peso de su equipo, reptaba como podía sobre las ruinas. Agazapado entre ellas, estudiaba con calma los efectos de la artillería en la muralla. Luego, regresaba al campamento con el parte, bajo los mosquetazos del enemigo. Había que hacer todo eso entre explosiones, incendios y sabiéndose en la mira de decenas de arcabuces.

A veces, para no retrasar el ataque, el hombre enviado a reconocer hacía una señal desde la misma brecha, agitando, por ejemplo, «un lienzo de narices», lo que le exponía aún más a recibir un tiro. Confirmado que la brecha era practicable, se daba la orden de asalto. No había hora buena para la sangrienta faena, aunque se tendía a aprovechar las madrugadas. Si era posible, se apoyaba con un bombardeo a ultranza, que se mantenía hasta que los sitiadores llegaban al cuerpo a cuerpo, y con la voladura de una mina en el último instante. También era usual que los cañones siguieran tirando, aunque solo con pólvora, una vez que se hubiera dado el asalto. Se esperaba que ello amedrentara a los defensores, haciéndoles permanecer a cubierto, y ganando así unos minutos preciosos para que la columna de asalto avanzara sin oposición. A su vez, el enemigo había reservado el fuego de algunas piezas escondidas (a las que se llamaba «secretas») para tan alta ocasión, o había preparado una mina en la brecha misma. Además, esta –frecuentemente– estaba abrazada por una media luna improvisada como defensa adicional, artillada con cañones cargados con clavos y balas de arcabuz y que los atacantes descubrían en el último momento, cuando creían que, tomada la brecha, había conquistado la plaza. El efecto moral de ese inesperado obstáculo frecuentemente era demoledor.

Los sitiados podían haber extremado las precauciones, como se vio cuando cayó Hulst, en julio de 1597. En torno a la brecha estaban preparadas no una, sino ocho minas «muy bien atacadas de barriles de pólvora». Una de ellas tenía siete varas de fondo, una y media de alto y una de ancho. También habían erigido una «contramuralla» de fajinas, madera y tierra. Además, «una invención de dos ruedas de carros con un eje muy largo, lleno de muchas puntas y grandes de hierro, y revuelto de mucha cuerda breada, para que yendo encendida, quemase con el fuego y con las puntas hiriese». Se les había dotado de cadenas, para que una vez lanzadas batería abajo se pudiesen recuperar y utilizar de nuevo. Además, estaban preparados cestones llenos de «abrojos de hierro de tres puntas» para echar sobre la brecha y piezas de artillería cargadas de «balas enramadas con cadenas, dados de hierro y clavos gruesos». Se puede comprender fácilmente lo que suponía trepar brecha arriba, con ese tipo de artefactos esperando a los asaltantes.

Raramente hizo falta, no obstante, designar a nadie de oficio para encabezar el asalto. Al contrario, fueron muchos los que fracasaron porque este se dio prematuramente, al querer una unidad adelantar a otra de igual o distinta nacionalidad para llegar a la brecha en primer lugar. En el de Châtelet (1594) un capitán español, Alonso de Lerma, estuvo cerca de ser decapitado por haber emprendido el ataque sin esperar órdenes. En el ya citado de Alkmaar, los problemas se suscitaron en el seno de los tercios nuevos de Santiago y San Felipe, debido a que carecían de maestres de campo. A la postre, los capitanes se jugaron a los dados el privilegio de la vanguardia, donde había más posibilidades de morir. En cualquier caso, el ataque se produjo también sin aguardar órdenes. Lo que sucedió en Corbeil fue aún peor. Como era costumbre, los españoles llevaron la vanguardia. Una unidad valona, que vio que ante la violencia del asalto la plaza iba a caer, se adelantó para participar en la victoria, y en el botín, naturalmente. Un sargento español le cerró el paso. Tanto celo molestó a un capitán valón que mandó a un mosquetero que le derribara de un tiro. Así fue. El sargento murió al poco de la herida, y los valones entraron en la ciudad.

El de Oudewater fue especialmente caótico. Una compañía del tercio de Valdes recibió instrucciones de adelantarse para prepararse a ocupar las posiciones de partida. Sin enmendarse, su alférez se caló la celada, y bandera en mano se echó para adelante, seguido por toda su gente. Los alféreces de otras dos compañías, al verle, hicieron lo mismo, con idéntico resultado. Finalmente, los otros dos tercios españoles, al percatarse de lo que sucedía, también atacaron. En conjunto, fueron varios millares de hombres los que se movilizaron por su cuenta, con el único fin de que nadie les aventajara en la brecha. La ciudad se tomó, a pesar de que los defensores arrojaron batería abajo «multitud de piedras, pez y plomo derretidos y muchedumbre de fuegos y guirnaldas». Lo que sorprende es que los hombres se diesen de codazos para arrostrar esos y otros peligros.

Para evitar estos incidentes se desarrolló una práctica específica. Normalmente, se confiaba la vanguardia a la unidad que había estado encargada de las trincheras frente al punto donde se había abierto la brecha (por eso se llegó a ordenar que ese lugar se asignara siempre a tropas españolas). Dentro de la unidad, los capitanes jugaban a los dados el puesto que correspondería a sus compañías. Desde luego, el ganador encabezaba el asalto. El ya mencionado Robert Williams, cuyo valor personal estaba por encima de cualquier duda, comenta austeramente este hábito del ejército español de disputarse el primer puesto: «no es preciso insistir tanto en este punto… porque sé por experiencia que tanto si triunfan como si se retiran, muere la mayor parte (de los que llevan la vanguardia)». Ciertamente, en esos ataques era «donde, en mayor parte, muere la (gente) de más importancia y esfuerzo».

Tampoco eran desconocidas las columnas de asalto mixtas, mezclando unidades y nacionalidades, para que la emulación estimulara a los hombres. Con ese mismo motivo, cuando se daban varios asaltos simultáneos a distintas brechas, oficiales a caballo galopaban de una a otra, proclamando éxitos conseguidos por unas unidades, a fin de animar a las demás. De manera casi sistemática, la vanguardia incluía alguna compañía de arcabuceros, más por la calidad de estas fuerzas que por su armamento específico, que no se usaba en esos menesteres. Mosqueteros, dotados para la ocasión con petos a prueba de bala, actuaban de flanqueadores, apoyando con su potente fuego a los atacantes.

Para el asalto a Cambrai, que no llegó a darse, se había organizado una fuerza especialmente interesante. En cabeza, cinco capitanes (dos españoles, uno alemán, uno valón y otro borgoñón) al frente de sendos destacamentos de veinte piqueros y otros tantos mosqueteros. Junto a ellos, un grupo de veinticuatro soldados de esas cuatro naciones, pertrechados con bombas y picas de fuego, artilugio consistente en una de estas armas con un recipiente lleno de materias incendiarias en la punta. La misión de esta pequeña tropa era «limpiar la batería» de enemigos. A continuación, estaban otros cuatrocientos hombres, siempre de las cuatro nacionalidades, como apoyo.

En el de Ligny se adoptó la siguiente formación: en cabeza de la columna fueron dos compañías del tercio de Zúñiga, seguidas por otras dos; a continuación, dos del otro tercio español, el de Idiáquez; detrás, italianos de dos tercios. Los atacantes tomaron la muralla y entraron en la ciudad, donde tropezaron con refuerzos franceses que acababan de llegar, a los que también derrotaron. Entre las bajas de los católicos estaba el capitán de una de las compañías de vanguardia, gravemente herido, y su sargento, muerto. Al haberse tomado la plaza al asalto, la guarnición y muchos habitantes fueron pasados a cuchillo y se autorizó el saqueo.

Para conquistar el fuerte de Trevico, se colocaron en primer lugar compañías de dos tercios españoles, a las órdenes del maestre de campo Velasco, seguidas por tropas valonas. El maestre trepó la brecha con la vanguardia, pero el empellón de un enemigo le mandó rodando hasta el foso, donde casi se ahogó. En el combate murieron dos capitanes españoles y cinco fueron heridos, lo que da una idea de la costumbre de los mandos de los tercios, incluso los de más alta graduación, de combatir siempre al frente de sus hombres. Era una fórmula cara en vidas, pero muy rentable para la moral de las unidades.

El asalto a Galera, en febrero de 1570, durante la Guerra de Granada, proporciona un ejemplo elocuente de lo que podían llegar a ser las bajas entre oficiales. Murieron en él catorce capitanes y dos alféreces; veintinueve de los primeros y doce de los segundos resultaron heridos, junto a dos maestres de campo. Es difícil resistir la tentación de incluir el retrato de uno de ellos en una operación de este tipo. En la toma de Huy, en 1595, se vio a Luis de Velasco «armado con unas armas fuertes negras, una banda de gasa morada y en muchas partes manchado de sangre». En el combate, se le partió la espada. Recurrió entonces a la daga y «andaba tan metido entre los enemigos que a puñaladas mató a algunos».

Era tal el entusiasmo que los generales amonestaban a sus entretenidos y a los particulares para que «ni piensen en quitar la primera hilera a los soldados», ya que unos y otros se disputaban el honor suicida de la vanguardia. Parte de ese entusiasmo podría explicarse por la perspectiva de pillaje, pero parece claro que el afán de distinguirse jugaba un papel importante, como lo indica el dato de que en los tercios españoles era habitual vestirse de gala para ese día. En todo caso, da la sensación de que las fuerzas subían al asalto en un estado muy próximo a la locura colectiva, quizá inevitable, dados los riesgos que arrastraban y los altos porcentajes de pérdidas que estas operaciones entrañaban.

No obstante, el botín compensaba, a los ojos de los soldados, todas las bajas. Es más, se consideraba un derecho de los soldados tras un asalto. Así lo entendía aquel maestre de campo que, tras ganar una plaza con tan costoso procedimiento gritó a sus hombres: «Ea, señores, aprovéchense ustedes de lo que han ganado».

Costó tomar Maastricht mil quinientos hombres, solo de los tercios españoles, incluyendo a tres sargentos mayores (uno de los cuales recibió un sospechoso tiro en la espalda) y veintitrés capitanes. A cambio, más de siete mil habitantes fueron pasados a cuchillo en aquel «día del juicio», y merced a las sumas arrancadas a los supervivientes los soldados fueron, momentáneamente ricos, obteniendo únicamente en rescates, según es fama, doscientos mil ducados. Así, en la parada posterior a la conquista «hubo caballo ligero que sacó casaca que valía cuatrocientos escudos», equivalente a muchos meses de su sueldo. Los hombres tenían tanto dinero que, jugando a los naipes, alguno «en una suerte paraba el sombrero lleno de tallares y escudos de oro». Esa era la vida en los tercios, de la sangre al oro, pasando por el hambre, el heroísmo y –si a mano se ponía– el asesinato.

El saqueo desalmado se explica, aunque no se justifica, por la dureza de un asedio que había durado más de tres meses y de una defensa a muerte que incluyó aspectos como colgar de las murallas a prisioneros ante los ojos de sus compañeros. Las tropas se hallaban, además, faltas de pagas.

Lo sucedido se enmarcaba, finalmente, y como ha dicho Jean-Leon Charles, en las normas de la guerra de sitio. Se trataba de una dura lex, sed lex, que tenía su propia racionalidad, ya que hacía que esperar un asalto conllevara un precio deliberadamente desorbitado. La desdichada costumbre se arrastraría por cientos de años. Baste recordar los despiadados saqueos a los que tanto el ejército francés como el británico sometieron a muchas ciudades españolas –sin embargo, aliadas de este último– durante la Guerra de la Independencia. Aún muy avanzado el siglo XIX pervivió la figura del comisario de presas, cuya función era introducir cierto orden en los pillajes.

Había, además, en todo ello, otra razón, enferma si se quiere. Era una forma de terrorismo en gran escala, con la esperanza de evitar males mayores. Así, los sucesivos saqueos en 1572 de Malinas, Zutphen y Naarden por parte del ejército español, «pagaron dividendos», a corto plazo, propiciando rendiciones sin efusión de sangre. Pero fueron un arma de doble filo porque, a largo, enconarían la guerra de Flandes hasta extremos aberrantes. Conviene indicar que ninguno de ellos se produjo en aplicación de dicha ley, ya que apenas hubo resistencia. Quizá por eso produjeron tanto impacto, positivo al principio para los españoles, pero negativo a partir de Naarden. Aunque es posible que lo que realmente sucedió en esta última ciudad nunca se aclare, los «rebeldes» creyeron que había sido saqueada tras capitular, lo que difundió entre ellos un espíritu de numantinismo, ante la idea de que, se defendieran o no, perderían vidas y haciendas.

Unos comentarios de miembros del ejército español sobre el terrible saco de Malinas, reflejan algunos de los problemas derivados de un saqueo indiscriminado al que incluso faltó el pretexto de un asalto sangriento. Sin mencionar, por evidentes, las consideraciones de tipo humanitario que hacen, destacaremos otras, de tipo eminentemente práctico. Se lamentaba la pérdida de «tanta hacienda, tan mal vendida y desperdiciada», indicándose que si se hubiera impuesto una contribución como castigo y se hubiesen requisado los bienes de los habitantes acusados de rebeldía, se hubiese obtenido suficiente dinero para «más de la mitad de las pagas debidas a la infantería española». Por otra parte, de los soldados, «faltarán muchos que se irán de los que han hecho mayor botín, los valones a sus casas y los españoles a Italia o a España». Finalmente, los desmanes cometidos irritarán a la población, «acrecentándole la indignación y el odio».

Así pues, la particular racionalidad a que respondía esta medida, al igual que cualquier otro tipo de represalia, podía presentar más inconvenientes que ventajas para sus propios autores. En este caso concreto, no sirvió para contentar a la tropa, que unos meses después, y siguiendo sin recibir sus haberes, se amotinaría.

Quizá es preciso puntualizar que los excesos en la guerra de sitio (negativas de la soldadesca sitiadora a aceptar la rendición; saqueos; degüello de la guarnición que obligaba a dar el asalto; masacre de ciudadanos violando lo previsto en la capitulación…) no fueron monopolio de ninguna nación. Los cometieron todas las que se enfrentaron en los Países Bajos, sin excepciones.

Habría que añadir, finalmente, que fueron juristas españoles como Vitoria y Suárez, los que dieron los primeros pasos para establecer un conjunto de normas que limitaran este tipo de abusos.

Se puede asegurar, con poco riesgo, que un porcentaje elevado de asedios incluyó, en un momento u otro, operaciones desde el exterior en ayuda de la plaza cercada, que se procuraban hacer coincidir con una salida simultánea de la guarnición. No era raro que en esos casos, el sitiador encendiera hogueras con paja mojada para que el humo impidiera la necesaria coordinación entre las fuerzas enemigas. Ya hemos dicho que le entidad de estas operaciones de auxilio variaba extraordinariamente, por lo que nos limitaremos a mencionar solo dos: una, descrita como «una de las mejores facciones que hasta aquellos tiempos jamás se vio en Flandes» destinada únicamente a aliviar la situación de los sitiados. La otra, más ambiciosa, tenía por objeto levantar un asedio.

La primera es el socorro de Zutphen, en 1586, donde se encontraba encerrado Verdugo, con una guarnición suficiente, pero corta de suministros. Se encargó «meter el socorro» a la que seguramente fue la fuerza de mayor calidad que España organizó en aquellas tierras: seiscientos infantes escogidos a base de elegir los cinco mejores de cada compañía de los tres tercios españoles y de los regimientos valones disponibles. Con ese sistema de selección, el destacamento tenía que ser espléndido. Es singular que, a pesar de su diverso origen, no pecara de falta de cohesión. Se completó con alguna caballería. El conjunto estaba a las órdenes del marqués del Vasto, que tenían instrucciones de meter en la ciudad un convoy de varios cientos de carros cargados de vituallas.

Guillermo de Nassau, al mando de los protestantes, había tenido conocimiento previo de los propósitos del enemigo, ya que había interceptado un correo que se envió a Verdugo para ponerle al corriente de lo que se preparaba. Tuvo así tiempo de salir al encuentro de los católicos, con ocho mil hombres agrupados en un escuadrón de caballería, tres de infantería –uno de ellos, volante–, dos mangas de arcabuceros y una de mosqueteros. Los españoles se pusieron en marcha, pero, obligados a escoltar el convoy, no pudieron maniobrar, por lo que tuvieron que avanzar directamente hacia los protestantes. Estos formaron a lo largo de un camino que llevaba a la ciudad. El del Vasto mandó por delante a su arcabucería que, escaramuceando, fue ganando terreno. Al tiempo, los carros, que no tenían otra opción, avanzaban por la carretera. Para protegerles los piqueros, «con presteza jamás vista se pusieron… en escuadrón, sin que fuesen ayudados de ningún oficial ni sargento mayor, porque cada soldado lo fue ese día». Se trataba, en efecto, de veteranos, capaces de realizar sin instrucciones cualquier despliegue.

Cuando los carros llegaron al alcance del enemigo, empezaron a sufrir sus ataques. Los conductores, civiles sin ningún interés en dejar la vida en la empresa, huyeron. Algunos arcabuceros españoles treparon a los pescantes y, como pudieron, acercaron el convoy a la plaza. Mientras desfilaban, los carruajes actuaban como una fortaleza móvil. Desde cada lado, y por encima de ella, los dos bandos intercambiaban picazos, mientras que arcabuceros, inclinándose, tiraban por debajo. Nassau, para intentar detener el avance, lanzó contra el flanco de sus adversarios al escuadrón volante, pero fue rechazado. Dio luego una carga la caballería, pero tras romper dos o tres hileras fue detenida. Los infantes rechazados se reorganizaron y atacaron de nuevo, seguidos por los jinetes, que cargaron dos veces más, sin resultado. El del Vasto, al frente de unos cuantos jinetes, cargó también, pero con tan mala fortuna que fue derrotado, recibiendo varias cuchilladas que gracias a su armadura no le hirieron. Un caballo ligero le sacó de apuros, matando al enemigo que le acosaba.

Tan vivo fue el combate, que los católicos estuvieron próximos a quedarse sin munición. Afortunadamente para ellos, Verdugo, que veía todo desde la muralla, tuvo la prudente idea de mandarles un carro cargado de pólvora y balas. Él mismo, con un hacha por toda arma, fue a unirse con el destacamento, mientras la guarnición se preparaba a hacer una salida.

En el entretanto, la caballería católica dio nuevas cargas, siendo siempre rechazada. Retirándose en desorden estuvo a punto de romper el escuadrón de sus infantes, pero se detuvo a tiempo. Para entonces, fuerzas de los sitiados estaban ya fuera de la ciudad y atacaron a los protestantes por un costado, mientras la fuerza del marqués hacía lo mismo por el otro. En el único caso de indisciplina que se produjo ese día, algunas picas españolas con varios alféreces abandonaron la formación para dar el último empuje. Los de Nassau, ante tanto ímpetu, cedieron terreno. El convoy entró en Zutphen. Se distinguió mucho en esa acción la arcabucería, tanto valona como española, y numerosos hombres.

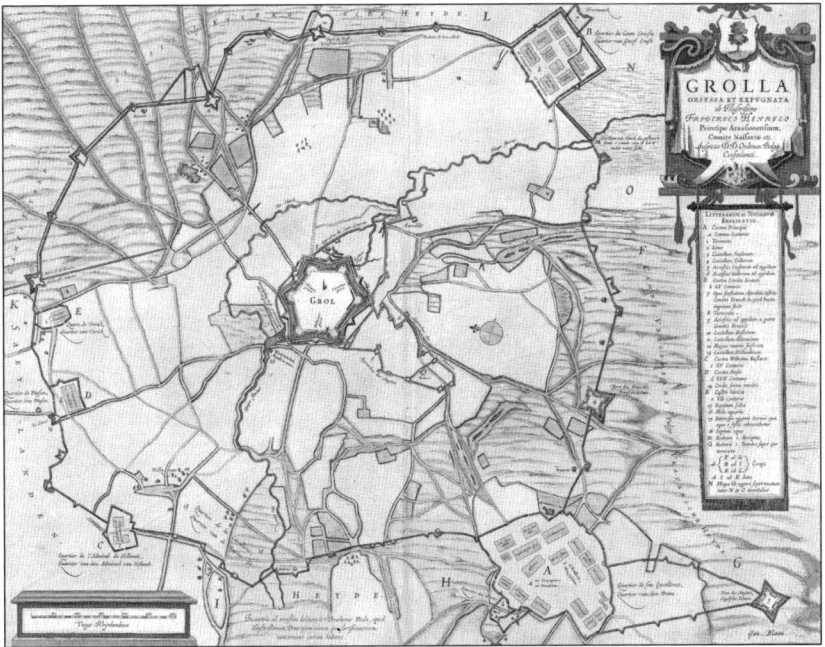

Mapa del asedio de Groenlo de 1627 con las líneas de circunvalación y los aproches holandeses (*ca.* 1647-1649), obra del ingeniero militar y cartógrafo Theodorus Niels. Rijksmuseum, Ámsterdam.

Entre ellos, el capitán Manuel de Vega, que llegaría a ser maestre de campo, y cinco soldados que ascenderían más tarde a capitanes.

En el lado protestante fue notable la bizarría de un numeroso grupo de caballeros británicos. Entre ellos destaca la figura de sir Philip Sidney, figura romántica, próxima al Bayardo francés. Murió de resultas de un mosquetazo, con «un muslo roto» al que compuso una canción en su lecho de agonía.

La segunda operación de socorro estuvo dirigida a romper el cerco de Salses y transcurrió entre finales de octubre y principios de noviembre de 1639. Los españoles, que habían perdido la plaza hacía unos meses no se resignaron y la sitiaron con intención de recuperarla. Los franceses, al mando de Condé, para liberar a la guarnición movilizan veintidós mil infantes y cuatro mil caballos. Un primer intento fracasa debido a una terrible tormenta, lo que permite a los sitiadores completar las líneas de contravalación. Consisten estas en un elevado parapeto, reforzado cada cien pasos por un baluarte y protegido por un foso.

Los de Condé lanzan el 2 de noviembre un bizarro asalto, encabezado por alguno de sus más famosos regimientos, como La Reina, Languedoc y Normandía. Enfrente tenían una mezcla de tropas veteranas y bisoñas, los tercios españoles de la Armada, Castilla y Torres, además de los valones de Molinghen y los irlandeses de «Tirconell».

La infantería gala partió al ataque con una disciplina admirable, como «si se hubiese tratado de hacer la instrucción». Los españoles, a su vez, reservan el fuego de una manera ejemplar: «casi a tiro de pistola los enemigos (habla un francés) dispararon todas sus piezas cargadas con bala, e hicieron al mismo tiempo una descarga con la primera fila de sus mosqueteros». El efecto fue espantoso; hubo cañonazo de esa metralla improvisada que derribó a treinta y seis hombres a la vez. Espantadas por tantas bajas, algunas unidades cedieron. Otras, sin embargo, continuaron avanzando. Para recibir al llegar al foso una segunda salva, aún más eficaz que la anterior. Un solo regimiento perdió en un instante, a causa de ella, un mayor, cinco capitanes, cuatro tenientes y dos alféreces.

A pesar de eso, intentaron trepar el talud. Los defensores, a los que entonces se les acabó la pólvora, les recibieron con picas, espadas y hasta pedradas. Los franceses pelearon hasta que un alto mando, «compadeciéndose de ver a hombres tan resueltos perderse inútilmente, envió al galope un ayudante de campo para mandarles que se retiraran». Así lo hicieron, acribillados por el fuego de los mosqueteros, que para entonces habían recibido una remesa de pólvora. En total, los atacantes tuvieron más de un milllar de bajas. Un regimiento de treinta y cinco oficiales y ochocientos soldados dejó en el campo veintinueve de los primeros y cuatrocientos de los segundos. Tal podía ser la eficacia de una línea de contravalación bien trazada y bien defendida. El 6 de enero de 1640 la guarnición capituló, como merecía, con todos los honores.

Desde luego, operaciones tan complejas como eran los asedios, incluían además una infinidad de otras facetas. De las muchas posibles, escogeremos dos que, curiosamente, se produjeron en un mismo asedio: el de Arras, por los españoles, en 1654. La primera se refiere a una costumbre, bastante extendida, de enviar refuerzos de pólvora a los sitiados por medio de caballería, aunque en esta ocasión, lo que es singular, fueron los sitiadores quienes acudieron a ese expediente. Turenne, intentando auxiliar a la ciudad, había establecido sus fuerzas en la vecindad de las españolas. Estas, para poder mantener el bombardeo a la plaza, acudieron al expediente de enviar a territorio propio unidades de jinetes, que regresaban a través de las líneas francesas llevando cada uno un saco de cincuenta libras de pólvora a la grupa. En una oportunidad, un oficial asestó un sablazo a un soldado por ir fumando una pipa con tan peligroso equipaje. El jinete, que al parecer estaba borracho, le respondió con un tiro de pistola. El teniente lo esquivó, tirándose al suelo, pero la bala dio en la pólvora, que estalló. La explosión incendió los sacos de otros hombres en rápida sucesión. La unidad entera, de más de cien efectivos, literalmente voló.

La segunda se refiere a las comunicaciones que la plaza intentaba siempre establecer con su propio ejército. A veces, se utilizaba a mujeres, que escondían los mensajes en el cabello. Si eran capturadas, la costumbre consistía en cortarles las faldas por encima de las rodillas. Más usual era acudir a hombres, como hizo la guarnición de Arras. Uno de ellos, por precaución, decidió tragarse el mensaje, envuelto en una fina capa de plomo. Pero cuando llegó al campamento de Turenne no logró evacuarlo durante un día entero, a pesar de que se le suministraron generosas purgas. Por fin lo consiguió, estimulado por la propuesta de un general impaciente que gritó: «¡hay que destripar a ese bribón!».

Después de comentar las diferentes etapas de un asedio, examinaremos el caso de dos, Haarlem y Amberes, a fin de ver cómo estas se imbricaban las unas en las otras para conseguir el objetivo ambicionado: la caída de la plaza. Ambos son muy distintos. En el primero, reina la improvisación, la reticencia a encarar unos trabajos largos, tediosos y caros, y un exceso de optimismo. El segundo es, sobre todo, una obra de ingeniería, fría e implacable. En los pocos años que median entre ambos, apenas doce, se produce un cambio sustancial en la forma de abordar la guerra de sitio en el sentido de «usar más a menudo del gastador que del soldado», anunciando ya los grandes cercos del XVII y del XVIII.

El de Haarlem (diciembre de 1572-julio de 1573) se enmarca dentro de la ofensiva de Alba contra la «segunda rebelión» de los holandeses e inmediatamente después de los tres saqueos sucesivos en 1572 que se han mencionado anteriormente. Los españoles se enfrentan, pues, a una guarnición valerosa y desesperanzada sobre la posibilidad de una rendición con honor. Dirige a los sitiadores Fadrique de Toledo, hijo del duque de Alba. Comparte la opinión de sus soldados que, envanecidos por repetidos triunfos, «no se podían persuadir… que a la primera tempestad de sus balas los de Haarlem no les abrirían sus puertas». Manda, además, treinta y seis banderas de españoles, de los tercios de Rodrigo de Toledo, Julián Romero, Bracamonte y Hernando de Toledo, una concentración de esas tropas que raramente se volverá a dar. También lleva veintidós compañías de valones y dieciséis de alemanes. Al complejo de superioridad de esas fuerzas, entre otros factores, hay que atribuir que se iniciase el asedio en el peor momento, en la mitad de un invierno especialmente frío.

Por lo que se refiere a los efectivos de la guarnición, es muy difícil determinarlos, ya que fue permanentemente reforzada hasta muy avanzado el sitio. Precisamente una de las razones que explican la larga duración de este es la incapacidad del ejército católico de establecer un verdadero cerco, estanco, por lo que los holandeses no dejaron de recibir auxilios de todo tipo, hasta el punto de que a menudo se hallaban en mejores condiciones que sus sitiadores.

El día 18 la primera batería ya estaba emplazada. El 20, aunque todavía no había producido los efectos apetecidos, y ante el temor de agotar las municiones, se da un asalto a un rebellín. Llevan la vanguardia doscientos arcabuceros del tercio de Lombardía, seguidos por otros cien, más cien mosqueteros, del de Nápoles, con picas italianas detrás. Avanzaron por un puente sobre barriles que habían instalado treinta coseletes bajo el fuego, y que nada más admitía tres hombres de frente. El ataque resultó un total fracaso. Aun así, el maestre de campo Julián Romero tuvo que retirar en persona a los soldados que, encelados, se negaban a replegarse. Según cuentan, les amonestó diciéndoles: «¿Estos desórdenes se aprenden en la escuela militar del duque de Alba? ¿Así se va al asalto, por el aire?». Recibió un arcabuzazo del enemigo que le costó un ojo; cuatro capitanes y tres alféreces fueron baja y se perdieron dos banderas «lo que hemos sentido todos, como es razón».

Ante este fracaso, hubo que resignarse a un asedio sistemático. Así quedó definido el escenario del sitio «más tedioso, más caro y más doloroso de estos días». Los sitiadores trabajaban en las trincheras, aguantando como podían «la terribilidad del tiempo y la falta de vituallas» que les agobiaban. Los alemanes y los valones, hastiados de tantas penurias, dejaban las banderas a decenas, habiendo compañías reducidas a veinte hombres. Los españoles, «de cuarenta y ocho horas somos de guardia las veintiocho, de manera que no nos queda tiempo para sustentarnos: Dios nos ayude».

El 17 de enero, cayó el rebellín, tras una lucha a tan corta distancia que se emplearon pistoletes en vez de arcabuces, y a pesar de que el enemigo arrojaba sobre los asaltantes pez y agua hirviendo y plomo derretido. Nada desanimados, los holandeses dieron una encamisada nocturna con seiscientos hombres. A su amparo, les llegaron refuerzos y bastimentos, transportados en trineos tirados por mulas herradas para el hielo. También se utilizó hombres dotados de patines a los que se describe como «las abarcas de España o zapatos turquescos».

La lucha continuó, con frecuentes salidas de la guarnición, una de las cuales —que no prosperó— tenía por objeto clavar la artillería. También siguieron entrando socorros y se inició una despiadada guerra de minas, peleándose a espada y rodela en los túneles.

Cuando llegó el deshielo las cosas no mejoraron para los católicos: «nuestra trinchea –así se decía trinchera–, que iba fabricada sobre el hielo, podría ir ahora al fondo del agua». Había puestos donde se hacía la guardia «sin calzas y el agua por encima de las rodillas». Los sitiados, por su lado, se limitaron a sustituir los trineos por galeras, con lo que no se interrumpió el suministro a la ciudad. Por su parte, los católicos adelantaron sus piezas, instalándolas en el rebellín que habían conquistado, desde donde empezaron a batir la muralla.

El 31, juzgando que la brecha era suficiente, diecinueve compañías con sus alféreces a la cabeza dieron el asalto. En primera línea iban cinco del Lombardía y otras tantas del Nápoles, seguidas por cuatro y cinco, respectivamente, de ambas unidades. A continuación, aunque no llegaron a intervenir, el resto de ambos tercios más el de Flandes. Uno de los primeros en coronar las almenas fue el maestre de campo Rodrigo de Toledo. Cuando la columna de ataque trepaba por los escombros, los sitiados dieron fuego a una mina, que previsoramente habían enterrado. La explosión no solo mató a cuarenta soldados, sino que partió la columna en dos, quedando la vanguardia aislada del resto. El enemigo se lanzó sobre ella, obligando a los escasos supervivientes a replegarse como pudieron. Un asalto paralelo, dado por valones, no tuvo mejor fortuna. En total, hubo unas doscientas bajas. Rodrigo de Toledo salió con un mosquetazo, «que le rompieron la canilla por encima de la rodilla», dos picazos en la cadera y otro en el rostro.

Tras este segundo revés prosiguieron las operaciones. Los católicos, que no percibían sus pagas por la eterna falta de dinero, tuvieron al menos el consuelo de ver llegar a tropas de refuerzo, entre ellas las últimas cuatro compañías de españoles que quedaban en Flandes. Por otro lado, recibían suministros regularmente, aunque eso supuso distraer hasta ocho mil hombres del asedio para mantener abiertas las líneas de comunicaciones.

Los sitiados tampoco descansaban. Entre sus actividades figuraba el establecimiento de contactos con sus compañeros en el exterior a través de palomas. De la plaza salían hombres con jaulas llenas de estas aves y las entregaban en el cuartel general del de Orange. Este, cuando quería mandar algún mensaje, lo ataba a la pata de una paloma que, llevada por la querencia, volvía con él a Haarlem. Los españoles descubrieron el ardid por puro azar, pero a partir de entonces se dedicaron a la caza sistemática de los pobres animales, lo que les permitió enterarse de antemano de los planes de los holandeses y, a la vez, mejorar el rancho.

A los combates en las trincheras y las minas se unieron los enfrentamientos navales. Los católicos, empeñados en bloquear totalmente la plaza, armaron naves para cortar el paso a las que mandaban con auxilios sus adversarios. También se mantuvieron las salidas casi cotidianas de los sitiados. Una de ellas, el 25 de marzo, fue especialmente notable, ya que se saldó con una seria derrota de los alemanes al servicio de España, a los que desalojaron de sus posiciones, cogiéndoles nueve banderas y siete piezas de campaña. A partir de ese día, y a petición de los propios tudescos, un destacamento español se unió a ellos, para reforzar su seguridad.

Todo ello suponía un continuo goteo de pérdidas, entre las que destacó la muerte de Campi, el mejor ingeniero de los católicos y la herida que recibió Londoño, entonces sargento mayor de un tercio. Campi sería sustituido por Chiappino Vitelli, que a su vez moriría en el sitio de Zierikzee, en 1576. En aquella época la vida de los ingenieros era corta: «hubo campañas como la de los Países Bajos en 1648 y las de los Pirineos en 1654 en las que los comandantes en jefe se quedaron sin un ingeniero vivo». Alba, temeroso de que su hijo flaqueara, le envió a decir que su obligación era morir en el asedio, si fuera preciso. Y que no se preocupara, porque en ese caso, él mismo le relevaría. Y si llegara a morir también, la duquesa vendría a tomar su lugar.

Ante esa determinación era impensable levantar el sitio, sobre todo, porque seguían llegando refuerzos. Mil borgoñones ayudaron a estrechar el cerco, que ya empezaba a ser completo. Los de Haarlem tuvieron que racionar la comida. Se dio a cada soldado una libra y dieciséis onzas de pan, media a las mujeres y una a repartir entre cada tres jóvenes. Los mozos de la tropa tuvieron que contentarse con «tortas del trigo que se cuece para hacer cerveza». Más tarde, hubo que reducir la ración a únicamente esas tortas o «buñuelos hechos de cebada y avena de la que tenían tostada para hacer cerveza… mezclados con cierta miel… que son los buñuelos como tinta». La tropa recibía uno al día por hombre, mientras que los civiles tenían derecho a medio.

Una operación destinada a meter socorros por agua fracasó en una de las escasas victorias navales españolas en aquellas guerras. En un intento desesperado de continuar asistiendo a la plaza y con las comunicaciones convencionales casi totalmente cortadas, los holandeses recurrieron a enviar hombres provistos de «saltapantanos», especies de picas que permitían franquear los numerosos obstáculos del terreno que rodeaba a la ciudad, utilizando una técnica parecida al salto con pértiga. Llevaban a la espalda sacos con pólvora para la guarnición, e iban armados de pistolas o de escopetas cortas. Los españoles contestaron enviando contra ellos soldados equipados de la misma manera y que terminaron por imponerse (tomaron, no obstante, buena nota del procedimiento, y ellos mismos lo utilizarían posteriormente para reforzar guarniciones cercadas). A partir de ese momento, Haarlem quedó librada a sí misma.

Por el contrario, la situación de don Fadrique seguía mejorando y las perspectivas eran todavía más alentadoras. En efecto, fue informado que de Italia venían caminando cinco mil españoles, cifra muy significativa, pertenecientes a doce banderas del tercio de Lombardía y trece del de Lope de Figueroa. Mil de ellos, arcabuceros y por consiguiente más móviles, se adelantaron al resto para reforzar lo antes posible al ejército sitiador. Los piqueros y los mosqueteros de estas unidades fueron objeto de grandes elogios, pero de la arcabucería se comentó «que no es tan buena», lo que resulta sorprendente en tercios españoles.

La suerte de la ciudad estaba ya echada. Se comían pieles de animales, zapatos y «todo lo asqueroso». Hubo algunas salidas en un último intento de romper las líneas católicas, pero fracasaron. La guarnición izó bandera negra para significar a sus compañeros que estaba reducida al último extremo. Aunque la brecha ya era practicable, no se dio el salto. El general español, informado por un desertor escocés de la angustiosa situación de los sitiados, prefirió rendirles por hambre.

El 8 de julio, los holandeses, se dice que espoleados por una carta enviada desde la ciudad escrita en sangre, atacaron con tres mil hombres desde el exterior, para intentar meter socorros. Fueron rechazados con sensibles pérdidas, dejando catorce banderas, un estandarte, seis cañones y el convoy de alimentos que llevaban consigo. En el combate se distinguieron los tercios recién llegados de Italia, que desfilaron ante los muros arrastrando las enseñas capturadas, para hacer ver a la guarnición que ya no quedaba esperanza de ayuda.

El 14, Haarlem se entregó. Había soportado más de diez mil cañonazos. A cambio de doscientos cuarenta mil florines, compró la promesa de que no habría saqueo, como no hubo. Sí que se ahorcó a más de dos mil de sus defensores. Según unos, eran miembros de las guarniciones de Mons y Zutphen que habían violado su promesa de no tomar las armas contra España, por lo que se trató de un legítimo castigo. Según otros fue un acto gratuito de crueldad que solo sirvió para reforzar la determinación de los «rebeldes» de luchar hasta la muerte.

El asedio hizo historia, por la constancia desplegada por ambas partes. Del lado católico fue algo muy parecido a una victoria pírrica. Costó cerca de cuatro mil bajas, ochocientas de ellas españoles, lo que era un precio difícilmente asumible. Los tercios perdieron dos de sus cuatro maestres de campo, dos sargentos mayores y siete capitanes. Tanto don Fadrique como los dos maestres restantes recibieron arcabuzazos en sus armaduras. Los valones y alemanes tuvieron bajas proporcionales entre sus mandos. Lamentablemente, durante el cerco se produjeron excesos, por ambas partes. Los españoles cortaron la cabeza a un holandés y la arrojaron al enemigo. Este respondió con las de once prisioneros, con la siguiente nota: «los de Haarlem pagan al de Alba, para que no prosiga con la guerra por no le haber pagado la Décima, diez cabezas, y por usura de la dilación añaden la undécima», aludiendo al impopular tributo impuesto por el duque y que alimentó en gran manera el descontento contra España.

No dramatizó don Fadrique cuando dijo que «no se ha visto ni oído jamás guerra tan sangrienta como esta». Ambas partes derrocharon salvajismo: «no se toma hombre de una parte ni de otra que no se ejecute luego». Quince días después de tomada la plaza, los tercios, cansados de los atrasos en las pagas se amotinaron, anulando con ello los efectos de la conquista.

El sitio de Amberes, una de las ciudades más importantes de Europa, fue muy distinto al de Haarlem. De él no se puede decir lo mismo que de aquel en el sentido de que los españoles «con demasiado desprecio», «no observaron el uso militar de los cercos… no cuidando de abrir trincheras». Al contrario, Amberes fue ante todo un derroche de ingeniería.

Comenzó a fines de 1584, tras dos años de victorias ininterrumpidas de Parma, que en ese periodo se había apoderado de Dunkerque, Nieuwpoort, Veurne, Diksmuide, Bergues, Sas van Gent, Eeklo, Hulst, Axel, Rupelmonde, Bonn, Alst, Ypres y Brujas, en una marcha hacia la victoria final que parecía imparable, y que quizá lo hubiera sido si España no hubiese desviado su atención hacia Inglaterra, en 1588, y hacia Francia, en 1590. Se trataba de una ofensiva estratégica en toda regla, con el objetivo de acabar la guerra. En ese contexto, la conquista de Amberes era una pieza esencial, y merecía los meses que se dedicaron a operaciones previas. Quizá la primera se produjo el 7 de julio, cuando se intentó controlar el Escalda, aguas abajo de la ciudad. En el lado de Brabante, los holandeses tenían cuatro fuertes, que fueron atacados por el tercio español de Pedro Paz y otro italiano. Uno se rindió. El segundo opuso resistencia, y la guarnición fue pasada a cuchillo «por haber esperado la batería». Ante este ejemplo, los otros dos fueron abandonados. En la orilla opuesta, en cambio, Mondragón fracasó ante el fuerte de Lillo. Tenía instrucciones de dar una escalada, pero prefirió emprender un sitio formal. Con ello dio tiempo a la guarnición para cortar un dique. Con sus posiciones anegadas, los católicos tuvieron que batirse en retirada. Los hombres de su tercio –llamado, por definición, «el vie-

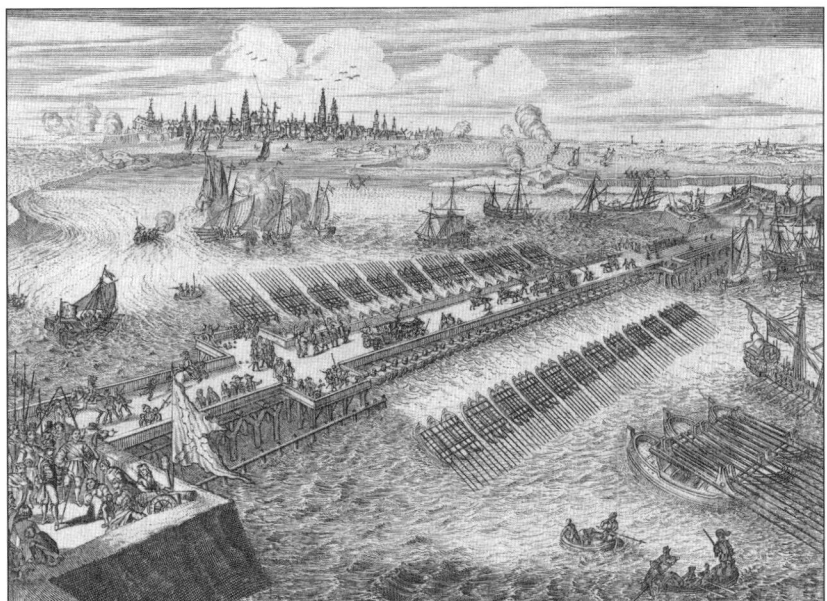

El puente de barcas construido por orden de Alejandro Farnesio sobre el Escalda durante el sitio de Amberes (*ca*. 1670-1699), grabado de Lamberecht
Causé. Rijksmuseum, Ámsterdam.

jo»— salvaron la artillería llevándosela al brazo, «que solo esta nación (la
española) pudiera hacer esta fiereza». El resultado, sin embargo, fue que
el enemigo retuvo el dominio de una orilla del río.

El siguiente paso fue conquistar una cortadura en el dique de Kallo,
cerca del lugar que Parma había escogido para su proyecto de estrangular
la ciudad. Se encargó la empresa a siete compañías de españoles, con
órdenes de que «aunque se perdieran todos, había de ganar la cortadura
y el dique».

Tuvieron que caminar, de noche, más de media legua por el canal,
con el agua hasta el pecho, lloviendo «terriblemente, no como en España ni otras partes, sino como suele en Flandes» y cargando maderos
para hacer puentes. El enemigo les descubrió y empezó a tirar, sin que el
destacamento pudiese responder, porque se habían mojado la pólvora y
las mechas. Cuando los hombres llegaron al dique, se les había acabado
la madera, utilizada en franquear otros pasos, por lo que tuvieron que
improvisar un puente con las picas. Por fin pudieron pisar tierra firme,
donde les esperaban los holandeses. En un combate al arma blanca,
conquistaron su objetivo. Al día siguiente, Parma se acercó al otro lado
de la cortadura para darles personalmente los buenos días y agradecerles
su valor.

Otras operaciones fueron la toma de Dendermonde, que cayó el 17 de agosto, y en la que murió el maestre de campo Pedro de Paz, y de Vilvoorde (el 7 de septiembre), así como la rendición de Gante, que se entregó pocos días después pagando doscientos mil ducados y «seis cabezas».

Así el ejército católico iba cerrando el cerco a distancia de Amberes, al tiempo que llenaba sus arcas y se reforzaba con el material existente en esas ciudades. De especial importancia fueron veintidós embarcaciones que se hallaban en Gante. El problema era llevarlas al campamento español, ya que el enemigo controlaba el paso. La solución fue abrir una zanja de cinco leguas y de la necesaria profundidad entre una zona previamente inundada y el río Moere, que pasa por Gante, y desviar por ella las aguas. Los soldados bautizaron la obra con el nombre de «canal de Parma». Gracias a ella se estableció una línea segura de comunicaciones con la retaguardia.

Para entonces había comenzado el verdadero asedio, que presentaba múltiples dificultades. Amberes contaba con sólidas defensas y una excelente guarnición. Además, parte de la ciudad se apoyaba sobre el Escalda, en la frontera entre Flandes y Brabante, que constituía un foso infranqueable. De hecho, las inundaciones, naturales y provocadas, la habían convertido en una isla, rodeada por las aguas, de las que solo sobresalía las tierras altas y los diques y contradiques. Era, por tanto, casi inexpugnable, por lo que su asedio fue seguido con enorme expectación en toda Europa.

El plan del general español para hacerse con tan difícil presa fue admirable. Tomarla al asalto estaba descartado, ya que no se podía llegar a ella por tierra. La única solución era «quitarle el socorro», obligar a que se rindiera por hambre, pero ello, a su vez, tampoco parecía viable dada la superioridad naval de los holandeses. Ignorando las opiniones de muchos de sus asesores, y la experiencia del propio Guillermo de Orange que había intentado hacerlo, sin éxito años antes, cuando la plaza estaba en manos españolas, decidió cortar el río, lo que en aquella época se estimaba imposible. Era, sin embargo, la única manera de evitar la llegada de refuerzos y suministros del exterior.

Como primera providencia, mandó erigir dos fuertes, uno frente a otro, en ambas orillas: San Felipe, en el lado de Flandes, y Santa María, en Brabante. Luego, se empezó a construir el puente. Fue una obra de titanes, dirigida por dos magníficos ingenieros, Piatti y Barocchi (curiosamente, el otro bando también contaba con los servicios de uno de la misma nacionalidad, Giambelli. El asedio acabaría siendo un concurso de ingenio entre ellos) que supuso, por ejemplo, anegar un amplio espacio de terreno únicamente para poder transportar por agua los centenares de troncos necesarios. Los trabajos se llevaron a cabo simultáneamente desde ambas orillas. Cuando, en el centro, la profundidad del río fue tal que no se podía avanzar más, ya que ni los mayores árboles llegaban al fondo, se construyeron dos castilletes de madera, sobre vigas de setenta pies de alto. Entre ambos, se colocaron treinta y dos barcas encadenadas entre sí y ancladas, con lo que el Escalda quedó totalmente cerrado.

Una vez terminado, el puente medía dos mil cuatrocientos pies, y tenía una anchura de doce, que permitía marchar a ocho hombres de frente. El conjunto se artilló con noventa y siete piezas. A fin de protegerle de los seguros intentos del enemigo por romperle, se establecieron a cada lado sendas líneas de treinta y tres barcazas cada una, agrupadas en grupos de tres. De cada uno de ellos salían «como hileras de picas en el frente del escuadrón» largas vigas rematadas por hierros.

Cuentan que Parma se quedó tan satisfecho de la obra y que tenía tal fe en su fortaleza que cuando se cogió a un espía enemigo se la enseñó, y le devolvió a Amberes con la frase: «di lo que por tus ojos has visto a los que te mandaron». Pero mientras se construía, había que atender a acabar de cubrir las líneas españolas, lo que se hizo mediante la edificación de una serie de fuertes adicionales. Los holandeses, por su lado, tampoco permanecían inactivos, y cortaron varios diques, inundando de esa manera el terreno ocupado por los católicos, y corrompiendo el agua dulce con salada, lo que causó pérdidas de hombres y de animales a los sitiadores. Estos, a su vez, elevaban diques, con tierra traída en cestones a costa de grandes trabajos.

Arreciaba, en el entretiempo, el invierno, sumándose el frío y la lluvia al hambre que experimentaban los católicos por falta de suministros. Los principales jefes del ejército estudiaron seriamente la posibilidad de levantar el asedio, pero tropezaron con la obstinación de su general que contestó que «él había de ganar Amberes, o que Amberes le ganaría a él», pero que jamás se retiraría.

El 25 de febrero se terminó el puente. El 10 de marzo se entregó Bruselas. El cerco entraba en su fase decisiva. Pero los holandeses distaban mucho de darse por vencidos. El 4 de abril se montó un ataque desde el exterior para recuperar los fuertes que se habían perdido en julio del año anterior y abrir así las comunicaciones con la ciudad. Los españoles habían puesto guarnición en dos de ellos. Uno se defendió bien, pero fue tomado al asalto y su guarnición degollada. El otro, Liefkenshoek, hizo más flaca resistencia y también cayó. Parma, considerando que su comandante, un capitán valón, no había cumplido con su deber, le mandó decapitar. Esta doble pérdida debilitó las posiciones de los católicos, que tuvieron que construir un nuevo fuerte, el de San Antonio, para cerrar el paso a los holandeses. Aun así, el enemigo había recuperado el control de las dos orillas del río.

El 5 organizó una operación de mayor envergadura. Una flotilla de treinta y cuatro embarcaciones, varias de ellas ardiendo, salió de Amberes. Al tiempo, un buen golpe de infantería avanzaba por tierra. El general católico, estimando que un fuerte estaba en peligro, envió refuerzos a la guarnición. Pero el jefe de esta, precisamente otro capitán valón, los devolvió diciendo que se bastaba a sí mismo y que no necesitaba ayuda. Como se ve, las bravuconadas no eran monopolio de los españoles.

Los católicos no dieron demasiada importancia a los brulotes que navegaban hacia el puente, fiados de sus medidas defensivas. Pero había dos naves mayores. Una de ellas, de nombre Fortuna, encalló y lanzó una pequeña nube de humo, provocando la hilaridad de los espectadores, que vieron sin preocuparse como la otra, la Esperanza, chocaba contra el puente, muy cerca del fuerte de Santa María. Hubo un instante de silencio y luego reventó con una explosión «que parecía hundirse el mundo». Una compañía de alemanes voló entera, al igual que tres de españoles, que desaparecieron sin que quedara rastro de ellas. La onda expansiva arrancó el sombrero de Parma, y le derribó al suelo, sin sentido. El comandante de su caballería y el conocido coronel de valones Gaspar de Robles, murieron. En total, el número de bajas superó los ocho centenares.

El barco era, en efecto, una mina. Dentro de él se había cerrado con losas de mármol un espacio de cuarenta pies de largo, otro tanto de alto y tres medio de anchura, que contenía algunos miles de libras de pólvora. En cubierta, y para que sirvieran de metralla, se habían apilado yunques de herrero, cadenas, balas de artillería y azufre. Era, verdaderamente, una «máquina infernal». Para darle fuego, un ingenioso orfebre de la ciudad, llamado Bory, había fabricado un mecanismo de relojería, que funcionó a la perfección.

Felizmente para los españoles, la misma brutalidad de la deflagración, que abrió una brecha en el puente, fue su salvación. De Amberes habían salido hombres para que informaran de los efectos de la mina, a fin de explotar el éxito, si esta daba resultado. Pero amedrentados ante la violencia del estallido y el griterío de los heridos en la noche, regresaron a la plaza diciendo que la estratagema había fracasado. Pasaron días antes de que los sitiados se enterasen de la verdad. Para entonces era tarde. Parma, en cuanto volvió en sí, mandó que se cerrase el hueco con barcas encadenadas, las presidió con españoles y mandó a un valeroso capitán inglés, Torch, que patrullase el Escalda con una chalupa dotada de una pértiga, para con ella desviar hacia la orilla los brulotes que el adversario podía volver a lanzar.

Con estas medidas se superó la crisis. Aunque hubo otras. De nuevo, los holandeses abrieron diques, en un esfuerzo por inundar las posiciones de los católicos, pero estos habían tomado precauciones, especialmente elevando el contradique de Kowenstein, con lo que se mantuvo el bloqueo. El 22 de mayo se envió otro brulote, precedido de cinco embarcaciones atadas entre sí, cargadas de arena para que navegaran entre dos aguas, y dotadas de unos hierros, con los que se esperaba partir el puente. Los españoles abrieron este, de forma que la especie de submarino pasó sin dañarle, mientras que Torch, jugándose la vida, lanzó agua sobre el brulote, neutralizándolo.

El siguiente expediente que inventaron los de Amberes fue construir un enorme barco de ciento sesenta y tres pies de eslora por sesenta y cinco de manga, con veinte piezas de batir y mil quinientos mosqueteros. Lo llamaron El fin de la guerra, aunque los españoles, poco respetuosos, lo bautizaron como Carantamaula, «porque era un espantajo de niños». La mole navegó hasta el fuerte de la Victoria, defendido por una compañía española. La gente que llevaba a bordo desembarcó y dio un asalto que fue rechazado. Tras este fracaso, y con la nave maltratada por un sinfín de cañonazos, sus propios tripulantes optaron por encallarla. Cambiaron su nombre por Gastos perdidos, porque costó cien mil florines y siete meses de trabajos y no sirvió para nada. Evidentemente, los sitiados conservaban la moral y el sentido del humor.

Fracasados los intentos para abrirse paso hasta la ciudad por el río, los holandeses apelaron a la única solución que les quedaba. El 26 de mayo organizaron, con ese propósito, una maniobra ambiciosa: un doble ataque, desde el exterior y desde la plaza, al contradique de Kowenstein por tropas embarcadas. Tomaron tierra a pesar del fuego de los católicos, empezando entonces un cuerpo a cuerpo atroz, a espada, daga y pistola, que duraría ocho horas, combatiéndose en un espacio de solo seis pies de ancho, rodeado por agua: «no había golpe sin herida, ni herida sin muerte», ya que los caídos o rodaban al agua o eran arrojados a ella para que los vivos pudieran matarse. Es fácil imaginarse la escena, católicos y protestantes luchando en ese pasillo de tierra, iluminado solo por los fogonazos de los pedernales. Las mentes, desorbitadas por la carnicería, vieron fantasmas ese día. Unos, a un Santiago ensangrentado. Otros, al venerado maestre de campo Pedro de Paz, muerto no hacía mucho, que salía de la tumba para combatir junto a su tercio agotado.

Los holandeses hicieron retroceder a sus adversarios. Se fortificaron con materiales traídos a propósito y empezaron a cortar el dique, con la intención de unir las dos masas de agua que este separaba, lo que abriría un acceso naval alternativo a la ciudad, ya que la vía del Escalda estaba cortada por el puente. Sus jefes, ante el cariz de los acontecimientos, marcharon a la ciudad a dar la buena nueva de la victoria. Pero la guarnición católica, de españoles e italianos, se negaba a ser derrotada, y continuaba en la lid, aunque diezmada. Resistió hasta que empezaron a llegar refuerzos. Primero, desde una orilla, el antiguo tercio de Paz, gobernado entonces por Juan del Águila, que sin órdenes marchó al son de los cañones, al igual que la excelente unidad italiana de Capizucca. Después, y ya bajo el mando directo de Parma que había acudido a la margen opuesta ante la gravedad de la situación, ocho compañías del de Mondragón.

Ambas agrupaciones, atacando cada una desde un extremo del dique, consiguieron expulsar a los atacantes, arrojándoles a las naves que les habían traído. Varios españoles se lanzaron al agua en pos de ellos. Con las espadas entre los dientes, treparon a algunas embarcaciones y las tomaron al abordaje. Inmediatamente, se rellenó la cortadura «con los cuerpos muertos de los rebeldes y con las fajinas y sacas de lana» que ellos mismos habían traído para atrincherarse. Los holandeses dejaron en su bizarro intento más de dos mil cadáveres, «la flor de los Estados». Los católicos, por encima de mil, casi la mitad de ellos españoles. La única mancha en un día en que ambos bandos se cubrieron de gloria fue la fuga que emprendieron nueve banderas valonas de Mansfeld, superadas por los acontecimientos. Parma pensó en degollar a todos sus componentes. Por fin, se contentó en colgar de cestas a sesenta y cinco, a la vista de todo el ejército, con carteles que explicaban su crimen. Luego fueron expulsados con la promesa de que si volvían, se les ahorcaría, de árboles secos, para mayor escarnio. En la operación hizo sus primeras armas el entonces joven Mauricio de Nassau.

Tras esta derrota que consagraba el fracaso de todos los intentos por abrir rutas para los socorros, Amberes no podía prolongar más su asombrosa resistencia. Cediendo a las exigencias de los habitantes, se iniciaron negociaciones. El 17 de agosto la ciudad se entregaba, evitando el saqueo con un pago de cuatrocientos mil florines.

El veintisiete de agosto, Parma hizo su entrada triunfante. Las celebraciones organizadas por los habitantes duraron tres días, e incluyeron un suntuoso banquete para invitados de alcurnia, a los que se sirvió en vajillas de oro y plata. Cuando se vaciaban los platos, se tiraban al Escalda. Había allí unas redes puestas previsoramente, con lo que se recuperaba el menaje y se volvía a utilizar. El general, recientemente condecorado con el toisón de oro, no era un duque de Osuna cualquiera. Dio otra comida, más importante. Se organizó en el puente, en honor de los veteranos que le habían ganado la plaza. Parma y los principales mandos oficiaron de camareros.

El 20 de septiembre se pagó a los españoles e italianos. Se les debían treinta y siete pagas, lo que hace ocioso cualquier comentario.

Felipe II recibió la noticia de noche. Saltó de la cama, se fue a escondidas al cuarto de su hija favorita, la infanta Isabel, y a través de la puerta le dijo: «nuestra es Amberes». Luego, la sombra negra se alejó.

El de Amberes fue un sitio radicalmente distinto al de Haarlem. A pesar de que del uno al otro solo habían transcurrido doce años, fue mucho más moderno, más científico, anunciando el futuro. En realidad, se trató de un asedio estratégico. La ciudad fue cercada a distancia. No se tiró un cañonazo contra sus defensas. Se trató, sobre todo, de un triunfo de ingeniería. La artillería y los infantes jugaron un papel secundario.

Haarlem y Amberes han servido para dar una idea de un sitio, desde la perspectiva del atacante. Veamos ahora, para terminar, el punto de vista del asediado.

Amiens es, de nuevo, un excelente ejemplo. Su defensa, entre junio y septiembre de 1597, constituyó «el más célebre (asedio) de nuestro tiempo».

Anteriormente se ha descrito la osada estratagema que valió a los católicos su conquista. Enrique IV de Francia, al enterarse de la misma reaccionó con su proverbial rapidez, disponiéndose a recuperarla inmediatamente. A las pocas semanas, su vanguardia merodeaba ya en torno a los muros.

La situación de los españoles no era la mejor. En cierta forma, se había ocupado la plaza de forma inesperada, por lo que no se habían preparado tropas para guarnecerla. En realidad, fueron sus propios conquistadores los que la tuvieron que defender a las órdenes de Hernán Tello, ya que la recluta de nuevas unidades en Flandes se retrasó demasiado. En un primer momento solo se les pudo mandar un refuerzo de dos hombres, aunque valían su peso en oro. El artillero Lechuga y el ingeniero Pachiotto, que tanto contribuirían a prolongar la resistencia.

El gobernador de la plaza, convencido de que los franceses se le venían encima, no perdió tiempo en tomar las primeras medidas. Dividió la muralla en sectores, que fueron confiados a los principales grupos representados en la guarnición: españoles de los tercios de Mendoza, Mejía y Zúñiga; valones e irlandeses. A continuación, hizo salir a varios miles de habitantes, dejándoles llevar todas sus pertenencias, para ahorrarse bocas inútiles. Por último, prendió fuego a los arrabales, con el fin de disponer de buenos campos de tiro y de utilizar las ruinas como materiales que se emplearían en la defensa.

El 14 de junio entró el único refuerzo que se recibiría, unos cientos de jinetes que sufrieron serias bajas al atravesar las vanguardias enemigas.

A partir del 20, se empezaron a ver los primeros trabajos de los sitiadores, emprendidos por siete mil villanos reclutados al efecto. Durante mes y medio cavaron trincheras y erigieron baterías, mientras que los españoles, con salidas constantes, procuraban frenar sus progresos, degollando a centenares de los infelices gastadores. Para controlar la lógica tendencia de estos a huir, los sitiadores les obligaron a identificarse llevando sobre un hombro un trozo de tela de distinto color que su traje. Cuando capturaban a uno por primera vez, le rapaban la mitad de la cabeza. Si les cogían en un segundo intento, «era mucha la pena que les daban».

Al poco, se desató en el campo real una peste, que entró en la ciudad con prisioneros que se cogieron. Hubo, pues que improvisar un hospital en Amiens. Para evitar la difusión de la enfermedad, y con lo que se ha descrito –muy discutiblemente– como «crueldad piadosísima», la mayoría de los habitantes que todavía quedaban fueron expulsados. Como por aquel entonces, los sitiadores tenían menos víveres que los sitiados, aquellos desgraciados no tuvieron dónde acudir para procurarse alimentos. A pesar de que había órdenes prohibiendo que se les permitieran acercarse a menos de un tiro de arcabuz de las murallas, los centinelas españoles hacían caso omiso y «casi no había ninguno (de los soldados)… que no sacase algunos panes o pedazos de él (sic) para dar a estos pobres».

Aún antes de que la artillería estuviera emplazada comenzó la guerra de minas. Los españoles ocuparon una cueva formada al sacar piedras para construir edificios en la ciudad. Los franceses, intentaron cavar una galería en esa dirección, convirtiéndose el lugar en centro de combates. Lo defendieron echando sobre sus atacantes humo de paja mojada y de azufre, con hogueras alimentadas mediante fuelles de herreros. Por hallarse el sitio bajo tierra y ardiendo se le llamó «el fuego eterno». Era tan irrespirable la atmósfera, que los hombres tenían que relevarse cada dos horas, para que no perecieran atosigados. Lucharon allí, sin embargo, durante días.

Se seguía combatiendo, al tiempo, sobre la superficie. Los sitiados utilizaron unas bombas, «bolas hechas de cobre y de estopa», que lanzaban con morteretes. Lo diabólico de ellas, es que algunas simplemente iluminaban, y otras eran explosivas. Así, si los franceses, al caer una, creían que pertenecían al primer tipo, se acercaban para apagarla, para que no les descubrieran los tiradores españoles. Pero si resultaba ser de la segunda clase, volaban todos en pedazos. Se consiguió de esta manera que las dejaran arder, con lo que los trabajadores quedaban expuestos aún de noche a la arcabucería. Estos proyectiles traidores se llamaban «bombas falsas» y realmente eran dobles, ya que consistían en una, llena de explosivos, metida dentro de otra con material combustible. La idea era que el enemigo, cuando esta había terminado de arder, «pensando que ha acabado de hacer su faena el exterior, acuden y se llegan a ellas para quitarlas del puesto y al momento revientan con grandísima furia». Como se ve, funcionaban.

Una vez emplazados los cañones, tiraron primeramente y de forma exclusiva contra las piezas de la ciudad, hasta que algunas fueron desmontadas y hubo que retirar al resto, lo que permitió acelerar los trabajos de zapa.

No por eso cesaron las salidas –de una de ellas se dijo que «la infantería española pasó como fuego por las trincheras» enemigas– aunque los sitiados tuvieron que adoptar dos medidas que reflejaban lo precaria que empezaba a ser su situación. De un lado, las campanas dejaron de doblar a muerto cuando enterraban sus bajas, para no dar a los enemigos la satisfacción de oír su lúgubre sonido, que anunciaba una nueva merma en la guarnición. De otro, se desmontó a los jinetes para que ocuparan puestos como infantería en las murallas.

El 2 de agosto, y precedido de la voladura de una mina, los franceses dieron el asalto al camino cubierto, apoderándose de él, lo que les permitió acercar su artillería a la ciudad. Los sitiados contestaron cavando una mina bajo el terreno perdido. Estalló matando a doscientos atacantes, pero estos no cedieron y, a pesar de nuevas salidas, se fortificaron allí.

Inexorable, continuó el sitio, con su siguiente fase, cuando los sitiadores empezaron a rellenar el foso, Tello ordenó abrir unas esclusas, de forma que el río Somme entró en él, arrastrando los materiales que se habían arrojado. Enrique IV, sin desconcertarse, mandó derribar a cañonazos una torre, cuyos escombros cortaron el paso del agua, que no tardó en ser absorbida por la tierra. Se reanudaron los preparativos para franquear el foso, mientras cuarenta y cinco piezas batían en brecha.

La mitad de la guarnición había muerto para entonces, y seiscientos apestados y heridos se amontonaban en el hospital. El gobernador envió mensajeros al exterior para pedir ayuda. Algunos fueron capturados. Si llevaban «vestidos a la española o bandas rojas», se les tenía «por soldados de valor» y eran canjeados o se les devolvía a cambio de su paga. Una excepción fue un veterano español conocido como «el desnarigado», que entró y salió tantas veces de la ciudad que acabó con la paciencia del enemigo, que le torturó, de resultas de lo cual, «le estropearon los brazos». A pesar de ello, se escapó con la ayuda de un cómplice. Nunca dejó de asombrar a los franceses que, sin excepción, todos los sitiados a los que dieron la libertad tras haberles hecho prisioneros, pidieron volver a Amiens, renunciando a la posibilidad de unirse al grueso del ejército para evitar las penalidades del sitio.

Los soldados que eran cogidos llevando ropas francesas o bandas blancas –distintivo de los sitiadores– eran ahorcados.

El 4 de septiembre, Tello murió de un arcabuzazo que le entró bajo el brazo derecho en un lugar no protegido por las armas fuertes que llevaba. Se le ha descrito como «hombre de muy pequeña estatura, barbirrubio, seco y enjuto, bien hablado, cortés y harto virtuoso para soldado». Compartía con sus hombres muchas de estas características, aunque parece dudoso que a la mayoría de ellos se les pudiese acusar de «harta virtud».

Unos días después, se dio un ataque contra un rebellín, tras bombardearle con treinta y cuatro piezas y volar dos minas. La guarnición, de cien españoles, quedó reducida a la mitad, y aislada por las explosiones. Pero se batió tan bien que pudo sostenerse hasta que llegaron refuerzos, pasando «como topos por entre las ruinas». Con ellos, se rechazó el asalto.

Mientras duró el combate, los capitanes cuyas compañías no estaban empeñadas en la lucha, para celebrar la gentil defensa, hicieron llevar a la muralla «todos los violones, trompetas, menestriles y otros instrumentos de música que había en la ciudad, y les hicieron tocar mucho rato como en menosprecio del enemigo», que respondió con insultos a la burlona melodía.

Ciertamente no faltó la alegría a la guarnición. En pleno asedio «no se cansaban de correr sortijas, hacer máscaras, banquetes y saraos, galanteando a muchas damas que entraban en la ciudad». Estas iban en búsqueda de joyas y oro que habían escondido al principio del cerco «y llegaba la cortesía española a dejarlas salir sin reconocerlas, aunque no sin galantearlas».

Los españoles hicieron un esfuerzo para auxiliar a la ciudad, reclutando incluso nuevas unidades, aunque se ha criticado a su jefe, el archiduque Alberto, por su excesiva lentitud. Logró al final reunir veinte mil infantes, incluyendo a cuatro mil españoles de los tercios de Villar –antiguo Mendoza–, Coloma y Verdugo, junto con tres mil caballos, y se puso en movimiento.

El 13 de septiembre, con una maniobra inesperada, estaba frente al enemigo que –sorprendido– dio alguna señal de desconcierto, como el significativo «palotear» de picas. Pero Alberto no se atrevió a lanzar un ataque, temeroso de una derrota que habría destruido al único ejército que España tenía. Enrique IV, pasada la fugaz crisis, le esperó a pie firme, al tiempo que movilizaba considerables refuerzos. Al día siguiente, los españoles emprendían la retirada, lo que se criticó mucho al archiduque.

De esta forma desapareció la última esperanza que quedaba a la plaza. Los franceses, exultantes, cubrieron sus trincheras con los gallardetes que en un encuentro afortunado habían arrebatado a la caballería católica. Sin embargo, los sitiados no estaban dispuestos a perder el honor con una rendición prematura. Tras negociar una tregua, algunos de sus mandos salieron a entrevistarse con el archiduque. Le explicaron su situación, y que no podían aguantar más de ocho días, rogándole que mandara a alguien de su confianza para constatarla in situ, añadiendo que si el enviado estimaba que se podía prolongar la resistencia, lo harían. Se les contestó dando por buena su palabra, declinando la oferta de comprobar el estado de la plaza y autorizándoles a actuar como mejor les pareciera. Con tan poco alentadora respuesta, regresaron a la ciudad, a sabiendas de que estaba perdida.

Cumplieron su palabra, y únicamente por la reputación, soportaron ocho días de fuego, innecesarios, porque la suerte estaba echada. El 25 de septiembre, se entregó Amiens. «La salida fue con muy gran ostentación, banderas tendidas y los demás requisitos de este género». Los defensores desfilaron «como se suele marchar en guarda del bagaje a vistas de enemigos», es decir, en formación. Incluso tuvieron el descaro de pedir a los franceses acémilas para cargar el botín que habían obtenido cuando se apoderaron de la ciudad, así como cañones con las armas de España que se habían abandonado en otra localidad. Se les contestó, por supuesto, que esas pretensiones eran inadmisibles, pero se les autorizó a que se llevaran consigo unas barcas depositadas anteriormente en Amiens por su ejército, así como todo el producto del saqueo que pudieran transportar por sus propios medios.

El número de francesas que acompañaba a la guarnición casi doblaba a esta. Enrique IV, experto en materia de valor y de mujeres, felicitó a los defensores. Quedaban solo seiscientos ilesos y ochocientos heridos de una guarnición de tres mil cuatrocientos hombres.

El sitio fue agotador para ambos bandos. En los momentos finales, al amparo de una tregua, los sitiadores, que habían resuelto los problemas de abastecimiento, pero no de vestuario, cambiaban a los españoles una o dos patas de cordero por una capa. Estos negociaban de buena gana con los franceses, pero se negaban a hacer tratos con las unidades inglesas que había en el campo galo.

Los asedios de Haarlem, Amberes y Amiens reflejan las principales incidencias de la guerra de sitio, desde la apertura de las trincheras a la caída de la plaza, con sus múltiples variaciones. Cabría destacar, para terminar, dos aspectos. El primero, el derroche de inventiva, de medios y de esfuerzos que esas operaciones exigían, hasta doblegar la capacidad de resistencia del enemigo. El segundo, que los tres casos terminaron mediante capitulación, sin que se diera un asalto general. La dura lex, a pesar de todo, funcionaba. Sin ella, la carnicería que en cualquier caso era un sitio habría alcanzado proporciones dantescas.

8

LOS TERCIOS EMBARCADOS

No hay hombre cuerdo sobre la mar.

Dicho popular

La importancia y extensión de los dominios ultramarinos de España, así como la inexistencia de una infantería de marina en el sentido estricto del término, llevaron a los tercios a participar constantemente en operaciones navales. Desempeñaron así misiones completamente distintas a las realizadas en tierra, fuera en batallas campales o en asedios, por lo que merecen un tratamiento separado.

Cubrieron estas un amplio espectro que, según el criterio que se adopte, se pueden catalogar de diversas formas. Habría que distinguir entonces, por el lugar donde se produjeron, las realizadas en el Mediterráneo, en el Atlántico y en el Mar del Norte. Por el método de transporte utilizado, entre las emprendidas desde barcos de vela y las realizadas desde galeras. Por las acciones en sí, habría combates navales y operaciones anfibias. Estas últimas, a su vez, irían desde el golpe de mano de un puñado de hombres a verdaderas ofensivas de miles de ellos…

En un esfuerzo de síntesis y, a la vez, con la intención de cubrir los aspectos más significativos de esta actividad, haremos un breve comentario sobre las diferentes clases de buques que llevaron a los tercios y los escenarios en los que estos operaron. A continuación se mencionarán algunos ejemplos de operaciones. En concreto, dos relacionadas con asedios emprendidos desde el mar (Corón y Malta); un combate naval (Lepanto); dos desembarcos en fuerza (Portugal y la isla Tercera) y una «empresa» frustrada (la de Inglaterra).

Pero antes, para situar el tema, es preciso recordar que, durante la época de oro de los tercios, España fue una potencia naval de rango mundial, la segunda, de hecho. En 1585 se cifraban en doscientas veintitrés mil las toneladas de que disponía Holanda, ciento setenta y cinco mil las españolas, ochenta mil las francesas y sesenta y siete mil las británicas. La demasiada atención prestada a las «hazañas» de piratas más o menos sospechosos y a los que, en general, se ha dado una importancia solo escasamente proporcionada a su verdadera transcendencia, y el recuerdo de algunas sonadas derrotas, han contribuido a dibujar la imagen de un imperio español obsesivamente centrado en el continente europeo, a costa de su poderío naval. Pero esa percepción supone ignorar las múltiples facetas marítimas del imperio, desde las vitales comunicaciones con las Indias, amenazadas por ambiciones inglesas, holandesas y francesas, a un activo comercio con los cuatro puntos cardinales, pasando por la lucha a muerte con Turquía en la frontera común del Mediterráneo. Todo ello exigía importantes medios navales, de los que se dispuso, en combinación con los cuales actuaron en numerosas ocasiones los tercios.

Dichos medios eran de dos tipos: las naves redondas o mancas, movidas a vela, de las cuales las de mayor valor militar eran los galeones, y las largas, propulsadas a remos, con las galeras como buques más representativos.

El galeón se caracterizaba por su alto bordo y notable capacidad de carga. Se empleaba especialmente en las grandes rutas, donde las grandes distancias y la dureza de los mares exigían embarcaciones sólidas que pudieran transportar lo preciso para las largas travesías. A la vez, sus dimensiones permitían llevar un número elevado de piezas de artillería y de hombres, con lo que podían desempeñar las funciones de buques de combate. En el servicio español se prefería los de dos puentes, pero también existían con tres.

Su tamaño variaba extraordinariamente, desde un par de cientos de toneladas a más de mil. La media era de unas quinientas, con «treinta varas de quilla (siendo una vara igual a ochocientos treinta y cinco milímetros), trece de manga y diez de puntal, por lo que la relación de manga/quilla sería de dos tercios». Como en el resto de los países europeos, en España hubo un constante proceso, mezcla de estudios científicos y de puro empirismo, de búsqueda del barco ideal, lo que significaba frecuentes cambios de diseño. En el caso español concretamente, la labor se complicaba por la necesidad de traer desde las Indias toneladas de metales preciosos, y de protegerlas. Se trataba, pues, de combinar las características de agilidad y maniobrabilidad de la nave de guerra con las de capacidad y resistencia del barco de carga.

Estas dos exigencias, opuestas, nunca llegaron a conciliarse satisfactoriamente, como era casi inevitable. Inicialmente, se pensó que la solución residía en grandes buques, que sobre el papel, podrían transportar tanto el oro y la plata como la artillería precisa para su defensa. La experiencia del fracasado ataque a Inglaterra en 1588 demostró, no obstante, los defectos de esta fórmula, que llevó a la construcción de galeones demasiado pesados, poco aptos para el combate. Para remediar este defecto, hubo un periodo, a fines del XVI y principios del XVII, en el que primó el modelo de las fragatas de Dunkerque, pequeñas y estrechas, pero estas, aunque eran ideales para el corso, tenían serias limitaciones por lo que a su capacidad se refería. En 1631, se optó por una solución salomónica: las escuadras debían tener naves de toda la gama de tonelajes. Así, en una de doce buques, la capitana tendría setecientas; la almiranta, seiscientas cincuenta; tres, quinientas; tres, cuatrocientas; dos, trescientas cincuenta; una, trescientas, y otra, doscientas cincuenta. Pero parece que al final se impuso la tendencia a hacer barcos cada vez mayores. Por ejemplo, en 1618 se fijó para los galeones de la carrera de las Indias un mínimo de quinientas cincuenta toneladas. En 1680, estos oscilaban entre las ochocientas y las mil, mientras que los de mando llegaban a las mil quinientas. Al tiempo, los buques se fueron alargando, para culminar en los de línea del XVIII y XIX.

Contaban con cuatro palos, bauprés, trinquete, mayor y mesana, que sujetaban las velas cuadras que constituían su método de propulsión. Estaban armados con piezas de bronce, habitualmente situadas parte en la cubierta alta, con las más pesadas en la principal, bajo el puente, para dar mayor estabilidad al buque. La cantidad de cañones oscilaba, pero la media se podría situar entre veinte y treinta de grueso calibre, aunque también en este aspecto se siguió la tendencia a incrementar su número, que a fines del XVII se cifraba en torno a cuarenta. Las naves de oficiales de alta graduación siempre tenían un armamento más potente.

Junto a las piezas mayores, existía una gran diversidad de otras menores, empleadas sobre todo contra personal y normalmente concentradas en el castillo que se elevaba a popa. Entre ellas, hay que citar los falconetes, versos, ribadoquines, sacabuches, esmeriles y mosquetones. Disparaban pelotas de hierro de pequeño tamaño y a corta distancia. Una particularidad de varias de ellas es que eran «de cámara abierta», es decir, con dos piezas, la caña –el cañón propiamente dicho– y el servidor, donde iba la pólvora. Al disponer de varios de estos por pieza, se simplificaba y aceleraba la carga de la misma, cambiándoles después de cada tiro.

Había, asimismo, armas como los trabucos y trompas de fuego, que lanzaban proyectiles incendiarios de reducidas dimensiones y de delicado manejo, pero tan peligrosos para las naves como para las dotaciones. Finalmente, mencionar la «artillería pedrera», que arrojaba bolaños de piedra caliza, con el objeto de que reventasen sobre la cubierta enemiga, a modo de metralla.

No cabe, sin embargo, exagerar la importancia de la artillería. Por su escaso alcance, poco más de trescientos metros; reducida capacidad de destrucción (hasta la aparición de las bombas –explosivas– y de las balas rojas, incendiarias); y baja cadencia de tiro, no mayor de un disparo cada cinco minutos, hundir un barco a cañonazos era extraordinariamente difícil. Ello se constató una y otra vez durante los combates navales de la época, incluidos los habidos con motivo del ataque a Inglaterra, en los cuales hubo buques que recibieron más de cien cañonazos sin irse a pique. En realidad, la proporción entre disparos y naves destruidas era enorme. Un galeón podía consumir toda su munición haciendo blanco en uno enemigo sin por eso enviarlo al fondo.

Por ello, durante el siglo XVI y, en menor medida, el XVII, la costumbre era, si se quería destruir al contrario y no simplemente debilitarle, lanzar una andanada y a continuación arrojarse al abordaje. Tanto para la primera como para el segundo, se lograba la máxima eficacia presentando al adversario los costados de la nave. En la descarga de artillería, porque en ellos se concentraba el núcleo de las piezas. En el asalto, porque, debido a la longitud de la eslora, permitían alinear un gran número de combatientes.

Por las características de las batallas navales, se procuraba que el mayor porcentaje posible de hombres llevara arcabuces, para aumentar la potencia de fuego en la fase inicial de las mismas, siendo normal que se dotara con ellos incluso a los coseletes.

Los abordajes, en cambio, se resolvían al arma blanca, con espadas, picas cortas, alabardas y dagas, estando muy difundido el uso de armas fuertes y de rodelas. También se utilizaban toda suerte de ingenios incendiarios y explosivos, como en el asalto a una brecha. Las naves disponían siempre armamento de respeto para dotar a la guarnición, con independencia de las especialidades a las que pertenecieran los soldados.

Algunos otros tipos de embarcaciones redondas eran las naos, urcas, filibotes y galeoncetes, con distintos cometidos militares, desde el transporte de tropas a la transmisión de órdenes o de información.

La galera era el buque del Mediterráneo por excelencia, aunque en mayor o menor medida se utilizó en otros teatros de operaciones, desde Dunkerque al Caribe. Sus dimensiones medias se pueden cifrar en torno a los cuarenta y siete metros de eslora por algo menos de seis de manga y un calado que no llegaba a los dos. Disponía de un trinquete y un mayor para navegar con sus velas latinas, pero el método habitual para moverse y, desde luego, para combatir, era mediante la navegación a remo. Normalmente tenían veinticuatro bancos para los remeros, aunque en la segunda mitad del XVII las de veintiséis estaban más extendidas. Las de mando o bastardas eran mayores, pudiendo tener más de treinta.

El número de remeros acostumbraba a ser de tres por banco, pero el de remos variaba. En los barcos armados «a tercerol», cada hombre empuñaba uno. En cambio, en las naves armadas «a galocha», las más comunes en España, los tres manejaban conjuntamente un solo remo. El primer método, usado por los venecianos, en principio imprimía más velocidad. Pero el segundo resultaba más barato (por requerir menos remos) y, sobre todo, exigía menor entrenamiento, lo que facilitaba la formación del personal. Los remos solían ser de haya, y medían unos once metros.

Los remeros, cuyo conjunto se denominaba «chusma», se clasificaban en tres grupos: esclavos, forzados y buenas boyas. Menos estos últimos, los demás estaban constantemente encadenados al banco, de forma que si la galera se hundía, les arrastraba al fondo, rimero de futuros esqueletos. Estaban a las órdenes del cómitre que, ayudado por uno o más sotacómitres, marcaba el ritmo de la navegación y lo hacía cumplir a latigazos. La vida del remero, a pesar de que –en lo posible– se intentaba conservarla por su importancia para la operatividad de la nave, era generalmente corta y de una increíble brutalidad. Literalmente, vivía y moría atado al banco. Marañón, en un compasivo artículo, ha descrito minuciosamente las infrahumanas condiciones de existencia de esos hombres.

Los esclavos eran enemigos, capturados o comprados, y llegaban a las galeras por tres vías distintas. En primer lugar, estaban los que correspondían al rey de cualquier captura, en aplicación del «quinto real» a las presas. El monarca contaba, además, con el privilegio de «rescatar» por cien ducados a los prisioneros no incluidos en ese quinto, a fin de destinarles al remo. Asimismo, podía comprarles en el mercado, en cuyo caso el precio rondaba los trescientos escudos.

Los forzados eran gente condenada por los tribunales, por muy distintos delitos. La pena mínima era de dos años, ya que por menos tiempo se consideraba que no merecía la pena entrenar a un remero, y la máxima, «de por vida», diez, dado que raramente se aguantaba más de ese plazo. Triste es decirlo, pero cuando faltaban brazos, situación relativamente normal, se dictaban instrucciones a jueces y magistrados para que aumentaran el número y duración de condenas a galeras.

Los buenas boyas eran personas que, aunque parezca inconcebible, bogaban voluntariamente, a cambio de un estipendio.

Los esclavos tenían la opción de obtener la libertad pagando su propio precio, con dinero enviado por alguien o el ganado por ellos mismos con la venta de las pequeñas labores de artesanía que realizaban cuando el barco iba a vela, o cuando atracaba en un puerto para la invernada. Existía, sin embargo, una excepción: los llamados «prohibidos», que estaban catalogados como especialmente peligrosos, entre los que figuraban los renegados y los arraeces turcos. Ni los unos ni los otros, en principio, aunque la regla no siempre se aplicaba estrictamente, podían ser liberados jamás. En cuanto a los forzados tenían que esperar a cumplir la sentencia, a no ser que les alcanzara alguna medida de gracia.

En la práctica era frecuente que, debido a la escasez de hombres, tanto los unos como los otros fueran retenidos, una vez cumplidos los requisitos para su liberación. En ese caso, recibían ración de buena boya, y algunos privilegios adicionales. Se llegó así en el XVII a la extraordinaria figura de los «buenas boyas forzados», lo que era una cruel contradicción en los términos.

En líneas generales, la chusma de las galeras del siglo XVI sumaba unos ciento cuarenta hombres, pero su número fue aumentando con los años, de manera que a fines del XVIII la cifra de doscientos setenta no era excepcional. Esa multitud, mantenida en los bancos veinticuatro horas al día, incluso cuando un hombre enfermaba o era herido, despedía un hedor insoportable. Los oficiales y pasajeros llevaban siempre a mano un pomo de perfume para defenderse del olor, que era tan repugnante que podía provocar desmayos en gente no habituada. Así pues, las gráciles galeras, con sus popas cubiertas de dorados, eran unas sentinas repugnantes, regidas por la crueldad y movidas por el dolor.

Impulsadas por los remos y armadas a galocha, alcanzaban una velocidad máxima de seis nudos por hora, pero no la podían mantener más de treinta minutos, por agotamiento de los hombres. Los cuatro nudos se aguantaban durante unas dos horas. La boga normal era a dos, con un «cuartel» (la tercera parte de la chusma) remando y el resto descansado. En momentos de crisis se apelaba a la boga arrancada al grito de «ropa fuera», acompañado por una lluvia de golpes. Entonces los galeotes remaban si era preciso hasta la muerte, sin interrumpir las paletadas ni para arrojar al mar a los que fallecían.

Llevaban un cañón grueso en crujía, en la proa, acompañado de dos o cuatro culebrinas a uno y otro lado. En las bordas, artillería ligera o pedreros. Con ese armamento, carecía de la capacidad para causar pérdidas decisivas a una dotación enemiga, y hundir un buque de regular tamaño era imposible. Por ello, sistemáticamente una galera en ofensiva buscaba el abordaje. A diferencia de los galeones, combatía siempre de proa, no solo porque allí se encontraban las piezas principales, sino porque los remos no permitían dar un asalto por los lados.

Para el abordaje, la fuerza, formada por infantería y por marineros no necesarios para la maniobra, se dividía en cuatro partes iguales. Dos de ellas constituían el «batallón», que bajo ningún pretexto podía abandonar el buque, permaneciendo en él durante todo el combate. De las otras dos, una era la tropa o «trozo» de asalto. La otra, formaba una reserva para ser empleada como se juzgase oportuno.

A la defensiva, para repeler un abordaje, se seguía un método similar, con la diferencia de que tres de las partes se escalonaban en profundidad, de proa a popa, mientras que la cuarta, el «socorro», se situaba bajo cubierta, con el fin de intervenir cuando se necesitase.

Otros barcos menores movidos a remo eran las galeotas, fustas, bergantines y fragatas.

Una clase intermedia entre el galeón y la galera era la galeaza. Se trataba de una nave de más de cincuenta metros de eslora y diez de manga, de ochocientas o más toneladas, con sendos castillos en proa y en popa. Poseía tres palos: trinquete, mayor y mesana, dotados de velas latinas, si bien de forma paulatina fueron sustituidas por cuadras. Contaba con unos veintiocho bancos, a seis o siete galeotes en cada uno. La artillería giraba en torno a las veintiocho piezas de gran calibre, sin contar con una multitud de otras ligeras y de pedreros.

Por sus grandes dimensiones, los remos apenas podían moverlas, de modo que normalmente se desplazaban por el viento, o a remolque. El Mediterráneo era su medio natural, pero a pesar de tantas limitaciones, surcaron otros mares, formando parte, por ejemplo, de la armada enviada contra Inglaterra. En realidad, eran sobre todo plataformas de fuego, concebidas para derrotar al enemigo a cañonazos, no mediante el cuerpo a cuerpo.

Los buques de combate, de cualquier clase, se agrupaban en escuadras, que a su vez se podían reunir en armadas. La evolución del dispositivo naval español fue complicada, pero resumiendo mucho, habría que mencionar en el Mediterráneo a la escuadra de galeras de España, cubriendo desde Gibraltar a la frontera portuguesa; la de Génova, con funciones de reserva general; las de Nápoles y Sicilia, para las aguas de esos virreinatos. En el Atlántico, la armada del Mar Océano, vigilando la etapa final del viaje desde América, en la fachada atlántica de la península; de la Carrera de Indias, escolta de los convoyes. También había escuadras regionales de galeones, en el norte de España y en Flandes, y dos de galeras: de Portugal y del Estrecho. En ultramar, las llamadas armadas de Barlovento y de la Mar del Sur, esta última en el Pacífico. Otras fuerzas, pero de carácter no regular fueron los corsarios que existieron en Indias, el litoral mediterráneo, el cantábrico y, muy destacadamente, Dunkerque.

Hay que anotar que este despliegue se fue adoptando a lo largo del tiempo, y de acuerdo a la situación estratégica, de manera que el número de escuadras y armadas y la fuerza de cada una de ellas cambió constantemente. Aun así, la anterior enumeración refleja elocuentemente la amplitud de los compromisos navales de España y el esfuerzo que se realizó para atenderlos.

En cuanto a la estructura de mandos, siempre simplificando mucho, hay que mencionar la existencia de sendos capitanes generales para el Atlántico y el Mediterráneo, aunque con el tiempo, hubo oficiales con este rango, pero sin una adscripción geográfica concreta. En el océano, bajo el capitán general de la armada estaba el almirante, seguido por los capitanes generales de las escuadras, con sus respectivos almirantes y los comandantes de los buques individuales. En el Mediterráneo, tras el capitán general venía su lugarteniente, capitanes generales de escuadras, cuatralbos (con mando sobre cuatro galeras), dosalbos y comandantes de naves. La nave donde iba embarcada la principal autoridad recibía el nombre de «capitana», y «almiranta» o «patrona» la de su segundo. Ya hemos visto que siempre eran de mayores dimensiones y tenían un armamento más poderoso.

El capitán general de la armada mandaba exclusivamente la propia escuadra en la que navegaba, conservando las demás de su jurisdicción total autonomía, ya que sus jefes dependían directamente del rey. Solo si se reunían varias para operar juntas, asumía el capitán general el mando directo de ellas.

Habida cuenta de la escasa potencia de la artillería de la época y del continuo recurso al abordaje para eliminar al contrario, todos los buques españoles necesitaban llevar tropas con la exclusiva misión de combatir, al margen de la tripulación que maniobraba la nave. Se les conocía como «gente de guerra», por oposición a la «gente de mar», si bien esta incluía a los artilleros. Con esta fórmula se buscaba contar con hombres aclimatados a la muy especial vida a bordo. Como decía don Juan de Austria a Felipe II «porque el tratamiento de la galera y lo que allí se pasa no es para hombres que no tengan mucha afición a aquel

Combate entre buques españoles y holandeses frente a la costa de Flandes en 1603 (*ca.* 1603-1610), grabado de Bartholomeus Dolendo (*ca.* 1571-1626). Rijksmuseum, Ámsterdam.

ejercicio o alguna experiencia de él, y sean pacientes del trabajo, lo que no son los soldados bisoños, que solamente pretenden libertad y no saben estimar la honra».

El infante embarcado debía estar acostumbrado al mar «porque no le haga mal saber caminar firme y desenvueltamente por los navíos… saber nadar… y ser ejercitado en trabajar».

En torno a la mitad del XVI a esos soldados enrolados a título individual, como los denominados «soldados de galera», se suman otros pertenecientes a unidades orgánicas de infantería, previamente constituidas, es decir a los tercios. Andando el tiempo, se crearán algunos destinados específicamente a los buques, como el de la Armada o el de la Mar Océano. Sin embargo, los tercios ordinarios, sobre todo los destinados en guarniciones italianas, se embarcaron muy frecuentemente, mientras que los que se podrían considerar «navales» actuaron también en tierra cuando fue preciso. Era un caso más de la constante ductilidad de estas fuerzas. En realidad, y como siempre, apenas había esquemas rígidos y las tropas se empleaban como fuera menester.

La infantería embarcada se denominaba «guarnición» y su entidad dependía del volumen del buque donde se la destinaba. Así, un galeón podía llevar una compañía; una galera, media y una galeaza, centenar y medio de soldados. En todos los casos, las naves que arbolaban la insignia de un mando importante transportaban más hombres. A su vez, si era preciso, estas guarniciones «ordinarias» se reforzaban muy considerablemente con otras «extraordinarias», pudiendo fácilmente triplicarse.

Estas tropas navegaban bajo el mando de sus jefes naturales, que podían ir desde un cabo al maestre de campo, de acuerdo con la importancia de fuerza, pero mientras estaban a bordo, el mando supremo correspondía al comandante del buque. Ello originaba un sinfín de problemas de competencias, que no acabaron hasta la creación, en los años treinta del XVII, del llamado «capitán de mar y tierra».

No todos los países seguían este modelo. Inglaterra, por ejemplo, llevaba en sus barcos una tripulación polivalente, que lo mismo hacía las maniobras que combatía, sistema que demostraría su superioridad. Así, durante la campaña de 1588, los comandantes navales británicos rechazaron el ofrecimiento de recibir arcabuceros a bordo. En cambio, por el lado español se echó de menos la presencia de dotaciones entrenadas para manejar los cañones, ya que estas se formaban con solo un artillero auxiliado por infantes, que además tenían su puesto de combate en la fuerza de abordaje. Esa organización era adecuada para la práctica ya mencionada de hacer únicamente un disparo antes de abordar. Sin embargo, para un combate de artillería resultaba desastrosa, porque no permitía recargar las piezas con la deseable rapidez, por falta de personal cualificado. Todo respondía a una diferencia fundamental en las doctrinas: el asalto, por el lado español, frente al duelo a distancia de los ingleses. Lamentablemente para Medina Sidonia, estos, por la mayor agilidad de sus buques, pudieron imponer su doctrina.

Los tercios embarcados se movieron esencialmente en tres escenarios: el Atlántico y las Indias; las costas británicas, francesas y de los Países Bajos; el Mediterráneo.

En el primero, su actuación se enmarca en la estrategia defensiva seguida por España en aquellas áreas. España era en ellas una potencia satisfecha, que solo aspiraba a mantener lo que ya tenía. Incluso se podía matizar esta afirmación en el sentido de que lo que se buscaba era conservar únicamente aquellas posesiones que se consideraban útiles. Según la doctrina de las «islas inservibles», algunas se abandonaron por pensarse que no compensaban el esfuerzo y el gasto de tener en ellas una guarnición. Esta actitud básicamente defensiva no era incompatible con ofensivas puntuales.

Así, la misión principal de los tercios consistió en guarnecer los buques que protegían los convoyes de las Indias. Se trataba de una función puramente estática, limitada a reforzar las dotaciones de las naves de escolta. Pero en ocasiones, los viajes de las armadas se aprovecharon para asestar golpes de mano a un enemigo que se mostrara demasiado agresivo, cambiando entonces el papel de estas unidades, que se convertían en fuerzas de intervención.

Por citar solo algunos ejemplos, habría que referirse a los llevados a cabo –todos ellos con éxito– en 1629 contra ingleses y franceses en San Cristóbal, en 1633 contra los holandeses en San Martín, contra los filibusteros de la Tortuga en 1638 o contra los piratas ingleses en Santa Catalina en 1640. Desdichadamente, todas esas islas se volvieron a abandonar, lo que en algunos casos exigía reiterar las expediciones.

Más excepcionalmente, se montaron operaciones *ad hoc*, con la expresa finalidad de expulsar al enemigo de algún punto en concreto, como la que en 1565 dirigió Menéndez de Avilés contra la Florida, limpiándola de enemigos, o la lanzada en 1605 contra los holandeses de Araya. Fue de mayor envergadura la capitaneada por don Fadrique de Toledo, que les expulsó de Bahía en 1625.

En cualquier caso, fueron expediciones muy específicas en las que los tercios jugaron un papel tan limitado en el tiempo como, normalmente, en la entidad de los efectivos puestos en juego.

Sería injusto no aludir a otros infantes, no encuadrados en los tercios, pero que tenían una importancia esencial en la defensa de las Indias. Nos referimos a los hombres que montaban guardia en los presidios de América. Casi sin excepción pertenecían a compañías independientes reclutadas expresamente con este fin, bien en España o en ultramar. Su misión implicaba, realmente, un destierro a vida. Encerrados entre los muros de piedra de fuertes casi siempre edificados en fronteras terrestres o junto al mar (en el planteamiento español, hasta avanzado el siglo XVIII la amenaza venía siempre desde el exterior, no el interior de los dominios), con frecuencia en terrenos habitados por las fiebres, verdaderos «morideros», veían pasar los años, acechados por las enfermedades más que por el enemigo. Algunos llegaron a ser tan famosos por su insalubridad, como Omoa, en Honduras, o Veracruz en México, que se decía que era imposible mantener en ellos a tropas metropolitanas, y que únicamente hombres reclutados localmente tenían una posibilidad de sobrevivir.

No es extraño, a la vista de ello, que cuando el capitán Contreras tuvo que designar algunos de sus soldados para que se quedaran en Puerto Rico, «no quería quedar ninguno, y casi todos lloraban», a pesar de que eran gente tan feroche que se les reputaba por «oficiales de la muerte de la Andalucía». Su jefe no les reprochó esta actitud porque ser destinados allí significaba «quedar esclavos eternos».

La terrible monotonía se rompía nada más que cuando se producía un ataque, lo que era excepcional, o cuando los mandos locales movilizaban estas fuerzas. En ocasiones, para embarcarlas en una expedición contra una «ladronera», una base pirata implantada en su jurisdicción. Otras veces, como guarnición de una flota regional, como, por ejemplo, la armada del Mar del Sur, que tradicionalmente llevaba a bordo personal de las cinco pequeñas compañías que había en El Callao. Añadiremos, para dar una idea del alcance de la *pax hispanica*, que estas unidades que raramente sobrepasaban los doscientos efectivos, fueron durante decenas de años toda la fuerza que se juzgó necesaria para guarnecer desde Chile hasta Panamá.

Mencionemos de pasada, y solamente por tratarse de un aspecto poco conocido del dispositivo defensivo español, que junto a los galeones y la infantería embarcada figuraron agrupaciones corsarias. Entre ellas, la Armada de Vizcaínos y la Armada de Nuestra Señora de la Guía que obtuvieron notables éxitos, especialmente la segunda, limpiando de filibusteros el Mar del Sur, en lo que se ha descrito acertadamente como una guerra de guerrillas marítima.

En el escenario que, siguiendo a Alcalá-Zamora, se puede describir como el Mar del Norte, los tercios tuvieron actuaciones muy diversas. En algunos casos, fueron como guarnición y eventuales tropas de desembarco en las distintas expediciones que se mandaron contra Inglaterra, en 1588, 1596, 1597 y 1601. En otros, como refuerzos a los Países Bajos, por ejemplo, en 1636, 1637 y 1639. Se trató de viajes azarosos, siempre bajo la amenaza de las tempestades, el mayor enemigo en aquellas aguas inhóspitas, que les llevaron desde combatir a los ingleses junto a los «rebeldes» irlandeses a luchar en grandes enfrentamientos navales, como la batalla de las Dunas, en 1639, donde de toda la oficialidad de un tercio (un maestre de campo, un sargento mayor y trece capitanes) solo tres capitanes sobrevivieron.

Pero en esa región los tercios no solo se embarcaron para luchar por mar. Flandes reunía especiales características, «con tantas aguas, entre diques y cortaduras de ellos, inundada la tierra, con hambres, fríos y desnudez, y otros trabajos intolerables que los soldados pasan», que de hecho le convirtieron en teatro de operaciones anfibias, con la desventaja adicional de que la superioridad marítima residía indudablemente en los holandeses.

En ese mundo agobiado de nieblas, combatieron los tercios, sea vadeando canales con el agua al cuello, como ya les hemos visto en un capítulo precedente, sea a bordo de escuadras improvisadas, peleando enemigos en un intento, fracasado, de cerrarles la salida al mar, y dominar un ambiente que les era tan ajeno.

El maestre de campo Julián Romero vivió el problema en su propia carne. Tras una inapelable derrota naval, el 21 de enero de 1574, en el curso de la cual su barco fue hundido, se llegó a Luis de Requesens, gobernador de los Países Bajos, que había contemplado lo sucedido. Chorreando agua –se había salvado a nado– le dijo: «Vuestra Excelencia sabía que yo no era marinero, sino infante; no me entregue más armadas, porque si ciento me diese, es de temer que las pierda todas». Cualquier soldado de los tercios de Flandes hubiera compartido sus sentimientos de frustración, ante la imposibilidad de ganar por tierra una guerra que, en gran parte, era también marítima.

Dos episodios, relacionados con asedio de los católicos a La Esclusa (1587), sacan a relucir tanto la impotencia naval de los españoles como el ímpetu de su infantería.

El primero tiene lugar cuando los sitiadores reúnen una serie de embarcaciones para que les apoyen en sus labores. Los holandeses caen sobre ellas y las deshacen, lo que provoca la siguiente lamentación: «no es cosa nueva hacer estas pérdidas por el agua nuestra nación… el no inclinarse a la navegación como las demás es causa de sus infelices sucesos, y no hay que maravillarse, pues los premios de los soldados que sirven en la mar no son iguales a los que hacen la campaña, y no sé si es acertado, pues son mayores los peligros y trabajos».

El segundo sucede a los pocos días. Tres naves holandesas quedan encalladas al bajar la marea: «los españoles que las vieron… con una osada determinación se arrojaron al agua, y desguazando con inmenso trabajo por el mucho fango que había, cerraron con los navíos rebeldes», treparon al abordaje y los capturaron. Pertenecían a sendas compañías de los tercios de Mondragón y del Águila.

Estos ejemplos, casi anecdóticos, reflejan en pequeña escala el grave problema estratégico que enfrentaban los españoles en aquellas tierras, y que Duffy ha resumido acertadamente, en un comentario referido a las campañas de finales del XVI, pero que es aplicable a todo el periodo: los holandeses contaban con «las ventajas de moverse por líneas interiores y de sus comunicaciones por agua, mientras que los españoles, estaban limitados a actuar por tierra», además de tener que maniobrar por líneas exteriores. Como añade con ironía el mismo autor, la capacidad anfibia de estos tenía como límite la estatura del soldado más alto, debido a la superioridad naval neerlandesa. Así fue, los infantes combatieron «con el cieno hasta la cinta, cargados de coseletes, arcabuces y otras armas», incluso sobre el hielo, «que fue cosa bien nueva ver encima de la mar escaramuzar infantería suelta», y tuvieron que vadear zonas inundadas «con el agua hasta la rodilla y rompiendo hielos».

De nuevo, hay que hacer referencia aquí a la aportación de los corsarios españoles, tan eficaces o más, aunque menos conocidos, que los que sirvieron a otras potencias. Nos referimos a los que tripulaban las fragatas que durante veinte años operaron desde Dunkerque, con unos resultados reflejados en cifras asombrosas. Entre 1627 y 1634, dos mil trescientas seis naves enemigas hundidas o capturadas, a costa de ochenta propias perdidas por la acción del adversario. De 1635 a 1638, doscientas mil toneladas de buques cogidos o destruidos. Burlaron todos los intentos de las flotas contrarias para poner coto a sus depredaciones, que solo acabaron con la entrega de la plaza a Francia en 1658. Stradling ha estudiado con profundidad esa faceta ignorada, que pone en su correcta perspectiva un aspecto esencial de la actividad naval española en aquellas aguas.

Queda, por último, hablar del que fue por antonomasia el principal escenario de los tercios embarcados: el Mediterráneo, que Braudel ha descrito de forma inimitable. En ese entorno más familiar que el nebuloso norte o las excesivas Indias, estas unidades combatieron durante generaciones.

Era un universo desgarrado, alucinado, a medida de los tremendos tercios: galeotes, popes, arraeces o comandantes de naves otomanas, frailes redentores de cautivos, prostitutas hacinadas en «casas de carne», leventes o soldados de galera, guzmanes, matachines, curas pecadores, uncidos a los bancos de los buques pontificios, rojos caballeros de Malta, «hombres desalmados» como el inevitable Contreras, directores de redes de agentes, como Tripalda, pícaros como Miguel de Castro, grandes señores como Osuna o Toledo, conspiradores como Quevedo, mentirosos como Duque de Estrada, iluminados como Pasamonte, se codeaban con Don Quijote, que servía en una compañía disfrazado de Miguel de Cervantes.

Un mar donde la alternativa entre «cenar con Cristo o en Constantinopla» era tan real como los suntuosos saqueos, donde se entrechocaba el hierro de las cadenas con el oro de los cequíes, donde una encomienda estaba tan a mano como una condena al remo de por vida. Un ambiente de cintarazos, blancos pueblos griegos, sombrías esquinas de Nápoles y playas hostiles abrumadas por el sol.

En ese hervidero de renegados y espiones, no siempre dobles, los tercios se movían a sus anchas, se crecían. Hicieron de todo, desde abordar galeras otomanas a resistir asedios eternos, desde desembarcar en costas enemigas, a romper cercos de hierro. Defendieron y atacaron lugares de nombres impronunciables, murieron de sed o ahogados en el mar. Pero allí se curtieron los tercios que de Italia saldrían a combatir en medio mundo.

Les veremos a continuación en algunos de los distintos tipos de operaciones que llevaron a cabo. Pero antes, es de justicia aludir, aunque sea brevemente al cordón de presidios en el norte de África, que, oscuramente, devoró, muchas veces sin pena ni gloria, la vida de miles de españoles. Estas fortalezas normalmente eran poco más que prisiones para sus guarniciones, raramente relevadas, siempre cortas de suministros, que se tenían que enviar desde España o Italia, en invierno, cuando la amenaza de corsarios enemigos remitía. «Solo los enfermos, y no siempre, dejaban esas odiadas costas, para ir a los hospitales de Sicilia y de España»; «las raciones se pudrían y los hombres morían de fiebres. Los soldados pasaban hambre todo el año».

En el desolado panorama, brillaba únicamente Orán, fortificada durante treinta años, llamada «la pequeña Corte», en comparación con Madrid, por «la fastuosa existencia que gozó en aquella época».

La vida de los soldados en tan duros puestos no era mucho mejor que en Indias. Se reducía a otear el horizonte esperando las velas que traían víveres frescos o auxilios. Tanta monotonía se quebraba con asaltos suicidas de fanáticos spahis otomanos o de nubes de «alárabes», que podían acabar con los hombres de la guarnición empalados o vendidos al mejor postor en Argel. En contrapartida, se montaban razias desde los tristes fuertes. Era una forma de conseguir vituallas, botín y esclavos que vender, y podían ser muy fructíferas. Las organizadas desde Orán en 1570 proporcionaron más de cuatrocientos cautivos y cinco mil cabezas de ganado, vendiéndose los unos y las otras por una cifra superior a los ciento sesenta mil reales, de los que se dedujo «las ordinarias sangrías, la costa del zanco y para la espía, lengua y trujamán, y para ventajas y el quinto perteneciente a Su Majestad». El comandante de la plaza tenía derecho a reservarse «dos cabezas de personas, una blanca y otra negra; no cmbargante que la orden dice una sola, porque se ha interpretado así, que es género diferente el de los negros».

Las salidas también respondían al propósito de establecer una fuente regular de ingresos. Con la amenaza de estas operaciones de castigo se obligaba a los aduares vecinos a «tomar seguro», esto es, a comprar la garantía de que no serían atacados por los propios españoles. Para ello, pagaban un impuesto, denominado «la romía», fijado en función del número de tiendas. Se obligaban también a vender sus productos a la plaza, socorrerla en caso de ataque y aprehender y entregar a los desertores.

La utilidad de esas guarniciones era más que discutible. Aisladas del interior –fracasaron los intentos de convertirlas en centros de comercio– servían solamente para mantener una presencia simbólica, con pocos resultados prácticos.

Como ha indicado el indispensable Braudel, el coste de ese *limes* era muy elevado (superaba los doscientos mil escudos, únicamente en sueldos, en una fecha comprendida entre 1564 y 1568, sin contar los ingentes gastos en fortificaciones). Seguramente, hubiera sido más eficaz gastar ese dinero en reforzar las escuadras de galeras.

Respecto a los desgraciados hombres que lo defendían, a mediados del XVI sumaban dos mil ochocientos cincuenta, aumentados con otros dos mil setecientos en verano, cuando eran mayores las probabilidades de un ataque. Por las mismas fechas del siglo siguiente, presentaban un espectáculo desolador: «Orán, que solía tener mil quinientas plazas, tiene setecientas apenas; Melilla y el Peñón, cada día llorando miserias, defendidas solamente del amparo de Dios. Larache tenía doce capitanes, mil doscientos infantes y cincuenta caballos, y tiene hoy quinientos soldados desnudos». Normalmente, las guarniciones «ordinarias» estaban integradas por compañías sueltas. En Ceuta, por ejemplo, no se constituyeron en tercio hasta finales del XVII.

En 1694, cuando empezó el bloqueo o sitio de dicha plaza, que se prolongaría, aunque parezca increíble más de veintitrés años, contaba con «seiscientos infantes, ochenta caballos, setenta artilleros y ciento veinte eclesiásticos, con pocos paisanos y desterrados». Hubo que armar a la gente de iglesia y organizar «una compañía de bandoleros que por sus enormes excesos y atrocidades estaban desterrados en esta plaza».

Tal era la deprimente perspectiva de los presidios africanos. Pero examinemos más brillantes actuaciones, al menos despojadas del pesado manto de la rutina.

La gran flexibilidad que permitía la combinación de infantería embarcada y galeras llevó a esta a intervenir en famosos asedios en el Mediterráneo.

La conquista de Corón y Modón, en 1532, fue una imaginativa maniobra de distracción destinada a atraer la atención de Solimán el Magnífico, que por aquel entonces había lanzado una gran ofensiva terrestre en Europa central, amenazando la propia Viena. La idea era implantarse en Morea, con la ayuda de la población griega, y obligar a los turcos a interrumpir su campaña para hacer frente a la nueva amenaza creada en sus propios dominios. Una fuerza de diez mil hombres, españoles, italianos y alemanes, tras tomar la plaza de Corón y el puerto de Modón, se retiró, dejando en la primera a Don Jerónimo de Mendoza con dos mil quinientos españoles. Su misión era absorber la inevitable reacción otomana. Esta, como era de esperar, se produjo, y en abril de 1533 la plaza estaba sometida a tan estrecho asedio que, eventualmente, la guarnición tuvo que alimentarse con suelas de zapatos cocidas, mientras los civiles morían diariamente por decenas a causa del hambre.

No obstante, una expedición partida desde Mesina, llevando a bordo tropas enviadas desde Lombardía, llegó en agosto, a tiempo para romper el cerco, con la ayuda de una vigorosa salida de los defensores.

Después, regresó a Italia, embarcando a Mendoza y sus soldados «tan hambrientos y desfigurados de las calamidades pasadas que no tenían ni figura humana». Se les debían, además, varias pagas, por lo que exigieron ser repatriados. Todos sus mandos se ofrecieron a quedarse, pero pareció más conveniente que regresaran con sus hombres. En su lugar quedó Rodrigo Machicao, con su tercio.

Pronto los turcos estuvieron de regreso. Estimulados por la decapitación de su anterior comandante, establecieron un segundo sitio. De nuevo, la guarnición volvió a tener problemas de víveres, hasta que solo quedaron habas por toda comida, mientras que el agua también escaseaba por haber rajado los aljibes el bombardeo enemigo. Se cuenta que los otomanos, admirados por su resistencia, ofrecían a los soldados quince escudos de paga al mes, el triple de sus sueldos normales, si se pasaban a sus filas y aceptaban servir contra el «Sofi», como se designaba al sha de Persia.

Llegó un momento en que, desesperados, los oficiales convencieron a Machicao para que recurriera al último recurso que quedaba, una salida con la esperanza de coger a los sitiadores por sorpresa. Así se hizo. Dejando a los capitanes Lezcano y Méndez con sus compañías a cargo de la plaza, el gobernador con los mil ciento cincuenta famélicos soldados restantes fue en busca del enemigo. Lo encontró cerca de un lugar llamado Andrussa, en forma de cuatro mil hombres, de ellos mil quinientos jenízaros y mil jinetes. Tras un éxito inicial, ya que los turcos no les esperaban, no pudieron resistir el contraataque que estos montaron cuando reaccionaron.

Machicao recibió un golpe que le partió un hombro, a pesar de lo cual siguió combatiendo, hasta que un tiro le derribó del caballo. Un soldado fue a socorrerle, pero rechazó su ayuda diciéndole que «más valía aprovechar el tiempo vengando a los vivos, que no levantar muertos». Luego, murió. Los dos capitanes que le acompañaban con sus banderas resultaron heridos, siendo uno de ellos hecho prisionero. No obstante, los españoles no descomponen la formación, y se retiran en buen orden, manteniendo a distancia a los turcos, que no se atreven a acercarse a tiro de arcabuz. Han perdido en torno a un centenar de hombres, causando a cambio más de cuatrocientas bajas.

Tras la derrota, la suerte de la plaza estaba echada. Galeras de Nápoles y de Sicilia evacuaron a la guarnición, según los términos de una honorable capitulación, en abril de 1534. Durante casi dos años, había sido una espina clavada en el imperio turco. La operación, refleja tanto la capacidad de las escuadras españolas de apoyar fuerzas desplegadas lejos de las aguas propias como las dotes de resistencia de los tercios.

El famoso sitio de Malta, en 1565, daría una nueva oportunidad de mostrar estas facetas. Responde al deseo del sultán por acabar con la presencia cristiana en una isla de enorme importancia estratégica y desde la cual la Orden de San Juan le hacía una guerra sin cuartel. El asedio estuvo lleno de acciones gloriosas por ambas partes, y mientras duró fue un centro de atención para toda Europa, ya que en él se jugaba, en gran medida, el control del Mediterráneo. Tradicionalmente se ha destacado, con justicia, el valor de los caballeros. Pero se ha olvidado la participación en la tenaz defensa de tres compañías del tercio de Sicilia. Desde un primer momento, intervinieron en ella dos: la del capitán de la Cerda, y la de Miranda, dirigida, en ausencia de este, por su alférez, Medrano. Posteriormente, el propio capitán Miranda se incorporó a la lucha, tras haber llegado a Malta bajo el fuego enemigo en una barca de cuatro remos que fue hundida a cañonazos. Más tarde se incorporaría Melchor de Robles, maestre de campo del mencionado tercio, junto con su compañía de doscientos cincuenta hombres, una de italianos y un centenar de caballeros, que fue todo el refuerzo que recibieron los sitiados.

El cerco empezó en mayo, establecido por un ejército de cuarenta y cinco mil hombres con setenta piezas de batir, transportado por una flota de ciento sesenta y nueve velas. El bajá Mustafá mandaba las fuerzas de tierra; Pialí, las navales. Después llegaría Dragut con fuerzas de refresco, seguidas por un contingente argelino. Los cristianos eran menos de cinco mil, muchos de ellos, milicianos a medio instruir. El núcleo de su fuerza eran solo quinientos caballeros, lo que destaca el valor más que proporcional que tuvo la aportación de un número similar de veteranos españoles.

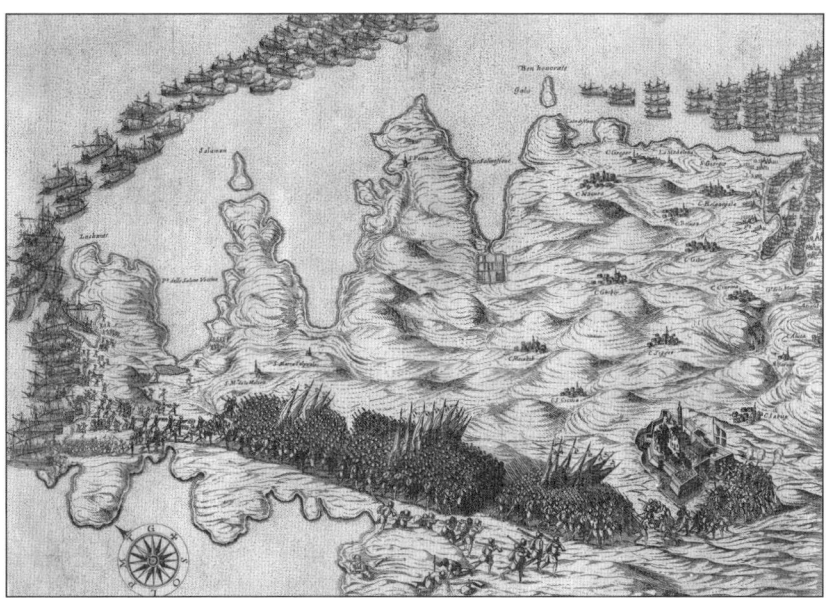

El desembarco del socorro español en Malta (1665), grabado de Antonio Francesco Lucini. Rijksmuseum, Ámsterdam.

No es este el lugar para hacer una crónica de las operaciones, que duraron hasta septiembre. Nos limitaremos a destacar algunos datos relativos al contingente español. Una parte considerable de este guarneció el fuerte de San Telmo, construido por un ingeniero español y mandado por un compatriota, caballero de la «lengua» de Aragón. Por su situación, fue el primer objetivo elegido por Mustafá. Sufrió hasta ocho asaltos generales. En ellos, Medrano –ya capitán– se distinguió tanto que recibió el apodo de «desembarazador o desembargador… pues donde él se metía no quedaba turco con vida». Acabó perdiendo la suya, disputando a un soldado del sultán una bandera de la media luna. Luchando con ella, ambos cayeron abrazados, muertos por un imparcial disparo turco. Miranda, ya herido anteriormente, se hizo llevar sentado en una silla a la brecha, y allí combatió hasta morir. San Telmo resistió treinta días y dieciocho mil disparos antes de caer, defendiéndose la guarnición hasta el último hombre. Seis mil sitiadores murieron ante él.

Mustafá, impresionado por las bajas, pero sin desalentarse, dirigió sus esfuerzos contra los dos fuertes restantes: el Santo Ángel y San Miguel. En la defensa de este, Melchor de Robles brilló tanto que el baluarte que guarnecía con los españoles recibió su nombre. Murió entre las ruinas. Su alférez, de nombre Mutañones, también se batió con bizarría, en las murallas y enfrentándose bajo tierra a los minadores turcos. El gran maestre de la Orden premió su valor con una cadena de oro de doscientos ducados. Herido gravemente, abandonó el lecho para rechazar un ataque enemigo, dejando la vida en la lucha. Idéntica suerte corrió el capitán de la Cerda en un contraataque.

El siete de septiembre los sitiados vieron acercarse unas galeras cargadas de infantería: era el socorro español. Tan pronto como Felipe II tuvo noticia del comienzo del asedio, mandó que se tomaran disposiciones para auxiliar a la isla. Con independencia de la vital importancia de esta, la Orden se encontraba allí por concesión de Carlos V, a cambio de un halcón como tributo anual, por lo que, en cierto modo, era su feudataria.

Una vez más, por ceñirnos exclusivamente a las tropas españolas, funciona el sistema clásico. Así, al socorro irán los fogueados tercios de Nápoles, con Álvaro de Sande; Córcega, al mando de Gonzalo de Bracamonte, y Milán o Lombardía, dirigido por Sancho de Londoño, mientras que en España se reclutan compañías bisoñas que relevarán a las veteranas en las tareas de guarnición. El virrey García de Toledo escribía a ese respecto a su monarca frases que Alba, sin conocerlas, repetiría casi literalmente quince años más tarde: «este no es juego de jugarle sino con cartas viejas conocidas y señaladas, y no con soldados levantados en dos días. En compañía de estos primeros, es bien que entren estos otros, pero nuestra nación ha de ser el fundamento y la piedra sobre la que se ha de fundar esta máquina». Reunir esos elementos, más un numeroso contingente de italianos, requería tiempo, de manera que hasta el veinticinco de agosto no salió la expedición.

Para «meter el socorro», Santa Cruz trazó un audaz plan. Sesenta galeras seleccionadas entre las mejores con ciento cincuenta infantes cada una, y en una operación relámpago, llegarían a tierra, desembarcarían a la fuerza y se retirarían. Se requería rapidez y silencio, a fin de sorprender a la mucha más numerosa escuadra turca que montaba guardia en torno a Malta. Para conseguir la primera, se aligeran las naves todo lo posible, desmontando los fogones y los esquifes, y sacando el material de respeto. Los soldados llevan únicamente sus armas y una camisa por todo bagaje. Para no alertar al enemigo, se envuelven los remos con trapos por el luchadero y lo mismo se hace con los grilletes de los forzados. También se ordena matar a todos los gallos que iban a bordo.

Al amanecer y «con tanto orden como si fueran cuatro o cinco galeras», las sesenta se acercan a la costa y nueve mil hombres saltan a tierra.

Mustafá, que se preparaba a dar un asalto que podía ser el final, informado de la llegada de refuerzos cristianos, manda a sus tropas que embarquen precipitadamente, para no ser cogidas entre dos fuegos. Cuando ya están a bordo, un morisco desertor de las unidades españolas le informa que solo han llegado cinco mil soldados agotados. Ante ese dato, el bajá ordena a sus fuerzas que desembarquen de nuevo, y que marchen contra el enemigo. Es obedecido de mala gana. Los turcos están desanimados por sus enormes bajas y por los escasos resultados conseguidos. Cuando ven que los recién llegados son más de los que se había dicho, su moral disminuye aún más. Los españoles, en todo caso, se lanzan al ataque inmediatamente, apoyados por una oportuna salida de los sitiados. Tras una breve resistencia los otomanos se entregan a la fuga. Son perseguidos, con gran mortandad, hasta las mismas olas. El cerco de Malta había terminado.

Como simple detalle, que refleja lo que era la vida en el Mediterráneo, diremos que tanto el gran maestre de la Orden, La Valette, que dirigió la defensa; como Dragut, que participó en las operaciones hasta que un cañonazo le mató, como Álvaro de Sande, que levantó el sitio, habían sido anteriormente prisioneros de sus enemigos. Los dos primeros habían remado como galeotes, y el tercero, exhibido en las calles de Constantinopla. Sande luchó en Malta con la celada subida, siendo reconocido por numerosos turcos, que le habían visto cargado de cadenas en su capital. Le asaetearon copiosamente: una flecha le atravesó una manga del vestido y otra le mató el caballo. Así eran esas sorprendentes vidas, en las que solo un paso separaba la gloria de la esclavitud.

Unos treinta mil otomanos quedaron para siempre en la isla. Las bajas de los defensores fueron de dos mil setecientos, entre caballeros y soldados, siete mil habitantes y quinientos esclavos. Entre los muertos figuraba Fadrique de Toledo, hijo del virrey don García de Toledo. Como se ha visto, de los seis oficiales del tercio de Sicilia, cinco cayeron.

Un soldado italiano, que estuvo en el asedio, escribió: «después del omnipotente Dios, ha sido su majestad el rey de España el que ha librado Malta y aún toda Italia del soberbio poder de Solimán». No exageraba. La defensa pudo mantenerse, en gran parte, gracias a los tercios, y estos constituyeron la columna vertebral de la expedición que obligó a Mustafá a retirarse.

Pero los tercios no solo combatieron a los otomanos por tierra. También lo hicieron por mar.

Lepanto es el momento culminante del enfrentamiento entre cristianos y musulmanes, y especialmente españoles y turcos, por el dominio del Mediterráneo. Es un supremo esfuerzo de los dos imperios, plasmado en el derroche de hombres y barcos que ponen en juego para arrancar la victoria.

La batalla se da en el ámbito de una ofensiva de Solimán que parecía imparable contra las posesiones venecianas en Chipre. Ante la gravedad de la situación, y por una vez, las potencias cristianas, menos Francia, que sigue su propia política con la Sublime Puerta, se resignan a aunar sus fuerzas. La alianza resultante, bautizada la Santa Liga, aunque bajo la supremacía espiritual del Papa, está dirigida por España, en reconocimiento a la importancia de su contribución en medios humanos y materiales. Según el acuerdo a que se llega, aporta la mitad de los recursos: el Pontífice, un cuarto, y Venecia otro tanto.

Por lo que se refiere a los tercios, estarán presentes en fuerza con más de ocho mil soldados. Habría que añadir, para valorar el compromiso español, cinco mil alemanes y cinco mil doscientos italianos a sueldo. Venecia participó con cinco mil combatientes, el papado, con dos mil, y cerca de tres mil se embarcaron en calidad de aventureros. Por consiguiente, mucho más de la mitad de la infantería estaba pagada por España.

Los tercios empleados son de dos orígenes. De un lado, las viejas unidades destinadas en Sicilia, Nápoles y Lombardía. De otro, formaciones con menor solera, los Tercios de Lope de Figueroa y de Moncada, organizados con tropas que habían participado en la reciente Guerra de Granada.

Sin embargo, en el caso de los de Italia siempre hay que introducir un matiz. Los veteranos son los tercios en sí, no necesariamente todas las banderas que los integran. El de Nápoles, por ejemplo, con motivo de la guerra contra los moriscos mandó a España, en junio de 1569, diez compañías a las órdenes de su maestre de campo, Pedro de Padilla, asistiendo a toda la campaña. Un documento de la primavera de 1571, terminadas las operaciones y cuando se preparaba la armada que iría a Lepanto, incluye bajo el nombre de esta unidad tres compañías viejas con cuatrocientos cincuenta y un hombres y diecisiete nuevas, con dos mil ochocientos veintiséis. Pero en agosto de ese año, la flota al zarpar lleva doce compañías con mil setecientos cincuenta y seis soldados.

Así, el tercio, desgastado en la muy dura Guerra de Granada, recibió bisoños para completarse, a fin de que estuviera en condiciones de enviar un contingente importante a la expedición. Algo parecido sucede con el de Sicilia, en el que ingresan mil ciento cincuenta y dos reclutas, que se suman a mil veteranos y que aporta a la Santa Liga mil doscientos noventa y ocho hombres. Por tanto, ambas unidades, teóricamente veteranas, participan en Lepanto con un porcentaje de soldados recién reclutados.

En total, las fuerzas de infantería española que se embarcaron fueron las siguientes. Del tercio de Nápoles, doce compañías, en las galeras de ese reino. Del de Sicilia, diez, en las galeras de su virreinato. Lombardía tiene dos con Andrea Doria. El de Lope de Figueroa o de Granada, reparte sus banderas, de modo que ocho van en las galeras de España y seis en las de Nápoles. Miguel de Moncada hace lo mismo, con cinco en las de Nápoles y dos en las de Doria.

Las galeras de Venecia, cortas de gente, recibirán, a pesar de las reticencias de sus comandantes, diecisiete compañías de italianos al servicio de España, para poder alcanzar la cifra que se ha fijado de ciento cincuenta hombres por nave.

Respecto a los buques que componen la armada, son setenta y siete galeras españolas (de las escuadras de España, Nápoles, Sicilia y Doria, más trece contratadas por asiento); ciento nueve de la Serenísima; doce del Papa; tres de Saboya; tres de Malta y otras tantas de Génova. En total, doscientas siete. Además, veinte naves españolas, seis galeazas venecianas y cuarenta entre fragatas y bergantines de distintas banderas. El conjunto estaba tripulado por unos trece mil marineros y cuarenta y tres mil galeotes. Si se suma a los soldados, eran unos noventa mil hombres, con mil doscientos cañones.

Se trataba de un esfuerzo gigantesco, pero proporcionado a la amenaza. Los turcos alineaban doscientas veintiuna galeras, treinta y ocho galeotas y dieciocho fustas, marinadas por trece mil hombres, más cuarenta y cinco mil remeros y treinta y cuatro mil combatientes, muchos de ellos del temible cuerpo de los jenízaros. Contaban con setecientas cincuenta piezas.

El siete de octubre de 1571 ambas flotas están a la vista, en el golfo de Lepanto. Don Juan de Austria, el comandante cristiano, ha dividido a la suya en cuatro escuadras, en cada una de las cuales iban mezcladas galeras de diversas nacionalidades, por lo que los tercios combatirán en todos los sectores. En la derecha, Juan Andrea Doria con cincuenta y una, y grímpolas verdes; en el centro, al mando del propio don Juan, y con gallardete azul, sesenta y cuatro; en la izquierda, Barbarigo con cincuenta y cinco de banderolas amarillas. Las seis galeazas se reparten por pares a vanguardia de cada una de estas formaciones. Por fin, en reserva, Santa Cruz, con treinta y gallardete blanco. Hay una pequeña formación de ocho galeras, con Juan de Cardona, de Nápoles, en misión de exploración, pero que cuando empiece el combate se unirán a la línea.

El rival de don Juan, Alí Bajá, dispone a sus naves en forma de media luna. El famoso renegado Uluch Alí, «el Tiñoso», manda la izquierda, con sesenta y siete galeras y veintisiete galeotas; Alí Pachá, el centro, con noventa y una y cinco, respectivamente; Sirocco, la derecha, con cincuenta y cinco y una. En reserva, ocho galeras, cinco galeotas y todas las fustas.

La batalla se puede resumir en pocos párrafos. Comenzó en el norte, donde ambas flotas se hallaban más próximas a tierra. Las galeazas de ese sector abren fuego, hundiendo alguna galera enemiga, lo que decide a Sirocco a avanzar a boga arrancada, buscando envolver a Barbarigo. Este, sin embargo, se defiende tan bien que su escuadra se alza con la victoria, aunque él muere de un flechazo en el ojo.

Mientras, en el centro, se había empeñado un choque frontal, dominado por el duelo entre las dos capitanas, y que también se resolvió con un triunfo de los cristianos, debido sobre todo a un acertado uso de las reservas.

En la derecha de don Juan, el taimado Uluch también intenta el flanqueo, bogando mar adentro. Doria le sigue en paralelo, pero al hacerlo, abre una brecha en el despliegue, por la que, con una rápida conversión, se lanzan los turcos, obteniendo algunos éxitos. El más notable, la captura de la capitana de Malta, tras aniquilar a toda la tripulación excepto al general, hecho prisionero herido de tres flechazos, y dos caballeros –uno español y otro siciliano– ocultos por los montones de cadáveres. No obstante, ante la derrota del resto de la armada y la rápida reacción de Santa Cruz y del de Austria, el renegado se retira en buen orden. Ha tenido que abandonar la galera maltesa, que es recuperada por una española.

El desastre turco fue total: treinta mil muertos, cinco mil prisioneros que fueron destinados al remo, ciento setenta naves capturadas, treinta hundidas, noventa y nueve encalladas o inutilizadas, doscientos setenta y cuatro cañones cogidos. Entre las bajas se contaron «doscientos turcos principales, treinta gobernadores de provincia y ciento sesenta beyes y capitanes de fanal». Sin exagerar, se dijo que «hubo galeras embarrancadas entre cadáveres». Por otro lado, cerca de doce mil galeotes cristianos fueron liberados, aunque se ignora el número de los que perecieron a bordo de embarcaciones enemigas.

Los de don Juan perdieron doce naves y algo más de siete mil seiscientos muertos, de ellos en torno a dos mil españoles.

Los tercios tuvieron en Lepanto un papel determinante. En realidad, la batalla fue un caleidoscopio de abordajes y de cuerpos a cuerpo, en los que la infantería de ambos lados se enfrentó casi como en un combate terrestre. De hecho, hay quien asegura que «los marineros se limitaron a llevar los barcos donde fue preciso, los generales y los soldados combatieron». Si se acepta esta tesis, que parece razonable, resulta difícil exagerar la importancia de las unidades mencionadas, las más numerosas y de mejor calidad del lado cristiano: «no por nada se tenía a los españoles por los más sólidos soldados de su tiempo».

Algunos ejemplos servirán para confirmar lo justificado de tan halagadora fama. Pero antes, a fin de entender lo que fue el combate desde la perspectiva de un simple infante, nada hay mejor que oír a un soldado de los tercios que estuvo en él: «si este parece pequeño peligro, veamos si se le iguala o hace ventaja el de embestirse dos galeras por las proas en mitad del mar espacioso, las cuales enclavijadas y trabadas, no le queda al soldado más espacio del que le conceden dos pies de tabla del espolón; y con todo esto… se pone a ser blanco de tanta arcabucería y procura pasar por tan estrecho paso al bajel contrario. Y lo que es más de admirar: que apenas uno ha caído donde no se podrá levantar hasta el fin del mundo, cuando otra ocupa su mismo lugar y si este también cae en el mar, que como a enemigo le aguarda, otro y otro le suceden sin dar tiempo al tiempo de sus muertes; valentía y atrevimiento el mayor que se pueda hallar en todos los trances de la guerra».

Merece destacarse en primer lugar el enfrentamiento entre las dos capitanas, la Real de don Juan y la Sultana, de Alí Pachá. Aquella llevaba a bordo cuatrocientos arcabuceros y mosqueteros del tercio de Figueroa. Dicho maestre de campo, junto con Moncada, que mandaba otro tercio, estaban al frente de ellos. La calidad de los mandos reflejaba la importancia de la galera. Otras dos, seguidas de dos más, navegaban a su popa, listas para enviarla refuerzos. La Sultana, por su parte, llevaba cuatrocientos jenízaros, trescientos de ellos con arcabuz y cien con arco. Se trataba de un arma sorprendentemente eficaz. Capaz de lanzar treinta flechas en el tiempo que un arcabucero disparaba una pelota, resultaba terrible a media distancia. Al final de la batalla, las naves cristianas estarían erizadas de saetas. Al menos, en esta ocasión no estaban envenenadas, como se usaron en la Guerra de las Alpujarras, untadas con una «yerba» que producía «frío, torpeza, privación de vista, revolvimiento de estómago, arcadas, espumarrajos, desflaquecimiento de fuerzas hasta caer» y, finalmente, la muerte.

Don Juan, cuando identificó por sus estandartes y sus tres fanales a la nave de su rival, mandó enderezar contra ella, mientras su enemigo se dirigía contra la Real. La prudente medida adoptada por el comandante cristiano antes de la batalla de cortar el espolón a sus naves y de reservar el fuego de artillería hasta el final, supuso que su andanada fuese más eficaz que la turca. Pero eso no detuvo a la Sultana que, por ser más alterosa, le metió su propio espolón «hasta el cuarto banco», quedando a partir de entonces las dos galeras trabadas. A su vez, la maniobra del comandante otomano levantó la popa de la Real, de forma que su guarnición, tirando «a caballero», barría con sus disparos la crujía enemiga.

Dos asaltos dio Figueroa al frente del trozo de vanguardia, llegando hasta el árbol de la capitana de Alí, y otras tantas fue rechazado por los jenízaros y los refuerzos que les llegaban por popa, donde iban dos galeotas que con escalas no dejaban de mandar gente de refresco. Les seguían siete galeras, para asegurar un suministro ininterrumpido de combatientes.

Pudieron así los turcos contraatacar, entrando a su vez en la galera cristiana, poniendo en tal apuro a don Lope que Moncada tiene que acudir en su ayuda. No bastó, y entonces avanzó Bernardino de Cárdenas con el segundo socorro. Recibió un pelotazo de arcabuz que, si bien no le atravesó las armas fuertes, le arrojó sobre cubierta, muerto. Se pudo de esta forma frenar la marea otomana, luchándose con especial fiereza en torno a los dos clásicos reductos defensivos: el fogón y el esquife.

En el combate se distinguió un galeote, de mal nombre El Marquesillo, por decirse hijo más o menos dudoso de un noble. Sobresalió tanto que se le concedió la libertad y doscientos ducados. Al día siguiente perdió la una y los otros. Los dineros, en el juego. La libertad, cometiendo algún desafuero que le devolvió a la cadena. También peleó una mujer, «María la Bailaora», seguramente metida en galera por un amigo. Se le recompensó con una plaza en el tercio de don Lope, a pesar de que las normas no autorizaban tales extravagancias.

Un nuevo empujón puso a los españoles en situación tan comprometida, que el propio don Juan tuvo que esgrimir su espada. Pero Santa Cruz acudía ya. Al percatarse de la situación, boga en ayuda de la Real. Por el camino, maltrata dos galeras contrarias, recibiendo él a cambio dos pelotazos que no le atravesaron las armas. Llega junto a la capitana, le pasa doscientos hombres de refuerzo, también del tercio de Figueroa, y regresa luego a su puesto en la reserva.

Con ellos se da el asalto final. Los turcos son expulsados de la galera, y en su seguimiento entran los españoles en la Sultana, al tiempo que por la popa ataca oportunamente Colonna. Alí Pachá morirá en su

La galera de Alejandro Farnesio trabada en combate con una otomana en la batalla de Lepanto (*ca.* 1670-1699), grabado de Romeyn de Hooghe (1645-1708). Rijksmuseum, Ámsterdam.

puesto, arco en mano. Alguien le cortará la cabeza y se la llevará como trofeo al de Austria, que la manda arrojar al agua, lamentando la pérdida su valeroso rival. La Real quedó tan malparada que al término del triunfante viaje de regreso, nunca volvió a navegar.

Los soldados españoles se distinguieron también en muchos otros choques. Fue notable el comportamiento de los embarcados en las galeras de Sicilia. De quinientos hombres del tercio de dicho nombre, solo sobrevivieron cincuenta. Todos los mandos fueron baja, excepto el maestre de campo, Diego Enríquez.

En la Santa Nícola, un infante, Antonio de Paredes, «como toro agarrochado», por llevar un flechazo en el pecho y otro en las piernas, se lanzó al abordaje hasta que un tercero, en la garganta, le mató.

El capitán Pedro Jiménez de Heredia, en la patrona de Sicilia, cayó al mar ardiendo, por efectos de un cañonazo tirado con pólvora, pero sin bala. Nadó de vuelta a la galera, se cambió de ropa y volvió a la pelea.

En la San Juan, el sargento Martín Muñoz se encontraba enfermo. Al enterarse de que los turcos habían entrado, saltó de la cama y ayudó a rechazarlos, matando a varios, pero recibiendo nueve saetazos. Por fin, el disparo de un pedrero le arrancó una pierna. «Y viendo que se desangraba, se echó a morir», no sin antes decir: «señores, cada uno haga otro tanto».

Francisco Montañés se enzarzó con un enemigo, hasta que ambos cayeron al agua. Le cogió un hacha de abordaje que llevaba, y con ella le abrió la cabeza. Se asió a una pica que le tendieron, subió a la nave y regresó al combate.

Con tales tropas no sorprenden tamañas victorias, aunque don Juan, Santa Cruz, Barbarigo y Cardona, entre otros, tuvieron gran parte en el resultado, por su valor personal y su determinación. Por el lado turco destacó el fascinante Uluch Alí, ex-galeote que llegó a poseer mil quinientos esclavos. Felipe II le intentó sobornar, con un título de nobleza y diez mil escudos. Cuando la oferta fue rechazada, contrató a dos renegados y a un antiguo cautivo para que le asesinaran, a cambio de tres mil ducados. Fracasaron.

Lepanto ciertamente no acabó con el poder naval otomano, pero —en palabras de Warner— la batalla «tras el rechazo que los turcos sufrieron seis años ante en el asedio de Malta, sirvió para asegurar que el Mediterráneo no se convertiría en un lago musulmán. A partir de entonces, de hecho ningún sultán ejercería un poderío naval predominante, y aunque este resultado tardaría tiempo en descubrirse, la única expansión musulmana posterior en la Europa que habían invadido con tanto éxito sería a costa de Polonia y Rusia. Sería por tierra».

Simplemente a los efectos de aportar datos para un historial serio de los tercios, que alguien tendrá que hacer algún día, digamos que el de Moncada fue reformado, y sus hombres incorporados en el de Nápoles. En capítulos anteriores hemos visto que el de Lope de Figueroa, en cambio, se mantuvo, y llegó a tener una brillante trayectoria.

Los tercios fueron también excelentes tropas de desembarco. Comentaremos solo dos operaciones, que se pueden considerar modélicas desde cualquier punto de vista. La primera se produce durante la guerra de anexión de Portugal. Se trataba de franquear el obstáculo que suponía el Tajo, en cuya orilla derecha estaban los portugueses, mientras que los españoles se hallaban en la izquierda, para luego dar el ataque a Lisboa. Tras un minucioso reconocimiento, Alba establece su plan. De las tres alternativas posibles: cruzar el río, mucho más al norte, por Santarem; avanzar directamente sobre la capital, embarcarse en Almada para atravesar los canales en que allí se divide el Tajo y desembarcar ante Lisboa, o atacar desde el mar, elige esta última, aparentemente la más complicada.

Entre el 27 y el 28 de julio de 1580, embarca en la armada de Bazán un total de quince mil quinientos cuarenta y cuatro infantes, ciento setenta jinetes, dos cañones, un medio cañón y veinte pares de mulas para la artillería. Entre la infantería figuran dos unidades veteranas españolas: el tercio de Nápoles, con mil novecientos cuarenta hombres, y uno constituido por compañías de los de Lombardía y Sicilia, con mil. Hay también mil setecientos nueve del de Moreno, mil quinientos nueve del de Niño y mil seiscientos setenta del de Enríquez, tres tercios nuevos levantados para la campaña. El resto son italianos y tudescos.

En esos días, para desorientar a los portugueses, el duque envía un fuerte destacamento en dirección de Santarem, que con una rápida marcha vuelve a Setubal y se embarca en las naves. La expedición zarpa en la tarde del 28, para llegar al alba a la playa elegida, al norte de Cascaes.

La orden de desembarco recoge dos principios mencionados reiteradamente a lo largo de estas páginas: la costumbre de mezclar unidades y de aprovechar las cualidades de las distintas armas. Por eso, la primera oleada la forman mil quinientas picas tudescas, con seiscientos arcabuceros de Nápoles y Sicilia. Se advierte a estos que «no han de sacar las alabardas y las banderas», que saltarán a tierra más tarde, formando un escuadrón. También va un puñado de jinetes, para explorar el terreno. Vemos así un ejemplo de la diversidad de combinaciones a las que se prestaba la estructura del tercio. En este caso, se separan los dos componentes de las compañías de arcabuceros. Los soldados dotados de armas de fuego formarán las mangas y guarniciones de los que llevan armas blancas, sean españoles o alemanes. Los alabarderos, por su parte, se agrupan para constituir una pequeña agrupación que complemente a la de picas alemanas.

Posteriormente debían llegar a la cabeza de playa el resto de los tercios viejos, las vituallas y los nuevos, junto a los italianos.

Se manda «no dejar desembarcar ningún gentilhombre ni otra persona que los dichos soldados», para evitar los constantes forcejeos por los puestos de honor y de riesgo.

La operación se lleva a cabo el 30 de julio, al amanecer y a cubierto de un bombardeo de los cañones de crujía de las galeras. Los esquifes de estas, transportando cada uno veinte soldados, llevarán oleadas sucesivas de mil quinientos hombres. Todo discurre sin mayores dificultades, aunque con las inevitables improvisaciones. Ante la presencia de enemigos, se decide que la primera oleada sea exclusivamente de arcabuceros y mosqueteros, que en poco tiempo establecen un perímetro para permitir la llegada de sus compañeros. Con nada más que seiscientos hombres en tierra, Alba y los principales mandos desembarcan, para dirigir el combate in situ. En cuanto disponen de suficientes fuerzas, forman tres escuadrones, sin esperar a que las unidades se completen, y avanzan hacia el interior. El resto sigue, sin hallar apenas resistencia. De esta forma pasó el ejército a la orilla derecha del Tajo, abriendo así la siguiente fase de la campaña que terminaría con la ocupación de Portugal.

La segunda operación anfibia se realiza en las Terceras o Azores. Ha sido precedida, en julio de 1582, por un feroz combate naval, en el que Santa Cruz, con una flota mucho menos numerosa, aniquiló una francesa, causándola graves pérdidas, entre ellas, la capitana, apresada, y la almiranta, hundida, junto a dos mil muertos y más de trescientos prisioneros. Los españoles tuvieron unas ochocientas bajas. En la armada iba el tercio de Figueroa, al que vimos en Lepanto y que había llegado de Flandes, vía Italia y los de Bobadilla, Iñiguez y Moreno, así como cinco banderas viejas del que mandaba Hernando de Toledo, también llegado de los Países Bajos. Es de notar que antes de la batalla se distribuyeron arcabuces entre los coseletes. Las unidades se batieron a plena satisfacción de sus mandos. Entre estos se encontraba uno que podía considerarse arquetípico. Era el capitán Rosado, del tercio de Figueroa. Recibió en el combate dos arcabuzazos, uno de ellos en la cabeza. Sobrevivió para morir más tarde en un desembarco fracasado. Había servido en Lepanto, Florida y las Querquenes, tres continentes.

Casi un año después, el 23 de junio de 1583, Santa Cruz sale de nuevo de Lisboa con una escuadra que lleva a bordo veinte banderas de Figueroa, con tres mil setecientos cuarenta y un hombres; doce de Bobadilla, con dos mil ochenta y cuatro, y quince del de Sandoval –también llamado de Portugal– de reciente creación, con mil quinientos veinticinco. Hay, además, cinco compañías de alemanes, tres de italianos y una de portugueses.

Los tercios tienen la composición habitual. Así, el de Bobadilla incluye cuatro compañías «viejas de Flandes». El de Sandoval se ha formado con tropas de los de Nápoles y Sicilia que habían quedado de guarnición en Lisboa y Oporto, más banderas bisoñas reclutadas en Andalucía. El proceso de inyectar sangre nueva en las unidades veteranas, o viceversa, era permanente.

Una vez en el archipiélago, la escuadra hace una breve escala en la isla San Miguel, para recoger al tercio de Iñiguez, que había quedado allí en una expedición anterior, con dieciséis compañías y algo más de dos mil seiscientos efectivos. Luego, las cien velas, incluyendo doce galeras, transportando once mil quinientos hombres, se dirige contra la isla principal, la Tercera. Esta se encontraba defendida por cuarenta y cuatro fuertes unidos por una línea de trincheras, con doscientas tres piezas de artillería y cerca de nueve mil soldados. La mayoría de estos, portugueses, aunque hay además dieciocho compañías de ingleses y franceses. El comendador de Chaste manda el conjunto.

El 25 de julio Santa Cruz y los principales mandos hacen un reconocimiento escogiendo un lugar para el desembarco. Pero los maestres de campo Iñiguez y Bobadilla «a quien tocaba la primera arremetida», expresaron dudas sobre la bondad de la elección. Hacen, pues, un segundo reconocimiento. Va con ellos un grupo que reúne a los responsables de ejecutar la operación: oficiales de los demás tercios, el piloto general de las galeras y un ingeniero. Se inclinan por un sitio que les parece mejor, la cala de las Muelas, a medio camino entre las tropas enemigas concentradas en la capital, Angra, y en el punto llamado La Playa. Un consejo de guerra acepta su criterio.

El dispositivo adoptado es el siguiente. Algunas galeras amagarán un desembarco para distraer la atención de Chaste. Las demás, bogarían hasta la costa remolcando cada una grupos de embarcaciones menores cargadas de tropas. Todas las galeras llevarían planchas de madera para que la infantería salte a tierra. A estos buques se les asigna, pues, una misión ligeramente diferente a la desempeñada en Cascaes. Allí, fueron simples transportes de tropas. En la Tercera, sin duda por ser su número insuficiente, sirven para mover pequeñas naves que son las que llevan a los infantes.

La primera oleada la formarán elementos escogidos de doce compañías del tercio de Figueroa (este desempeña las funciones de maestre de campo general), ocho de Bobadilla, catorce de Sandoval, once de Iñiguez, cuatro alemanas, dos italianas y la portuguesa: cuatro mil quinientos hombres. El resto seguirá una vez tomada la cabeza de playa.

En la madrugada del 26 comienza el asalto. Santa Cruz lo precede en una galera con cuyo fuego apaga los del enemigo.

Los tercios desembarcan, con un orden que el propio Chaste alabará: «se ponían en batalla tan pronto como llegaban a tierra». El primero fue el alférez de la compañía personal de Bobadilla, que por haber embarrancado su embarcación fue a nado. Sin formar escuadrón dan el asalto a la trinchera enemiga «tan alta que no se podía subir sin ayuda». Está defendida por dos compañías portuguesas y una francesa, que son expulsadas. El ataque ha costado solo cuarenta hombres, pero entre ellos figuran cuatro capitanes españoles, dos italianos y el portugués, heridos por picazos, arcabuzazos y pedradas, un ejemplo más de que aquellas fuerzas se mandaban desde la vanguardia. Como siempre sucedía en estos casos, al igual que en los combates por las brechas, las crónicas recogen minuciosamente los nombres de los primeros hombres que alcanzaban el objetivo, así como el de los alféreces que se adelantaban a plantar sus banderas.

Alertada por el tiroteo y por toques de campana de los defensores, la guarnición de La Playa acude a rechazar a los agresores. Pero llega tarde. Los maestres de campo mencionados antes han formado ya el escuadrón, mientras un sargento mayor organiza las mangas de arcabuceros. Asimismo, está en tierra el resto de las fuerzas, con seis piezas. Santa Cruz y Figueroa también han desembarcado, y se hacen cargo del grueso, al tiempo que Bobadilla e Iñiguez cubren el frente con una nube de arcabuceros y mosqueteros que pronto estarán escaramuceando con los sucesivos contingentes enemigos que van llegando, de manera que «la escaramuza empezó a andar calda».

Tanto, que un grupo de soldados bisoños llegó a «huir a espaldas vueltas, afrentosamente». Pero Bobadilla, sin enmendarse, restablece la situación, con solo treinta soldados viejos, diez de ellos piqueros. Tanto pesaba la veteranía. Mientras, se habían sacado de las galeras lo preciso para sostener el combate. Esclavos turcos llevan a primera línea pólvora y munición para los arcabuces, así como cubas de agua que reclaman unas tropas agobiadas bajo el sol abrasador. Cuando la presión enemiga aumenta, se refuerza la vanguardia con picas, alemanas y españolas.

Únicamente la noche pondría fin a la lucha, tras dieciséis horas. Los españoles tuvieron trescientas setenta bajas, pero sostuvieron las posiciones conquistadas. Los enemigos, cerca de quinientas. Gran parte de los portugueses, desanimados, abandonan a Chaste, que se tiene que replegar. Poco después, los españoles ocupan Agra, cogiendo más de treinta naves, lusitanas, francesas y británicas. Santa Cruz premia a los soldados con tres días de saqueo, «lo que se ejecutó con la diligencia y presteza acostumbrada, sin derramamiento de sangre» y «reservando los monasterios y lugares sagrados».

El dos de agosto, Chaste firma la capitulación. Tras su valerosa defensa, ha obtenido la vida de sus hombres, las espadas de los oficiales y transporte a Francia.

Las dos operaciones que se acaban de describir fueron ejemplares. En ambas, se alcanzaron los importantes objetivos fijados con bajas mínimas. Son notables aspectos como los cuidadosos reconocimientos, las sistemáticas maniobras de diversión, la forma de hacer llegar las tropas a tierra o la organización del apoyo logístico a los combatientes. De hecho, los tercios fueron infantería de Marina «avant la lettre». Su peculiar organización les hacía especialmente aptos para misiones que exigían

La marcha de las tropas imperiales hacia la rada de Túnez en 1535, grabado de Frans Hogenberg (1535-1590). Rijksmuseum, Ámsterdam.

una adecuada combinación del choque y del fuego y una inmediata reacción ante imprevistos.

Hubo, claro está, muchos otros desembarcos, con variada fortuna. Por ejemplo, Carlos V experimentó un triunfo ante Túnez en 1535 y un fracaso ante Argel, en 1541.

Entre las derrotas se puede mencionar además el sangriento desastre de los Gelves, en 1560, o el de la Mahometa, en 1605.

El primero costó dieciocho mil hombres. Cientos de españoles fueron capturados, con Álvaro de Sande y Sancho de Leyva a la cabeza. Hemos visto que Sande se vengó en Malta. Pero algunos de sus compañeros se le adelantaron, como aquellos dieciséis capitanes (ocho españoles, cinco italianos y tres alemanes) que en 1564, cuando remaban como galeotes, se sublevaron, mataron a pedradas a sus guardianes, se apoderaron de la galera y volvieron en ella a Sicilia.

En el segundo, de ochocientos hombres del tercio de Sicilia, se salvaron setenta y dos. Su maestre de campo, Andrés de Silva, hecho prisionero, fue cortado en dos. Los musulmanes decapitaron a los muertos y colgaron sus cabezas del cuello de los supervivientes. Los españoles volvieron a Palermo «con los fanales cubiertos, de luto». Al ver en qué estado regresaban, «los alaridos de las mujeres hacían llorar los remos de las galeras». El lastimoso regreso contrastó con la llegada a Mesina de don Juan, tras Lepanto, con sus galeras, «dándoles el remolque (a las turcas) por la popa, con las banderas arrastrando por el agua, a uso de triunfantes, ensordeciendo a la ciudad con los disparos de cañones y arcabuces, trompetería y vivas que no acababan». Pero así eran los contrastes en el Mediterráneo implacable.

Como dato que confirma la facilidad de los tercios para adaptarse a las distintas situaciones, hay que señalar que las compañías que estuvieron en la Mahometa antes de salir de Mesina recibieron órdenes de dejar «las cajas de los coseletes en tierra», para ir más desembarazadas. Así, en los combates navales se aumentaba la protección de los soldados con rodela y armas fuertes. Para un desembarco, en cambio, se les procuraba aligerar.

Entre las numerosas operaciones anfibias, una es particularmente notable, aunque no se le cita con la frecuencia que merece. En octubre de 1590, solo dos años después de la «empresa de Inglaterra», zarpó de El Ferrol una flota que desembarca en tierras bretonas al maestre de campo Juan del Águila con todo su tercio, constituido con tropas que no habían participado en dicha campaña, y elementos de los de Agustín Messía y Francisco de Toledo, que sí que habían estado en ella. En conjunto, cuatro mil quinientos setenta y ocho hombres. Toman el importante puerto de Blavet, desde el cual, galeras y filipotes realizarán audaces operaciones corsarias, mientras que las tropas de tierra actúan en el interior, llegando a amenazar Brest. Permanecen allí hasta que, según los términos de la paz de Vervins, tienen que retirarse, en 1598, constituyendo durante todo ese tiempo una constante amenaza contra ingleses y franceses.

Mencionaremos simplemente algunos episodios de tan larga estancia, como el levantamiento del sitio de Craon, con pérdida de mil quinientos enemigos muertos y cientos de prisioneros frente a veinticuatro españoles. O el de Blaye, en el que las bajas de los contrarios superaron los dos millares. O la heroica defensa del fuerte bien llamado de El León, donde dos compañías resisten hasta quedar con un alférez como único oficial vivo y agotar la munición. La guarnición de trescientos hombres causó miles de muertos a los sitiadores.

Fernández Duro, siguiendo a Moreau, cuenta que el comandante en jefe francés, admirado por la defensa, hizo enterrar con todos los honores al jefe de la misma, capitán Paredes que, naturalmente, había muerto en el empeño.

No contento con eso, devolvió a del Águila los trece supervivientes con una nota elogiando su conducta. El maestre de campo sostuvo con ellos la siguiente conversación: «¿De dónde venís, miserables?» «De entre los muertos», le contestaron. Respondió, «con ellos debísteis quedar, que esa orden teníais». A duras penas se le convenció para que no les hiciera ahorcar.

Mucho más frecuentes que esas gruesas operaciones fueron los pequeños golpes de mano. Miguel de Castro ha dejado memoria de uno, al que casi se redujo toda su experiencia guerrera. Las tropas saltaron a tierra de noche; con ayuda de dos petardos entraron en un castillete turco, defendido por un puñado de hombres, a los que derrotaron sin dificultad. Luego, los soldados se entregaron a un escuálido pillaje. Castro cogió dos alfanjes, uno de los cuales era tan malo que se dobló «como cerco de barril» al primer golpe que dio con él. También tomó dos cautivas que, según la costumbre llevó a la galera donde iba su bandera, ya que cada compañía reunía el botín obtenido por sus miembros para luego distribuirlo. A continuación, la expedición se retiró, tras volar la fortificación y quemar una aldea. En Mesina, se pusieron a la venta los cautivos. Las mujeres que había capturado Castro fueron compradas por su capitán, por noventa escudos (más tarde, Miguel se batiría por una de las turcas con otro soldado, resultando herido).

Contreras, cómo no, se halló en varias de estas ocasiones, que podían ser muy rentables. En una de ellas «con ser soldado de a tres escudos de paga, traje más de trescientos ducados de mi parte, en ropa y dinero». Recibió «un sombrero lleno hasta las faldas de reales de a dos… pero dentro de pocos días se había jugado y gastado, con otros desórdenes».

Era una guerra casi pirática, sin cuartel, en la que todo valía. Para capturar a moriscos, los hombres del tercio de Nápoles no vacilaron en vestirse a la «turquesca» y adornar sus galeras como si fuesen otomanas «ardides de corsarios». Los musulmanes, engañados, subieron a bordo. Cuando se dieron cuenta de que habían caído en una trampa fueron tales sus llantos que «no se podía entender el pito del cómitre». Se les vendió como esclavos en Almería, Cartagena, Mallorca y Nápoles. Diego Duque de Estrada asegura que espió en 1616 a la flota veneciana, «vestido de villano». Fue descubierto y sometido a la tortura de la cuerda, pero no reveló nada aunque «le maltrataron los brazos».

Más noble fue el desembarco, en la bahía de Mounts, en Inglaterra, en agosto de 1595, de cuatrocientos arcabuceros españoles, con algunos piqueros. Tomaron el fuerte de Penzance, permanecieron tres días en la zona, apoderándose de algunos pequeños lugares, y se reembarcaron sin bajas. Antes de hacerlo, celebraron una misa en aquellas tierras de «herejes», a modo de desafío.

Al tratar el tema de los tercios embarcados es preciso referirse a la empresa de Inglaterra, la más ambiciosa operación anfibia de los siglos XVI y XVII. Sin embargo, jugaron en ella un papel secundario, por dos razones. De un lado, los ingleses optaron deliberadamente por mantenerse a distancia durante los combates navales –precisamente para evitar los abordajes– por lo que estas unidades no tuvieron oportunidad de demostrar su conocida eficacia en el cuerpo a cuerpo. De otro, porque el previsto desembarco nunca llegó a realizarse.

No obstante, la empresa contiene importantes enseñanzas sobre los métodos seguidos para organizar una fuerza expedicionaria. Además, puede ser interesante referirse brevemente a un episodio no demasiado conocido: el paso de los tercios por Irlanda.

Reducido a sus términos más elementales, el ataque contra Inglaterra fue una compleja operación, con dos ejes. De Lisboa partiría una poderosa armada con tropas, que llegaría a Flandes. Una vez allí, se activaría el segundo eje. Los veteranos soldados de Farnesio en los Países Bajos se le unirían. Ambas fuerzas navegarían hasta las costas inglesas, desembarcarían en una playa cerca de The Downs, atravesarían Kent y marcharían sobre Londres.

El plan, desde un principio, adolecía de una serie de puntos débiles. Algunos de ellos eran los siguientes. Resultaba excesivamente complicado para los medios de la época, al requerir una perfecta coordinación entre dos agrupaciones muy alejadas la una de la otra. Exigía un número de buques, de características específicas, superior al disponible. Por ello, la flota que salió de Portugal no reunía las condiciones técnicas precisas para la difícil navegación que le esperaba (por ejemplo, incluía naves diseñadas para las más tranquilas aguas mediterráneas y mercantes apresuradamente transformados en insatisfactorios buques de combate). Existía también el casi insuperable problema de cómo podrían ir los tercios de Flandes al encuentro de la flota, frente al bloqueo holandés. Además, las embarcaciones que les transportarían, de escaso calado para moverse entre canales, no eran las más adecuadas para navegar en mar abierto.

Los españoles, por otro lado, tendrían que combatir alejados de sus bases, lo que complicaría todo lo relativo a la evacuación de heridos, reparación de desperfectos y apoyo logístico en general, mientras los ingleses, por la proximidad de sus puertos, no tendrían esos problemas. Por otra parte, la flota estaba instruida y equipada para la lucha a corta distancia, mientras que sus enemigos, con sus barcos más marineros, impusieron, como hemos dicho, el combate a larga, un duelo artillero, en vez de un choque al arma blanca del tipo de Lepanto. A este respecto, Martin y Parker han demostrado, por ejemplo, las deficiencias en el diseño de las cureñas de la armada. Previstas para que las piezas hicieran un solo disparo, antes de pasar al tradicional abordaje, sus dimensiones eran tan grandes que no permitían desplazar los cañones al interior del barco para recargarlos. En esas condiciones, no era posible sostener un duelo artillero.

Finalmente, por no prolongar la enumeración, hay que referirse a la climatología, que fue extraordinariamente desfavorable: «el tiempo estuvo en contra de la Armada desde el momento que levó anclas en el Tajo». Dicho esto, es indiscutible que llegó prácticamente intacta a Calais, su punto de encuentro con el ejército de Flandes, cumpliendo así la parte más difícil de su misión.

Centrándonos en el papel asignado a los tercios, el plan original de Santa Cruz, basado en un ataque directo desde la península, sin las tropas de Farnesio, exigía cincuenta y cinco mil soldados. De ellos, veintisiete mil españoles en diez tercios de catorce compañías a doscientos hombres. Posteriormente, esta cifra se redujo a dieciocho mil, ya que se decidió que el peso de la operación recaería en las fuerzas de los Países Bajos.

El contingente español que se reunió en Lisboa incluía, al igual que los organizados para otras operaciones similares, elementos de distintas procedencias.

En primer lugar, los inevitables tercios viejos de Italia. Los de Nápoles y Sicilia embarcaron en abril de 1586 rumbo a Portugal, a la vez que en España se levantaban compañías de bisoños para relevar a los veteranos. El primero salió de su virreinato al mando del maestre de campo Alonso de Luzón, con diez banderas y mil seiscientos cincuenta y siete hombres. El segundo, dirigido por Diego Pimentel, con quince y mil trescientos ochenta y ocho, respectivamente.

Con las guarniciones existentes en Portugal se formó otro, confiado a Gabriel Niño: quince banderas y mil quinientas diecinueve plazas. La infantería de los galeones de Indias y de las galeras dio dieciséis compañías y mil quinientos setenta y nueve soldados, que se agruparon en un tercio a cuyo frente se puso Juan de Tejada.

Había que añadir las llamadas «compañías de entre Duero y Miño», catorce con mil ciento cincuenta y ocho hombres y las de Vizcaya, o «Tercio de Vizcaya», nueve, con mil seiscientos cuarenta y uno.

Se reclutó, por otro lado, en Andalucía, el tercio nuevo de Agustín de Messía (veintiséis banderas y tres mil trescientos ochenta y nueve soldados), mientras que los denominados «capitanes de Flandes», enviados por Farnesio, levantaron diecinueve más con mil seiscientos seis hombres.

Poco antes de que muriera Santa Cruz y le relevara Medina Sidonia, este conglomerado de ocho agrupaciones dispares se refundió en cinco tercios, de una estructura uniforme, ya que a cada uno se le asignaron veintiséis compañías y unos efectivos medios de dos mil seiscientos hombres. Fueron los de Nápoles, Sicilia, entre Duero y Miño, Messía e Isla. Los dos primeros, con los maestres de campo ya citados; el tercero, dirigido por Francisco de Toledo. En cuanto al de Isla era, básicamente, el que había sido de Tejada.

La reorganización supuso la desaparición, como unidades con vida propia, del tercio de Niño y de las compañías de Flandes y de Vizcaya, pero también una redistribución de numerosas banderas. Por limitarnos a un caso, el de Isla recibió catorce de Tejada, tres de Messía, otras tantas de Niño y de Vizcaya, dos de Flandes y la propia del maestre. Anotemos que Nápoles se había engrosado con dieciséis compañías y Sicilia, con once. Así pues, nos encontramos, de nuevo, con tercios oficialmente veteranos, aunque no necesariamente lo sean parte de las fuerzas que los integran.

Es importante destacar la cantidad de armas de fuego que hay en las cinco unidades. Nápoles tenía cuatro compañías de arcabuceros; Sicilia, seis; Toledo, tres; Messía, cinco. Solo Isla contaba las dos que teóricamente eran habituales. Muchas de las unidades nuevas de esta especialidad que se habían constituido se confiaron a los llamados «capitanes de Flandes», lo que era una forma de recompensar sus servicios, y de reconocer al tiempo su veteranía, que les hacía especialmente aptos para mandar ese tipo de tropas. Pero, además, las de picas tenían un número elevado de mosquetes y arcabuces. En conjunto, los doce mil seiscientos cuatro soldados se dividen en seis mil seiscientos noventa y nueve arcabuceros, dos mil trescientos noventa y nueve mosqueteros y nada más que tres mil quinientos seis piqueros. Estos eran, por consiguiente, menos de la tercera parte del total.

Antes de que la flota zarpe, se estiman insuficientes estos efectivos, por lo que se incorporan a la expedición compañías sueltas de bisoños extremeños y portugueses, así como andaluces que habían sido reclutados para los galeones de Castilla. También, una pintoresca unidad de turcos renegados, que servirán como arcabuceros, pero sin derecho a banderas ni cajas.

Tras salir de Lisboa el 30 de mayo de 1588, una tempestad obliga a la armada a arribar a La Coruña, el 12 de junio. Allí se procederá a

Detalle de un fresco de Niccolò Granello (1553-1593) que muestra el desembarco de los tercios en la isla de Terceira en julio de 1583. Sala de las Batallas del Monasterio de San Lorenzo de El Escorial.

una última reorganización. Cuando por fin se haga a la mar, rumbo a su destino, llevará la siguiente infantería: tercio de Nápoles, con veintiocho compañías; Sicilia, veintinueve; Toledo, veintiséis; Messía, veintisiete: Isla, veintidós; banderas sueltas, treinta y dos. En total, cerca de dieciocho mil hombres. Se ha calculado que solo seis mil de ellos se podían considerar veteranos. Por ejemplo, tercios oficialmente viejos como Nápoles y Sicilia, a causa de las reestructuraciones, tenían un cincuenta y uno y un cuarenta por ciento de bisoños, respectivamente.

En lo que se refiere al armamento, en Galicia se dotó de arcabuces a otros dos mil piqueros, aumentando aún más la proporción de armas de fuego.

De los dieciocho mil, poco más de diez mil sobrevivirían, incluyendo un millar largo que acabó incorporado en los tercios de Flandes.

Resulta admirable la facilidad con la que las autoridades españolas, para formar el ejército expedicionario, hacen y deshacen tercios, levantan compañías, las barajan entre sí. El sistema se prestaba a toda clase de permutaciones, sin por eso afectar a la operatividad del conjunto.

Respecto al contingente español de las fuerzas de Flandes, su núcleo fueron los tercios que allí tenía Farnesio, y que en 1586, cuando empiezan los preparativos, eran los de: Mondragón (veintisiete compañías, mil doscientos quince hombres); del Águila (veinticuatro, mil doscientos) y Bobadilla (veintiuna, mil ochocientos noventa). En total, cuatro mil trescientos cinco soldados en setenta y dos banderas, lo que –de pasada– demuestra cuáles eran los efectivos reales de estas unidades en campaña, tan alejados de las cifras oficiales.

Dado que su comandante en jefe estimaba que necesitaría diez mil ochocientos, de los cuales seis mil para pasar con ellos a Inglaterra y el resto para asegurar los Países Bajos, se empiezan a tomar medidas para darle esos efectivos adicionales. En primer lugar, se le mandan diecisiete compañías nuevas que estaban en Lombardía, a cargo de Antonio Manrique. Luego llega el tercio de Zúñiga, que ha sido levantado en Castilla. Por fin, el de Queralt, de catalanes.

Los de Manrique, de acuerdo con la inveterada costumbre, se distribuyen entre las unidades veteranas. Zúñiga, pasa a guarniciones, liberando así veteranos para la «empresa».

En abril de 1588, los tercios operativos son: Leyva (ex-Mondragón), con treinta banderas y dos mil novecientos sesenta y ocho soldados; Manrique de Lara (ex-del Águila), con veinte y dos mil seiscientos sesenta y tres; Bobadilla, con veintitrés y dos mil doscientos veintiséis; Queralt, con nueve y ochocientos sesenta y uno. De nuevo, las compañías de arcabuceros superan con mucho a las plantillas. El primero tiene siete; el segundo, cuatro; el tercero y el cuarto, tres cada uno.

En total, Parma había recibido seis mil quinientos sesenta y dos españoles, precisamente la cantidad que había solicitado. Nótese que, una vez más se han completado las unidades viejas con reclutas, y que el resultado final refleja un cierto equilibrio. Menos el de Queralt, los demás tercios estaban formados casi por mitades por veteranos y bisoños. En cuanto a las compañías, arrojan una media de unos cien hombres, mucho más adecuada que los cincuenta que tenían dos años antes. Así pues, el proceso de unión de los dos tipos de soldados se había efectuado no solo a escala de tercio, sino también de bandera, lo que aumentaba la solidez del conjunto.

La administración de Felipe II había realizado un prodigio de organización al situar en Lisboa y en Flandes, con los rudimentarios medios de aquel entonces, los contingentes de españoles requeridos, en el momento preciso, y dotando a los mismos de una estructura interna perfectamente equilibrada.

Como es sabido, la unión de ambas fuerzas nunca llegó a producirse, debido al acertado ataque inglés con brulotes a las naves de Medina Sidonia, en Calais. Tuvieron que hacerse a la mar antes de la llegada de las fuerzas de Farnesio y –forzadas por el régimen de vientos– enderezar hacia España, frustrándose así la «empresa».

El enfrentamiento más importante tuvo lugar el 8 de agosto, frente a Gravelinas, precisamente después del episodio de los brulotes que dispersa a la flota española. Con Medina Sidonia a la cabeza, las mejores naves de esta salen al paso del enemigo para ganar tiempo, a fin de que el resto se reorganice.

La capitana, el galeón San Mateo, llevaba a bordo en calidad de guarnición, ochenta soldados de las compañías del castillo de Lisboa, más cuarenta y cuatro de cada uno de los cinco tercios. En conjunto, trescientos hombres, todos seleccionados y arcabuceros o mosqueteros, constituyendo una «guarnición» sobresaliente. Recibió hasta doscientos cañonazos durante el combate, tuvo que enviar dos buzos para que taparan con estopa y plomo los agujeros más graves y mantuvo las bombas funcionando día y noche para achicar el agua que entraba.

El San Felipe, transportaba al maestre de campo Francisco de Toledo, con doscientos cuarenta y cinco soldados de su tercio en tres compañías, la suya propia y otras dos. Llegó a luchar contra diez bajeles enemigos, tan cerca que –lo que fue excepcional en esa campaña– intercambió con ellos fuego de armas cortas. Hubo incluso un inglés que llegó a entrar en la nave, pero «le hicieron pedazos». Toledo desafió a sus adversarios a que le abordaran , pero, prudentemente, declinaron la invitación. Desde la gavia de un buque se le intimó la rendición. El que hizo la propuesta fue derribado de un tiro por un mosquetero español. En total, el galeón tuvo sesenta soldados muertos y más de cien heridos. Como una rareza se comentó que «salieron vivos los capitanes y los alféreces», lo que ciertamente no era frecuente. De los cuatrocientos cincuenta y siete hombres que formaban su dotación, incluyendo marinería, sobrevivieron ciento veintisiete. Fue tal el fuego que sufrió «que le habían llevado la cubierta primera y rompídole ambas bombas y desenjarciándole». Eventualmente, ingobernable, encalló en la costa flamenca, «tripulado solo por su general, su capitán, con sus muertos, y quince o veinte hombres todavía vivos», mientras que el centenar restante transbordó a una urca.

El San Mateo, no le fue a la zaga. Iban en él doscientos cincuenta y cuatro soldados con el maestre de campo del tercio de Sicilia, Diego Pimentel, con su compañía y dos más. «De los balazos quedó tan abierto que se iba a fondo, sin poder con las bombas agotar la mucha agua» que le entraba. Un buzo reparó los peores daños, pero aun así acabaría estrellándose.

El combate duró nueve horas. En el curso del mismo se vio pasar a la Ragazona, guarnecida por dos compañías de Nápoles y una de Francisco de Toledo, como un fantasma: «con la cubierta llena de muertos y heridos, los cañones silenciosos, la sangre manando por los imbornales, pero con los mosqueteros preparados en lo alto de sus alcázares, mientras luchaba tercamente por ocupar de nuevo su puesto en la alineación».

La armada perdió unos mil muertos y ochocientos heridos, pero solo una nave fue hundida, La María Juan, con dos compañías del tercio de Toledo. Pero los ingleses no lograron dar el golpe de gracia a la flota. Al día siguiente, Medina Sidonia en persona les esperó, acortando velas a modo de desafío, pero no se aproximaron.

La travesía de regreso, rodeando Irlanda, fue durísima. Las tempestades se cebaron en la flota, maltrecha por el viaje desde Lisboa y por los combates habidos. Unidas a un conocimiento impreciso del litoral, harían que una parte considerable de los buques, aproximadamente veintiséis con seis mil hombres a bordo, acabaran estrellándose en las ásperas costas. Fallon estima en tres mil setecientos cincuenta los que se ahogaron.

Pero los demás tenían derecho a esperar mejor suerte de la que les aguardaba. Los irlandeses, en su mayoría enemigos de la dominación británica, llevaban años importunando a España en demanda de ayuda. Ahora que centenares de súbditos de Felipe II, agotados y hambrientos, eran arrojados a sus playas, era de suponer que serían acogidos favorablemente.

No fue así. Clanes como Mac Clancy, Mc Donnelll y O'Cahan, y personalidades como el obispo de Dawn, les socorrieron cuanto pudieron, acogiéndoles, alimentándoles, ocultándoles y facilitando su paso a Escocia, para que desde allí regresaran a España. Pero en la mayoría de los casos, los irlandeses desvalijaron a los que habían sobrevivido a los imponentes acantilados orlados de rompientes. En ocasiones, incluso, les entregaron sin escrúpulos a los gobernantes ingleses «con una rapidez casi indecente». Entre los que actuaron de esa manera, figuraban personajes que jugarán más tarde un papel opuesto, buscando y obteniendo, ayuda española contra los británicos. En otros casos, simplemente les degollaron. Así, cerca de un centenar fueron asesinados por el clan O'Malley, en la isla de Clare.

Algo parecido sucedió a Alonso de Luzón, maestre de campo del tercio de Nápoles y a las tres compañías de esa unidad que navegaban en el buque La Trinidad Valencera, que encalló cerca de Glenavigney.

Con el apoyo del clan O'Doherty, trescientos cincuenta hombres emprendieron la marcha hacia Derry, con la intención de alcanzar luego las costas escocesas. Por el camino tropezaron con un destacamento de ingleses y de irlandeses al servicio de Isabel I. Tras una larga negociación, aceptaron deponer las armas, a cambio de la promesa de que no les robarían la ropa y de un salvoconducto hasta Dublín. Esa misma noche sus captores se lanzaron sobre ellos, pasando a cuchillo a más de cien. Los otros escaparon como pudieron, muchos de ellos heridos, para morir en algún rincón solitario. Solo se respetó a aquellos de los que se esperaba obtener un sustancioso rescate, pero incluso esos recibieron tales maltratos que la mayoría falleció. Uno de los supervivientes fue Luzón, al que un inglés describiría diciendo que «tenía cierto aire majestuoso». Se pagaron por él mil seiscientas cincuenta libras.

Ante la acogida que, en general, les brindaron los irlandeses, a los que creían sus aliados, varios de los pocos españoles que sobrevivieron a la experiencia, les describen en sus escritos como «salvajes».

En cuanto al comportamiento de las autoridades inglesas, fue execrable. Gobernaba en esos días el condado de Connacht, en cuyo litoral se estrellaron muchas naves, sir Richard Bingham, a quien una fuente, no española, califica de «demoniaca arma de destrucción», con una sed de sangre rayana en lo patológico, y que había sembrado el terror en su jurisdicción. A pesar de que había servido al lado de los españoles, se mostró implacable con sus antiguos compañeros de armas, cumpliendo sin vacilar las órdenes del máximo representante de Londres en la isla, sir William Fitzwilliam, Lord Deputy. Estas se reducían a «capturar y ejecutar todos los españoles de cualquier calidad», con la puntualización de que «se puede recurrir a la tortura para alcanzar este fin», y de que también se le autorizaba a «jurar» lo que fuese preciso.

Pertrechado con estas instrucciones, mató a cientos de hombres indefensos, a muchos de los cuales se les había prometido la vida. En una sola sesión llegó a pasar a cuchillo a trescientos. En total, entre mil cien y mil quinientos fueron masacrados.

Naturalmente, esta conducta es inexcusable. Se trataba de prisioneros de guerra, y como tales tenían derecho a un trato más civilizado. Sin embargo, hay que tener en cuenta que, a pesar de que parezca sorprendente, la arribada de tanto barco provocó un verdadero pánico en los mandos ingleses en la isla, convencidos de que se trataba de una invasión, si bien el mero aspecto de la mayoría de los españoles, hambrientos, enfermos y desorientados, indicaba que en ningún caso podían suponer una amenaza. No obstante, ese pánico existió, e incluso se mandaron a la corte de San Jaime frenéticas demandas de auxilio. La reina llegó a movilizar tropas en Inglaterra para hacer frente a esos espectros.

La realidad es que aquellos infelices, física y psicológicamente agotados, no estaban en condiciones de emprender nada, y su única meta era poner fin a la pesadilla que estaban viviendo y volver a España.

Quizá de todos los grupos de supervivientes, el que causó mayor preocupación fue el mandado por Sancho Martínez de Leyva, destinado a suceder a Medina Sidonia si este hubiese quedado fuera de combate. Su buque, la Rata Encoronada, que se había distinguido en todas las batallas del Canal, con trescientos treinta y cinco soldados de los tercios de Mejía y de Toledo y más de sesenta nobles a bordo, encalló en Fahy Strand. Toda la tripulación, quizá setecientos hombres, saltó a tierra, y se atrincheró en el abandonado castillo de Fahy. Al tener noticia de que una nave española se había refugiado cerca de allí, marcharon hacia ella. Se trataba de la Duquesa Santa Ana. Amontonándose como pudieron, las dos dotaciones, que sumaban aproximadamente un millar de hombres, se hicieron a la mar, en demanda de Escocia. Pero los vientos contrarios les lanzaron contra la costa en la bahía de Loughros More.

De nuevo, tuvieron que desembarcar y se fortificaron en las ruinas de otro castillo, el Kiltoorish, entablando contacto con el clan Mc Sweeney. Para entonces, Bingham escribía a Fitzwilliams alarmantes informes sobre la presencia de aquellos desdichados, como si fueran un peligroso ejército.

Estando en el castillo, Leyva recibió información de que tres barcos españoles habían arribado a la bahía de Donegal, a veinte millas al sur, a través de las montañas. Cuando llegó a su destino, vio que solo quedaba una nave a flote, la galeaza Girona, de unas ochocientas toneladas, con treinta y seis remos movidos por una chusma de doscientos cuarenta y cuatro hombres, y una tripulación de trescientos, incluyendo ciento noventa y seis soldados. En total, se juntaron, pues, cerca de mil seiscientos. Tras reparar los daños de la galeaza, unos mil trescientos se apiñaron en ella. Para entonces tenían que encontrarse en condiciones lamentables, tras combatir a los ingleses en el Canal, soportar tormentas, sufrir dos naufragios y encontrarse en tierras de un enemigo que no daba cuartel.

El buque puso proa a Escocia, pero la mala suerte perseguía a Leyva. Cerca de Benbane Head, la nave se partió en dos. Nueve hombres se salvaron.

En total, de los seis mil que llegaron a Irlanda, no más de setecientos cincuenta volvieron a España, algunos tras un viaje de meses sufriendo penalidades indescriptibles. Fue especialmente triste el caso de seiscientos que, por distintas vías, alcanzaron Escocia. De allí salieron en cuatro embarcaciones fletadas por un comerciante local, al que Farnesio había ofrecido cinco ducados por cada español que llevara a Flandes. Eran portadores de un salvoconducto de la reina Isabel. En las proximidades de Dunkerque, fueron atacados por los holandeses, que, de acuerdo con los ingleses y a pesar del salvoconducto, les habían preparado una emboscada. Uno de los barcos fue apresado y su pasaje arrojado al mar. Los otros tres tuvieron que encallar, partiéndose en dos bajo el fuego enemigo y hundiéndose con más de doscientos setenta hombres, que ya se creían a salvo. En represalia, los españoles decapitaron a cuatrocientos prisioneros holandeses.

Otros tuvieron mejor suerte, como setecientos que arribaron a Inglaterra propiamente dicha y doscientos que habían sido hechos prisioneros anteriormente por los holandeses, Ambos grupos fueron rescatados mediante el pago de diez libras por hombre.

Un caso especial fue el del San Juan de Sicilia, que echó anclas en la bahía de Tobermory, en Escocia, por haberse quedado sin agua potable. El jefe del clan local, los MacLean, se la ofreció, a cambio de que los destacamentos de los tercios de Sicilia y de Francisco de Toledo que iban a bordo, formaran una compañía para ayudarle a combatir a sus enemigos, a lo que hubo que acceder. Mientras la infantería peleaba, el resto de la tripulación realizaba las reparaciones precisas para continuar el viaje. Pero un espía inglés que logró infiltrarse dio fuego a la reserva de pólvora, volando el buque y todos los que en él se hallaban. Los soldados que estaban en tierra, continuaron operando durante un año en favor de sus huéspedes. Al término del mismo, fueron repatriados a España.

En 1596, cuatro años después de la «empresa», un pequeño grupo de supervivientes hizo llegar una carta a las autoridades españolas desde el noroeste de Irlanda, donde actuaban como instructores de los «rebeldes». Pedían ayuda para regresar. Nunca más se supo de ellos. Otro, Pedro Blanco, llegó a ser guardia personal de Tyrone, combatió en varias batallas y le acompañó a Flandes en 1607. En 1616, todavía seguía vivo.

La epopeya de la expedición de 1588 revela la increíble resistencia de los marineros y soldados que en ella iban. Algún estudioso ha expresado «admiración por la fortaleza moral de hombres que –aunque perdiendo constantemente– siguieron intentándolo; una fortaleza moral que aparece una y otra vez durante la campaña». Es notable que, como hemos visto, a pesar de que únicamente arribaran a Irlanda jirones de unidades, bastaran para alarmar a los ingleses. Lo mismo les sucedía, a miles de kilómetros, a los turcos: «pues siendo tan solo mil doscientos (de infantería española en Nápoles), en Constantinopla se dice que son diez mil». De los cinco maestres de campo que fueron con Medina Sidonia, al frente de otros tantos tercios, Isla murió en combate, y hemos comentado ya el brillante comportamiento de Toledo y Pimentel, así como la triste suerte de Luzón.

En 1601, los españoles volvieron a Irlanda para ayudar a los «rebeldes». Lo hicieron en una flota de más de cuarenta barcos, que llevaba a cuatro mil quinientos soldados al mando de del Águila. El mal tiempo, que había deshecho anteriormente otras importantes operaciones contra Inglaterra en 1596 y 1597, separó a las naves. Tres, con Alonso del Campo, llegaron a Baltimore. Las demás, con unos tres mil hombres, a Kinsale, en Münster.

La población les abrió las puertas de la ciudad, y del Águila se apresuró a tomar medidas para la defensa. Pronto, Mountjoy, entonces Lord Deputy, se presentó ante los muros, con más de seis mil efectivos. La plaza quedó bloqueada, más que sitiada, si bien se produjeron combates, provocados por salidas de los españoles, que a fines de año recibieron algunos cientos de hombres como refuerzo.

Mientras, jefes irlandeses como O'Donnell y Tyrone se habían puesto en marcha desde el norte, avanzando hacia Kinsale, y uniéndose en el camino con doscientos soldados de del Campo. También en esta oportunidad se ha criticado el comportamiento de los «rebeldes», especialmente la lentitud de su reacción y el hecho de que «casi nadie en Münster había movido un dedo para ayudar a los españoles».

El 23 de diciembre y cediendo de mal grado a las instancias de O'Donnell y del Águila, Tyrone se decide a dar la batalla contra Mountjoy. Pero este había sido advertido de este plan por un jefe irlandés, se dice que a cambio de una botella de *whisky*, y había hecho los necesarios preparativos.

Del Campo, que formaba en la derecha, aconsejó a Tyrone que atacara, a pesar de que los ingleses no habían sido sorprendidos y les estaban esperando. Prefirió ordenar la retirada. La caballería de Mountjoy cargó, dispersando a los irlandeses. Los españoles, abandonados a su suerte, se defendieron con coraje. Solo cuando quedaron reducidos a cincuenta aceptaron rendirse (algo parecido sucedería en 1719 en la batalla de Glenshiel, cuando un contingente

Detalle de *La batalla por los pozos* entre tropas españolas y otomanas frente a Túnez en 1535, grabado de Frans Hogenberg (1535-1590). Rijksmuseum, Ámsterdam.

español enviado en ayuda de los jacobitas también fue abandonado por sus aliados. Resistió los ataques británicos, y no se rindió hasta el día siguiente).

Del Águila, que no había recibido a tiempo la señal para atacar desde la ciudad, hizo a pesar de ello una salida, pero ya era demasiado tarde y fue rechazado. Hubo otros choques, pero pronto se comprobó que la situación no tenía una salida militar. Ni los españoles podían derrotar al enemigo, ni este quería correr el riesgo de un asalto.

El 31 de diciembre se abrieron las negociaciones, que culminaron en la repatriación de los tres mil seiscientos españoles que quedaban, incluyendo a los supervivientes del destacamento de del Campo.

El comandante español volvió a su país fulminando contra los irlandeses. No le faltaba razón: «los españoles habían desembarcado como prometieron, un contingente importante, se habían mantenido casi sin ayuda aunque se les había prometido que la recibirían «en días». Luego, cuando el ejército irlandés llegó, fue deshecho por un puñado de hombres. Los españoles habían cumplido su parte, y se les había dejado caer de un modo lamentable». Es cierto también, sin embargo, que el lugar del desembarco fue pésimamente escogido. En Münster no existía ningún movimiento contra los ingleses, y el foco de la «rebelión» no estaba allí sino más de doscientas millas al norte.

Excepto en el caso de operaciones anfibias y de ciertos combates, como Lepanto, los tercios ni podían jugar ni jugaron un papel decisivo en la política naval española, basada –lógicamente– en las flotas. Incluso en las derrotas de mayor alcance, como la «empresa» de 1588 y, sobre todo, la destrucción de la armada de Oquendo en las Dunas, su actuación fue de solo relativa importancia.

No obstante, quizá se podría arriesgar un balance de dicha política. Evidentemente, al final del periodo de los Austrias, España había dejado de ser una potencia marítima de primer orden. Pero seguramente sería un error deducir de ello que había fracasado en toda la línea.

Desde luego, en el mar del Norte había sido desbancada. Pero aún allí ese resultado final no era tan evidente mientras duró la larga batalla. Parker ha demostrado que el intento de invasión de 1588 distó mucho de ser una insensatez y podría haber tenido éxito. Si los tercios hubiesen desembarcado en Inglaterra, su triunfo era casi seguro. Tan grande era la penuria de tropas, que, para hacer frente a la amenaza hubo que repatriar cuatro mil hombres del contingente británico que combatía en los Países Bajos junto a los holandeses. El resto de las fuerzas disponibles eran milicianos a medio entrenar, muchos de los cuales desertaron ante el simple anuncio de la proximidad de la flota. Poca defensa era esa para enfrentarse a los tercios.

Por otro lado, el «contraataque» lanzado inmediatamente por Drake fue un completo fracaso y costó diez mil hombres, muertos por enfermedades o inutilizados para el servicio, además de cien mil libras esterlinas. Ya hemos visto que solo dos años después se lanza una expedición por mar contra Bretaña, y que entre 1596 y 1601 se enviarán tres flotas más contra Inglaterra. El hecho de que se haya podido escribir un libro con el título *Las Armadas españolas*, refleja el verdadero alcance de la derrota de Medina Sidonia. En realidad, esta sirvió de estímulo para emprender un ambicioso programa de construcción naval: «en la década de los noventa del siglo XVI, España estaba en posesión de una poderosa flota atlántica. En los años finales del reinado (de Felipe II) tenía entre cuarenta y sesenta buques».

En cuanto al enfrentamiento con los holandeses en ese teatro de operaciones, Israel y Alcalá-Zamora han probado que la derrota no fue inevitable, y que España pudo haber ganado la guerra por ese mar. Aún tras la derrota de las Dunas y en el mismo año en que se produjo, en palabras del primero «la confianza empresarial y comercial de Holanda alcanzó uno de los niveles más bajos de toda la guerra… paradójicamente, la gran victoria de los Downs (como también se llama a la de las Dunas) no hizo sino anunciar un periodo de crecientes pérdidas neerlandesas en el mar y de tarifas salvajemente elevadas en fletes y seguros». El simple número de las naves que mandaba Oquendo, más de cien, y la continua actividad de los corsarios reflejan la vitalidad de la amenaza española aún en fechas tan avanzadas.

Respecto al Mediterráneo, el vital eje España-Italia se mantuvo. Lepanto pudo resultar, como se ha dicho, solamente «un éxito negativo», pero ya hemos comentado que tras el combate, la amenaza turca nunca volvió a ser la misma. La transferencia de efectivos procedentes del mar del Norte a esa región ayudó, por otro lado a sostenerse en ella.

En las Indias, se mantuvieron las comunicaciones: «en cerca de tres siglos tan solo en un par de ocasiones sufrieron daños las flotas anuales» (las dos flotas capturadas cayeron en manos de Heyne, en 1628 y de Blake, en 1656). Según Chanu, entre 1540 y 1650, once mil buques hicieron el pasaje entre España y América. De ellas, se perdieron quinientas diecinueve: trescientas cincuenta y tres, por temporales; cincuenta y nueve, varadas; ciento siete por ataques enemigos. Es decir, no más de un 0,5 por ciento fueron apresados o hundidos en acción de guerra. Esa fue la verdadera eficacia en combate de los adversarios de toda laya que surcaron el Atlántico.

Ciertamente, como dice Correlli Barnett, «la piratería podía hacer ricos a los comerciantes (que fletaban las naves), pero los ingleses con los barcos de la época no pudieron cortar las comunicaciones navales españolas. Con el fracaso de la expedición a las Azores de 1597, se puso fin a la espléndida era de poderío naval de la Inglaterra de la reina Isabel, tan rica en la leyenda, tan escasa en resultados sólidos».

Por lo que se refiere a las posesiones terrestres en Ultramar, que tanto dependían del resultado de la lucha naval, una ojeada a cualquier mapa permitirá comprobar lo reducido de las pérdidas durante todo el periodo. Sin duda, casi nada en comparación de los esfuerzos de los numerosos y variados enemigos. La que quizá fue la más ambiciosa operación contra las Indias, el famoso «Gran Designio» de Cromwell, se saldó con un costoso fracaso. Su único éxito, la conquista de Jamaica, no guardó relación alguna ni con los medios empleados, ni con los objetivos que se habían fijado, ni con las expectativas que había creado.

El legado territorial que Carlos II dejó, no era sustancialmente distinto al que recibió Felipe II. Desde luego, España se había desangrado y arruinado (desde el punto de vista económico, tan imposible era mantener las armadas como los tercios), pero la mera supervivencia del imperio y de los ejes Filipinas-América-España y España-Italia, indicaban los límites de la derrota.

A la hora de explicar esta, Goodman, en su valioso estudio del poderío naval español entre 1589 y 1665, tiene dificultades para encontrar razones específicas, tantos paralelismos encuentra entre el desarrollo marítimo de España y de otros países. Alude, acertadamente, a la «imposible tarea de defender un vasto imperio global», y enfatiza la constante falta de dinero: «en cualquier lugar que uno mira, siempre se vuelve a la escasez de fondos». Aventura al final de su obra que quizá el principal motivo adicional fue la baja moral de las tripulaciones, por su escasísima consideración social, menor que en otros Estados: «puede ser que, en última instancia, este factor explique más que ningún otro el decepcionante comportamiento naval de España». No se encuentra en su libro, sin embargo, justificación para otras razones tradicionalmente esgrimidas, como el desinterés de los reyes que se sucedieron en el trono por todo lo relacionado con el mar, o una pretendida incompetencia congénita para lo naval. Es interesante que su análisis se aproxime al de un infante español que citamos páginas atrás, al hablar de las operaciones en Flandes, y cuyo razonamiento acaba así: «pocos se inclinan a la navegación, y es de tanta importancia el hacerlo, como tantas veces por experiencia lo hemos visto, y se sabe que el príncipe que fuere señor de la mar lo será de la tierra, y con solo ella, y sin marineros ni armadas no la podrá conservar».

Por lo que a los tercios respecta, y sin olvidar el carácter generalmente subordinado de sus acciones en el ámbito naval, no parece excesivo calificar de asombrosa la amplitud de las operaciones que desarrollaron, tanto por la variedad de escenarios geográficos como por los tipos de misiones que llevaron a cabo. Estuvieron en el norte de África, Brasil, Grecia, Portugal, Irlanda, Bretaña, Inglaterra, Azores, Florida, por no agotar la enumeración. Hicieron desembarcos masivos, dieron golpes de mano, participaron en batallas entre galeras, en combates de galeones… Absorbieron tremendas bajas (como el tercio de Sicilia en Lepanto); soportaron terribles pérdidas de oficiales (Malta); sufrieron hambre y sed (Corón); demostraron una capacidad de recuperación asombrosa (supervivientes de la empresa de Inglaterra incorporándose a los tercios de Flandes o desembarcando en Bretaña); experimentaron desconcertantes cambios orgánicos (Lisboa, 1588); pasaron de una especialidad a otra (coseletes sirviendo como arcabuceros y como picas secas, mosqueteros luchando al arma blanca en los abordajes). Y ello, aparentemente, sin perder un ápice de su ponderada eficacia, a pesar de que, en la mayoría de los casos, no tenían un entrenamiento específico para operar en el mar. Constituían, aún embarcados, una infantería apta para todo.

9

LOS ÚLTIMOS TERCIOS

> Pisaba recio y airoso, y traía el sombrero calado de medio lado; la capa,
> cruzada sobre la espada, la mano en ella, y la otra, hecha jarra.
>
> Diego Duque de Estrada

Quizá la cita que encabeza este capítulo pueda reflejar la etapa final en la trayectoria de los tercios. Porque el bizarro infante a que se refiere, tan en la línea del arquetipo, no es un hombre, sino la amante de un soldado, que había sentado plaza disfrazada. Los tercios, junto con España, se empiezan a sumergir en un mundo donde la apariencia poco tiene que ver con la realidad.

Habitualmente, cuando se habla de los tercios, se piensa en unidades del tipo descrito hasta ahora: permanentes, integradas por personal voluntario y destinadas en el exterior. Sin embargo, a partir de los años treinta del XVII surgen unos tercios distintos que, inicialmente, no comparten ninguno de esos rasgos. Al contrario, son formaciones temporales, no siempre constituidas por voluntarios y, en principio, organizadas para servir en la península ibérica. Ninguna de ellas participó en las operaciones que se han descrito hasta ahora (excepto el sitio de Salses), pero parece inexcusable describirlas, ya que llegaron a jugar un papel importante.

No obstante, antes conviene detenernos en una serie de normas que se promulgan por la misma época. Esas normas y esos tercios nuevos encuadrarán la infantería española hasta principios del siglo XVIII.

La última ordenanza que, con carácter general se dictó para estas unidades, es la de 28 de junio de 1632. Portugués recoge además otras disposiciones posteriores, de 30 de abril de 1633, 6 de febrero de 1663, 1 de mayo de 1685, a las que habría que añadir la reforma de 1698, que no aparece en su Colección General de las Ordenanzas Militares.

La mencionada en primer lugar resulta especialmente interesante por dos motivos. De un lado, contiene la más completa regulación que se dictó sobre los tercios, reiterando principios recogidos en normas de

1603 y 1611 que apenas se habían aplicado, y cubriendo muchos de los aspectos que se han tocado a lo largo de estas páginas (orgánica, ascensos, táctica, vida y disciplina…). De otro, el momento de su promulgación, al coincidir con lo que Elliot gráficamente ha llamado el periodo de «pérdida de la reputación», da una panorámica de la situación de los tercios cuando España está en vísperas de entrar en una oleada de guerras, al término de la cual habrá perdido su rango de potencia hegémonica. Merece ser estudiada, pues, con cierto detenimiento.

Según el propio legislador, se trata de un esfuerzo orientado a poner fin a la decadencia de dichas unidades. Decadencia, por otra parte, de la que se llevaba hablando más de cincuenta años, lo que hace suponer que era relativa y –sobre todo– que el proceso de erosión fue largo y paulatino. El momento de su inicio resulta, además, casi imposible de determinar, por la constante alternancia de derrotas y victorias hasta fecha muy tardía. En cuanto a sus causas últimas, probablemente respondan más a cuestiones de carácter extrínseco a los tercios que a problemas estructurales de los mismos.

Un dato curioso es que la ordenanza atribuye este estado de cosas fundamentalmente a la paz en que había vivido España, a pesar de que cuando se estaba redactando continuaban las hostilidades en los Países Bajos, tras el fin de la Tregua de los Doce Años.

El texto aspira a devolver a los tercios a una situación anterior, también imprecisa, cuando todo era mejor. Pero tan dignos de destacar como los cambios que introduce, son los que no hace. Así, se mantiene la estructura básica del tercio como agrupación de compañías, y no se toca nada esencial ni en las primeras planas ni en el sistema de relevos. Ello puede responder a un conservadurismo suicida o, lo que es más verosímil, a que se estimaba que esos aspectos funcionaban razonablemente y no necesitaban modificación.

Porque lo que es indiscutible es que al redactor de la norma le mueve un afán reformista, y no vacila en modificar todo lo que le parece preciso. En este sentido, la ordenanza es un ambicioso intento de aumentar la operatividad de las fuerzas y, especialmente, de devolverlas la «estimación» propia, lo que se busca mediante dos mecanismos. El primero, que no es nuevo, estableciendo lo que hoy se llamaría un perfil de carrera. El segundo, que sí es original, introduciendo una amplia gama de incentivos económicos, a los que se da una importancia primordial.

En el aspecto orgánico, la única modificación que se decreta en la plana mayor del tercio es la aparición de un capellán mayor, que debía ser «clérigo presbítero y no fraile» e incluso se pretende que alguno sea «teólogo predicador», con un sueldo no despreciable de veinticinco escudos. No obstante, este énfasis en lo religioso no se mantuvo: antes de que acabara el siglo desaparecen los capellanes de compañía, sustituidos por dos para todo el tercio.

En el plano puramente militar, se prohíbe formar nuevos tercios de españoles, y se fija en tres el número de los que debían guarnecer las posesiones italianas. Cada uno de los creados en España tenía que tener doce compañías a doscientos cincuenta hombres: un capitán con su paje, alférez con abanderado, sargento, dos tambores, un pífano, furriel, barbero, capellán y doscientos treinta y nueve soldados. Los de fuera de la península, quince banderas a doscientas plazas.

La ordenanza solo recoge las plantillas de estas últimas, que comprendían setenta coseletes, noventa arcabuceros y cuarenta mosqueteros. Pero una Real Resolución de 30 de abril de 1633 aporta la composición de las levantadas en España: noventa coseletes, ochenta y nueve arcabuceros y sesenta mosqueteros, lo que les concede una potencia de fuego notablemente mayor.

Ambos tipos de compañías tienen unas dimensiones excesivas para la época, cuando primaba ya el modelo holandés, basado en unidades más reducidas. Sin embargo, los datos mencionados al comentar la batalla de Rocroi indican que, como siempre, los tercios tenían bastantes menos hombres de lo previsto, y que la cifra de tres mil, salvo en casos absolutamente excepcionales, continuaba siendo una aspiración inalcanzable.

Al tiempo, y junto a esta estructura teórica tradicional, aparece un elemento de modernidad, al disponerse en el artículo octavo que las banderas de arcabuceros, a las que se califica de «embarazosas», sin mayores explicaciones, se reformen «haciéndolas de picas». Se ponía de esa manera fin a la que había sido una característica de los tercios desde su creación, la existencia de dos clases de compañías diferenciadas por su armamento, para acercarse al sistema holandés, en el que todas tenían una misma composición, reforma que venía justificada por el incremento de la eficacia de las armas de fuego. En esta materia se siguió, sin embargo, una política vacilante. Las unidades de arcabuceros volverían a aparecer, para ser suprimidas posteriormente, ya de forma definitiva, en el XVIII, si bien la proliferación de las armas de fuego hizo cada vez más académica la distinción entre un tipo u otro de banderas.

En cualquier caso, el proceso de reducción de plantillas o, por mejor decir, su adecuación a la realidad, era imparable. En otra ordenanza, de mayo de 1685, que comentaremos enseguida, se ponen ejemplos de banderas de setenta y dos hombres, repartidos por igual entre piqueros, arcabuceros y mosqueteros, y de tercios de cuatrocientos treinta y seis efectivos. Se trata ya de un esquema totalmente actualizado, acorde con la doctrina más avanzada de la época.

Siguiendo esa misma tendencia, la última reforma del siglo, cuyo destinatario es el ejército de Flandes, y que lleva fecha de 7 de marzo de 1699, asigna a cada una de las doce compañías del tercio únicamente cuarenta y cuatro plazas. La información que aparece en una revista de junio de ese año demuestra que ni siquiera tan modestas cifras respondían a la realidad. De seis unidades españolas, la más nutrida tiene cuatrocientos diecisiete hombres, y la que menos, doscientos setenta y cuatro. Desde luego, ninguna presenta una fuerza que guarde una mínima relación con la imagen de los masivos tercios que ha llegado a nuestros días.

En el capítulo de sueldos, la resolución de 1633 fija los siguientes:

Capitán y paje: cuarenta y cuatro escudos
Alférez y abanderado: dieciocho
Sargento: ocho
Furriel: seis
Barbero: seis
Tambor: seis
Pífano: seis
Capellán: doce
Cabo: tres (de ventaja)
Soldado: tres
Coselete: uno (de ventaja)
Arcabucero: uno (de ventaja)
Mosquetero: tres (de ventaja)

Además había treinta escudos de ventajas ordinarias (esto es, para que el capitán los repartiera a su criterio entre los hombres), dos de ocho escudos para alféreces reformados, dos de seis para sargentos reformados, y cuatro de seis y otras tantas de cuatro para soldados, por lo que una cantidad considerable de los efectivos recibían un sobresueldo.

Los haberes se dividían en dos partes. De un lado, cada quincena se percibía un tercio de la paga mensual. De otro, la tercera parte restante «se reserva por la paga de hospitales, pólvora, cuerda, vestidos de munición y armas». La medida obedecía tanto a las evidentes escaseces presupuestarias como al convencimiento de que si al soldado se le entregaba todo su sueldo, lo malgastaba en unos pocos días, quedándose sin dinero el resto del mes.

Se especificaba, lo que era bueno para la tropa, «que el soldado sea pagado en tabla y mano propia, comenzando por ellos la paga, de manera que si viniese a faltar, sea a las cabezas (los oficiales), que tendrán modo para socorrer sus necesidades». Se apartaba así al capitán del manejo de los sueldos, al tiempo que se reconocía que era posible que estos no alcanzaran para toda la unidad. El tiempo confirmaría lo acertado de esta disposición. En 1698 la tropa recibía ocho mensualidades al año, y los oficiales, seis.

Como señalamos antes, la ordenanza de 1632 incluye todo un plan para hacer más atractiva la carrera militar.

En el campo de las expectativas profesionales, se pretende crear un sistema basado en torno a la antigüedad calificada. No se indica la forma de subir el primer peldaño, de soldado a cabo, pero a partir de ese grado, se especifican los requisitos para cada ascenso sucesivo. Para sargento, cuatro años continuados «en guerra viva», o seis efectivos aunque fuesen interrumpidos. En el caso del alférez, las exigencias son las mismas, de forma que con igual experiencia se podía acceder a cualquiera de los dos empleos. Esta aparente anomalía se explica por el deseo de respetar el derecho del capitán a elegir a su segundo, el alférez, «por haberles de fiar la honra que se gana o se pierde con las banderas». Estas encarnan, por supuesto, el honor del rey, pero también –de forma más inmediata– el del jefe de la compañía. De ahí que se le reconozca la libertad de elegir a quien le parezca, si tiene el tiempo de servicio requerido.

Pero si la designación recae «en persona vituperosa, apóstata, ladrón conocido o de otros defectos», se le despoja de ese privilegio, y la antigüedad pasa a convertirse en el criterio principal, correspondiendo la bandera al sargento.

Para llegar a capitán, se exigen seis años como soldado y tres de alférez, o diez de soldado. Era preciso también gozar de alguna ventaja –lo que era un indicio de mérito–, pero no de entretenimiento, regla no aplicada a los reformados que sí que lo percibían hasta que volvían a ser empleados. En el caso del sargento mayor, prima la antigüedad condicionada: «sería de mayor satisfacción» que el grado recayera en el capitán con más tiempo en el servicio. Pero si este no es el «más benemérito», y habida cuenta de la importancia del empleo, se podía seleccionar a otro. Respecto al maestre de campo, tenía que haber sido durante al menos ocho años capitán, de infantería o de caballería.

Junto a esta escala normal, hay otra excepcional, para todos los grados, reservada a las personas de «sangre ilustre» (por ejemplo, si se reunía esa condición, para ascender a maestre de campo bastaban ocho años de servicio y haber sido capitán, pero sin fijar plazo de desempeño de ese grado). Se tenía por tales «aquellos cuyo padre o abuelo, por línea de varón, fueron hijos o nietos de casas de grandes o títulos, o de aquellas casas que juran al príncipe y pagan lanzas». Estas facilidades no respondían a un respeto hueco hacia la nobleza; de hecho, «la calidad… no basta para alcanzar honra y merced». Es que «con razón se debe presuponer en ellas mayor capacidad y más anticipadas noticias e indubitable valor, y por estos respetos es bien no dilaten tanto como los demás el designio que se debe hacer de ellos para los puestos mayores». Es el mismo razonamiento que durante siglos justificó en algunos ejércitos el sistema de compra de grados militares.

Muy poco dice la ordenanza sobre los cometidos de los distintos oficiales, lo que apunta a que sus competencias estaban suficientemente definidas. De los maestres de campo, se limita a mencionar la importancia del cargo. Sobre el sargento mayor, solo dice que el capitán general, a quien corresponde su nombramiento, debe consultar al maestre de campo respectivo, lo que siempre se había considerado deseable. Del capitán se destaca su papel en la formación de los hombres «entendiendo los dichos capitanes que el bueno o mal celo, o proceder, de los soldados, depende de la buena o mala disciplina que de ellos hayan aprendido». Indirectamente, se dignificaba la posición de los alféreces, al exigir que sus abanderados llevasen espada y que «sean personas de mejor hábito y de más porte del que se ha acostumbrado».

Para terminar con el sistema de ascensos, resulta muy interesante el concepto de «guerra viva» que aparece en la ordenanza: «servir en la guerra se entiende donde tengo tercios de infantería española o compañías formadas de ella en mis escuadras de galeras y de bajeles de alto bordo, las cuales se guarnecen siempre con infantería española». Esta conservaba, pues, su carácter de fuerza de intervención, de especial confianza.

En cuanto a los incentivos económicos que se crean, son muy sustanciales, especialmente para un estado siempre al borde de la quiebra. Enumerándolos muy brevemente, se fijan los siguientes:

Para los soldados no aptos para prestar servicio por razones de edad, se establecen «en los lugares marítimos de este reino», sesenta plazas. Veinte con un sueldo de doce ducados, otras tantas con ocho y el resto con cinco, para soldados «que tengan sesenta años arriba y por lo menos veinte de servicio».

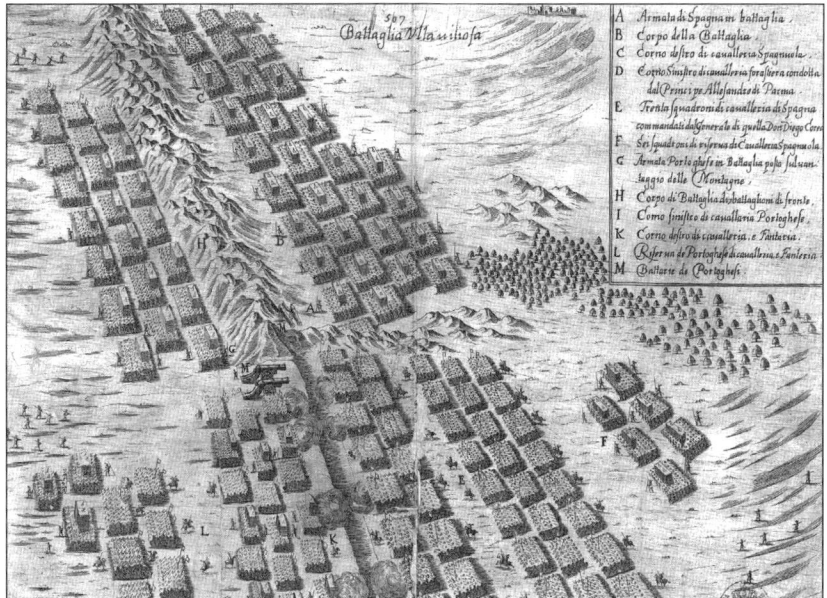

La batalla de Villaviciosa entre españoles y portugueses en 1665, al término de la Guerra de Restauración lusa (*ca.* 1660-1670), grabado de Gaspar Bouttats (1639-*ca.* 1718). Biblioteca Nacional de Portugal, Lisboa.

Los heridos en acción tenían derecho a recibir «algunas pagas», bien a cuenta de sus atrasos o, si no los hubiera, «gratuitamente».

Para el soldado con veinte años de servicio «en guerra viva», se fijaba un premio de trescientos ducados. Con dieciséis años podía recibir una «ventaja particular» de cuatro escudos, pero si había estado en filas sin interrupción durante ese tiempo, era susceptible de aumentarse hasta seis. En el caso de que hubiera estado embarcado o en campaña, el plazo se reducía a diez años, y las ventajas pasaban a ser, respectivamente de seis y de ocho escudos.

Se establecen además en cada compañía cuatro plazas dotadas con una ventaja de seis escudos para «personas prácticas» con ocho años de servicios seguidos, o doce si no lo son. También, para los hombres «beneméritos» había ventajas de dos escudos, y una vez al año cada tercio recibía doscientos escudos para repartirlos en bonificaciones que oscilaban entre cinco y diez escudos para aquellos que hubiesen hecho la campaña «enteramente armados», es decir, equipados al completo. Con ese motivo, todos los piqueros percibían ventaja de coselete.

Los alféreces con tres años en el empleo cobraban una ventaja de ocho escudos (diez en Flandes), que se les mantenía si eran reformados «legítimamente», aunque hubiesen servido menos tiempo.

El valor demostrado en abordajes, asaltos, toma de banderas, etc. se recompensaba en el caso de oficiales y particulares con ventajas perpetuas de hasta diez escudos. Si estos hechos eran realizados por un soldado con tres años de antigüedad o por un alférez, podían ser ascendidos, respectivamente, a alférez y capitán. Aquellos que no estuviesen comprendidos en las categorías anteriores podían recibir cadenas de oro desde cincuenta hasta doscientos escudos.

Para cada tercio de Flandes se creaban ocho plazas de entretenidos destinadas «a las personas de sangre ilustre de las dos naciones forasteras», dos de ochenta escudos (el sueldo de un maestre de campo), y otras tantas de sesenta, cuarenta y treinta.

Mencionemos, asimismo, que se dictamina que es «conveniente», en contra de la práctica anterior, dar permiso a los hombres que lo pidan y que aparece una figura singular, el «protector» de los soldados, con residencia en Madrid y la misión de ayudarles en «sus pretensiones».

Estamos, pues, en presencia de un sistema elaborado de mejora de las condiciones de servicio, articulado en torno al criterio de que «ninguna cosa anima más a los hombres que la esperanza cierta de un premio», lo que contrasta con las retóricas, y más habituales, llamadas a la honra que se habían hecho hasta entonces. Según se contemple, se trata de un indicio del debilitamiento del tono moral de las unidades, o de realismo por parte de las autoridades.

La ordenanza de 1632 no contiene disposiciones relativas a la táctica, pero la materia quedó ampliamente cubierta por la de 1685, absolutamente moderna. Ya en su preámbulo indica que uno de sus objetivos es unificar las voces de mando y las evoluciones de todos los tercios, al tiempo que señala «las pocas veces que se forman escuadrones». Presenta, por otra parte, la formación de cuatro en fondo como la más común y «conveniente para todo», lo que coincide con los criterios en boga. También se exige –otra prueba de modernidad– que la tropa se ejercite frecuentemente.

Se respetan, en cambio, las habituales distancias entre hombres: un pie por cada uno de ellos y uno y medio o dos «de soldado a soldado».

Estos, en escuadrón, debían disponerse de la siguiente manera: en ambos costados, mangas de mosquetería; a continuación, de arcabuceros; en el centro, los trozos de piqueros, protegidos por sendas guarniciones de arcabucería. Un tercio de cuatrocientos treinta y dos plazas tendría desde el flanco derecho al izquierdo, tres mangas sucesivas de mosqueteros, luego, dos de arcabuceros, seguidas por una guarnición de estos, seis trozos de picas, otra guarnición de arcabuceros, dos mangas de estos y tres de mosqueteros. Por consiguiente, menos de medio millar de hombres se articulaban en dieciocho subdivisiones, con una flexibilidad total. El nombre de estas, incidentalmente, solo respondía a sus diferentes funciones tácticas, ya que el número de efectivos era idéntico: seis de frente por cuatro de fondo. Las dotadas con armas de fuego podían actuar independientemente, excepto las dos guarniciones, que «jamás deben tener otra función que guarnecer las picas, de quien son inseparables».

Se trata, pues, de los últimos pasos de una evolución secular. El tercio, progresivamente, va reduciendo sus efectivos, a la vez que se «adelgaza». Simultáneamente, los tiradores crecen en número e importancia, mientras que las picas disminuyen en ambos conceptos. De hecho, quedan reducidas a la simple misión de protección contra la caballería, ya que el combate entre infanterías se realizaba sobre todo mediante el fuego.

A esos efectos, el texto contiene un procedimiento formalizado para las descargas. La primera hilera tenía que tirar y luego cargaba en posición de rodilla en tierra. Disparaba entonces la segunda por encima de ella y así sucesivamente. Cuando la última había hecho fuego, la primera ya estaba con las armas preparadas, lista para incorporarse y tirar a su vez. La ordenanza reconoce taxativamente que se ha inspirado en «antiguas» normas usadas por los tercios, por lo que parece que este sistema era ya utilizado por al menos alguno de ellos.

Las disposiciones sobre las picas en nada se apartan de los usos tradicionales. Debían tener una longitud de veinte palmos o más, y se mantenía la costumbre de «que en las hileras de los escuadrones antepongan siempre a los que estuvieran mejor armados… y estando desarmados o con picas cortas, aunque sean oficiales reformados, aventajados o personas particulares, por ningún caso les den en la primera o segunda hileras, ni en las demás del escuadrón, lugar tan bueno como a los mejor armados».

Casi a título anecdótico se puede mencionar otro síntoma de modernidad: un artículo señala que en campaña el tercio tenía que llevar solo cuatro banderas. Se trata únicamente de un detalle, pero refuerza la imagen de unas unidades en evolución. Históricamente, a medida que ha pasado el tiempo, los ejércitos han ido reduciendo de forma progresiva el número de banderas que han llevado en servicio activo, pasando de la multitud de ellas que se usaban en la Edad Media hasta la total ausencia de las mismas en la actualidad.

En contraste con la puesta al día en cuestiones de táctica, el mecanismo de refuerzo no se modifica. Se mantiene el eje España-Italia-

Flandes, moviéndose en el primer tramo fuerzas bisoñas y en el segundo, veteranas, que son sustituidas por «otro tanto número de compañías (enviadas desde suelo español) a restaurar en su número de banderas los tercios de Italia». Estos, por tanto, continúan siendo, en gran parte, unidades de depósito e instrucción para los Países Bajos. Tampoco se modifica, con buen criterio, la excelente práctica de que, en la medida de lo posible, «la gente que vaya llegando a esos Estados (Flandes) se una y se agregue» a los tercios existentes, antes de crear otros nuevos. Así pues, se seguía creyendo, de nuevo con razón, en la bondad del sistema introducido al menos desde los tiempos de Felipe II, de «rehinchir» unidades viejas con gente nueva.

En el apartado que hemos englobado bajo el título de «vida», la ordenanza de 1632 contiene dos artículos de considerable interés, que ayudan a perfilar la imagen de los últimos tercios. Uno de ellos, de anormal longitud, se refiere a los matrimonios. Comienza con una lamentación por el «exceso» de los mismos, asegurando que en Italia y en Flandes hay más soldados casados que solteros. Se trataba, a los ojos de las autoridades, de un grave problema. Eran perfectamente conscientes de que los sueldos, calculados para un hombre solo, y aun así escasos, de ningún modo bastaban para mantener a una familia, y que los alojamientos, basados en la misma idea, no estaban previstos para dos o más personas.

La situación se complicaba por el tipo de matrimonios que habitualmente se contraían y que no implicaban un incremento de patrimonio de los militares, lo que era aplicable a todos los grados. A los oficiales, porque si se unían a «mujeres nobles, es sin dote». A la tropa, porque lo hacía «casi siempre no solo con mujeres pobres, sino de ruin reputación».

Ante la penuria económica, los hombres –y aquí sí que había diferencias según el rango– recurrían a toda clase de expedientes irregulares. Los mandos, buscando grados para «sus hijos y yernos antes de que sean capaces de poderlos merecer», y con «sacaliñas y extorsiones en los alojamientos». Los soldados, cometiendo «todo género de indignidades». Además, «a los niños que dejan cuando mueren es preciso asentarles plazas, porque no queden sin remedio». La situación era insostenible. Tan comprensible era la indignación del campesino italiano o valón que, esperando recibir en su casa un hombre solo, le veía llegar con una mujer, una patulea de niños y sin blanca, como la desesperación del militar, vagando de un lugarejo a otro con una prole a la que mantener con un sueldo escaso y pagado con retraso.

Ni el rey escapaba a los problemas derivados de este estado de cosas. A través de la ordenanza se quejaba de que tenía que sostener dos ejércitos: «uno de vivos, que me sirven, y otro de los muertos, que me sirvieron, en sus mujeres e hijos».

El artículo cuarenta recoge una disposición draconiana que responde a la exasperación de la hacienda real: se autoriza a que la sexta parte de los soldados estén casados (en el caso de los tercios en España esa proporción se elevaba a la cuarta parte). Y se ordena que «a todos los demás se les borren las plazas… dándoles pasaporte… con el cual se puedan ir a vivir con otra ocupación donde quisieren».

Es de suponer que esta normativa no se cumplió. De un lado, porque no se decía cómo se iba a seleccionar a los hombres casados a los que se autorizaba seguir en filas. De otro, porque si era cierto que más de la mitad de los soldados lo estaban, suponía que las unidades se quedarían en cuadro, perdiendo al menos un tercio de sus efectivos, y eso en una época en que las dificultades de reclutamiento eran crecientes.

Para el futuro se estipulaba que los grados «de capitán arriba» pidiesen licencia al rey para contraer matrimonio; «los capitanes, alféreces, sargentos, soldados particulares y aventajados», a su capitán general, y los «soldados ordinarios» al maestre de campo. En todos los casos había que evitar «casamientos pobres e infames».

Otro aspecto «doméstico» que cubría la ordenanza eran las camaradas. Al parecer, esta antigua institución estaba cayendo en desuso, y se quería restablecer, porque «las camaradas son las que más han conservado a la nación española, porque un soldado solo no puede entretener el gasto forzoso, como juntándose algunos lo pueden hacer, ni tiene quien le cure y le retire, si está malo o herido» (lo que supone, por cierto, un reconocimiento expreso de las deficiencias de los servicios médicos oficiales). También, pero por razones menos fáciles de colegir, se atribuía un aumento en el «embarazoso bagaje» al decaimiento de las camaradas.

A la vista de ello, se impartían órdenes terminantes para que se restaurasen estas, indicándose de manera expresa que no únicamente los soldados y oficiales inferiores, sino también los maestres de campo y los capitanes generales las tuviesen. Para los oficiales de cualquier grado se recordaba la vieja usanza de que «les den de comer, con el poco regalo que la profesión de la guerra admite».

La normativa de 1632 también toca aspectos relacionados con lo que hemos descrito como «reputación», materia a la que dedica tres largos artículos destinados a dirimir, de una vez por todas, el espinoso tema de las precedencias.

Por fin, resuelve una cuestión que se arrastraba desde hacía años, al establecer que «el cargo superior gobierne al inferior, sin distinción ni diferencia de naciones, y en igualdad de cargos, prefiera el español». A igualdad de grados entre españoles, primaba la antigüedad. Es una solución razonable, que, si bien reconoce una posición privilegiada a estos, no llega al extremo de los que pretendían que su nacionalidad les autorizaba a mandar sobre extranjeros, aunque tuviesen un empleo superior.

Se reservaba, en cambio, a las unidades españolas los puestos más honrosos, es decir, los más comprometidos: en una ciudad, la parte de la muralla más próxima al enemigo; en un alojamiento, «la avenida que cayera a la frente» de este; en un asedio, «la parte donde hubiera mejor disposición de poder apretar la plaza». Este principio se anteponía a las normas que dictaba el protocolo. Así, en un despliegue, el lugar de preferencia siempre ha sido la derecha de la primera línea por lo que, *a priori*, correspondía a los españoles. Pero si había razones para pensar que el peso del combate estaría en otro punto del despliegue, allí tenían que situarse los tercios, dejando a otras unidades la derecha. Lo mismo sucedía en una marcha de aproximación al ejército contrario. Los españoles llevaban la vanguardia, a no ser que se creyese que el adversario se pudiese presentar por otro sitio, por ejemplo, en el transcurso de una retirada, en cuyo caso tenían que situarse en él.

La regla se debía aplicar estrictamente. Así, en una marcha de rutina, las unidades se turnaban cada día en la columna. Pero si se producía un choque inesperado y los españoles no iban en vanguardia, el general debía enviarlos inmediatamente al lugar donde se estaba combatiendo, aunque eso supusiera pasar por delante de otras fuerzas más cercanas a este.

Únicamente se aceptaban dos pequeños correctivos a la mencionada regla. De un lado, había que procurar que en acciones en las que participaran destacamentos de diferentes nacionalidades, mandados por oficiales de igual grado, el español fuese el más antiguo, «o por lo menos tenga poca desproporción, para que con esto se ejecute lo referido con más suavidad», a fin de no herir demasiado la susceptibilidad de los demás. De otro, como se partía de la base de que siempre había pocos españoles, hasta el extremo de que estos podían no bastar para guarnecer el lugar de las trincheras desde el que se daría el asalto a una plaza, se autorizaba que junto a ellos operaran efectivos de otra nación, pero no llevando la vanguardia.

Una norma complementaria, de 6 de febrero de 1663, confiaba a los italianos los puestos más honrosos, tras los ocupados por los españoles: el flanco izquierdo y la retaguardia. Aun así, si eran atacados y los tercios acudían en su apoyo, venían obligados a hacerles sitio, para que las unidades de ambas nacionalidades lucharan codo con codo. También en esta materia se actuaba muy estrictamente. Tan «a la par» debían combatir que, si únicamente había espacio para dos soldados, uno tenía que ser italiano y español el otro.

La reputación, pues, no había perdido ni un ápice de su importancia con el tiempo, como demuestra la minuciosidad con que se regulaba.

La disciplina es otro tema que figura en la ordenanza, que trata los delitos más frecuentes, que apenas habían variado desde la fundación de los tercios, lo que indica la escasa eficacia de las medidas dictadas para reprimirlos, o lo arraigados que estaban.

Contiene, no obstante, una novedad. Se mantiene la prohibición de penas afrentosas (excepto para la traición y el hurto), pero se declara que no tienen carácter de tales ni «trato de cuerda o servicio de galeras al remo». La única explicación para esta discutible declaración es que se debía haber generalizado el uso de esa primera forma de castigo, y que se recurría con mayor frecuencia a la segunda para suplir la permanente escasez de galeotes. En cualquier caso, es asombroso que remar en las galeras, la pena infamante por definición, se considerara «no afrentosa».

Otro elemento destacable en el texto es el intento de reforzar la figura del auditor de tercio, frente al auditor general, que al parecer tendía a extralimitarse en sus funciones.

Pero la materia que más espacio preocupa al legislador es «evitar las fugas». La propia ordenanza reconoce que eran cada vez más frecuentes, debido a «la falta de castigo, no habiéndose dispuesto ahora con penas convenientes», confirmando que, en la práctica, se podía dejar las banderas casi impunemente. La situación había llegado al extremo de que la deserción «impide… tener ejércitos veteranos». Muchas veces esta consistía no en abandonar el servicio, sino en pasar a unidades destinadas en lugares «donde los trabajos y peligros son menores».

Los castigos que se introducían eran realmente duros: seis años de galeras por la simple fuga; muerte por «scrvir a otro príncipe, aunque no sea enemigo de mi corona». Las penas se tenían que ejecutar «en cualquier tiempo y parte donde los transgresores sean hallados». No cabía, por tanto, la prescripción, ni eran aplicables indultos u otras medidas de gracia.

Sin embargo, era tal la necesidad de hombres que esta normativa no se aplicaba a «los soldados que de España o de Italia pasaren a Flandes, ni los que de España pasaren a Lombardía o Italia, ni con los de

Nápoles o Sicilia que pasaren a Milán cuando allí hay guerra viva». Esto es, se autorizaba el cambio de unidades, aún sin licencia del superior, si era para aproximarse a los teatros de operaciones. En esos casos, hasta se permitía que españoles sentaran plazas en unidades de otras nacionalidades, y que extranjeros entrasen en los tercios, rompiéndose de esa forma una norma secular. Por idénticas razones, también se admitía que un hombre dejase su compañía para ingresar en la armada del Mar Océano, en las galeras de España o en las armadas de Indias.

Para los culpables de otro grave delito, el motín, se estipulaba que se debía aplicar con todo rigor la legislación vigente, y –demostrando gran realismo– se declaraba a los capitanes de las fuerzas que se alterasen «incapaces de ventajas y oficios en la milicia». De esta forma, se reconocía que «la flojedad e imprudencia» de los oficiales era un factor importante en los motines.

Las irregularidades en las revistas también eran perseguidas con un sistema similar, castigándose tanto al soldado que las cometía como «al capitán o oficial que hubiere sido causa de ello», que perdía automáticamente su grado. La razón es «que estos fraudes se hacen de ordinario valiéndose de bisoños que no saben el delito que cometen».

Por último, la blasfemia se penaba con treinta días de cárcel y expulsión del ejército «aunque… esto de los juramentos está más reformado», confirmando así datos expuestos anteriormente.

Como conclusión de esta ordenanza, que da una valiosa imagen de los tercios cuando van a iniciar su etapa postrera, vale la pena enunciar los motivos, en el criterio del legislador, de la decadencia de estas unidades, además de la paz, ya mencionada como causa de carácter general. Siguiendo el orden del articulado, cabría señalar los siguientes.

A nivel orgánico, exceso de unidades incompletas y, por ende, de primeras planas; demasiadas reformas de compañías, que producen «desasosiegos» y fomentan la tendencia a pedir el mando de una de ellas, esperando que sea disuelta para gozar el sueldo de capitán reformado.

Entre las corruptelas económicas: las habituales irregularidades en las muestras; venta del grado de alférez, específicamente (es muy curioso que, al parecer, había capitanes que daban ese grado a hombres «para casarlos con sus amigas». Esto es, que para contentarlas les buscaban marido, y compraban a este con una bandera); goce de más de un sueldo.

En aspectos de disciplina: «fugas» y pérdida de autoridad de maestres de campo, auditores de tercio y capitanes, en beneficio de los capitanes generales y auditores generales.

En cuestiones que podrían clasificarse como reflejo de una disminución de moral: patronazgo, mediante el nombramiento como oficiales de personas sin «partes y calidades»; entretenimientos y ventajas concedidos a hombres que no estaban en filas; plazas otorgadas a niños y criados; utilización de soldados para «servicios particulares» de los mandos. Y, por encima de todo, ausencia de horizonte profesional y escasez de los sueldos.

Las ya citadas disposiciones de 1633 y 1685, reiteran la «poca satisfacción que en materia de pagamentos se ha dado al soldado», y añaden dos cuestiones más, de rango relativamente menor: instrucción militar insuficiente y ausencia de un método normalizado para las evoluciones.

Muchos de estos problemas se pueden reducir a uno principal: la falta de dinero. Pero hay también otros que apuntan fundamentalmente a un ejército aburguesado, y en ese sentido se comprende que se atribuyesen sus limitaciones a «la larga paz». En efecto, las unidades y los hombres aparecen instalados en la rutina de la vida de guarnición. Las primeras, no hacen ejercicios. Los segundos, se casan (lo que evidentemente tuvo que debilitar el sistema de camaradas), fundan familias y apelan a toda clase de subterfugios para alimentarlas, o simplemente, para enriquecerse. El ejército, despojado de su misión bélica, se convierte en una fuente de granjerías, una institución cuya principal razón de ser es alimentar a sus miembros, o a los que gravitan en su entorno: paniaguados, recomendados, hijos, esposas, criados y –ya lo hemos visto– «yernos» y hasta amigas de los capitanes. Proliferan desertores, y compañías y oficiales casi inexistentes. Son lujos que los tercios, en su mayor parte alejados de la guerra, creen que pueden permitirse.

Pero justamente cuando se estaba terminando de escribir la ordenanza, había ya indicios de que la situación iba a cambiar radicalmente. En 1632 y 1637 hay sendos movimientos en Flandes y Portugal que amenazan la soberanía española sobre dichos territorios. En 1635, estalla la guerra con Francia, seguida en 1640 con la ruptura de hostilidades tanto en la fachada atlántica como en la mediterránea de la península. A partir de entonces, a todos los efectos, España estará en guerra, casi sin solución de continuidad, hasta 1714.

El problema que se presenta de forma más acuciante es que –por primera vez en años– la propia península será teatro de operaciones, con frentes abiertos simultáneamente en la frontera norte, en Portugal y en Cataluña. Y, sin embargo, el modelo militar de los Austrias estaba concebido para campañas en el exterior, lo que era especialmente aplicable a los tercios. Habrá que hacer frente, pues, a esa lluvia de crisis, con unidades de nuevo cuño.

El mismo año en que se promulga la ordenanza, se empiezan a improvisar fuerzas. La primera medida es de corte casi feudal. Se encomienda a once nobles que levanten en sus tierras otros tantos regimientos (la primera vez que esta palabra se utiliza para infantería española) de mil trescientos setenta y cinco hombres. En 1634, se forman cinco más.

Estas unidades darán un resultado mediocre. Aunque se emplearon en operaciones activas contra los franceses, acabaron por desaparecer. Su creación solo se explica por la apremiante necesidad de efectivos, y por el deseo de comprometer a la aristocracia en la defensa del país, pero, en pleno siglo XVII, significaba una vuelta a sistemas medievales de reclutamiento que tenía poco sentido.

En la frenética búsqueda de hombres para hacer frente a la situación, se forman también «tercios temporarios», a base de unos pocos voluntarios y de milicianos. Eran tropas, de ahí su nombre, que se creaban para cada campaña, disolviéndose al término de la misma, lo que en sí mismo ya era una garantía de su escasa utilidad. Estaban integradas por «gente mísera y de ningún provecho en la guerra», que en ocasiones era conducida a las unidades maniatada y con escolta, tanta era su repugnancia por el servicio. Las autoridades locales, encargadas del reclutamiento, convirtieron a este en un sistema para desembarazarse de los vecinos más indeseables, mientras la fugacidad misma de la vida de estos pseudotercios suponía que siempre estaban constituidos por bisoños. En este contexto, las «fugas» proliferaron, al tiempo que florecieron los tornilleros, que iban de una compañía a otra sentando plaza para desertar acto seguido, siendo –a pesar de ello– recibidos por estas con los brazos abiertos, a causa de la escasez de personal. Al menos servían para cubrir el expediente en las muestras. La combinación de estos factores resultaba en unidades patéticas: en 1664, catorce tercios reunidos en Extremadura, sumaban en total mil quinientos cincuenta y tres hombres. Uno tenía cuatro soldados; otro, siete, y un tercero llegaba a nueve.

De ellos se dijo, lo que era tristemente cierto: «formados estos tercios por manera violenta y poco militar, era dejar descontentos a los pueblos y traer al ejército una muchedumbre no acostumbrada a los trabajos de la campaña; antes desordenada y espantada en el peligro constante en la pelea».

No obstante, y con todas sus enormes limitaciones, se mantuvieron. Al fin y al cabo, aportaban personal, aunque apenas fuese carne de cañón, a un ejército depauperado, y en una situación desesperada.

Era indiscutible que con solo esas deleznables tropas no se podía hacer frente al enemigo. Por ello, y dado que los tercios veteranos no bastaban para cubrir las necesidades, en 1637 se acudió a otro expediente. Se crearon cinco tercios, bautizados como provinciales, a mil doscientas once plazas, articulados en doce compañías. A diferencia de lo que se hizo en el caso de los anteriores, se procuró escoger a la gente, buscando el mayor número posible de oficiales reformados y de antiguos soldados. Las unidades resultantes fueron de mejor calidad, por lo que se levantaron otras similares. De hecho, «en las campañas de 1637 y 1639 constituyeron el nervio de los ejércitos peninsulares».

En 1663 se dio un paso más, con la aparición de los tercios provinciales fijos. Eran permanentes, de forma que los hombres podían foguearse y adquirir veteranía. Además, su recluta y mantenimiento se asignaba a una provincia determinada, a cambio de eximirla de las periódicas «sacas de milicianos» para alimentar otras fuerzas. Se esperaba que así se generaría un cierto interés en conservar a sus respectivos tercios en buenas condiciones. Inicialmente, estos fueron cuatro, luego aumentados a cinco. Debían tener mil hombres, incluyendo ciento cincuenta reformados, divididos en dieciséis compañías.

Estas cifras resultaron demasiado optimistas. En 1667, los cinco reunían solamente seiscientos treinta y seis oficiales, trescientos treinta y dos reformados y aventajados y dos mil ciento veintidós soldados, una media de poco más de seiscientas plazas. En cambio, el número de compañías era superior al previsto, oscilando entre dieciséis y veintiuna, con lo que se mantenía el viejo problema de primeras planas excesivamente nutridas, con una clara desproporción entre mandos y tropa. En 1690, la situación era más satisfactoria y sumaban cuatro mil cuatrocientos cinco hombres, casi novecientos por tercio.

No dieron mal rendimiento y pronto empezaron a desarrollar su propio espíritu de cuerpo, apoyado en su carácter permanente y en la feliz decisión de dotarles de uniformes de distinto color para cada tercio. Aparecen así las unidades que serían conocidas, por ejemplo, como Azules o Colorados, y no por su denominación oficial de Toledo o Madrid. Acabarían siendo comparables por su eficacia a los tercios veteranos, y en ellas se basaría la defensa de la península, primero, y de otros dominios europeos, después.

A la vista de los buenos resultados se organizaron otras diez, con lo que se convirtieron en el componente más numeroso de la infantería española. Lamentablemente, estos últimos se levantaron mediante una leva de dos hombres por cada cien vecinos, seleccionados con el criterio de dar prioridad a «los vagamundos, sediciosos y mal entretenidos de las poblaciones», para limpiarlas de la peor gente y suavizar de esta forma la impopularidad de la medida. Se perfilaba ya el tipo de recluta que engrosaría los ejércitos europeos del XVIII. A diferencia de los anteriores tercios, verdaderamente provinciales, en el caso de estos se aseguraba a las ciudades que los formaban que «a las poblaciones no se ha de seguir el menor gasto, ni han de tener más obligación que presentar para el mencionado día a la parte referida los soldados que les correspondiere». Su poco prometedor origen no impidió que se batieran con denuedo, en contra de lo que se podría pensar. Al no haber colores suficientes para todos, algunos de los tercios tuvieron que añadir al nombre que llevaban el adjetivo de «nuevo».

Simultáneamente, se organizaron también fuerzas para defensa local en Navarra, Cataluña, Galicia y Andalucía. La proliferación de diferentes tipos de unidades, cambió la fisonomía de la infantería española integrada en los ejércitos de la corona.

Por ejemplo, las fuerzas que se concentraron en 1639 en Perpiñán para operar contra los franceses constaban de veinticinco unidades, entre las que había tercios viejos, como Nápoles o Armada, otros de modeneses, napolitanos, irlandeses y valones, y cinco de milicianos catalanes. Estos últimos eran de los «temporarios», formados por hombres que servían un corto espacio de tiempo, a veces tan poco como doce días, para aliviar así el impacto de la movilización de los habitantes. La contrapartida era una continua rotación (para mantener los cinco tercios a mil plazas pasaron por ellos treinta mil hombres en pocos meses), que repercutía desfavorablemente en el rendimiento de la tropa.

Al año siguiente, con motivo de la campaña de Cataluña, el ejército reunido fue aún más abigarrado. Eran veinte unidades, con veintitrés mil soldados. Dos eran veteranas; otras tantas, provinciales fijas; cuatro de milicianos; nueve de bisoños levantados por nobles; una portuguesa; otra valona y una tercera italiana.

Los efectivos, algo más de mil por unidad, eran considerables para la época. El ejército que actuó contra Portugal en 1643 tenía doce tercios, con solo ocho mil cien hombres, no llegando dos de ellos a los cuatrocientos. El que operó en Cataluña en 1662 contaba con veintiséis, y únicamente ocho mil ochocientas ochenta y seis plazas.

Era el fruto de una organización montada apresuradamente, a golpes de improvisación ante una situación no prevista: la súbita ruptura de «la paz natural que España gozaba consigo, envidiada de otras naciones».

Lo sorprendente es que, a pesar de eso, cosechara todavía triunfos: parte de las fuerzas que hemos visto antes concentradas en Perpiñán venían de derrotar a Condé frente a Fuenterrabía, y el fracaso francés ante Lérida fue tan notable que llevó al propio Vauban a citarlo en uno de sus tratados como ejemplo. En realidad, con tan poco prometedora mezcolanza de unidades se expulsó a los franceses de Cataluña y se ganó la guerra en aquella región. No se pudo, sin embargo, hacer lo mismo en Portugal, en gran medida, según Duffy, por el apoyo que los lusitanos recibieron de suecos, holandeses, británicos y franceses.

Con el transcurso del tiempo, el modelo, diseñado exclusivamente para hacer frente a la crisis peninsular, se extendió a otros dominios europeos, como se refleja en el siguiente despliegue, correspondiente a 1700, que recoge la situación de los tercios camino ya de su extinción.

En España había cuatro provinciales «de antigua creación», ocho de «nueva», dos «auxiliares» (levantados en Granada), dos «ordinarios» (extremeños) y cuatro de la Armada (uno de ellos descrito como «nuevo»). Salvo tres de estos últimos y uno de los primeros, ninguno era anterior a 1657. En Flandes, tres viejos, que databan del siglo XVI y tres «auxiliares de nueva creación». En Lombardía, cuatro veteranos, también del XVI. En Nápoles y Sicilia, sendos viejos. Dos años más tarde, uno de la Armada y cuatro de los de «nueva creación» serían enviados de España a Italia, extendiendo a esa península el modelo de mezcla de unidades de distinta clase. En total, de treinta y dos tercios, veinte eran nuevos, reflejando la importancia que habían adquirido las tropas levantadas en los últimos cuarenta años, y la magnitud del esfuerzo que se había hecho en ese periodo para formar ejércitos prácticamente de la nada. Desde que se crearon los primeros tercios, nunca se había visto en España un proceso similar de organización de unidades.

Había además catorce tercios italianos (cinco en España, tres en Flandes, tres en Lombardía y otros tantos en Nápoles), ocho valones (dos en España y seis en los Países Bajos), siete alemanes (uno en España, tres en Flandes, dos en Lombardía y uno en Nápoles), dos de grisones (Lombardía y Nápoles) y uno de irlandeses (España).

Desde luego, estas fuerzas no estaban en las mejores condiciones, aunque las tantas veces citadas afirmaciones del marqués de San Felipe sobre su lamentable estado deben ser revisadas. Por ejemplo, dicho autor asevera que en los Países Bajos solamente había en 1701 ocho mil hombres. Sin embargo, una revista de diciembre del año anterior demuestra que casi eran un cincuenta por ciento más, y a partir de entonces el ejército de Flandes inició una intensa campaña de reclutamiento.

En concreto, en esa fecha tenía ocho mil trescientos veintisiete infantes, dos mil doscientos cincuenta y ocho caballos y novecientos cincuenta y ocho dragones, un total de once mil quinientos cuarenta y tres plazas, estando las plantillas completas a todos los efectos (faltaban trescientos cincuenta y nueve hombres).

A la vista de estas cifras, su comentario en el sentido de que «si se contasen todos los que estaban a sueldo de esta vasta monarquía, no pasaban de veinte mil», probablemente es excesivamente pesimista.

La entronización de Felipe V traería el fin de los tercios. El 3 de marzo de 1701 se toma la primera medida en esa dirección, confirmada el 10 de abril de 1702 por la Real Ordenanza de Flandes. Las unidades se siguen llamando tercios, pero se estipula que cada uno de ellos forme uno o más batallones, a trece compañías, incluida la de granaderos (especialidad introducida en 1685). Menos esta última, el resto tenía que tener treinta y siete arcabuceros y diez piqueros.

Se modificó, asimismo, de forma sustancial la estructura de mandos. En la plana mayor del tercio se incluye un teniente de maestre de campo (el futuro teniente coronel) y en las primeras planas de las banderas, un teniente, un segundo teniente y un sargento adicional, a la vez que desaparece el alférez.

Era una acertada decisión, porque indiscutiblemente estas unidades, desde un principio, habían adolecido de una escasez de oficiales por compañía.

En materia de armamento, se suprime primero el mosquete, y un año después, el arcabuz, ambos de mecha, para ser sustituidos por «arcabuces con piedra», el mecanismo más moderno de fuego, a pesar de la utilización, anticuada, de la palabra «arcabuz». Quizá, «mosquete», hubiera descrito mejor esa arma.

El 28 de septiembre de 1704 se dispone que los tercios se transformen en regimientos. Se trata de una medida sin justificación alguna, salvo el mero deseo del rey de imitar los ejércitos de su abuelo, Luis XIV. No implicó ninguna mejora en la práctica (mantuvo intactas las plantillas fijadas anteriormente) y a cambio suponía la desaparición de un nombre que durante casi dos siglos había albergado a la mejor infantería de la época.

Pero los tercios, tan injustificadamente suprimidos, fueron más leales a su señor de lo que este había sido con ellos. Muchos se desangrarían a su servicio en la encarnizada Guerra de Sucesión.

La suerte que corrieron los tres veteranos de los Países Bajos basta para ratificar este comentario. El ex-Departamental de Flandes (fecha

El ejército de Felipe V cruza el Tajo para invadir Portugal al comienzo de la Guerra de Sucesión española (1704), grabado de Felipe Pallota († 1721). Bibliothèque Nationale de France, París.

oficial de formación, 1567) quedó en cuadro tras la caída de Gante; el viejo Departamental de Brabante (oficialmente también organizado en 1567) a fines de octubre de 1706 estaba reducido a ciento cuarenta hombres; el de Ibáñez, antes Departamental de Holanda (creado en 1580), en 1708 «se hallaba fuera de estado de hacer ningún servicio». Por no alargar excesivamente la relación, nos limitaremos a aludir al caso de solo uno de los «nuevos» que había en aquellas provincias, el mandado por el príncipe de Ligne: en la fecha antes mencionada, y tras haber combatido en la batalla de Ramillies le quedaban cuarenta y tres soldados.

Finalmente, nos referiremos a una unidad peninsular, especialmente significativa. Como se ha dicho antes, los tercios provinciales eran conocidos por el color de sus uniformes. El más prestigioso era el de los Morados Viejos, descendiente directo de la guardia real.

El 30 de diciembre de 1706, dentro de su política de seguir el modelo francés, Felipe V decretó que su infantería española vistiera de blanco. Sin embargo, en los registros de los almacenes, que recogían escrupulosamente las prendas llegadas del vecino país con destino a los regimientos, todavía aparece el 8 de junio de 1707, entre las monótonas enumeraciones de «paño blanco para hacer casacas y calzones para las Tropas de Su Majestad», la entrada de una partida de tela morada y roja, destinada –en contra de todos los reglamentos entonces vigentes– a los Morados Viejos.

En el orden de batalla de Almansa, figura esta distinguida unidad, ya con más de setenta años de brillantes servicios, ocupando el puesto de honor, la derecha de la primera línea, probablemente vistiendo sus viejos uniformes que la habían hecho famosa. Junto a ella, y ya como regimientos, los que habían sido tercios de Azules Nuevos, Verdes Viejos, Colorados Viejos y Verdes Nuevos.

El combate fue, ante todo, una victoria de la caballería española, pero entre las unidades de infantería que más se distinguieron figura la brigada encabezada por los Morados. De los otros tres regimientos que la componían, dos habían sido creados como tercios en 1694. Una descripción contemporánea, la del conde de Pinto, que estuvo presente en la acción, no deja dudas sobre el importante papel jugado por las cuatro unidades, que restablecieron la situación en un momento de crisis, cuando un ataque de los austracistas amenazó con partir en dos la línea de los borbónicos, tras derrotar a sendas brigadas francesas. Los Morados y sus compañeros «muy brevemente remediaron» el problema; junto con el cuarto batallón de Reales Guardias Walonas y tres escuadrones del regimiento de Rosellón, convergieron sobre la columna contraria y «tomando los dos flancos a los enemigos, fueron (estos) enteramente batidos».

Así se despidieron de la Historia los últimos tercios, ganándole una corona al rey que les había despojado de sus banderas y de su nombre. En las amargas líneas de Barado, refiriéndose a otro monarca no más generoso «no podían exigir más de ellos sus generales, ni ellos menos de su rey y señor».

Un plumazo les borró de la historia, y, casi, del recuerdo.

EPÍLOGO

Dinero y españoles es lo que falta.

El marqués de Villafranca a su majestad, 15 de septiembre de 1616

A la hora de resumir la trayectoria de los tercios, se podría partir de los siguientes puntos: hasta al menos 1600 constituyeron la mejor infantería de Europa; en las dos primeras décadas del XVII su supremacía se ve amenazada; a partir de los años treinta de ese siglo, el poderío militar español muestra claros síntomas de agotamiento; al final del periodo, España había dejado de ser una potencia hegemónica. Para entonces, los tercios, como máxima encarnación de ese poder, lógicamente se habían visto afectados por el proceso de erosión y habían perdido su superioridad.

Conviene, sin embargo, no convertir el efecto en causa. España no perdió su rango de primera potencia porque su infantería hubiese venido a menos. Sucedió justamente lo contrario. La decadencia de los tercios no hizo sino reflejar la del país que los creó.

Viene al caso esta afirmación porque, en general, existe una tendencia a considerar que el modelo táctico español fue sustituido por otro mejor, el ideado por Nassau y desarrollado por el rey de Suecia y que a ello se debe la eventual derrota de los tercios.

Pero esa tesis no es necesariamente acertada. De un lado, porque como mantiene Parker en un luminoso estudio, la concepción de Roberts de la «revolución militar» producida entre 1560 y 1660 contiene elementos muy discutibles. Además, la primera mitad de ese periodo se solapa precisamente con la época de mayor gloria de las unidades españolas, lo que casa difícilmente con una hipotética inferioridad de las tácticas que practicaban. Es más, tanto los holandeses en los años noventa del XVI como los suecos en los veinte del XVII «se vieron obligados a revisar dramáticamente sus ejércitos a causa de las desastrosas derrotas» que sufrieron.

Quizá sea más razonable sostener que existió, como sucede en cualquier guerra, un intercambio de experiencias entre los contendientes. Es una constante en la Historia militar que los progresos de un bando son imitados por el otro. Así, en el XVIII, Europa entera copia las tropas ligeras de Austria, como a principios del XIX las potencias continentales estudiaron la columna de ataque de los revolucionarios franceses o en el XX los Aliados adoptaron, básicamente, la doctrina alemana de empleo de carros de combate.

Igual sucedió en la época que nos ocupa. El modelo español, fue en su día el más eficiente que existía, y como tal, imitado por otros países. Así, de Francia se ha dicho que «Francisco de Guisa transformó las viejas banderas de Picardía, Piamonte y Champaña (sus más veteranas unidades) en «regimientos temporales» del tipo del tercio español». Mauricio, partiendo también de este –no había mejor ejemplo– fue capaz de mejorarlo. Claro que asimismo se inspiró en la Roma imperial, pero esa influencia tampoco era extraña a los tercios. Los tratadistas contemporáneos que escribieron sobre ellos salpican indefectiblemente sus obras, como hombres del Renacimiento, con continuas referencias a la antigüedad clásica. A su vez, los españoles siguieron las tendencias que el de Orange marcó, como por otro lado hizo el propio Gustavo Adolfo. Aunque el nombre de tercios se conservó hasta los albores del XVIII, para entonces designaba algo muy distinto a las unidades que Alba llevó a Flandes. Se mantuvo largo tiempo, sobre el papel, el número de compañías. Pero las plantillas oficiales de estas, por no hablar de las reales, se acabarían reduciendo drásticamente, al tiempo que ya hemos visto que se aumentó notablemente la proporción de armas de fuego.

Ciertamente, era esta una forma de imitar a los sistemas holandés y sueco, articulados en torno a pequeñas unidades con un elevado porcentaje de tiradores, pero solo hasta cierto punto. Así, sabemos de la predilección española por estas armas que arranca desde los primeros años del XVI y que se mantuvo durante todo el periodo. Por ejemplo, en 1586 se podía decir como algo evidente: «ya sabéis cómo de ordinario en la infantería española hay mucha más arcabucería que piquería»; tres años después se señalaba que «de ordinario, en los ejércitos hay más arcabuceros que piqueros». Hubo incluso tratadistas que llegaron a criticar esta situación, expresando su preocupación ante una excesiva disminución de los piqueros en los tercios, ya que resultaban imprescindibles para proteger a los arcabuceros de la caballería enemiga. La aproximación a otros sistemas fue, por tanto y a la vez, un fenómeno inducido y autónomo.

En cuanto a la tan exaltada flexibilidad de las unidades de Holanda y de Suecia, se han mencionado suficientes ejemplos como para poder afirmar que, en el terreno, los tercios habían desarrollado métodos –las mangas de arcabuceros y mosqueteros, los escuadrones volantes, las agrupaciones *ad hoc*, etc.– que compensaban en gran medida su teórica rigidez.

Quizá se podría señalar también, con Wanty, que Mauricio solo mandó en dos batallas (Tournhout y las Dunas), a lo que es posible añadir que el sistema de Gustavo Adolfo únicamente se aplicó en otras dos ocasiones, Breitenfeld y Lützen contra un ejército occidental, mientras para los tercios tuvieron que enfrentarse a más y más variados enemigos, durante un periodo de tiempo mucho más largo y en un espacio geográfico infinitamente más amplio.

Todo hace pensar que las tropas españolas durante el periodo en estudio no eran, por su organización y empleo, intrínsecamente inferiores a las de otros países. Los hechos lo corroboran: «las dos batallas de la Guerra (de los Treinta Años) que estuvieron más cerca de conseguir la «victoria» total fueron ganadas por fuerzas españolas del «viejo estilo»: la Montaña Blanca en 1620 y Nördlingen en 1634». Podría apuntarse, asimismo, que en derrotas como las que hemos comentado de las Dunas y Rocroi, la pretendida rigidez o carácter masivo de los tercios no fue un factor, como tampoco lo fue la mayor flexibilidad de las formaciones del enemigo. Spínola, el cardenal-infante y el propio Melo obtuvieron sus triunfos en el XVII gracias a un puñado de tercios españoles, al igual que en el XVI lo habían hecho Alba y Farnesio. Lo que sucede, y se olvida, es que en esos dos siglos habían experimentado un proceso continuo, y muchas veces informal, de evolución.

Los problemas del ejército tenían un origen distinto. Hubo, ciertamente, una escasez de generales brillantes, sobre todo a partir de la mitad de ese siglo, y ya hemos visto que importantes derrotas se debieron a las deficiencias de la caballería o de unidades no españolas de infantería.

Pero existieron otras causas, más graves y más profundas, de índole político y económico, de la decadencia militar. Desdichadamente, esta fue producto de algo más complicado que un simple modelo orgánico y táctico pretendidamente superado.

La política de los Austrias y el propio poder de España generaron un número tal de enemigos que llegó a ser imposible batirlos a todos. Son varios los casos, como las campañas contra los hugonotes franceses o «la empresa de Inglaterra», por ejemplo, en los que no se puede dar el golpe de gracia a un adversario derrotado, porque hay que acudir a combatir a uno nuevo.

Decisiones, que luego aparecerían como desdichadas, contribuyeron a ello: «Sin la oportunidad que brindó la falta de sabiduría de Felipe, cuando primero agotó sus recursos en una insensata empresa contra Inglaterra y después ordenó a Parma que dividiese sus fuerzas para intervenir en la guerra civil en Francia, el éxito de las provincias del Norte (de los Países Bajos) sería inexplicable». La certeramente descrita como «aventura italiana» en la cuestión de Mantua supuso para España iniciar una larga guerra cuando todavía se combatía contra Holanda, obligando a estirar los recursos disponibles más allá del límite.

Pero en su día, esas opciones no fueron tan disparatadas como hoy podría parecer. Respecto al ataque a Inglaterra, Parker ha indicado: «si en aquella mañana del 7 de agosto de 1588 el ejército de Parma hubiera estado avanzando sobre Londres, todo el mundo consideraría hoy a la Armada Invencible, pese a sus deficiencias, como la obra maestra de Felipe II». Ese mismo autor, en otra de sus obras, afirma que «el proyecto de invasión… no era en modo alguno descabellado». Sobre la expedición que Oquendo capitaneó para establecer el dominio español en el Mar del Norte, Alcalá-Zamora ha dicho, refiriéndose a la batalla naval de 21 de octubre de 1639: «la derrota –que pudo ser victoria– no afecta a la validez e inteligencia de los principios del gran proyecto nórdico». Del enfrentamiento con Francia, que a la larga sería ruinoso, Elliot apunta que «si Richelieu triunfó por un pelo, el margen por el que Olivares fue derrotado fue igualmente pequeño».

Fueron grandes, que no insensatas, tiradas de dados, un intento por aniquilar al adversario mediante un esfuerzo supremo y acabar así definitivamente guerras cuya prolongación resultaba cada día más insostenible (por cierto, es interesante que España –tradicionalmente considerada una potencia terrestre, no marítima– optase por el camino del mar, y no con medios insuficientes, para las dos empresas más ambiciosas, la de Inglaterra en 1588 y la armada de Oquendo en 1639, destinadas a asestar un golpe decisivo a sus principales enemigos).

Fracasaron, por las razones que esos autores han apuntado, y la guerra se enquistó, pasando de ser un fenómeno esporádico a convertirse en algo permanente. Igual que se decía que en los dominios del rey no se ponía el sol, también se hubiera podido afirmar que no se deponían las armas. Y eso era justamente una situación que España no estaba en condiciones de asumir, aun empeñando todos sus recursos humanos y financieros.

Los tercios así se fueron desangrando en una lucha eterna contra una sucesión de rivales que, en ocasiones, parecía que se iban relevando en su enfrentamiento contra España. Podría citarse el caso de Gran Bretaña, inyectando hombres en Flandes («estaban tan reducidas las cosas de los Países Bajos por el duque de Parma en estado tan cercano a su recuperación, después de la expugnación de Tubes [Zutphen], que si la reina de Inglaterra no esforzara la caída arrogancia de los rebeldes, el Rey Católico habría acabado tan larga y dañosa guerra»). O el de Francia sustituyendo a Suecia en la Guerra de los Treinta Años, mientras que España solo puede responder con una docena de tercios, lanzados una y otra vez a la batalla.

A veces no es fácil concebir la amplitud de los intereses –y de compromisos– del imperio español, que de hecho abarcaban el mundo entero. Las operaciones del «Sofi» de Persia se seguían con tanto interés como las negociaciones de una alianza con el emperador de China para expulsar a los holandeses de sus posesiones en el Lejano Oriente. Los precios de la madera en Escandinavia eran tan importantes como la cosecha de trigo en Castilla, o los rendimientos del cerro de Potosí. Todo ello, al ritmo de los vientos en el Atlántico, de las paletadas de los galeotes en el Mediterráneo, y del galope de un correo o de la zancada de la infantería en Europa.

La multiplicidad de teatros de operaciones, casi todos distantes, complicaba todavía más el panorama, obligando a esas unidades a desempeñar sin cesar el papel de «bomberos», acudiendo de una crisis a otra. Antes que la Francia napoleónica o la Alemania de las dos guerras mundiales, España descubriría la práctica imposibilidad de mantener una actitud ofensiva en más de un frente a la vez. Lepanto fue solo posible porque una serie de circunstancias en los Países Bajos y en Francia permitieron concentrar fugazmente los esfuerzos contra el turco. Y en Flandes sirvieron tercios como los «de las Terceras», «de la Liga» o «de Ginebra» cuyos nombres indican esa continua movilidad, esa estrategia espasmódica, producto de la escasez de efectivos que, a su vez, respondía a consideraciones económicas y demográficas.

Desde el punto de vista económico, España, sencillamente, era incapaz de asumir la carga que suponía la defensa de sus territorios y el papel que se había impuesto (que era algo más complicado que el de fanático paladín de la Cristiandad). La cascada de bancarrotas y la oleada de motines muestran un Tesoro exhausto que no podía permitirse el lujo de mantener *sine die* un ejército permanente vertebrado en torno a los tercios. Por ejemplo, en 1584, un año no especialmente fértil en guerras, los ingresos de la Corona eran de algo menos de tres millones y medio de ducados, y los gastos de más de cuatro millones y medio. En 1598, la deuda acumulada se cifraba en ochenta y cinco millones. En 1651, los ingresos apenas superaban los cuatro millones y medio de ducados, mientras los gastos supusieron doce y medio. En esas condiciones era imposible sostener indefinidamente el esfuerzo militar, y sin embargo este no dejó de aumentar. El dilema era que sin él se colapsaba la política por la que se había optado.

Desde luego, en ella la reputación jugaba un papel que para el observador actual puede parecer exagerado, y que –en cualquier caso– se ha distorsionado en ocasiones hasta rayar en la caricatura. Pero se trata de un mal común de las grandes potencias. Ciñéndonos a dos ejemplos nada más, y desde ángulos muy distintos, Elliot ha probado en su profundo estudio sobre Olivares y Richelieu que ambos atribuían a esta una importancia similar. Por su parte, Orwell, refiriéndose a la Inglaterra del siglo XX, hace decir a uno de los personajes de su *Burmese days*: «¿Cuál es esa palabra que les gusta tanto a los británicos?: prestigio». Millares de hombres han muerto, y, previsiblemente, morirán por ella.

La falta de fondos hizo que desde fechas muy tempranas, los tercios estuvieron mal pagados, hasta el punto de que cobrar tan solo seis meses de doce se llegó a convertir en un objetivo inalcanzable, y que los retrasos en los sueldos se medían por años enteros. Ante esta situación las tropas, lógicamente, se rebelaban, con la repercusión que ello tenía en las operaciones. En más de una ocasión una campaña entera victoriosa no se pudo coronar debido a que los soldados se desmovilizaron por sí mismos.

Si financiar las unidades existentes era una cuestión ardua, reclutar otras nuevas resultaba aún más difícil, por lo que probablemente se podría decir que solo raramente los generales tuvieron en el número de tropas españoles no ya que querían, sino que necesitaban. Clonard ha calculado que entre 1566 y 1595 se levantaron únicamente diecinueve tercios. Aunque puede ser preciso revisar esta cifra, es desde luego indicativa y sorprendentemente baja, habida cuenta los compromisos mundiales de la Corona y el grado de conflictividad del periodo.

Además, la tendencia, incluso de mandos no nacidos en España, a utilizar a los tercios reclutados en la península como tropas de confianza producía, por otra parte, un permanente proceso de atrición, que se plasmaba en porcentajes de bajas desproporcionadamente elevados y en las muy frecuentes «reformas», con sus consiguientes efectos negativos en la moral de las tropas y la cohesión de las unidades. En este sentido, el archiduque Alberto escribía en enero de 1602 a Felipe III, la «infantería española, como nervio principal de su fortaleza [del ejército] es la que más falta hace para emplearse en las ocasiones; y como en todas es siempre la primera, cábele la mayor parte de los que mueren en la pelea, de que procede menoscabarse mucho el número». Y tanto, que por esas fechas se calculaba que los tres tercios de españoles que había en Flandes reunían no más de mil quinientos hombres.

En resumen, no había dinero ni para mantener los tercios requeridos por todos los teatros de operaciones, ni para tenerlos al completo, ni para reforzarlos como hubiera sido preciso con unidades de nueva creación.

La combinación de esos factores –sobra de enemigos y falta de dinero y, por tanto de unidades disponibles– llevó a una situación simplemente insostenible. Si se analizan sus efectos en el teatro de operaciones de Flandes, por ejemplo, se observa que los motines por falta de pagas tras la toma de Haarlem, en 1574 roban a Alba los frutos de su victoria; la quiebra de 1575 y los subsiguientes motines paralizan la ofensiva victoriosa de Requesens; las previsibles repercusiones del sitio de Amberes por el duque de Parma, llevan a la intervención inglesa en los Países Bajos; la consiguiente «empresa de Inglaterra» de 1588 frena los avances de este general; los motines de 1589 acaban con la ofensiva que Parma ha reemprendido; en 1590 la intervención en la guerra civil francesa obliga a pasar a la defensiva en Flandes, y es aprovechada por los holandeses para recuperar lo perdido; nuevos motines en 1593 y 1594 bloquean la acción militar española; la quiebra de 1596 empeora aún más la situación; desde 1599 a 1606 hay una serie ininterrumpida de alteraciones; en 1607, una quiebra más…

Al final del periodo faltaban hasta los hombres. Todos los autores coinciden en destacar la progresiva despoblación de la Castilla rural, la principal fuente de reclutas, a partir de la década de los ochenta del XVI, agravada por la terrible plaga de 1599-1600. Encontrar soldados se acabaría por convertir en un problema endémico, tras el incesante reclutamiento de voluntarios y la continua saca de milicianos. Todavía en 1751, Ensenada, en un informe a Fernando VI, destacaría que «la España se halla con poca población a causa de las guerras extranjeras, y la América ha consumido muchos hombres». Añade un comentario demoledor que parecería inconcebible para el país que había creado los tercios y que quizá responda al tremendo desgaste que estas unidades sufrieron: «además, el español no tiene afición a la infantería».

La suma de todos esos elementos constituía el núcleo del problema, y no una borrosa decadencia surgida de la nada por causas desconocidas (a este respecto, es realmente significativo que las normas de 1632 y 1685 citadas en el capítulo anterior, al referirse a la necesidad de reformas en los tercios, coinciden en atribuir exclusivamente a la paz el insatisfactorio estado de las unidades, razonamiento que es aplicable a cualquier ejército, en cualquier época).

Un último comentario: para apoyar la tesis de dicha decadencia, se ha hecho mención de tratadistas que ya en el siglo XVI escribían con crudeza sobre las «enfermedades» de estos. Un buen ejemplo podría ser Isaba, el título de cuyo libro, *Cuerpo enfermo de la milicia española*, es suficientemente elocuente. Sin embargo, según Enrique Martínez Ruiz, autor del prólogo a la edición más reciente de la obra, Isaba muere entre 1591 y 1592. Escribió, pues, en tiempos de Farnesio o, como máximo, el año que este falleció (1592). Calificar en esa época de «enfermo» al ejército parece discutible. Desde luego, sus enemigos no lo tenían por tal.

Pero es que, de nuevo, los hechos no dan la razón a tanto pesimismo. Quizá responda a una tendencia innata a la lamentación. Es singular que en un tema completamente distinto, como la calidad de las defensas españolas en las Indias durante el XVIII, se han podido detectar quejas similares, cuando la menor comparación entre la extensión del imperio español en esas tierras entre principio y finales de siglo, y la enumeración de ataques que se sufrieron y que se rechazaron, demuestra que su estado no podía ser tan catastrófico como se pretendía. Algo parecido se podría predicar de los tercios. A pesar de los esfuerzos franceses durante decenas de años con una aplastante superioridad numérica, Flandes llegaría prácticamente intacto a la Guerra de Sucesión, únicamente amputado del Artois «el minúsculo Cambresy y algunas plazas». Lo mismo se podría decir de los dominios en Italia y de la propia península, aparte de la recuperación de la independencia de Portugal.

Tras los grandes reveses como Rocroi o la segunda batalla de las Dunas no surgen voces criticando la eficacia de estas unidades, o denunciando defectos en su estructura. Acabarían siendo derrotadas, pero no por causas imputables a su organización interna, sino por los factores ya mencionados, que hacían imposible la victoria. Habría que hablar entonces, no del agotamiento de un modelo militar, sino del de un Estado, incapaz de seguir manteniendo y financiando durante más tiempo una política que estaba por encima de sus posibilidades. Los tercios, en tanto en cuanto instrumentos de esta, fueron a la vez su criatura y su víctima. A su extraordinaria eficacia se deben algunos triunfos admirables, y el aplazamiento de un resultado final que acabó por ser inevitable.

APÉNDICE I
LOS TERCIOS ESPAÑOLES EN FLANDES, 1567-1600

Al parecer, no se ha hecho hasta ahora una relación de los tercios españoles que sirvieron en los Países Bajos, y sin embargo es una labor que puede ser interesante. En primer lugar, porque permitiría saber las unidades que cada año estuvieron allí. También ayudaría a resolver problemas sobre la sucesión de mandos, todavía no definitivamente establecida. Sería, además, un indicio para medir el volumen del esfuerzo militar en ese teatro de operaciones y, por último, daría una idea de cómo se sostuvo el mismo. En esta ocasión me he limitado al periodo 1567-1600, que parece significativo. Corresponde al espacio de tiempo que transcurre entre la llegada del duque de Alba hasta la batalla de las Dunas, la primera derrota de consideración sufrida en campo abierto por tropas españolas y que, en cierto modo, marca un punto de inflexión. Abarca, pues, seguramente, los treinta años de mayor esplendor de los tercios. Básicamente, he seguido, con algunas correcciones, el texto de un artículo mío aparecido en 1997, ya citado anteriormente. Como fuentes, he utilizado las crónicas contemporáneas, redactadas por oficiales que sirvieron en los Países Bajos. Sin duda, las cifras que aportan son solo aproximadas, pero es sabido que las revistas oficiales tampoco se distinguían por su exactitud, a los ojos de las propias autoridades. En todo caso, lo que me interesa destacar aquí es el proceso de formación y disolución de los tercios, y para esa materia, la información que facilitan los mandos que sirvieron en ellos parece fiable.

Alba llevó a los Países Bajos en 1567 los tercios de Cerdeña (maestre de campo Bracamonte, diez compañías con mil setecientos veintiocho hombres), Nápoles (Ulloa, diecinueve, tres mil doscientas treinta plazas), Sicilia (Romero, diez, mil seiscientas veinte) y Lombardía (Londoño, diez, dos mil doscientas). Es decir, algo más de ocho mil setecientos infantes españoles en cuatro tercios, cifra que en el futuro será imposible mantener, excepto en periodos muy concretos, y de corta duración.

En 1568, Cerdeña es disuelto y sus hombres repartidos entre las demás unidades. Pero ese mismo año ya se advierte la necesidad de enviar refuerzos para cubrir bajas, y así llegan de España doce banderas de bisoños (unos dos mil quinientos hombres) con las que se crea un tercio, el de Flandes, que se confía a Bracamonte, que se había quedado sin mando.

La situación permanece sin cambios hasta 1572, cuando se envían con Medinaceli por mar, también desde España, seis compañías más. No basta con ello, y al año siguiente llegan nuevos refuerzos, esta vez de Italia, para ayudar en el sitio de Haarlem. Son trece compañías del tercio de Figueroa (el llamado de la Liga, al que hemos visto en Lepanto) y doce del Lombardía. En total, unos cinco mil soldados, que van sin sus maestres de campo. Hay que anotar la aparente contradicción de que existan simultáneamente dos tercios de Lombardía, el que fue con Romero en 1567, y el que ahora enviaba ese contingente desde tierras italianas, lo que parece confirmar la tesis de que las unidades existentes en Flandes se desgajaban de las que les habían dado origen, y adquirían vida propia.

Con estas dos agrupaciones de compañías se constituyen lo que formalmente son dos tercios nuevos, S. Felipe y Santiago, pero que aparentemente actuaron como uno solo.

Para el año de 1573 se había producido un relevo importante de mandos. De los maestres de campo originales, únicamente continuaban Romero y Bracamonte. Rodrigo de Toledo había sustituido a Ulloa al mando de Nápoles, y Hernando de Toledo a Londoño en Lombardía. Para entonces, el tercio del primero tenía quince compañías, pero nada más que unos mil quinientos hombres; el segundo, diez, con un millar; el tercero, diecinueve con mil novecientos, aproximadamente, y el cuarto, diez, con mil. Es decir, las cuarenta y nueve compañías de Alba se habían convertido en cincuenta y cuatro (con el refuerzo de 1572), pero los más de ocho mil setecientos soldados estaban reducidos a unos cinco mil cuatrocientos, a pesar del mencionado refuerzo de mil seiscientos. De diez mil españoles enviados entre 1567 y 1573 quedaba poco más de la mitad.

Las unidades, sometidas a un continuo proceso de desgaste se habían debilitado tanto que en 1574 se decide hacer una importante reforma. Se disuelven los tercios de Flandes y de Nápoles (lo que no es óbice que en ese virreinato siga habiendo otro con ese nombre) y sus veintisiete compañías pasan a engrosar los de Lombardía y Sicilia. A la vez, se acaba con la anomalía que eran los tercios de S. Felipe y Santiago. Sus veinticinco banderas se reducen a doce que forman un tercio nuevo, a las órdenes de Valdés. En 1576 llega, por mar, un pequeño refuerzo de cuatro compañías.

Con esta organización de solo tres tercios se permanecerá hasta 1577, cuando las tropas españolas dejan los Países Bajos para marchar a Italia.

Regresan, brevemente, a fines de ese año. Son los tercios de Valdés y Hernando de Toledo (Lombardía). En 1578, se les une el tercio de Lope de Figueroa, que en esta ocasión sí lleva a su maestre de campo, y que había sido completado en Italia hasta los dos mil seiscientos hombres, para compensar las doce banderas que envió en 1572. En 1580 se van otra vez: Valdés, a Sicilia; Figueroa a Milán y Toledo a Nápoles. Anotemos que este último, no obstante su denominación, se envía al virreinato napolitano, no a Milán que hubiera sido su destino normal, si el tercio hubiese conservado alguna conexión con su origen. De allí, el de Figueroa y algunas compañías de Hernando de Toledo partirían para la campaña contra los portugueses.

En 1582 los tercios están de vuelta en los Países Bajos. En esta ocasión, son los de Hernando de Toledo, que ha sido relevado por Mondragón, y de Pedro de Paz. Reúnen entre cuatro y cinco mil plazas. Al año siguiente llega un considerable refuerzo de unidades que han estado en la campaña de las Terceras. Se trata de los tercios de Lope de Figueroa, Bobadilla e Iñiguez, con cinco mil cuatrocientos hombres en cincuenta y una banderas. Los dos primeros no van acompañados por sus maestres de campo. El de Figueroa es el ya conocido. El de Bobadilla se había organizado en Extremadura para la citada campaña, y el de Iñiguez se había constituido a base de ocho compañías levantadas con el mismo motivo, a las que se habían unido otras ya existentes en Portugal. Los tres salen de España tan bajos de efectivos que tuvieron que incorporar gente de las guarniciones existentes en Italia. Aun así, tan pronto como se incorporan al ejército de Flandes, las compañías de Figueroa y Bobadilla son reformadas y sus componentes absorbidos por los tercios que ya estaban allí. Uno de ellos, el de Paz, al morir este en acción en 1584, pasa a ser mandado por del Águila.

En 1585, las operaciones en torno a Amberes requieren más tropas, y se envía un tercio de quince banderas levantado en España, que se pone a las órdenes de Bobadilla (esta unidad no es que fue a Flandes en 1583, la identidad en los nombres se explica porque el mismo maestre de campo mandó, sucesivamente, dos tercios).

Pero la incesante erosión de las unidades lleva aún a otra reforma en 1586, disolviéndose catorce compañías cuyos miembros se reparten entre los tercios subsistentes. Por esas fechas, no he sido capaz de precisar el dato, parece que también se suprime el de Iñiguez, que en la reforma se había reducido a solo diez banderas, quedando por tanto tres en pie: del Águila, Mondragón y Bobadilla.

Al tiempo, comienza la acumulación de fuerzas con vistas a la «empresa de Inglaterra», y llegan diecisiete compañías con dos mil hombres, a cargo de Manrique, que serán disueltas en 1587 para reforzar a los demás, «pobres de gente». Incluso con el refuerzo, los tres tercios no suman más de cuatro mil trescientas plazas. Para dicha operación se envían dos más, asimismo de nueva creación: Zúñiga (diecisiete compañías, dos mil seiscientos hombres) y Queralt (con dieciocho y unos mil quinientos), aunque el primero es disuelto enseguida, pasando sus banderas a relevar en las guarniciones otras veteranas, que quedan de esta manera disponibles para embarcarse. Se producen, por otra parte, cambios en los mandos: Leyva sustituye a Mondragón y Manrique a del Águila, que ha sido herido. Terminados los preparativos para la invasión, y contando los refuerzos, los tercios disponibles tienen los siguientes efectivos: Leyva, treinta compañías con casi tres mil plazas; Manrique, veinte con más de dos mil seiscientas; Bobadilla, veintitrés con dos mil doscientas; Queralt, nueve con ochocientas sesenta y una. Total, ocho mil ochocientos dieciocho hombres disponibles, casi exactamente los mismos que tuvo Alba en 1567.

Fracasada la empresa, el tercio de Queralt es inmediatamente reformado y sus hombres pasan a los demás. Como es frecuente, lo hacen de dos maneras distintas. Parte de ellos, se incorporan encuadrados en banderas, que son absorbidas en bloque. Otros, a título individual, por disolución de sus compañías. El ejército recibe además un refuerzo imprevisto: mil ochocientos supervivientes de la armada de Medina Sidonia.

En el año de 1589 hay que destacar un hecho: la reforma del tercio de Leyva por indisciplina. Las ocho compañías que permanecen leales se mantienen, con carácter de independientes y los hombres de las restantes se unen a los otros dos tercios: los de Manrique y Bobadilla.

La situación en la que se empieza 1590 es insostenible, y el motín del tercio de Manrique la complica todavía más. Para disponer de una mínima masa de maniobra para la planeada campaña de Francia, se crea en el propio Flandes, a falta de refuerzos procedentes de España o de las guarniciones de Italia, un tercio, el de Idiáquez, a base de las compañías que han quedado del de Leyva, los supervivientes de la armada y hombres procedentes del tercio de Manrique. Este maestre de campo, por su parte, pierde el mando, siendo relevado por Zúñiga, al tiempo que Vega reemplaza a Bobadilla. En total, los tres tercios agrupan seis mil hombres.

En 1591 se alcanza de nuevo la mítica cifra de cuatro tercios. Llegan a los Países Bajos diez banderas del de Nápoles, a las órdenes de Velasco, y diecisiete del llamado de Ginebra, sin maestre de campo. En conjunto, unos cuatro mil hombres. En cuanto a Vega, por exigencia de sus soldados amotinados, cede su puesto a Mendoza. Los otros dos tercios (Idiáquez y Zúñiga), no obstante todos los refuerzos y reformas, no llegan a las tres mil plazas. Al año siguiente, las bajas obligan a refundir las compañías de Ginebra en la unidad que manda Velasco. Las veintisiete banderas teóricas se encuentran tan desgastadas que se reorganizan en catorce. Aun así, los tres tercios no suman más de cuatro mil hombres, que antes de que acabe 1592 estarán reducidos a unos dos mil quinientos.

La penuria de efectivos se alivia un tanto en 1594, con la llegada por la ruta de Italia del tercio de Messía, procedente de la campaña de Aragón, en la que actuó tras haberse reorganizado después de la «empresa» contra Inglaterra. Trae veinticuatro compañías con dos mil quinientas plazas. Pero el estado de las unidades restantes hace necesaria otra reforma más. Se suprime el tercio de Idiáquez, y sus efectivos se distribuyen entre los otros. Quedan, por consiguiente, los de Messía, Velasco, Mendoza y Zúñiga. En realidad, la penuria de hombres era tal que se pensó en disolver también el de Mendoza, pero pareció preferible dejar cuatro tercios en pie, aunque mermados, para que dos operaran en Francia y otros dos en Flandes.

El siguiente paso, dentro de ese continuo proceso de intentar mantener una fuerza de españoles en los Países Bajos, se da en 1596, cuando el archiduque Alberto llega con veintitrés compañías (dos mil novecientos hombres) que trae de España, a las que se han sumado en Italia treinta y tres, con mil seiscientos. Inmediatamente, pasan a reforzar los tercios existentes: cada uno recibe tres banderas al completo. El resto son «desarboladas», esto es, disueltas, y sus miembros sientan plaza por su cuenta. La solución fue, sin embargo, transitoria. Al poco, se reforma el tercio de Messía, y sus efectivos se reparten. También hay un cambio de mandos: Coloma sustituye a Zúñiga y del Villar a Mendoza. Quedan entonces tres tercios: los dos que se acaban de citar más el de Velasco. En 1597 este último será relevado por Zapena.

Un año después llega el último refuerzo del siglo: cuatro mil quinientos hombres en cuarenta compañías de la armada del Mar Océano. Quince, se mantienen, yendo cinco a cada tercio. El resto es disuelto y sus componentes se distribuyen. Se alcanza así la extraordinaria cifra de unos dos mil trescientos hombres por tercio, formándose «el ejército más florido que vieron aquellos Estados».

Poco durará: las bajas y los motines lo acabarán deshaciendo. Aunque no hay cifras exactas sobre los efectivos presentes en la batalla de las Dunas de 1600, las más fiables apuntan a cinco o seis mil infantes (sin contar los cuatro mil alemanes que no llegaron a intervenir), organizados en siete unidades, con noventa compañías. En este conjunto, los tres tercios españoles, Zapena, del Villar y Monroy (que ha reemplazado a Coloma) seguramente no superaban los mil hombres cada uno. Ese es el mejor balance que se puede hacer de aquella guerra insaciable. A pesar del continuo envío de refuerzos, de las constantes reformas, la infantería española llega en cuadro a finales de siglo.

Para intentar cuantificar un tanto el impacto total de la guerra, y descartando el periodo 1567-1581, en el que las tropas españolas salieron dos veces de Flandes, veamos lo sucedido entre 1582 y 1600, cuando permanecen ininterrumpidamente allí. En ese espacio de tiempo, los Países Bajos devoran diez tercios: Figueroa, dos mandados por Bobadilla, Iñiguez, Manrique, Zúñiga, Queralt, Ginebra, Velasco y Messía (alguno de ellos, técnicamente, no son verdaderos tercios, sino agrupaciones de banderas, pero con efectivos similares a estos), lo que supondría en torno a los veinte mil hombres. A ellos hay que sumar las cincuenta y seis compañías que llevó el archiduque Alberto, las treinta y siete de la Armada del Mar Océano y los supervivientes de la empresa de Inglaterra, alrededor de diez mil, en total. Así pues, en dieciocho años se habían mandado aproximadamente treinta mil soldados de refuerzo, que a todos los efectos se habían consumido, ya que el número de hombres disponibles en 1600 no era mayor al existente en 1582-83. Las bajas, pues, habrían sido entonces de unos mil quinientos, en torno a los efectivos de un tercio medio, al año. No cabe duda de que un porcentaje apreciable de ellas se debió a la deserción, pero tampoco hay que olvidar que durante el XVI y el XVII, la guerra podía ser notablemente sangrienta (así, el tercio de Coloma perdió, en menos de un mes, en 1599, cuatrocientos veintisiete hombres, entre muertos y heridos, en el fracasado sitio de Bommel).

Es una cifra seria de pérdidas, teniendo en cuenta que se refiere a solo un teatro de operaciones y a un periodo relativamente corto. No es sorprendente que al final se tuviera que recurrir a la leva para mantener a las unidades con unos efectivos mínimos.

Movimiento de los tercios españoles en Flandes

AÑO	TERCIOS					
1567	Cerdeña	Nápoles	Sicilia	Lombardía		
1568	R(^)	"	"	"	Flandes	
1573	S. Fel y Sant	"	"	"	"	
1574	Valdés	R(^)	"	"	R(^)	
1577						
1578	Valdés(^)	Figueroa		Lombardía		
1580						
1582				Mondragón(^)	Paz	
1583	Bobadilla RFigueroa R(^) Iñiguez			"	"	
1585		Bobadilla	"	"	Águila	
1586	Manrique	"	R(^)	"	"	
1587	R(^)	"	Queralt	"	"	Zúñiga (R)
1588		"	R(^)	Leyva(^)	Manrique(^)	
1589		"		R(^)	"	
1590		Vega(^)	Idiáquez		Zúñiga(^)	
1591	Sic y Gin	Mendoza(^)	"		"	
1592	Velasco(^)	"	"		"	
1594	"	"	R(^)	Messía	"	
1596	"	Villar(^)		R(^)	Coloma(^)	
1597	Zapena(^)	"			"	
1600	"	"			Monroy(^)	

Bota.– R: Unidad reformada

(^): Indica reforma o cambio de maestre de campo en el tercio que figura en la línea superior (así, en 1596, Messía es reformado y Villar sustituye a Mendoza). La ausencia de ese símbolo indica que la unidad no está relacionada con la que aparece en la línea inmediatamente superior.

S. Fel y Sant: San Felipe y Santiago.

Sic y Gin: Sicilia y Ginebra.

APÉNDICE II
GLOSARIO

Abanderado: Soldado encargado de llevar la bandera en las marchas, nunca en combate.

Alcance: Sueldos devengados y no pagados. También, persecución.

Alférez: Segundo oficial de la compañía de infantería. Lleva la bandera en combate, desfiles y demás ocasiones solemnes.

Alteración: Motín.

Arcabucería: Conjunto de hombres armados con arcabuz.

Arcabucero: Soldado armado con arcabuz. Podía ser infantería o de caballería.

Arcabuz: Arma larga de fuego, portátil y de avancarga. Se dispara con un mecanismo de mecha o de llave de chispa. Los de llave de rueda eran usados solo excepcionalmente.

Armas fuertes: Protección a prueba de bala. Por su resistencia, podía ser, de menor a mayor, a prueba de pistola, arcabuz y mosquete. Era frecuente, sobre todo en caballería, que un hombre llevase piezas de armadura de distinto espesor (por ejemplo, peto a prueba de arcabuz y brazales a prueba de pistola). El término se aplicaba también a yelmos y rodelas.

Auditor: Responsable de la administración de justicia en un tercio.

Auditor general: Responsable de la administración de justicia en un ejército.

Aventajado: Hombre que percibe una ventaja.

Aventurero: Hombre que sirve voluntariamente, a título particular, sin estar encuadrado en una unidad y –normalmente– sin percibir sueldo.

Bagaje: Impedimenta. También, animal de carga.

Batallón: Palabra que aparece en el siglo XVII para designar una formación de infantería. Solo a partir del XVIII se aplica a un tipo de unidad, de rango inferior al regimiento.

Batería: Puede significar brecha en una fortificación o conjunto de piezas de artillería.

Bandera: Enseña. Por extensión, el término se convirtió en equivalente a compañía de infantería.

Camarada: Grupo de hombres que vivían en común. También, agrupación de cañones.

Capitán: Jefe de una compañía.

Capitán barrachel o de campaña: Oficial con funciones similares a la moderna policía militar. También se le podía llamar preboste.

Celada: Pieza de la armadura. La palabra se aplicaba asímismo a un soldado de caballería ligera.

Compañía: Unidad básica de infantería o caballería. En este último caso, en el ejército español hasta bien avanzado el XVII no existía una organización permanente superior.

Conducta: Documento autorizando a un capitán a reclutar una compañía.

Coraza: Peto. Soldado de caballería armado de pistola.

Corneta: Enseña de caballería. Unidad de caballería equivalente a la compañía.

Coronel: Jefe de un regimiento.

Coselete: Piquero dotado de elementos de armadura.

Encamisada: Golpe de mano nocturno.

Entretenido: Hombre que recibe una pensión.

Escalada: Ataque repentino y por sorpresa a una plaza.

Escuadrón: Formación, habitualmente de infantería. En España, solo a partir del XVII pasó a describir a una unidad orgánica de caballería.

Esguízaro: Suizo. Normalmente se utilizaba para designar hombres que combatían en formaciones masivas, equipados sobre todo con largas picas.

Fuga: Deserción o huida.

Granadero: Soldado de infantería que combatía lanzando granadas. Éstas eran pequeñas bombas, con una mecha que se tenía que encender antes de arrojarlas. Su manejo exigía, pues, considerable sangre fría, por lo que esta especialidad se convirtió rápidamente en una fuerza de élite. En España aparece en 1685.

Guarnición: Conjunto de defensores de una plaza. También, agrupación de tiradores que forman en los flancos del escuadrón de infantería.

Herreruelo: Soldado de caballería dotado con armas de fuego. También, prenda de vestir.

Hombre de armas (o gendarme): Soldado de caballería pesada acorazado y armado de lanza.

Jineta: Arma de asta, emblema del capitán.

Jinete: Soldado de caballería, más específicamente, de caballería ligera.

Lansquenete: Soldado alemán, que combatía en formaciones similares a las de los suizos, aunque con una proporción mayor de armas de fuego.

Lanza: Larga arma de asta, propia de la caballería. La palabra puede designar también a un soldado de caballería ligera o a un pequeño grupo de hombres constituido alrededor de un hombre de armas.

Maestre de campo: Jefe del tercio.

Maestre de campo general: Segundo oficial en rango de un ejército, tras el capitán general o comandante en jefe. En algún ejército, equivalente al actual jefe de estado mayor.

Manga: Conjunto de tiradores, que frecuentemente actuaban destacados del grueso.

Medir las picas: Combate cuerpo a cuerpo.

Mejorarse: Avanzar.

Mochilero: Criado de un soldado.

Mosquete: Arma de fuego similar al arcabuz, pero más pesado, con mayor alcance y capacidad de penetración. Inicialmente, se disparaba con ayuda de una horquilla.

Mosquetero: Soldado armado de mosquete. En contra de la imagen transmitida por Dumas, la inmensa mayoría eran de infantería.

Mosquetería: Conjunto de mosqueteros.

Mozo: Equivalente a mochilero.

Muestra: Revista para comprobar el número de hombres y el estado de su armamento.

Paje: Criado de un oficial. Se le llamaba «de jineta» o «de rodela» cuando tenía la misión de llevar estas armas de su dueño.

Particular: Soldado distinguido, por su origen social o su experiencia militar.

Pica: Arma similar a la lanza, pero utilizada por la infantería. El término pasó a designar también al soldado armado con ella.

Pica seca: Piquero no acorazado.

Piquero: Soldado dotado de pica.

Piquería: Conjunto de piqueros.

Pistola: Arma corta. Normalmente disparaba mediante un mecanismo de rueda. Solo de dotación en unidades de caballería. Un infante la podía llevar, pero como arma de defensa personal, no de dotación.

Primera plana: Conjunto de mandos de una unidad, con sus auxiliares inmediatos.

Rebellín: Fortificación exterior de una plaza.

Reforma: Disolución de una unidad.

Reformado: Persona que ha perdido su empleo con motivo de una reforma. Los oficiales reformados frecuentemente servían como simples soldados, pero se les consideraba como hombres de élite.

Reiter: Soldado alemán de caballería, equipado con pistolas.

Remate: Pago de sueldos debidos.

Rociada (o ruciada): Descarga.

Rodela: Escudo. Cuando la usaba la infantería, normalmente era a prueba de bala.

Sargento: Tercer mando de una compañía. En España tuvo consideración de oficial, no de suboficial, hasta el XVIII.

Sargento mayor: Segundo jefe de un tercio, responsable de formar el escuadrón, la disciplina, etc. No necesariamente reemplazaba al maestre de campo en ausencia de este, que muchas veces era sustituido por un capitán.

Socorro: Auxilio a una plaza, o cantidad que se daba al soldado a cuenta de los sueldos vencidos y no pagados.

Teniente: Segundo jefe de una compañía de caballería. En infantería, este empleo aparece con Felipe V.

Tercio: Unidad de infantería formada por un número variable de banderas. En España se aplicó, en la segunda mitad del XVII, a una unidad de caballería superior a la compañía.

Tornillero: Hombre que vivía de sentar plaza para desertar a continuación.

Trozo: Formación de caballería, habitualmente integrada por más de una compañía. A fines del XVII se utilizó asímismo para designar al conjunto de piqueros de una bandera.

Tudesco: Alemán.

Ventaja: Premio en metálico. Podía ser propiedad del beneficiario, y entonces la cobraba con independencia de su puesto o de la unidad, en cuyo caso solo la percibía mientras sirviera en ella. Otra acepción de la palabra era sobresueldo para compensar el mayor gasto (por ejemplo, mecha, pólvora o munición de un arcabuecro), fatiga (el peso del arma del mosquetero) o conocimientos (saber tocar el pífano) requeridos por una ocupación concreta.

BIBLIOGRAFÍA

Capítulo I. Orígenes, nacimiento y disolución de los tercios

Para los antecedentes de los tercios, he consultado: R. Quatrefages, *La Revolución Militar Moderna. El crisol español* (Madrid 1996). También, J. Vigón, *El Ejército de los Reyes Católicos* (Madrid 1968) y Servicio Histórico Militar, *Armamento de los Ejércitos de Carlos V* (Madrid 1947). El proyecto de organización de Gonzalo Fernández de Córdoba figura en D. de Salazar, *Tratado de Re Militari* (Bruselas 1590).

Los datos sobre Pescara están extraídos de R. Puddu, *El soldado gentilhombre* (Madrid 1984). Para Pavía, L. Casali y M. Galandra, *La battaglia de Pavía* (Milán 1984) y J. Giono, *Le desastre de Pavie* (París 1963). Para Mühlberg, L. de Ávila Calderón, *Comentarios de la guerra de Alemania* (Madrid 1924), así como F. Martín Arrúe, *Campañas del Duque de Alba* (Toledo 1879). F. Barado, *Museo Militar* (Barcelona 1886) y sir C. Oman, *A History of the Art of War in the XVI Century* (Londres, 1937), son muy útiles para estas y otras batallas.

Sobre la estructura, movimientos y refuerzo de los tercios, he seguido dos artículos míos publicados en la revista *Dragona*: «Los tercios de infantería española en Flandes» (vol. II, número 4, Madrid 1997), y «Los tercios dc infantería española y la constitución de ejércitos expedicionarios» (vol. III, número 5, Madrid 1998).

La relación más completa de nombres de estas unidades está en A. Vázquez, *Los sucesos de Flandes…* (Madrid 1879). Para la formación de las unidades: R, Quatrefages, *Los tercios españoles*, (Madrid 1979). La «conducta» figura en conde de Clonard, *Historia orgánica de las armas de infantería y caballería españolas* (Madrid 1851-59).

Las citas de *La vida de Estabanillo González* pertenecen a la edición de Buenos Aires 1948, las de Mateo Alemán, *Guzmán de Alfarache*, de la de Barcelona 1968. El bando que comento, está en un apéndice de J. Suárez-Inclán, *Guerra de anexión de Portugal* (Madrid 1897).

Los motivos de algunos hombres están en J. de Pasamonte, *Vida y trabajos* (Madrid 1956), don Duque de Estrada, *Memorias* (Madrid 1956), A. de Contreras, *Vida* (Madrid 1965) M. de Castro, *Vida del soldado español...* (Buenos Aires 1949) y V. M. Esquivel, *Vida del escudero Marcos de Obregón* (Madrid 1965).

Los comentarios de J. Ortega y Gasset han sido recogidos de su excelente estudio en la edición citada de Contreras.

Para el estado del ejército en la Guerra de las Alpujarras he manejado: L. del Mármol, *Historia de la rebelión y castigo de los moriscos...* (Madrid 1924) y don Hurtado de Mendoza, *Guerra de Granada* (Madrid 1966). La obra de J. A. Samaniego mencionada es *Disertación sobre la antigüedad de los regimientos* (Madrid 1992).

Las reformas del tercio de Cerdeña y del «Viejo» están gráficamente descritas en B. de Mendoza, *Comentarios de lo sucedido en los Países Bajos* (Madrid 1948) y A. Vázquez.

Entre los autores que destacan el avance que supusieron los tercios respecto a las organizaciones militares de otros países de la época se podría mencionar a Correlli Barnett, *Britain and her Army 1509-1970* (Londres 1970).

Capítulo II. Orgánica

Para todo lo relativo a orgánica, Clonard continua siendo tan esencial como hace más de un siglo. Los cometidos de los distintos integrantes de los tercios figuran en M. de Isaba, *Cuerpo enfermo de la milicia española* (Madrid 1991); B. de Escalante, *Diálogos del arte militar* (Salamanca 1992); S. de Londoño, *Discurso sobre la forma de reducir la disciplina militar...* (Madrid 1992); F. de Valdés, *Espejo y disciplina militar* (Madrid 1989); Scarrión de Pavía, *Doctrina militar* (Madrid 1598) y en el refrescante M. de Eguiluz, *Milicia, discurso y regla militar* (Bruselas 1595). He recurrido asimismo a A. Alonso Vázquez, quizá el soldado que mejor ha descrito los tercios.

También he consultado, sir R. Williams, *A brieffe discourse of warre* (Cambridge 1972) L. van der Essen, «L'Armée espagnole en Flandre au XVI siecle» (*Revue Generale*, número 143, Bruselas 1940) y I. Heath, *Armies of the sixteenth century* (Guernesey 1997). Y a J. de Sotto y

Montes, en sus artículos publicados en la revista del Servicio Histórico Militar: «Los grandes tercios viejos de la infantería española» (número 11, Madrid 1962), «Organización militar española de la casa de Austria» (número 18, Madrid 1965 y 45, Madrid 1978), en los que afirma que incluso en el siglo XVII los tercios seguían divididos en coronelías, lo que es más que dudoso.

En el tema sanitario, he seguido a M. Gracia Rivas en dos de sus estudios, *La sanidad en la jornada de Inglaterra* (Madrid 1988) y *La «invasión» de Aragón en 1591* (Zaragoza 1992), así como la imprescindible obra para todo lo que se refiere a los tercios, de G. Parker, *El ejército de Flandes y el Camino Español* (Madrid 1976).

Un estudio de uno de los proyectos de reforma orgánica de los tercios en concreto, el de 1611, figura en Bernardo José García, *La Paz Hispánica* (Lovana, 1996).

Capítulo III. Armamento y táctica

En cuestiones de armamento y formaciones, me he guiado por los autores de la época mencionados anteriormente, completados con B.P. Hughes, *Firepower* (Londres 1974), siempre interesante, aunque se concentra en un periodo posterior, y el segundo volumen de la *Historia de la infantería española* (varios autores, Madrid 1993). Además, D. Ellis, *The Military Revolution in Sixteenth Century* (Nueva York 1998), G. Parker, *The Military Revolution* (Cambridge 1966), B.S. Hall, *Weapons and Warfare in Renaissance Europe* (Baltimore 1997), M. Roberts, *The Military Revolution* (Londres 1966). También, J.R. Hale, *Guerra y sociedad en la Europa del Renacimiento* (Madrid 1990). El tema de la «revolución militar» producida o no en Europa, en una fecha u otra ha provocado una intensa polémica en medios anglosajones. Seguramente, Parker es quien sostiene una posición más acertada. Quizá porque, a diferencia de otros expertos que han intervenido en el debate, conoce bien los tercios.

Para la artillería, C. Lechuga, *Tratado de la artillería y de fortificación* (Madrid 1990), D. Ufano, *Tratado de la artillería y uso de ella* (Madrid 1988) y D. de Alava y Viamont, *El perfecto capitán….* (Madrid 1590). Para la caballería, G. Basta, *Gobierno de la caballería ligera* (Madrid 1642); F. de la Noue, *Discours politiques et militaires* (Basilea 1587); J. Cruso, *Militarie instructions for the Cavallerie* (Nueva York 1975) y la mencionada obra de D. de Ávila. Se pueden encontrar datos, además, en J. de Sotto y

Montes, *Síntesis histórica de la caballería española* (Madrid 1968) y J. Albi, L. Stampa y J. Silvela, *Un eco de clarines* (Madrid 1992).

CAPÍTULO IV. VIDA Y REPUTACIÓN

Nadie mejor que los propios soldados y sus contemporáneos para describirnos lo que era la vida en los tercios. Me he servido de autores ya mencionados: Isaba, Londoño, Escalante, Vázquez, Contreras, Valdés, Duque de Estrada, Pasamonte, Eguiluz, Bentivoglio, Castro, Estrada, Coloma, Mendoza, Estebanillo y Villalobos, completados por Puddu; *El camino español*; P. de Bourdeille, *Gentilezas y bravuconadas de los españoles* (Madrid 1995); J. Jiménez de Urrea, *Diálogos de la verdadera honra militar* (Madrid 1992) y C. de Villalón, *Viaje de Turquía* (Madrid 1965), así como Julio Monreal, *Cuadros viejos* (Madrid 1828), que contiene detalles curiosos. La cita de Dávila está extraída de: marqués de Miraflores, *Vida del general español D. Sancho de Ávila y Daza* (Madrid 1857). La del capitán Parker, de *Robert Parker and Count Mérode-Westerloo*, David Chandler edit. (Londres 1968).

Otra útil biografía de un militar español es A. Rodríguez Villa, *El coronel Francisco Verdugo* (Madrid 1890), que incluye en el mismo volumen la interesante *Relación de la campaña de 1641,* de Vincart.

Para unidades extranjeras al servicio de España, H.-L.-G., barón de Guillaume, *Histoire de l'Infanterie Wallone sous la maison d'Espagne* (Bruselas 1878); B. Jenings, *Wild Geese in Flanders* (Dublín 1964); E. de Tapia, *Eugenio O'Neill* (Madrid 1969), L. de Coig, «Militares y unidades irlandesas al servicio de España» (revista del Servicio Histórico Militar número 60, año XXX, Madrid 1986); J. L. Sánchez Martínez, «La infantería valona y alemana del ejército de Flandes» (Dragona vol. III, número 5, Madrid 1998).

CAPÍTULO V. DISCIPLINA

En materia de disciplina, he utilizado la ordenanza de 13 de mayo de 1587, completada con opiniones y ejemplos recogidos en tratadistas y soldados ya citados, junto con Jaime II, *Memoirs* (Bloomington, 1962).

Sobre motines, el trabajo de Parker publicado en *España y los Países Bajos* (Madrid 1986), más testimonios contemporáneos, especialmente los de Coloma y Roco. La actitud de Spínola hacia ellos está en A. Rodríguez Villa, *Ambrosio Spínola* (Madrid 1904).

Capítulo VI. Los tercios en fuego

Además de Mendoza, Vázquez, Barado y Oman, he utilizado C. Coloma, *Las guerras de los Países Bajos* (Madrid 1948), Bentivoglio, *Guerras de Flandes* (Madrid 1643), F. Estrada, *Guerras de Flandes* (Colonia 1682) y A. Carnero, *Historia de las guerras civiles que ha habido...* (Bruselas 1625). Trabajos importantes sobre el conflicto son P. Geyl, *The Revolt of the Netherlands* (Londres 1966) y G. Parker, *España y los Países Bajos* (Madrid 1986). Sobre el periodo de don Juan de Austria, he seguido sir C. Petrie, *Don John of Austria* (Londres 1967). La opinión de Montgomery sobre los tercios, figura en B. Montgomery, *Historia del arte de la guerra* (Madrid 1969). E. Wanty, *L'Art de la Guerre*, incluye un resumen apretado, pero enormemente equilibrado, de la época.

Para operaciones del duque de Alba, la ya mencionada obra de Martín Arrúe y W.S. Maltby, *Alba* (Berkley 1983). Para las Dunas, J. Roco, *Verdadera relación de la jornada...* (editada bajo el título *España en Flandes*, Madrid 1973) y J. L. Motley, *History of the United Netherlands* (Nueva York 1860). Debo reconocer que encuentro exasperante a este magnífico historiador, por su obsesiva crítica contra todo lo español (llega a afirmar que al hijo de Guillermo de Orange, por vivir en España, se le cambiaron hasta las facciones, que adquirieron «una expresión extremadamente dolorosa de contemplar»). Pero tanto dicha obra como su *Rise of the Dutch Republic* (Londres, 1886) son, no obstante, espléndidas y están llenas de información interesante.

En general, para un periodo tan importante en la vida de los tercios como es el reinado de Felipe II, he manejado: Luis Cabrera de Córdoba, *Historia de Felipe II* (Madrid 1876) y G. Parker, *Felipe II* (Madrid 1984). *La gran estrategia de Felipe II* (Madrid, 1998) de ese mismo autor, se publicó en España cuando la presente obra ya estaba en prensa. Se trata de un sólido trabajo que da una interesante visión de la concepción estratégica global de España durante unos años cruciales.

Para Nördlingen, la descripción contemporánea que figura en D. de Aedo, *El memorable y glorioso viaje del Infante Cardenal...* (Amberes 1635) y T. A. Dodge, *Gustavus Adolphus* (Cambridge 1895). También, C.V. Wedgwood, *The Thrirty Years War* (Londres 1966) y G. Parker, *The Thirty Years War* (Nueva York 1987).

Para Rocroi, A. Cánovas del Castillo, *Estudios del reinado de Felipe IV* (Madrid 1988) y su artículo «La caballería en la batalla de Rocroi», publicado en la *Revista Técnica de Infantería y Caballería*, número 28, tomo IX (Madrid 1895); J.A. Vincart, *Relación de los sucesos...* (Madrid

1880); F. Barado, «Rocroy» (publicado en el mismo número de la *Revista Técnica de Infantería y Caballería*), J. L. Mirecki, «La órganica vigente en Rocroi»; J. Palau, «La batalla de Rocroi» y J. L. Sánchez Martínez, «La incógnita de Rocroi» (se trata de tres artículos publicados en la revista *Dragona*, año I, vol. 3, Madrid 1993) y el corto pero acertado estudio publicado en C. Falls, *Grandes batailles terrestres* (París 1964). Además, T. Jung, «Les errata historiques militaires» (*Revue Militaire Française*, vol. II, París, enero 1870) y dos trabajos de A. Rodríguez-Villa: «El duque de Alburquerque en la batalla de Rocroi» (revista de Archivos, Bibliotecas y Museos, segunda época, número IX, Madrid 1883) y «La batalla de Rocroi» (*boletín de la Real Academia de la Historia*, número XLIV, Madrid 1904).

Capítulo VII. En las trincheras

El más completo estudio moderno sobre la guerra de sitio es C. Duffy, *Siege Warfare 1494-1660* (Nueva York 1966). Es muy útil R. Gutiérrez y C. Esteras, *Territorio y fortificación* (Madrid 1991), que, entre otras cosas, recoge textos íntegros de obras de Vauban. He consultado también a Bentivoglio, Lechuga, Mendoza, Estrada, Vázquez, Coloma, Roco, F. Verdugo, *De la guerra de Frisia* (Madrid 1872) y sir R. Williams, *The Actions of the Low Countries* (Ithaca 1964), que como testigo extranjero aporta datos valiosos. En el tema concreto de los saqueos, J.-L. Charles, «El saqueo de las ciudades en los Países Bajos», *revista del Servicio Histórico Militar*, número 35, año XVII (Madrid 1973).

Para el asedio de Haarlem, figuran testimonios de primera mano en el volumen LXXV (Madrid 1880) de la *Colección de Documentos Inéditos para la Historia de España*, a la que he acudido para otros muchos temas. Para Amberes, Barado y Motley que en su *History of the United Netherlands* incluye un excelente mapa de ese complejo asedio. En el caso de Amiens, existe la apasionante obra de D. de Villalobos, *Comentarios de las cosas sucedidas en los Países Bajos...* (Madrid 1876), redactada en un singular español. Para Salses, el artículo de J.L. Arcón y L. P. Martínez, «Los asedios de Salses en 1639» (*Dragona*, vol. III, número 5, Madrid 1998).

Capítulo VIII. Los tercios embarcados

C. Fernández Duro, *Armada española* (Madrid 1972), sigue siendo tan imprescindible para operaciones navales como Clonard lo es en lo que respecta al ejército. I.A.A. Thompson, *War and Government in Habsburg*

Spain (Londres 1976), es fundamental para el esfuerzo militar y marítimo español. J. Cervera, *La estrategia naval del imperio* (Madrid 1982), aporta una concepción global.

Para la construcción naval, aunque prácticamente todas las obras que se citan en este capítulo contienen datos, me he guiado especialmente por R. Cerezo, *Las armadas de Felipe II* (Madrid 1989), F. Serrano, *Los galeones de la carrera de Indias* (Sevilla 1985) y F.F. Olesa, *La galera en la navegación y el combate* (Madrid 1971).

Respecto al escenario mediterráneo, he manejado el monumental estudio de F. Braudel, *The Mediterrenean* (Nueva York 1976), junto con E. Sola y J.F. de la Peña, *Cervantes y la Berbería* (Madrid 1966); E. Temprano, *El mar maldito* (Madrid 1989) y G. Lasala, *Galeotes y presidiarios al servicio de la Marina de Guerra española* (Madrid 1961), que ayudan a formarse una idea de ese singular mundo. Además, E. Beladíez, *Osuna el Grande* (Madrid 1954), J. M. del Moral, *El virrey de Nápoles don Pedro de Toledo* (Madrid 1966) y T. García Figueras, *Presencia de España en Berbería Central y Oriental* (Madrid 1943). Contreras, Pasamonte, Castro y Duque de Estrada reflejan la vida cotidiana de los soldados en la región. Sobre los amargos presidios he utilizado datos de Braudel y de L. Caro, *Historia de Ceuta* (Ceuta 1989) y E. Arques y N. Gibert, *Los moros mogataces* (Málaga 1992).

Para el mar del Norte, hay dos obras excelentes: J. Alcalá-Zamora, *España, Flandes y el mar del Norte* (Barcelona 1975) y J.I. Israel, *La República holandesa y el mundo hispánico* (Madrid 1997), son básicos. He consultado R. Estrada, *El almirante don Antonio de Oquendo* (Madrid 1943) para el desdichado marino que presidió la mayor derrota naval española hasta Trafalgar.

Aspectos de la defensa del –para los tercios marginal– escenario de las Indias, están bien tratados en P.E. Hoffman, *The Spanish Crown and the defense of the Caribbean* (Baton Rouge 1980). Dos excelentes estudios sobre sendas flotas son B. Torres Ramírez, *La armada de Barlovento* (Sevilla 1981) y P.E. Pérez Mallaína y B. Torres Ramírez, *La armada del Mar del Sur* (Sevilla 1987), muy útiles también para otras materias como construcción, raciones, etc. Dos perspectivas sobre la piratería figuran en C. Saiz Cidoncha, *Historia de la piratería en la América española* (Madrid 1985) y la espeluznante obra de J. Esqmeling, *The bucaneers of America* (Londres 1957).

El poco conocido mundo de los corsarios españoles es abordado ampliamente por E.J. Otero, *Corsarios españoles durante la decadencia de los Austrias* (Madrid 1992) y R. A. Stradling, *La armada de Flandes* (Madrid 1992).

Para las operaciones en Morea he consultado J. Salvá, *La Orden de Malta y las acciones navales españolas...* (Madrid 1944), que analiza numerosas operaciones en el Mediterráneo, y a Fernández Duro. Para el sitio de Malta, ambos autores y E. Bradford, *The Great Siege* (Londres 1976).

Para Lepanto, J. M. Gárate, *Los tercios de España en la ocasión de Lepanto* (Madrid 1958); C. Rosell, *Historia del combate naval de Lepanto* (Madrid 1971); O. Warner, *Great Sea Battles* (Londres 1981) y *Conferencias sobre Lepanto* (Madrid 1948), que incluyen intervenciones sobre medicina, vida y tercios de galeras, entre otras.

Para Portugal, los trabajos ya citados de Suárez-Inclán, Escalante y Maltby.

Para la empresa de Inglaterra, son espléndidos, H. O'Donnell, *La fuerza de desembarco de la Gran Armada* (Madrid 1989) M. Gracia Rivas, *Los tercios de la Gran Armada* (Madrid 1989). C. Martin y G. Parker, *The Spanish Armada* (Londres 1988) contiene perspectivas originales. He consultado asimismo, D. Howarth, *The Voyage of the Armada* (Nueva York 1981); P. Kemp, *The Campaign of the Spanish Armada* (Oxford 1988) y *Los sucesos de Flandes de 1588 en relación con la empresa de Inglaterra* (Madrid 1988), de varios autores. También, aunque haya quedado algo anticuado, G. Mattingly, *La Armada Invencible* (Madrid 1961).

Para la fase irlandesa de la operación, N. Fallon, *The Armada in Ireland* (Londres 1978). Para el periodo posterior, demasiado desconocido, W. Graham, *The Spanish Armadas* (Londres 1972) y D. Goodman, *Spanish Naval Power 1589-1665* (Cambridge 1997).

Capítulo IX. Los últimos tercios

Me he basado en los textos de la Real Ordenanza de 28 de junio de 1632, la Real Resolución de 30 de abril de 1633, la Real Cédula de 6 de febrero de 1663 y la ordenanza de 1 de mayo de 1685, publicadas en J. A. Portugués, *Colección General de las Ordenanzas Militares* (Madrid 1764). Además, Clonard, Barado y V. Alonso Juanola y M. Gómez Ruiz, *El ejército de los Borbones* (Madrid 1989).

Los despliegues en Cataluña están en el artículo de Arcón y Martínez mencionado antes y en F. M. de Melo, *Historia de los movimientos, separación y guerra de Cataluña* (Madrid 1996).

Para los efectivos del ejército de Flandes a principios del XVIII, marqués de San Felipe, *Comentarios de la guerra de España* (Génova, sin año) y J. L. Sánchez Martínez, «El último ejército de Flandes (I)», (*Dragona*, vol. II, número 3, Madrid 1997). Este mismo autor en «El último ejército de

Flandes (II)» (*Dragona*, volumen II, número 4, Madrid 1997), recoge la trayectoria final de los tercios españoles en los Países Bajos.

He extraído los datos sobre la posición de los Morados Viejos en la batalla de Almansa del «Orden de batalla que tuvo el Ejército de Su Magestad (que Dios guarde) el 25 de abril de 1707…» reproducido en José Pérez y Ruiz de Alarcón, *Historia de Almansa* (Madrid 1949). La descripción del conde de Pinto está recogida en la citada obra. Para la trayectoria del antiguo tercio de los Morados, que aún existe, Servicio Histórico Militar, *Heráldica e historiales del ejército* (Madrid 1969).

Epílogo

Son multitud los autores que exaltan el «revolucionario» modelo sueco, algunos posiblemente hasta extremos quizá exagerados. Algunos ya han sido mencionados, pero se podría añadir M. Roberts, *Gustavus Adolphus* (Londres 1958), J.F.C. Fuller, *Batallas decisivas del Mundo Occidental* (Barcelona 1963) y el estudio comparativo de E. Rothenberg: «Mauricio de Nassau, Gustavo Adolfo, Raimundo Montecuccoli y la revolución militar del siglo XVII», publicado en P. Paret (ed.) *Creadores de la estrategia moderna* (Madrid 1992).

Las opiniones de Parker que se citan aparecen, respectivamente, en sus trabajos: «La revolución militar 1560-1660, ¿un mito?» y «Si la Armada hubiese desembarcado», publicados en *España y los Países Bajos*. La de Alcalá-Zamora pertenece a su obra citada anteriormente, y la de J.H. Elliot a *Richelieu and Olivares* (Cambridge 1989). Su *The Count-Duke of Olivares* (Londres 1986) recoge de forma apasionante los esfuerzos de ese estadista para que España no perdiera el rango de primera potencia.

Sobre aspectos económicos y demográficos, además de obras a las que me he referido antes, he utilizado R. Trevor Davies, *The Golden Century of Spain* (Nueva York 1964) y J.H. Elliot, *Imperial Spain* (Londres 1978).

ÍNDICE ANALÍTICO

Los números en **negrita** se refieren a las ilustraciones.